PHILOSOPHISCHE ABHANDLUNGEN

HERAUSGEGEBEN VON ROLF-PETER HORSTMANN, ANDREAS KEMMERLING UND TOBIAS ROSEFELDT

BAND 109

VITTORIO KLOSTERMANN · FRANKFURT AM MAIN

MATTHIAS WUNSCH

Fragen nach dem Menschen

Philosophische Anthropologie, Daseinsontologie und Kulturphilosophie

VITTORIO KLOSTERMANN · FRANKFURT AM MAIN

Bibliographische Information der Deutschen Nationalbibliothek
Die Deutsche Nationalbibliothek verzeichnet diese Publikation in der Deutschen
Nationalbibliographie; detaillierte bibliographische Daten sind im Internet über
http://dnb.dnb.de abrufbar.

Gedruckt auf Alster Werkdruck der Firma Geese, Hamburg,
alterungsbeständig ∞ ISO 9706 und PEFC-zertifiziert.
Druck: Wilhelm & Adam, Heusenstamm
Bindung: Litges & Dopf, Heppenheim
Printed in Germany
ISSN 0175-6508
ISBN 978-3-465-03873-3

Für Lucy

VORWORT

Eine frühere Fassung des Buchs wurde im Wintersemester 2012/2013 am Fachbereich Geistes- und Kulturwissenschaften der Bergischen Universität Wuppertal vorgelegt und dort im Sommersemester 2013 als schriftliche Habilitationsleistung anerkannt. Die Gutachter der Arbeit waren Gerald Hartung, Hans-Peter Krüger und der leider viel zu früh verstorbene László Tengelyi. Ihnen verdanke ich konstruktive Hinweise und Kritikpunkte, von denen ich in der Vorbereitung der Veröffentlichung profitiert habe.

Ich danke Jörn Bohr dafür, dass er mir als einer der Herausgeber die in diesem Jahr erschienenen Davoser Vorträge Cassirers vor ihrer Veröffentlichung zugänglich gemacht hat, und Gerald Hartung dafür, dass er mir seine eigene Transkription der Vortragsmanuskripte zur Verfügung gestellt hat.

Während des Arbeitsprozesses hatte ich immer wieder die Gelegenheit, mich über wichtige Themen des Buchs auszutauschen. Mein Dank dafür gilt Heike Delitz, Sabine Doyé, Joachim Fischer, Michael Großheim, Gerald Hartung, Matthias Herrgen, Steffen Kluck, Henrike Lerch, Olivia Mitscherlich-Schönherr, Christian Möckel, Matthias Schloßberger, Stephan Steiner, Claudius Strube und Christian Thies. Inga Römer und Volker Schürmann schulde ich darüber hinaus Dank für Ihre zielgenauen Kommentare zur vorletzten Fassung der Arbeit.

Vittorio Klostermann und Anastasia Urban bin ich für die ausgezeichnete Zusammenarbeit mit dem Verlag zu Dank verpflichtet, ebenso den Reihen-Herausgebern Rolf-Peter Horstmann, Andreas Kemmerling und Tobias Rosefeldt für die Aufnahme des Buchs in die „Philosophischen Abhandlungen".

Für das Korrekturlesen der gesamten Arbeit und viele kritische Anmerkungen danke ich Helle Wunsch.

Berlin, im August 2014   Matthias Wunsch

INHALT

EINLEITUNG

> It might have been expected that no
> problem would be of more central
> and persistent concern to philoso-
> phers than that of understanding
> what we ourselves essentially are.
>
> Harry Frankfurt

Im Geflecht philosophischer Disziplinen scheint für die Frage nach dem Menschen die philosophische Anthropologie zuständig zu sein. Doch es gibt Denker, die diese Frage für zentral erachten, ohne philosophische Anthropologen zu sein oder sein zu wollen. Das gilt in der ersten Hälfte des 20. Jahrhunderts beispielsweise für zwei so konträre Philosophen wie Martin Heidegger und Ernst Cassirer. Ihre Weisen, nach dem Menschen zu fragen, unterscheiden sich deutlich von denen ihrer Zeitgenossen Max Scheler und Helmuth Plessner, den Begründern der modernen philosophischen Anthropologie. Wir haben es mit verschiedenen Paradigmen des Fragens nach dem Menschen zu tun: anthropologischen und nicht-anthropologischen. Aus diesem Grund ist es wichtig, zwei Ebenen zu unterscheiden: die Ebene der philosophischen Disziplinen und die Ebene philosophischer Paradigmen oder Denkrichtungen.[1] Bewegt man sich allein auf der disziplinären Ebene, kommt der Unterschied zwischen einem anthropologischen und einem nicht-anthropologischen Fragen nach dem Menschen nicht in den Blick. Auf dieser Ebene ist ein philosophisches Fragen nach dem Menschen *per se* anthropologisch, weil es *als solches* die Disziplin der philosophischen Anthropologie ausmacht. Der Unterschied zwischen anthropologischem und nicht-anthropologischem Fragen nach dem Menschen ist daher ein Unterschied zwischen philosophischen Denkrichtungen.

Zwischen den Denkrichtungen ist es philosophisch umkämpft, wie nach dem Menschen gefragt werden sollte. In der ersten Hälfte des 20. Jahrhunderts war es unter den Konfliktparteien mit einer ausgearbeiteten Position bezeichnenderweise nicht die moderne philosophische Anthropologie, die ihren Ansatz in den Mittelpunkt des Interesses bringen, geschweige denn

---

[1] Zu dieser Unterscheidung vgl. bereits Marquard 1973, 122-125 u. 135 f. Dass sie mittlerweile zum Allgemeingut der Auseinandersetzung mit der modernen philosophischen Anthropologie gehört, ist ihrer ausführlichen Ausarbeitung bei Joachim Fischer zu verdanken. Siehe Fischer 1995, 250, und vor allem Fischer 2008, 482 ff.

durchsetzen konnte. Als *der* paradigmatische Streit um den Menschen und das richtige Verständnis von Philosophie galt die 1929 geführte Davoser Disputation zwischen Cassirer und Heidegger. Sie ist der Kristallisationspunkt einer fundamentalen Auseinandersetzung der europäischen Philosophie,[2] die deren Rezeption bis heute prägt. So hat kürzlich Peter E. Gordon dazu sein beeindruckendes Buch *Continental Divide. Heidegger, Cassirer, Davos* veröffentlicht.[3] Der Titel ist geschickt gewählt. Früher war es üblich, mit unterschiedlichem Ernst von einer Kluft zwischen der europäischen bzw. „continental philosophy" und der angloamerikanischen, analytischen Philosophie zu sprechen. In der Davoser Disputation, so deutet Gordons Titel an, zeige sich, dass eine Kluft bereits innerhalb der „kontinentalen Philosophie" selbst besteht, und zwar symbolisch repräsentiert und tatsächlich geprägt durch Cassirer und Heidegger. Diese Kluft besteht, grob gesagt, zwischen einer durch den Humanismus und die europäische Aufklärung geprägten Kulturphilosophie und einer die abendländische Philosophietradition auf die „Seinsfrage" hin durchstoßenden Ontologie der menschlichen Existenz.

Meines Erachtens ist die Gegenüberstellung dieser beiden Philosophiekonzeptionen und der damit verbundenen Typen des Fragens nach dem Menschen auf eine philosophisch interessante Weise unvollständig. Sie bedarf der Ergänzung, und zwar sowohl aus historischen Gründen, die intern mit der Davoser Zweierkonstellation zusammenhängen, als auch aus darüber hinausgehenden systematischen Gründen. In der bisherigen Forschung ist weitgehend übersehen worden, dass die Davoser Protagonisten selbst ihre Debatte in den Horizont einer Dreierkonstellation einordnen. Beide zeichnen in den Vorträgen, die sie in Davos vor ihrem Streitgespräch gehalten haben, das Bild eines Dreiecks. Dessen Eckpunkte werden durch die Denkrichtungen der Kulturphilosophie, der Daseinsontologie und der Philosophischen Anthropologie gebildet – und in der Mitte des Dreiecks steht die Thematik des Menschen. Mit ihr ist, obwohl es aus Sicht der einzelnen Denkrichtungen um verschiedene Fragen nach dem Menschen geht, der umstrittene, aber gemeinsame Bezugspunkt der Auseinandersetzung markiert.[4]

---

[2] Thomas Mann hat dem gedanklichen Prozess, der dieser Kristallisation vorausgeht, bereits vor dem Ereignis der Davoser Disputation selbst, in seinem Roman *Der Zauberberg* (1924) mit der Auseinandersetzung zwischen dem Humanisten Settembrini und dem Jesuiten Naphta ein Denkmal gesetzt. Zu diesem Zusammenhang siehe Safranski 1997, 211-216. – Von der Davoser Disputation als einem „Paradigmenkonflikt der europäischen Philosophie, aber auch der geistigen Kulturgestaltung", sprechen Kaegi/ Rudolph (Hgg.) 2002, VII.

[3] Gordon 2010.

[4] Michael Friedman hat den Versuch gemacht, die Zweierkonstellation von Cassirer und Heidegger durch Hinzunahme Rudolf Carnaps, der selbst unter den Zuhö-

Dass die dritte Alternative, die moderne philosophische Anthropologie, in Davos nur unzureichend zum Zuge kam, liegt in der Natur der Sache; standen sich dort doch die Vertreter von nur zwei der drei Denkrichtungen gegenüber. Auch in den wenigen Jahren bis 1933 scheint die volle Dynamik der durch diese Dreiheit bezeichneten philosophischen Situation allenfalls untergründig zur Entfaltung zu kommen.[5] Und in der Nachkriegszeit war die Welt eine andere geworden und mit ihr die Philosophie. – Wenn ich hier nun die vernachlässigte Alternative der modernen philosophischen Anthropologie in den „Continental Divide" einschleuse, geht es mir weder um eine systematische Vermittlung der Positionen Heideggers und Cassirers noch um eine Frage der historischen Gerechtigkeit. Die moderne philosophische Anthropologie ist keine Brücke zwischen der Daseinsontologie und der Kulturphilosophie, sondern versteht sich auch selbst zu Recht als eigenständige Größe in der skizzierten Dreierkonstellation. Ihr philosophischer Anspruch ist ebenso grundlegend wie der der beiden anderen Projekte. Wird er im Kontext dieser Konstellation entfaltet, so ergeben sich neue Möglichkeiten der Auseinandersetzung mit den philosophischen Projekten Heideggers und Cassirers. Zugleich wird dabei eine originelle philosophische Position kenntlich, deren systematische Bedeutung über die Zeit ihrer Entstehung hinausreicht. Die moderne philosophische Anthropologie vermag ihre methodisch-sachliche Aufschlusskraft auch für das gegenwärtige Fragen nach dem Menschen zu entfalten. Daher ist es heute wichtig, ihre Einsichtsmöglichkeiten nicht erneut zu verspielen.

Vorab ist eine Orientierung darüber erforderlich, worin der Denkansatz der modernen philosophischen Anthropologie besteht. Das wird nicht durch Angabe einer Liste von notwendigen und hinreichenden Merkmalen, die die Zugehörigkeit zu dem Denkansatz definieren, geschehen können. Denn die Begriffe für philosophische Denkrichtungen – und darin ist „Philosophische Anthropologie" keine Ausnahme – sind Familienähnlichkeitsbegriffe im Sinne Ludwig Wittgensteins bzw. Begriffe für Paradigmen im Sinne Thomas Kuhns.[6] Das bedeutet nicht, dass die Rede von Grenzen oder

---

rern in Davos war, zu ergänzen (Friedman 2000). So originell und aufschlussreich seine Überlegungen im Einzelnen auch sind, diese Ergänzung bleibt der Davoser Zweierkonstellation insofern äußerlich, als Carnaps Ansatz sich nicht in Verbindung mit dem von den beiden Davoser Protagonisten gezeichneten Dreieck oder dessen Mittelpunkt bringen lässt.

[5] Die Hauptgründe dafür sind meines Erachtens kontingent. Es gelang Plessner nicht, sich akademisch zu etablieren; nicht zuletzt wegen eines Plagiatvorwurfs, den Scheler kurz nach dem Erscheinen von Plessners *Die Stufen des Organischen und der Mensch* (1928) in Umlauf gebracht hatte und zu dessen Aufklärung es vor allem deshalb nicht kam, weil Scheler selbst im Mai 1928 überraschend starb. Zu den Hintergründen siehe Fischer 2008, 80 ff.

[6] Siehe dazu vom Verf., Wunsch 2010a.

Merkmalen solcher Denkrichtungen überflüssig wird. Wittgenstein erläutert das an seinem Paradebeispiel, dem Begriff des Spiels: „Was ist ein Spiel und was ist keines mehr? Kannst Du die Grenzen angeben? Nein. Du kannst welche *ziehen* [...]“, und zwar, wie es später präzisierend heißt: „für einen besondern Zweck“.[7] Die angegebenen Merkmale philosophischer Denkrichtungen haben statt einer kriterialen dann eine heuristische Funktion.[8] Worum es mir bei der Vororientierung über die moderne philosophische Anthropologie geht, ist die Abgrenzung des Begriffs dieser Denkrichtung von Begriffen des nicht-anthropologischen Fragens nach dem Menschen.

Dafür scheinen mir zwei Überlegungen von Bedeutung zu sein. *Erstens*: Während sich das anthropologische Fragen auf den Menschen als Menschen richtet, ergibt sich das nicht-anthropologische im Kontext einer philosophischen Problemstellung, die auf anderes abzielt. So ist Heideggers Fragen nach dem Menschen auf die Ausarbeitung der „Seinsfrage“ gerichtet. Der Mensch rückt dabei als Existenz, als Träger von Seinsverständnis und damit als der Bezugspunkt für die Ausarbeitung der Seinsfrage in den Fokus. Cassirers Fragen nach dem Menschen ergibt sich dagegen im Horizont der Begründung einer Kulturphilosophie. Damit kommt der Mensch als ein Wesen in den Blick, das Kultur und in diesem Zuge sich selbst gestaltet und das nur von den kulturellen Grundformen her verständlich ist. – *Zweitens* ist für das anthropologische im Unterschied zum nicht-anthropologischen Fragen nach dem Menschen die Einsicht maßgeblich, dass Menschen durch und durch Naturwesen sind. Es gewinnt seine Gestalt daher im Verfolgen eines naturphilosophischen Problemansatzes. Auf dieser Grundlage hat sich seitens der modernen philosophischen Anthropologie vor allem Plessner von Cassirer und Heidegger abgegrenzt. Gegenüber Heideggers Auffassung, der Mensch sei ursprünglich durch Existenz charakterisiert, hat Plessner seine Position auf die Formel „Leben birgt Existenz“ gebracht[9] und in Abgrenzung zur kulturphilosophischen Position Cassirers betont, dieser wisse „zwar auch, daß der Mensch ein Lebewesen ist, aber er macht philosophisch davon keinen Gebrauch“.[10]

---

[7] Ludwig Wittgenstein, *Philosophische Untersuchungen*, §§ 68 f.

[8] Die Liste von Merkmalen, die Joachim Fischer in seiner Studie zur Philosophischen Anthropologie als einer „Denkrichtung des 20. Jahrhunderts“ (so der Untertitel) vorgelegt hat (Fischer 2008, 520-526), sollte, so mein Vorschlag, in diesem Sinne gelesen werden. Außerdem folgt Fischers Umgrenzung des Denkansatzes meines Erachtens in erster Linie dem Zweck, Max Scheler, Helmuth Plessner, Arnold Gehlen, Erich Rothacker und Adolf Portmann, weil sie und ihre Konzeptionen „realgeschichtlich“ und „wissenschaftsbiographisch“ eng aufeinander bezogen waren und auch von anderen so wahrgenommen wurden, in systematischer Hinsicht als Vertreter *eines* Paradigmas zu identifizieren. Siehe dazu im Einzelnen Wunsch 2010a.

[9] Plessner, „Der Aussagewert einer Philosophischen Anthropologie“, GS 8: 388.

[10] Plessner, „Immer noch Philosophische Anthropologie?“, GS 8: 243.

Vor diesem Hintergrund fällt ein interessantes Licht auf die oben erwähnte Unvollständigkeit der Gegenüberstellung der von Cassirer und Heidegger favorisierten Philosophiekonzeptionen und Typen des Fragens nach dem Menschen. Denn aus der Sicht der modernen Anthropologie vernachlässigen beide die philosophische Bedeutung des Umstands, dass Menschen Lebewesen sind. Sie besteht Plessner zufolge nicht zuletzt darin, dass dieser Umstand Konsequenzen für die philosophische Methode hat. Dass das nicht-anthropologische Fragen nach dem Menschen bei Cassirer und Heidegger „Natur" vernachlässigt, ist für das anthropologische die Kehrseite der ebenso problematischen Prägung jenes Fragens durch subjektivistische oder idealistische Tendenzen. Sowohl ein Denken, das wie das Heideggersche den Übergang von unserem eigenen Sein zum Sein überhaupt bzw. von einer „Metaphysik des Daseins" zu einer umfassenden Metaphysik sucht, als auch ein Denken, das wie das Cassirersche vom Gedanken des Menschen als *„homo symbolicus"* her glaubt, eine umfassende Kulturphilosophie aufbauen zu können,[11] geht davon aus, dass das Fragen nach dem Menschen, wie Plessner einmal formuliert, „das Herzstück der Philosophie oder gar ihr Fundament"[12] ist.

Es scheint paradox zu sein, doch gerade die moderne philosophische Anthropologie – dies gilt jedoch nur für Plessner, nicht für Scheler – lehnt diese Auffassung des Fragens nach dem Menschen ab, und zwar aus systematischen Gründen, die eine „Neuschöpfung der Philosophie" erfordern und den Menschen als *homo absconditus* in den Blick bringen. Auch wenn dies erst nach und nach deutlich werden kann, zeichnet sich schon ab, warum die Gegenüberstellung der von Cassirer und Heidegger vertretenen philosophischen Positionen unvollständig ist. Der Streit beider, so groß er sich aus der Binnenperspektive auch ausnimmt, spielt sich in einer bestimmten Dimension des modernen Philosophierens ab. Ihre Ansätze stehen sich auf einer Linie gegenüber, auf der „Natur" in den Hintergrund gedrängt ist und die durch subjektivistische bzw. idealistische Tendenzen geprägt ist. Indem dies von der dritten Position der modernen philosophischen Anthropologie her sichtbar und kritisierbar wird, kann sie die Davoser Zweierkonstellation systematisch ergänzen.

Themenfeld und Gedankenführung der hier vorgelegten Arbeit sind in sich komplex, die Gliederung aber ist von einfachen Überlegungen bestimmt. Das erste der fünf Kapitel wird mit Heideggers Daseinsontologie und Cassirers Kulturphilosophie die beiden maßgeblichen nicht-anthropologischen Perspektiven des Fragens nach dem Menschen einführen. Außerdem wird es die Auseinandersetzung dieser beiden Denkrichtungen in Davos argumentativ rekonstruieren. Dabei werden einige wichtige Bezüge

---

[11] Cassirer, „Seminar on Symbolism and Philosophy of Language", ECN 6: 261 f.
[12] Plessner, „Die Aufgabe der Philosophischen Anthropologie", GS 8: 36.

zu dem dort abwesenden anthropologischen Fragen nach dem Menschen deutlich.

Im zweiten Kapitel betreten mit Max Scheler und Helmuth Plessner die beiden Gründerfiguren des Denkansatzes der modernen philosophischen Anthropologie nachträglich die Davoser Bühne. Nachdem ihre Konzeptionen separat voneinander eingeführt worden sind, wird sich zeigen, dass sie für Cassirer und mehr noch für Heidegger eine systematische Herausforderung darstellen. Beide Autoren reagieren mit einer Kritik des anthropologischen Denkansatzes.

Wie weitgehend diese Kritik ist, wird im dritten Kapitel deutlich. Heidegger und Cassirer meinen, mit ihrer „Metaphysik des Daseins" (GA 3) bzw. „anthropologischen Philosophie" (ECW 23) das von Scheler und Plessner begründete Programm der Philosophischen Anthropologie überflüssig machen zu können. Diese Ansprüche scheitern jedoch; mehr noch: Die genannten Projekte Heideggers und Cassirers weisen ihrerseits gravierende systematische Defizite auf, die sich mit Hilfe der modernen philosophischen Anthropologie ausweisen lassen.

Das vierte Kapitel wird sich in der Hauptsache der systematischen Rekonstruktion des anthropologischen Denkansatzes Helmuth Plessners widmen. Dieser hat in seinen beiden anthropologischen Hauptwerken *Die Stufen des Organischen und der Mensch* (1928) und *Macht und menschliche Natur* (1931) eine mehrdimensionale anthropologische Konzeption entwickelt, in der sich naturphilosophische Aspekte und solche einer „Anthropologie der geschichtlichen Weltansicht" auf eine systematische Weise durchdringen. Diese Konzeption könnte ihre orientierende und argumentative Kraft auch im gegenwärtigen Fragen nach dem Menschen entfalten.

Im fünften und letzten Kapitel wende ich mich im Rahmen eines Ausblicks den Aufgaben einer heutigen philosophischen Anthropologie zu. In der internationalen und insbesondere englischsprachigen philosophischen Diskussion ist zwar die Heideggersche und mit Einschränkung auch die Cassirersche Position präsent, die Plessnersche jedoch so gut wie gar nicht. Es ist daher nicht überraschend, dass die moderne philosophische Anthropologie dort im Grunde genommen keine Rolle spielt.[13] Gleichwohl und gewissermaßen auch selbstverständlich wird in der gegenwärtigen anglophonen Diskussion eine Reihe von Themenkreisen intensiv diskutiert, die mit der oben von Harry Frankfurt genannten Frage, „what we ourselves essentially are",[14] zusammenhängen und von großer Bedeutung auch für die philosophische Anthropologie sind. Von diesen Themenkreisen wähle ich im Schlusskapitel vier aus: den Naturalismus, das Tier-Mensch-Verhältnis, den Personbegriff und das Verhältnis von menschlicher Lebensform und

---

[13] Das liegt nicht zuletzt daran, dass nach wie vor keine englische Übersetzung der beiden oben genannten Werke Plessners vorliegt.

[14] Frankfurt 1971, 11.

objektivem Geist. Die Liste ist unvollständig, macht aber einen Anfang. Die Diskussion der dort angesprochenen Kernfragen einer heutigen philosophischen Anthropologie vor dem Hintergrund der in den vorangegangenen Kapiteln rekonstruierten Positionen eröffnet eine Forschungsperspektive, in der man ausgehend von der modernen philosophischen Anthropologie und einer im Entstehen begriffenen analytischen Anthropologie das Fragen nach dem Menschen von Neuem aufnehmen kann.

1 PERSPEKTIVEN NICHT-ANTHROPOLOGISCHEN FRAGENS NACH DEM MENSCHEN

1.1 Heideggers existenzial-ontologische Analytik des Daseins

Das primäre philosophische Interesse, das Heidegger in *Sein und Zeit* verfolgt, besteht in der von ihm so genannten „Seinsfrage", die er etwas ausführlicher als die „Frage nach dem Sinn von Sein" bezeichnet.[15] Zu klären, wie diese Frage zu verstehen ist, ihre „konkrete Ausarbeitung" ist die Aufgabe, die sich Heidegger in *Sein und Zeit* stellt (SuZ 1). Für dieses Vorhaben zentral ist die Unterscheidung zwischen „Sein" und „Seiendem", die Heidegger später als die „ontologische Differenz" bezeichnet. Während er unter „seiend" all das zu verstehen scheint, worauf wir uns im Fühlen, Wahrnehmen, Sprechen und Denken beziehen können, gilt „Sein" als „das, was Seiendes als Seiendes bestimmt, das, woraufhin Seiendes [...] je schon verstanden ist" (SuZ 6). Die Unterscheidung ist problematisch. Denn wenn Heidegger sagt, seiend sei „alles, wovon wir reden, was wir meinen, wozu wir uns so verhalten [...]" (ebd., 6 f.), so trifft dies offenbar auch auf das zu, was er ‚Sein' nennt – und zwar paradoxerweise selbst in dem Satz „Das Sein des Seienden ‚ist' nicht selbst ein Seiendes" (ebd., 6). Denn auch vom Sein reden wir ja – zumindest in der Ontologie. Sein ist jedoch, wie Heidegger immer wieder betont, kein Seiendes. Es ist in *Sein und Zeit* aber auch nicht von Seiendem getrennt, sondern „jeweils das Sein eines Seienden" (ebd., 9). Wenn es um das Sein von Seiendem geht, dann geht es um denjenigen Zusammenhang von Strukturen, die Seiendes als Seiendes ausmachen und auf die hin es uns erschlossen ist. „Ontologie" ist dann das „explizite theoretische Fragen nach dem Sein des Seienden" (ebd., 12).

Ich möchte zwei Besonderheiten von Heideggers Wiederanknüpfung an die Tradition der Ontologie hervorheben. Die erste besteht in seiner Auffassung, dass die Seinsfrage, also die Frage nach dem „Sinn von Sein überhaupt", allem Fragen nach dem Sein des Seienden und insofern aller Ontologie vorgeordnet sei. Heidegger begründet diesen „ontologischen Vorrang der Seinsfrage" damit, dass das Fragen der Ontologie ohne die Erörterung der Seinsfrage „naiv und undurchsichtig" bleibe und dass es „einer Vorver-

---

[15] SuZ 1. Es ist verschiedentlich auf die Mehrdeutigkeit hingewiesen worden, dass Heidegger auf der ersten Seite von *Sein und Zeit* mit der Seinsfrage einmal nach dem „Sinn von ‚Sein'" und ein anderes Mal nach dem „Sinn von Sein" (ohne Anführungszeichen) fragt. Für eine kritische Auseinandersetzung mit der „Seinsfrage" siehe Tugendhat 1992.

ständigung über das, „was wir eigentlich mit diesem Ausdruck ›Sein‹ meinen‹", bedürfe (SuZ 11). – Eine weitere und für die hier verfolgte Fragestellung zentrale Besonderheit seines Ansatzes betrifft das Vorgehen von *Sein und Zeit*. Für den Weg, den Heidegger dort zur Ausarbeitung der Seinsfrage einschlägt, spielt der Begriff des Menschen, in seiner Terminologie „Dasein", die Schlüsselrolle.

An der Stelle von *Sein und Zeit*, die für die Einführung des Daseinsbegriffs entscheidend ist, spricht Heidegger von einem bestimmten „Seienden (Mensch)" und setzt dann unmittelbar fort: „Dieses Seiende fassen wir terminologisch als *Dasein*" (SuZ 11). Es ist offensichtlich, dass „Dasein" damit als Terminus gelten soll, der dieselbe Extension wie „Mensch" hat. Die Wahl des Sonderausdrucks hängt damit zusammen, dass Heidegger gewisse traditionelle Fragen und Erwartungen, die sich mit dem Ausdruck „Mensch" verbinden, etwa in der traditionellen philosophischen Anthropologie, beiseite setzen möchte. Umgekehrt gesagt, möchte er bestimmte Aspekte des Menschen und des philosophischen Zugangs zu diesem in den Vordergrund stellen, die von der Tradition vernachlässigt wurden, seines Erachtens aber so wichtig sind, dass die Einführung des neuen Wortes angebracht ist.

Worin die maßgebliche Rolle besteht, die Heideggers Begriff des Menschen in *Sein und Zeit* für die Ausarbeitung der Seinsfrage spielt, ergibt sich aus der Ausgangsbestimmung von „Dasein". Dieses sei dasjenige Seiende, dem es „in seinem Sein *um* dieses Sein selbst geht" (SuZ 12). Das impliziert, dass das Dasein, wenn auch auf eine zunächst vorphilosophische Art, immer schon über ein „Seinsverhältnis" und „Seinsverständnis" verfügt (ebd.). Die ontologische Untersuchung kann daran anknüpfen und es transparent machen. Die Ausarbeitung der Seinsfrage – das ist die methodische Grundidee – soll daher auf dem Weg einer Analytik des Daseins vorangebracht werden. Dass der „Dasein" genannte Mensch in *Sein und Zeit* ein Thema von herausgehobener Bedeutung ist, zeigt sich auch in Heideggers Idee einer Art Proto-Ontologie: Alle Ontologie und alle Untersuchung verschiedener Seinsregionen setze eine „Fundamentalontologie" voraus, die ein „ontologisch-ontisch ausgezeichnete[s] Seiende[s] zum Thema hat" (SuZ 37), und zwar das Dasein. Dieses sei die „ontisch-ontologische Bedingung aller Ontologien" (ebd., 13). Seine ontische Auszeichnung gegenüber Seiendem anderer Art rühre daher, dass es im Unterschied zu diesem ein Verhältnis zu seinem Sein hat; und seine ontologische Auszeichnung bestehe darin, dass es aus diesem Grund „an ihm selbst ‚ontologisch‹" ist, Seinsverständnis besitzt (ebd., 12 f.). Heideggers These ist daher, dass die Fundamentalontologie in der „Analytik des Daseins gesucht werden" muss (ebd., 13) bzw. dass diese Analytik „die Fundamentalontologie ausmacht" (ebd., 14).

Dass die Ausarbeitung der Seinsfrage der übergeordnete Zweck und die Analytik des Daseins das dazugehörige Mittel ist, macht das Fragen nach dem Menschen in *Sein und Zeit* zu einem nicht-anthropologischen. Heidegger würde dieser Diagnose zustimmen, sie aber noch verstärken wollen. Aus seiner Sicht wären das daseinsanalytische Fragen nach dem Menschen und ein philosophisch-anthropologisches Fragen nicht nur verschiedene Unternehmen, sondern sie stünden auch in einem hierarchischen Verhältnis zueinander: Während die Daseinsanalytik in der Lage wäre, eine zentrale Rolle in der Grundlegung der philosophischen Anthropologie zu spielen, könnte dieser keine systematische Bedeutung für jene zukommen. Allerdings bleibt die Daseinsanalytik, so beschreibt Heidegger das in *Sein und Zeit* verfolgte Verfahren, „ganz auf die leitende Aufgabe der Seinsfrage orientiert. Dadurch bestimmen sich ihre Grenzen. Sie kann nicht eine vollständige Ontologie des Daseins geben wollen, die freilich ausgebaut sein muß, soll so etwas wie eine ‚philosophische' Anthropologie auf einer philosophisch zureichenden Basis stehen" (SuZ 17).

Die Haltung zur philosophischen Anthropologie, die an dieser Stelle von *Sein und Zeit* anklingt, lässt sich durch das ganze Buch verfolgen. Zwei Aspekte sind für sie charakteristisch. Auf der einen Seite hebt Heidegger immer wieder hervor, dass in der fundamentalontologischen Perspektive, in der sich sein Unternehmen bewegt, kein Interesse an philosophischer Anthropologie besteht. Er betont etwa, dass er mit seiner „fundamentalontologische[n] Untersuchung [...] weder eine thematisch vollständige Ontologie des Daseins anstrebt noch gar eine konkrete Anthropologie" (SuZ 194). „Die Analytik des Daseins", so heißt es an anderer Stelle, zielt „nicht auf eine ontologische Grundlegung der Anthropologie, sie hat fundamentalontologische Abzweckung" (ebd., 200). Darüber hinaus ist die philosophische Anthropologie aus Heideggers Sicht auch umgekehrt nicht dazu in der Lage, einen Beitrag zur Daseinsanalytik zu leisten. Der Grund dafür liegt darin, dass sie außerstande ist, eine „ontologisch zureichend begründete[] Antwort auf die Frage nach der *Seinsart* dieses Seienden, das wir selbst sind", zu geben (ebd., 50).

Auf der anderen Seite macht Heidegger geltend, dass sich seine Daseinsanalytik zum apriorischen Fundament einer philosophischen Anthropologie ausbauen ließe. Die Daseinsanalytik, so wie sie in *Sein und Zeit* Gestalt gewinnt, wäre seines Erachtens zwar „vielfältig ergänzungsbedürftig im Hinblick auf eine geschlossene Ausarbeitung des existenzialen Apriori der philosophischen Anthropologie" (SuZ 131) und es scheint auch nichts dagegen zu sprechen, sich um die Ausarbeitung einer solchen „existenzial-apriorischen Anthropologie" (ebd., 183) zu bemühen.[16] Allerdings würde es sich dabei, gemessen an der fundamentalontologischen Ausrichtung von

---

[16] Zu Heideggers Idee einer existenzialen Anthropologie in *Sein und Zeit* siehe auch Pöggeler 1999, 174 ff. Dort, 178 f., wird auch auf die Wirkungsgeschichte dieser Idee in der Theologie (Rudolf Bultmann) und Psychiatrie (Ludwig Binswanger und Medard Boss) hingewiesen.

Sein und Zeit, um eine „Sonderaufgabe" handeln.[17] Anders als es vielleicht auf den ersten Blick scheint, ist Heideggers Rede von der „*Sonderaufgabe* einer existenzial-apriorischen Anthropologie" nicht despektierlich gemeint. Dies wird an einer im gegenwärtigen Kontext zentralen Stelle deutlich. Heidegger spricht dort von der Aufgabe der „Freilegung *des* Apriori, das sichtbar sein muß, soll die Frage, ‚was der Mensch sei‘, philosophisch erörtert werden können" (ebd., 45). Diese Aufgabe, so Heidegger, hat eine „Dringlichkeit", die „kaum geringer ist als die der Seinsfrage selbst" (ebd.). Sie ist also nicht durch ihre Abseitigkeit, sondern durch ihre große Wichtigkeit als Sonderaufgabe ausgezeichnet. Für Heidegger liegt die Freilegung des existenzialen Apriori der philosophischen Anthropologie – anders gesagt: die transzendental-ontologische Grundlegung der philosophischen Anthropologie – durchaus im Rahmen der Möglichkeiten seines Ansatzes. Seiner Selbsteinschätzung nach wird sie sogar in seiner Daseinsanalytik „mitgefördert" (ebd., 45). Die Daseinsanalytik, so Heidegger, gibt in Hinblick „auf eine mögliche Anthropologie bzw. deren ontologische Fundierung [...] einige, wenngleich nicht unwesentliche ‚Stücke‘" (ebd., 17).

Fasst man die beiden genannten Aspekte zusammen, so ergibt sich folgendes Bild: Heideggers Position in *Sein und Zeit* ist einerseits durch ein offensives Desinteresse an philosophischer Anthropologie und andererseits durch einen transzendentalen Begründungsanspruch für philosophische Anthropologie gekennzeichnet. Sein Desinteresse ergibt sich aus der Überzeugung, mit seiner Daseinsanalytik den im Vergleich zur philosophischen Anthropologie grundsätzlicheren Ansatz zu vertreten. Heidegger unternimmt in *Sein und Zeit* aber gar nicht erst den Versuch, die These der größeren Grundsätzlichkeit seiner Daseinsanalytik dadurch einzuholen, dass er eine transzendentale Begründung (bzw. ontologische Fundierung) der philosophischen Anthropologie tatsächlich liefert. Das ist aus seiner Sicht auch gut nachvollziehbar, würde ihn dieser Versuch doch zu weit von seiner Hauptabsicht, der Ausarbeitung der Seinsfrage, abbringen. Worum sich Heidegger in *Sein und Zeit* zumindest im Ansatz jedoch bemüht, ist, seine Daseinsanalytik in direkter Konfrontation von der philosophischen Anthropologie abzugrenzen und auf *diesem* Wege die größere Grundsätzlichkeit seines eigenen Projekts herauszustellen.

„Was ist der Mensch?" gilt häufig als die Grundfrage der philosophischen Anthropologie. Heidegger erwähnt diese Frage in *Sein und Zeit* in einem Kontext, aus dem hervorgeht, dass er sie schon im Ansatz für verfehlt hält. Das Sein, zu dem sich das Dasein in seinem Sein auf diese oder jene Weise verhalten kann und tatsächlich verhält, wird von ihm „Existenz" genannt (SuZ 12). Dieses Sein sei „Zu-sein" und „je meines", das heißt je ich habe es

---

[17] SuZ 183. Heidegger versteht Karl Jaspers als Autoren, der sich mit seiner *Psychologie der Weltanschauungen* (Jaspers 1925) bereits dem „Aufgabenkreis einer thematischen existenzialen Anthropologie" zugewandt hat (SuZ 301).

selbst zu sein bzw. zu vollziehen; es sei „daher nie ontologisch zu fassen als Fall und Exemplar einer Gattung von Seiendem als Vorhandenem" (ebd., 42). Trotz oder aufgrund der „Jemeinigkeit" ist Existenz eine bestimmte Seinsart. Heidegger bezeichnet deren Strukturbestimmungen, „die Seinscharaktere des Daseins", als „Existenzialien" und unterscheidet sie „scharf [...] von den Seinsbestimmungen des nicht daseinsmäßigen Seienden", die er „Kategorien" nennt (ebd., 44). Das Dasein ist demnach ontologisch grundsätzlich anders zu bestimmen als anderes Seiendes. Beides „fordert eine je verschiedene Weise des primären Befragens: Seiendes ist ein *Wer* (Existenz) oder ein *Was* (Vorhandenheit im weitesten Sinne)" (ebd., 45). Bezieht man diese Unterscheidung auf die genannte Grundfrage der philosophischen Anthropologie, so wird sichtbar, warum Heidegger deren Projekt für fehlgeleitet hält: In der Frage „*Was* ist der Mensch?" ist über das Sein des Menschen unreflektiert vorentschieden, es wird als Vorhandenheit angesetzt. Zwar gesteht Heidegger zu, dass das Dasein „mit einem gewissen Recht in gewissen Grenzen als nur Vorhandenes *aufgefaßt* werden *kann*" (ebd., 55), dies dürfe aber nicht den Blick dafür verstellen, dass Vorhandensein „dem Seienden vom Charakter des Daseins wesensmäßig nicht zukommt" (ebd., 42). Damit wird deutlich, warum die philosophische Anthropologie Heidegger zufolge nichts zur Daseinsanalytik beizutragen vermag: Sie ist kategorialer Art, diese aber muss existenzialer Art sein. Da erstere die Seinsart des Daseins auf eine unangemessene Weise ansetzt, ist sie zu einer Oberflächlichkeit verdammt, die allenfalls durch ihre existenzial-ontologische Fundierung mit Hilfe letzterer beseitigt werden kann.

Auf dieser Grundlage lässt sich Heideggers in *Sein und Zeit* mit der philosophischen Anthropologie geführte Auseinandersetzung konkretisieren. Zuvor liegen jedoch einige kritische Überlegungen zu seinem eigenen Ansatz nahe. Denn dieser erweist sich in Hinsicht auf genau die Differenz als problematisch, die im vorigen im Mittelpunkt stand. Erstens besteht hier das Problem der Exklusivität der Unterscheidung zwischen Existenz und Vorhandensein. Diese Unterscheidung wird von Heidegger als Unterscheidung zwischen Seinsarten verschiedener Seiender konzipiert. Seines Erachtens ist es ausgeschlossen, dass Seiendes zugleich die Seinsart des Vorhandenseins und der Existenz hat. Heidegger zufolge existieren Tische ebenso wenig wie Menschen (Dasein) vorhanden sind. Es bleibt aber offen, warum es sich bei der Unterscheidung beider Seinsarten nicht um eine Aspektdifferenz von bestimmten Seienden handeln sollte, oder anders gesagt, warum Existenz und Vorhandensein nicht miteinander verschränkte Seinsbestimmungen des Daseins sein sollten.[18]

Zweitens besteht neben dem Problem der Exklusivität das Problem der Vollständigkeit der Unterscheidung zwischen Existenz und Vorhandensein.

---

[18] Siehe dazu auch Tugendhat 1979, 185.

Heidegger bezeichnet Existenzialien und Kategorien als „die beiden Grundmöglichkeiten von Seinscharakteren" (SuZ 45). Der bestimmte Artikel legt nahe, dass es keine weiteren Grundmöglichkeiten gibt. Doch was ist mit den Seinsbestimmungen des Lebendigen? Sind sie (a) von den Existenzialien oder Kategorien her konzipierbar oder bilden sie (b) eine dritte Grundmöglichkeit von Seinscharakteren? Für letzteres spricht, dass Heidegger neben oder ‚zwischen' Existenz und Vorhandensein mit „Leben" noch eine weitere, und zwar „eigene Seinsart" vorsieht: „Leben ist weder pures Vorhandensein, noch aber auch Dasein" (ebd., 50). Für erstere Variante spricht aber, dass er mit Blick auf diese Seinsart eine Privationsthese vertritt. Sie besagt, dass die „ontologische Grundverfassung von ‚leben' [...] nur auf dem Wege reduktiver Privation aus der Ontologie des Daseins aufzurollen" ist.[19]

Da die Entfaltung einer Ontologie des Lebens entlang der skizzierten privativen Methode jedoch in *Sein und Zeit* unterbleibt, wird dort nicht hinreichend deutlich, in welchem sachlichen Verhältnis Leben zu den beiden anderen Seinsarten, insbesondere zur Existenz steht. Das liegt auch daran, dass sich an einigen Stellen das Problem der Exklusivität fortzusetzen scheint. Indem Heidegger etwa das Dasein „von Seiendem anderer Seinsart (Vorhandenheit oder Leben)" unterscheidet (SuZ 241), entsteht der Eindruck, dass Leben nicht zur Seinsart des Daseins gehört. An anderen Stellen aber, etwa im Rahmen der Ausführungen zum Verhältnis von Leben und Tod sowie zum „Zusammenhang des Lebens",[20] scheint er einzuräumen, dass auch das Dasein lebendig ist. Das ergibt sich etwa aus Bemerkungen wie der folgenden: „Leben muß verstanden werden als eine Seinsart, zu der ein In-der-Welt-sein gehört" (wobei Heidegger in seinem Handexemplar ergänzt hat: „wenn menschliches Leben gemeint ist, sonst nicht").[21] Die Frage nach dem ontologischen Zusammenhang zwischen der Lebendigkeit des Daseins und seinen Existenzialien, die sich aus derartigen Bemerkungen ergibt, bleibt in *Sein und Zeit* aber ungeklärt. Neben dem Problem der Exklusivität und dem der Vollständigkeit der Unterscheidung zwischen Existenz und Vorhandensein kann daher drittens das Problem der Lebendigkeit des Daseins festgehalten werden.

Die „Abgrenzung der Daseinsanalytik gegen Anthropologie, Psychologie und Biologie" in § 10 von *Sein und Zeit* folgt der Linie, die vor dem Hintergrund der dargelegten ontologischen Grundunterscheidungen zu erwarten

---

[19] SuZ 194. Vgl.: „Leben ist eine eigene Seinsart, aber wesenhaft nur zugänglich im Dasein. Die Ontologie des Lebens vollzieht sich auf dem Wege einer privativen Interpretation" (ebd., 50). Leben ist eine Seinsart, die „nur in privativer Orientierung am Dasein ontologisch fixiert werden" kann (ebd., 246).

[20] SuZ 246 f., 373 ff. Siehe dazu die Analysen bei Kühn 1991 und Liebsch 1996.

[21] Ebd., 246, 444. Vgl auch Heideggers Bestimmung der Welt als das, „‚worin' ein faktisches Dasein als dieses ‚lebt'" (ebd., 65).

ist, ist zugleich aber von der skizzierten Problematik dieser Unterscheidungen betroffen. Wo Heidegger die Anthropologie im Einzelnen kritisiert, geht er von der Einteilung in „traditionelle" und „neuzeitliche[] Anthropologie" aus (SuZ 48 f.). Indem er für die traditionelle die Bezeichnung „antik-christliche[] Anthropologie" wählt, zeigt er an, dass hier zwei Leitfäden im Spiel sind. Anhand des einen, ich nenne ihn den „griechischen", wird der Mensch als ζῷον λόγον ἔχον und später als *animal rationale* charakterisiert.[22] Der andere Leitfaden, den man als den „theologischen" bezeichnen kann, ergibt sich aus der jüdisch-christlichen These der Gottesebenbildlichkeit des Menschen. Heidegger verweist in diesem Zusammenhang auf die Bibelstelle Genesis I, 26: „Und Gott sprach: Lasset uns Menschen machen nach unserm Bilde, uns ähnlich". Beide Leitfäden hängen Heidegger zufolge aber in der Luft. Er fasst seine Kritik in der Einschätzung zusammen, dass sowohl in der griechischen als auch in der theologischen Orientierung der traditionellen Anthropologie „über einer Wesensbestimmung des Seienden ‚Mensch' die Frage nach dessen Sein vergessen bleibt, dieses Sein vielmehr als ‚selbstverständlich' im Sinne des Vorhandenseins der übrigen geschaffenen Dinge begriffen wird" (ebd., 49).

Der Vorwurf der Seins- und Existenzvergessenheit der traditionellen Anthropologie muss aus Heideggers Sicht auch der neuzeitlichen Anthropologie gemacht werden. Seiner Auffassung nach „verschlingen sich in der neuzeitlichen Anthropologie" der griechische und der theologische Leitfaden „mit dem methodischen Ausgang von der res cogitans, dem Bewußtsein, Erlebniszusammenhang" (SuZ 49). Indem aber „auch die cogitationes ontologisch unbestimmt bleiben, bzw. wiederum unausdrücklich ‚selbstverständlich' als etwas ‚Gegebenes' genommen werden, dessen ‚Sein' keiner Frage untersteht, bleibt die anthropologische Problematik in ihren entscheidenden ontologischen Fundamenten unbestimmt" (ebd.). Die neuzeitliche Anthropologie arbeitet demnach mit ontologischen Vorannahmen, die von ihr überhaupt nicht reflektiert werden.

Wie diese Kritik Heideggers zu verstehen ist, lässt sich gut mit Blick auf Descartes erläutern. Dieser stellt nirgendwo die Frage, ob die aus der Antike und dem Mittelalter überkommene substanzontologische Begrifflichkeit für das Verständnis von uns selbst überhaupt geeignet ist. Es gibt eine Stelle in der *Zweiten Meditation*, in der das auf paradigmatische Weise deutlich wird. Nachdem Descartes dort im „Ego sum, ego existo" den gesuchten archimedischen Punkt gefunden hat, setzt er fort mit: „Ich bin mir aber noch nicht hinreichend klar darüber, *wer* denn [*quisnam*] Ich bin – jener Ich, der notwendigerweise ist"; schon im nächsten Absatz transformiert er diesen Ansatz, ohne es kenntlich zu machen, indem er sagt, „[…] ich erwog, *was* [*quid*]

---

[22] Siehe präziser dazu: Ignatow 1979, 47.

ich sei".[23] Heidegger erwähnt diese Passagen nicht. Aus seiner Perspektive ist es aber genau dieser Wechsel von der Wer-Frage zur Was-Frage, der verhängnisvoll ist. Denn das, wonach wir mit einer Was-Frage fragen, setzen wir (zumindest implizit) als etwas Vorhandenes an. Der Mensch bzw. das Dasein sei aber nicht einfach ein Vorhandenes; er komme nicht einfach unter anderem Seienden vor, sondern zeichne sich gegenüber anderem Seienden dadurch aus, dass es ihm „in seinem Sein *um* dieses Sein selbst geht" (SuZ 12); er verhält sich Heidegger zufolge in irgendeiner Weise und mehr oder weniger ausdrücklich zu seinem Sein. Sein Sein lässt sich also nicht einfach wie das der Dinge als Vorhandenheit bestimmen. Descartes' Wechsel von der Wer- zur Was-Frage ist demnach ein Wechsel zur Frage nach dem Ich als Vorhandenem, als Ding. Dieser Wechsel motiviert bereits die aus Heideggers Sicht grundfalsche These, dass „Ich" ein „denkendes Ding [*res cogitans*]" bin.[24]

Doch so treffend eine solche Kritik an der cartesianischen Anthropologie auch sein mag; es bleibt der Eindruck zurück, dass die Anthropologie, gegen die Heidegger sich in § 10 von *Sein und Zeit* abgrenzt, einer Strohpuppe gleichkommt. Sie wirkt nicht nur künstlich, sondern scheint auch nicht richtig ins 20. Jahrhundert zu passen. Heidegger orientiert sich an der traditionellen und neuzeitlichen Anthropologie, lässt merkwürdigerweise jedoch die moderne Anthropologie außen vor. Tatsächlich gibt es gar keinen ihm zeitgenössischen Vertreter einer naiven cartesianischen Anthropologie. Und Dilthey oder Husserl, auf die seine Rede von einer „Anthropologie mit dem methodischen Ausgang von der res cogitans, dem Bewußtsein, dem Erlebniszusammenhang" gemünzt sein könnte (SuZ 49), lassen sich der philosophischen Anthropologie nicht ohne Weiteres zurechnen, wenngleich Diltheys Lebensphilosophie ihr sicher einen entscheidenden Anstoß gegeben hat.[25] – Es lässt sich also festhalten: Heidegger operiert in *Sein und Zeit* mit einem veralteten oder unbestimmten Anthropologiebegriff. Der Begriff scheint sich entweder auf vergangene Gestalten der philosophischen Anthropologie oder, sofern er eine Anbindung an die Heidegger zeitgenössische Philosophie hat, auf Positionen zu beziehen, die allenfalls, wie es bei Heidegger selbst einmal heißt, „Tendenzen auf eine philosophische Anthropologie" aufweisen (SuZ 47).

Heideggers Abgrenzung gegen die Anthropologie gehört zur Einführung seiner „vorbereitenden Fundamentalanalyse des Daseins". Diese Analyse bildet den ersten Abschnitt von *Sein und Zeit*, auf den ein zweiter mit der Überschrift „Dasein und Zeitlichkeit" folgt. Heidegger entfaltet in diesen Abschnitten seinen gegen die gesamte bewusstseinsphilosophische Tradition

---

[23] Descartes, *Meditationes de Prima Philosophia*, 25 f. (lat./dt., 78-81).

[24] Ebd., 27 (lat./dt., 82 f.).

[25] Vgl. dazu die Beiträge unter der Rubrik „Rückblick: Anknüpfungen an Dithey" in Neschke/ Sepp (Hgg.) 2008 sowie Giammusso 2012.

gerichteten Gedanken des Daseins als In-der-Welt-sein. Dieser umfasst drei Grundmomente: Konzeptionen der Weltlichkeit, des „Wer?" des In-der-Welt-seins und des In-Seins. Im Zuge der Charakterisierung des letzteren unterscheidet Heidegger drei Weisen der Erschlossenheit, die unserem theoretischen Erkennen und der Sprache vorausgehen, und zwar Befindlichkeit, Verstehen und Rede. Mit dem berühmten Paragraphen über die Stimmung der Angst (SuZ, § 40) rückt eine Differenz in den Mittelpunkt, die das gesamte Werk durchzieht. Existieren ist in einem emphatischen und selbstbestimmten Sinn – „eigentlich" – oder in einem von der Welt und Mitwelt absorbierten, selbstvergessenen Sinn – „uneigentlich" – möglich. Die Angst fungiert in *Sein und Zeit* gewissermaßen als das Tor zur Eigentlichkeit und konkretisiert sich in der Angst vor dem Tod, der Heideggers *principium individuationis* ist. Als Antwort auf die Frage nach dem Sein des Daseins entwickelt Heidegger die dreigliedrige Struktur der Sorge, die er dann auf die Zeitlichkeit in ihren drei „Ekstasen" Zukunft, Gewesenheit und Gegenwart hin interpretiert. Die Zeitlichkeit gilt Heidegger als der ontologische Sinn der Sorge und wird von ihm in den abschließenden Kapiteln des zweiten Abschnitts in Beziehung zur Alltäglichkeit, Geschichtlichkeit und Innerzeitigkeit diskutiert. Offen bleibt aber die Frage, wie Heidegger sich den Schritt von der daseinsbezogenen Zeitlichkeit zur Zeit selbst vorstellt, in deren Horizont letztlich die Frage nach dem Sinn von Sein ihre Antwort finden soll.

Sein und Zeit ist ein Fragment geblieben. Ein dritter Abschnitt „Zeit und Sein" sowie ein zweiter Teil, der wiederum aus drei Abschnitten bestehen sollte, gehörten ebenfalls zum ursprünglichen Plan (vgl. SuZ 41 f.), sind aber nie erschienen. Woran die Fertigstellung des Gesamtwerks gescheitert ist, ist eine viel diskutierte Frage.[26] Im Folgenden geht es mir nicht darum, diese Frage zu beantworten. Gleichwohl möchte ich an die Diskussion einer systematischen Grundschwierigkeit von *Sein und Zeit* anknüpfen, die deutlich von Dieter Thomä[27] herausgestellt worden ist.[28] Wenn die Seinsfrage auf dem Weg einer Analytik des Daseins ausgearbeitet werden soll, ist eine Verbindung zwischen dem eigenen Sein und dem Sein überhaupt herzustellen. Dem Dasein, so Heideggers Ausgangsbestimmung, gehe es in *seinem* Sein um *dieses* Sein selbst (SuZ 12). Es steht also in einem Verhältnis zum eigenen Sein. In der Seinsfrage aber geht es um das Sein überhaupt. Daher stellt sich nach dem methodischen Schritt zum Dasein die Frage nach dem Rückweg zum Sein. Thomä zufolge vermag Heidegger diese Frage nicht zu klären. Nachdem die Ausarbeitung der Seinsfrage an die Daseinsanalytik delegiert worden ist, misslinge „nun umgekehrt wieder die Öffnung auf das ‚Sein',

---

[26] Siehe einführend dazu Kisiel 2001.

[27] Siehe Thomä 1990, 253-255.

[28] Die folgenden Überlegungen von Kap. 1.1 sind wörtlich in einen Aufsatz eingegangen, den der Verf. unter dem Titel „„Welt' in Heideggers metaphysischer Periode" veröffentlicht hat (Wunsch 2013a, 9-12).

sofern es nicht allein dem Dasein zugedacht ist".[29] Demnach würde Heidegger paradoxerweise mit einem Problem konfrontiert sein, in dem man sonst Descartes befangen sieht: Er hätte sein Schiff methodisch auf eine Sandbank gesetzt, die zwar einen relativ festen Grund bietet, von der erneut in See zu stechen, sich aber als unmöglich erweist.

Heidegger selbst meint, über die systematischen Ressourcen zu verfügen, um die Schwierigkeit zu überwinden. Seine These ist, dass in der Idee der Seinsverfassung des Daseins bereits „die Idee von Sein überhaupt" liege: „Zum Dasein gehört aber wesenhaft: Sein in der [a] Welt. Das dem Dasein zugehörige Seinsverständnis betrifft daher gleichursprünglich das Verstehen von so etwas wie [b] ‚Welt' und Verstehen des Seins des Seienden, das innerhalb der [c] Welt zugänglich wird" (SuZ 13). Der hier von Heidegger angedeutete Schritt vom Verständnis des eigenen Seins zu dem von Sein überhaupt wird offenbar über den Weltbegriff vermittelt. Vielleicht sollte besser gesagt werden: über eine Reihe von drei verschiedenen Weltbegriffen. Wie gut die Vermittlung gelingt, wird daher davon abhängen, wie gut sich diese Begriffe in einen einheitlichen Gedankengang integrieren lassen. Heidegger hat in *Sein und Zeit* selbst mehrere Weltbegriffe explizit unterschieden (ebd., 64 f.). Anknüpfend an seine Unterscheidung schlage ich folgende Lesart des obigen Zitats vor: An der Stelle (a) steht „Welt" für „das, ‚worin' ein faktisches Dasein als dieses ‚lebt'" (ebd., 65); bei (b) bedeutet „Welt" dann „das Sein" von Seiendem einer bestimmten Region (die so genannte Welt des Mathematikers, des Biologen etc.) oder von demjenigen Seienden, das insgesamt das „All des Seienden" bildet und schließlich an der Stelle (c) „Welt" genannt wird (ebd., 64).

Auf diese Weise ergibt sich ein Argument, mit dem aus dem Bestehen eines Verständnisses des eigenen Seins gefolgert wird, dass auch ein Verständnis des Seins überhaupt besteht:

(i)   Das Dasein besitzt Verständnis von seinem Sein.

(ii) Das eigene Sein ist ein Sein in dem, „‚worin' ein faktisches Dasein als dieses ‚lebt'", kurz gesagt, ein „Sein in der Welt".

(iii) Ein Verständnis des eigenen Seins ist daher ein Verständnis des Seins in der Welt.

(iv) Das Verständnis des Seins in der Welt ist aber zugleich ein Verständnis des Seins bestimmter Regionen sowie des Alls des Seienden und damit des Seins überhaupt.

(v)   Also besitzt das Dasein ein Verständnis des Seins überhaupt.

---

[29] Thomä 1990, 255; vgl. ebd., 445 ff. – Thomä nimmt übrigens auch auf die Heideggerdeutung Jean Grondins Bezug (ebd., 254 Anm. 18), der ihm in einer späteren Veröffentlichung im Wesentlichen zustimmt. Siehe Grondin 2001, 10 f.

Wie ist der Gedankengang zu bewerten?[30] Gesteht man die Prämissen (i) und (ii) zu, so erscheint mir seine Schlüssigkeit vor allem aus zwei Gründen fraglich zu sein: Zum einen folgt Satz (iii) nicht aus den genannten Prämissen, da Begriffe wie „wissen", „verstehen", „denken" etc. bekanntlich intensionale Kontexte erzeugen. Das klassische, auf Frege zurückgehende Beispiel zur Verdeutlichung dieses Punktes ist das folgende: Wenn eine Person weiß, dass die Venus der Morgenstern ist, und es der Fall ist, dass der Morgenstern derselbe Himmelskörper wie der Abendstern ist, dann folgt nicht schon, dass die Person auch weiß, dass die Venus der Abendstern ist. – Zum anderen ist auch Satz (iv) fragwürdig. Denn der Zusammenhang der verschiedenen Weltbegriffe bzw. die Einheit des Weltbegriffs in *Sein und Zeit* bleibt unklar. Der Ausdruck „Sein in der Welt" involviert in ontischer Hinsicht „Welt" im Sinne von (a), also als „das, ‚worin' ein faktisches Dasein als dieses ‚lebt'".[31] Der theoretische Hintergrund dafür ist in *Sein und Zeit* aber, dass „Sein in der Welt" ein ontologischer Ausdruck ist, und zwar in dem Sinn, dass er anzeigt, wie das Sein des Daseins konzipiert wird, das heißt als In-der-Welt-sein.[32] Zu dieser Konzeption gehört wesentlich die Weltlichkeit des Daseins. Dazu heißt es bei Heidegger: „‚Welt' ist ontologisch keine Bestimmung *des* Seienden, das wesenhaft das Dasein *nicht* ist, sondern ein Charakter des Daseins selbst" (SuZ 64). Wird das „Sein in der Welt" vor dem Hintergrund eines Weltbegriffs konzipiert, in dem Welt als ein Charakter *des Daseins* gilt, dann bleibt unverständlich, wie das Verständnis dieses Seins über das Verständnis des eigenen Seins hinausreichen kann. Insbesondere wäre nicht einzusehen, dass ein Verständnis des Seins in der Welt, wie in Satz (iv) behauptet, zugleich ein Verständnis des Seins überhaupt sein soll.

Die Schwierigkeit, mit der Heideggers Argument konfrontiert ist, sitzt jedoch systematisch noch tiefer als die bisherige Skizze der Probleme der Sät-

---

[30] Eine Bemerkung zur Einordnung meiner Rekonstruktion in die Debatte, auf die ich in den beiden vorigen Anmerkungen verwiesen habe: Bei Thomä scheint mir der wichtigste Punkt darin zu bestehen, dass er bei Heidegger den Gedanken eines „Übergangs" vom eigenen Sein des Daseins zum Sein des sonst Seienden bzw. den Gedanken der „Identifikation" beider ausmacht, um dann zu kritisieren, dass dieser Gedanke unbegründet bleibt (siehe wiederum Thomä 1990, 253-255). Die obige Rekonstruktion umgeht dieses Problem, indem der „Übergang", wie meines Erachtens auch von Heidegger selbst, auf der Ebene des Verständnisses beiderlei Seins angesiedelt wird. Vgl. dazu oben die Sätze (iii) und (iv). – Allerdings ergeben sich für Heideggers Ansatz auch hinsichtlich dieser Sätze Probleme, die ich im Folgenden erläutere.

[31] SuZ 65. Ich sage: „in ontischer Hinsicht", weil Heidegger den genannten Weltbegriff als einen „ontischen" begreift (ebd.).

[32] Zum „In-der-Welt-sein" als Seinsverfassung des Daseins siehe einführend SuZ 53. Ihre ausgeführte Gestalt gewinnt Heideggers Konzeption des Seins des Daseins in der Charakterisierung dieses Seins als „Sorge". Siehe dazu SuZ 191 ff.

ze (iii) und (iv) vermuten lässt. Der Grund dafür ist, dass die systematische Konstellation der beiden Sätze einen Drehtüreffekt erzeugt. Unter der Annahme, dass das „Sein in der Welt" vom Begriff der Welt als Charakter *des Daseins* her zu begreifen ist, erscheint die Behauptung von Satz (iii), dass zum Verständnis des eigenen Seins auch ein Verständnis des Seins in der Welt gehört, insofern gut nachvollziehbar, als Welt als Charakter des Daseins zum eigenen Sein gehörte.[33] Allerdings ist gerade deutlich geworden, dass genau diese Annahme dazu führt, dass Satz (iv) uneinsichtig wird. Modifiziert man daher die Annahme, indem man das „Sein in der Welt" von einem Begriff von Welt her konzipiert, in dem diese nicht als Seinsart des Daseins, sondern als Charakter von allem Seienden gilt, so lässt sich womöglich an Satz (iv) festhalten. Unter der modifizierten Annahme bliebe dann aber unverständlich, wie sich ein Verständnis des Seins in der Welt gerade aus dem Verständnis des eigenen Seins ergeben sollte. Anders gesagt, Satz (iii) wäre nicht mehr einsichtig. – Jede der beiden Konzeptionen des Weltbegriffs erweist sich für den von Heidegger anvisierten Übergang vom Verständnis des eigenen Seins zu dem von Sein überhaupt als problematisch. Der daseinsanalytische Ansatz in der Ausarbeitung der Seinsfrage scheint also vor einem Dilemma zu stehen, das seinen Ursprung in Heideggers Weltbegriff hat.[34] Ob sich dieses Dilemma im Rückgriff auf Heideggers Überlegungen nach *Sein und Zeit* vermeiden lässt, muss ich zunächst offen lassen. Ich werde auf diese Frage zurückkommen (Kap. 3.1), sobald sich die betreffenden Texte im Lichte der geistigen Konstellation lesen lassen, die das nicht-anthropologische und anthropologische Fragen nach dem Menschen im Ausgang der 1920er Jahre bestimmt.

1.2 Cassirers kulturphilosophische Bestimmung des Menschen

Cassirers dreibändige *Philosophie der symbolischen Formen* (1923/25/29) enthält anders als *Sein und Zeit* keine kritische Auseinandersetzung mit der philosophischen Anthropologie. Aber auch sie ist durch ein spezifisches Fragen nach dem Menschen charakterisiert, und zwar ebenfalls ein nicht-anthropologisches. Als eine Grundbestimmung solchen Fragens ist in der Einleitung genannt worden, dass es im Kontext eines philosophischen Pro-

---

[33] Indem ich das sage, lasse ich den eben mit Frege erläuterten Kritikpunkt außen vor.

[34] Damit möchte ich nicht bestreiten, dass der Übergang vom Verständnis des eigenen Seins zu dem des Seins überhaupt in Heideggers Gesamtprojekt von *Sein und Zeit* ebenso sehr ein Übergang von der Zeitlichkeit als dem Sinn des Seins des Daseins zur Zeit des Seins überhaupt sein sollte. Dieser Übergang steht vor strukturell ganz ähnlichen Schwierigkeiten, wie den eben in Bezug auf den Weltbegriff herausgestellten. Offen gelegt werden diese Schwierigkeiten bei Römer 2010, 206-213.

jekts steht, das nicht auf den Menschen abzielt. Worauf es in Cassirers Fall abzielt, wird durch eine Bemerkung deutlich, in der er seine *Philosophie der symbolischen Formen* als „Prolegomena einer künftigen Kulturphilosophie" bezeichnet (ECW 22: 137).

Angesichts dieser kulturphilosophischen Verortung ist es überraschend, dass Cassirer das Werk mit der Diskussion des Begriffs beginnt, um den sich Heideggers gesamtes Denken dreht: „Der erste Anfangspunkt der philosophischen Spekulation wird durch den Begriff des *Seins* bezeichnet" (ECW 11: 1). Den in Hinblick auf die Selbstverständigung philosophischen Begreifens entscheidenden Schritt für das abendländische Denken habe Platon gemacht. Er habe die Frage nach der *Struktur* des Seins, das von seinen Vorgängern in Gestalt eines so oder so bestimmten einzelnen Seienden zum Ausgangspunkt gemacht wurde, auf die Frage nach dem *Begriff* des Seins und dessen *Bedeutung* umgestellt.[35] Umstellungen dieser Art prägen Cassirer zufolge die gesamte Geschichte der Philosophie. Grob gesagt verkörpert dabei der Realismus das beharrende und der Idealismus das innovative Moment: „Wo die realistische Weltansicht sich bei irgendeiner letztgegebenen Beschaffenheit der Dinge, als der Grundlage für alles Erkennen, beruhigt – da formt der Idealismus eben diese Beschaffenheit selbst zu einer Frage des Denkens um" (ebd., 2). Auf diese Weise gelinge es ihm, dem „Sein" neue Aspekte abzugewinnen. Vor dem Hintergrund der Dynamik, in die der „starre Seinsbegriff" damit gerate, könne die „Einheit des Seins" zwar nicht mehr als Anfang, wohl aber noch als Zielpunkt dieser Bewegung gedacht werden (ebd., 3).

Doch auch als *terminus ad quem* scheint das Konzept einer „Einheit des Seins" fragwürdig zu werden, wenn – worauf Cassirer hinweist – deutlich wird, dass alles Erfassen der Wirklichkeit als Vermittlung im Medium einer Struktur von Begriffen zu verstehen ist. Denn dies bedeute, „daß einer Ver-

---

[35] ECW 11: 2. Vgl. dazu Cassirers Aufsatz „Die Philosophie der Griechen von den Anfängen bis Platon" (1925): „Man kann sagen, daß der eigentliche Anfang der originalen Platonischen Lehre darin besteht, daß sich ihm das Verhältnis des Seinsproblems und des Bedeutungsproblems verschiebt: daß ihm das Bedeutungsproblem zur eigentlichen ἀρχή, zum Anfangspunkt des Philosophierens wird, während der Begriff des Seins nur als ein abgeleitetes Resultat, als Folgerung aus diesem Anfang erscheint" (ECW 16: 404). Auf diese Stelle weist auch Dominic Kaegi in seiner aufschlussreichen Kontrastierung der Platonbezüge zu Beginn von *Sein und Zeit* und zu Beginn der *Philosophie der symbolischen Formen* hin. Kaegis Einschätzung allerdings, dass Heideggers Berufung auf Platon „in Cassirers Augen schon die Grundlegung dieser Tradition, die Aufhebung der Frage nach dem Sein in die Frage nach der Sprache", verfehle, vermag ich nicht zu teilen (Kaegi 2002, 76). Denn auch Heidegger geht es mit der „Seinsfrage" nicht um das Sein *tout court*, sondern um den *Sinn* von Sein und damit um die Frage des Verstehens, die auch für Cassirer als zentral gelten muss.

schiedenheit dieser Medien auch eine verschiedene Fügung des Objekts, ein verschiedener Sinn ‚gegenständlicher‘ Zusammenhänge entsprechen muß" (ECW 11: 5). Soll der Einheitsanspruch aufrecht erhalten werden, so müsse er also modifiziert werden: Er richtet sich nun nicht mehr auf die Einheit des Ursprungs bzw. eines Substrats, sondern auf die funktionelle Einheit verschiedener Richtungen der Objektivierung, auf die Einheit eines Systems von Verstehensweisen. Damit rückt für Cassirer die Frage nach einer sich in all diesen Richtungen und Weisen manifestierenden „geistigen Grundfunktion" und ihrem Prinzip in den Mittelpunkt (ebd., 6).

In den Bereichen des Mythos, der Religion, der Kunst und der Wissenschaft kommen verschiedene Verstehensweisen und Objektivierungsrichtungen zum Zuge. Cassirer zufolge entsprechen ihnen jeweils „selbständige" und „ursprünglich-bildende" Funktionen, denen gegenüber die Gegenstände des betreffenden Bereichs nachgeordnet sind. Mit diesem „Prinzip des ‚Primats‘ der Funktion vor dem Gegenstand", das das „Grundprinzip des kritischen Denkens" sei, knüpft Cassirer an Kant an, beansprucht dessen Fragestellung aber auf alle geistigen Grundbereiche zu erweitern: „Die Kritik der Vernunft wird damit zur Kritik der Kultur" (ECW 11: 9). Vor diesem Hintergrund ist es die Aufgabe der Philosophie, die für die verschiedenen Grundbereiche der Kultur charakteristischen geistigen Funktionen nicht nur „gesondert zu verfolgen oder sie im ganzen zu überblicken", sondern „sie auf einen einheitlichen Mittelpunkt, auf ein ideelles Zentrum zu beziehen" – ein Zentrum, das durch ihre gemeinsame Aufgabe gekennzeichnet ist: „die passive Welt der bloßen *Eindrücke*, in denen der Geist zunächst befangen scheint, zu einer Welt des reinen geistigen *Ausdrucks* umzubilden" (ebd., 10).

Als das genannte ideelle Bezugszentrum fungiert in Cassirers Projekt das Symbolische. Das bedeutet, dass die gesuchte, sich in allen Verstehensweisen und Objektivierungsrichtungen manifestierende Grundfunktion als Symbolfunktion und die ihnen entsprechenden kulturellen oder geistigen Grundbereiche als symbolische Formen zu bestimmen sind. Die Philosophie, die sich anknüpfend an Kant einer „Kritik der Kultur" verpflichtet weiß, wird damit zu einer Philosophie der symbolischen Formen, zu einer durch den Symbolbegriff orientierten „allgemeinen Theorie der geistigen Ausdrucksformen" (ECW 11: VII).

Was genau sind symbolische Formen? Eine frühe Ausgangsbestimmung des Begriffs findet sich in Cassirers „Idee und Gestalt" (1921), wo Sprache, Mythos, Kunst, Religion, „mathematisch-exakte und empirisch-beschreibende Erkenntnis" als „symbolische Formen" bezeichnet werden, weil sie „Grundformen des Weltverständnisses überhaupt" sind (ECW 9: 303 f.). Ihr Charakter als *Grund*formen ergibt sich aus zwei Aspekten, die sich den einführenden Überlegungen der *Philosophie der symbolischen Formen* entnehmen lassen. Zum einen wird durch diese Formen nicht irgendein Ausschnitt, sondern „das Ganze der Erscheinungen unter einen bestimmten geistigen

Blickpunkt gestellt" (ECW 11: VII) und zum anderen lassen sich zwei solcher Formen weder aufeinander noch auf eine dritte zurückführen, die ihnen zugrunde läge.[36] Da Cassirer nicht nur das Eigenrecht und die Autonomie der verschiedenen Grundformen, sondern auch ihren systematischen Zusammenhang, ihre Einheit kenntlich machen möchte, betont er, dass jede von ihnen symbolisch verfährt, das heißt an Zeichen gebundenen Sinn einbezieht oder hervorbringt. Auf diese Weise hebt er ein Moment hervor, „das sich in jeder geistigen Grundform wiederfindet und das doch andererseits in keiner von ihnen in der gleichen Gestalt wiederkehrt" (ebd, 14).

Weitere Grundzüge von symbolischen Formen lassen sich im Ausgang von der Frage gewinnen, wovon diese Formen Formen sind. Gibt es eine Materie, die ihnen allen gleichermaßen zugrunde liegt und die sie auf jeweils spezifische Weise erfassen? Obwohl Cassirer dies – meines Erachtens aus guten Gründen – verneint, finden sich viele Formulierungen bei ihm, die einen an der Gültigkeit seiner Antwort zweifeln lassen könnten. In dem bereits erwähnten Aufsatz „Idee und Gestalt" erklärt er, dass wir in symbolischen Formen die „Synthese von Geist und Welt vollziehen" (ECW 9: 303). Das klingt, als leisteten symbolische Formen eine nachträgliche Vereinigung zweier für sich bestehender Größen, etwa einer Form mit einer Materie. Auch in der *Philosophie der symbolischen Formen* selbst finden sich derartige Stellen. Im dritten Teil heißt es, symbolische Formen hätten den Charakter von „Brechungen, die das in sich einheitliche und einzigartige Sein erfährt, sobald es vom ‚Subjekt' her aufgefaßt und angeeignet wird"; und weiter: „Die Philosophie der symbolischen Formen ist, unter diesem Gesichtspunkt gesehen, nichts anderes als der Versuch, für jede von ihnen gewissermaßen den bestimmten Brechungsindex anzugeben, der ihr spezifisch und eigentümlich zukommt" (ECW 13: 1). Hier gewinnt man den Eindruck, die Funktionsweise von symbolischen Formen sei der von optischen Linsen analog, in denen eine von allen solchen Formen unabhängige Wirklichkeit oder Welt so oder so erscheint.

Ein solches Bild ist jedoch problematisch. Dafür gibt es vor allem zwei Gründe. Ihre Erläuterung führt weiter ins Zentrum von Cassirers Ansatz. Erstens erhalten die symbolischen Formen in dem Bild der optischen Linsen ein zu passives, ein zu statisches Gepräge. Außerdem werden sie in ihm zweitens von einem philosophisch nicht einholbaren externen Gesichtspunkt aus gezeichnet.

Durch eine symbolische Form wird „das Ganze der Erscheinung" nicht nur, wie es an der oben schon zitierten Stelle heißt, „unter einen bestimmten geistigen Blickpunkt *gestellt*", sondern es wird – das ist der erste Punkt – durch sie auch von diesem Blickpunkt aus „*gestaltet*".[37] Cassirer unterscheidet

---

[36] ECW 11: 7. Vgl. Cassirer, „Sprache und Mythos" (1925), ECW 16: 236.
[37] ECW 11: VII; Hvh. v. mir, M. W.

mit den symbolischen Formen demnach verschiedene Dimensionen nicht allein des erfassenden Zugangs zu den Phänomenen, sondern auch des Bildens. Deutlicher gesagt, geht es ihm, wie er in dem späteren Text „Zur Logik des Symbolbegriffs" (1938) ausführt, um verschiedene Richtungen geistiger Tätigkeit, „in der wir uns eine ‚Welt' in ihrer charakteristischen Gestaltung, in ihrer Ordnung und in ihrem ‚So-Sein', aufbauen" (ECW 22: 117). Symbolische Formen, so hatte Cassirer diesen Gedanken schon in der Einleitung seiner *Philosophie der symbolischen Formen* zum Ausdruck gebracht, sind nicht einfach Sichtweisen „*der* Welt", sondern verschiedene Gestaltungen „*zur* Welt" (ECW 11: 9), oder mit Nelson Goodman gesprochen, „Ways of Worldmaking".[38] Da in Cassirers Konzeption viele wirkliche Welten vorgesehen sind, kann sie als ein Pluralismus gelten; und da diese Welten durch die symbolischen Formen gestaltet oder aufgebaut werden, ist dieser Pluralismus idealistisch geprägt.

Durch die Auffassung, dass symbolische Formen weltbildend sind, ist noch nicht ausgeschlossen, dass es eine Materie gibt, die ihnen allen gleichermaßen zugrunde liegt. Was spricht gegen die Annahme, dass die Welten, die durch die verschiedenen symbolischen Formen gestaltet werden, der Materie nach aus ein und demselben Urstoff aufgebaut werden? Ein kohärentes Bild, in dem die Funktionsweise einer symbolischen Form der eines Sets von Förmchen analog sei, wie Kinder sie im Sandkasten verwenden,[39] ist ebenso wenig überzeugend wie jenes, das eine Analogie zu optischen Linsen herstellt. Der Grund – und dies ist nun der zweite Punkt – ist in beiden Fällen derselbe: Da wir endliche Wesen sind, steht uns ein externer Gesichtspunkt nicht zur Verfügung, von dem her der Blick auf eine etwaige ungeformte Materie geworfen oder all unser Erfassen und Gestalten noch einmal distanziert werden könnte. Die Perspektivität, die für unser Selbst- und Weltverständnis deshalb charakteristisch ist, weil es durch symbolische Formen bestimmt ist, ist unhintergehbar. Vor diesem Hintergrund ist Cassirer in seiner Theorie der Weltbildung um strikte Immanenz bemüht. Das heißt, er versucht die Annahme einer weltlosen Materie zu vermeiden. Die Rede von Materie sowie dem Gegensatz zwischen Form und Materie hat seines Erachtens nur relativ zu einer Welt Sinn. Entsprechend weist er die Voraussetzung einer ‚Urmaterie', die allen Weltbildungen als gemeinsames Substrat zugrunde läge, zurück.

Symbolische Formen sind demnach aufeinander irreduzible, symbolisch geprägte und nur immanent spezifizierbare Grundformen des Verstehens und Gestaltens von Welt bzw. Welten. Für eine *Philosophie* der symbolischen Formen muss es nun ein Hauptanliegen sein, die systematische Einheit die-

---

[38] Goodman 1978.

[39] Vgl. dazu auch Hilary Putnams Diskussion der ‚cookie cutter'-Metapher (Putnam 1987); auch mit Robert Schwartz könnte man in Anlehnung an Nelson Goodman festhalten: Worldmaking is not worldbaking (vgl. Schwartz 2000, 151).

ser Formen verständlich zu machen. Dass der Symbolbegriff das Vehikel dafür sein soll, ist bereits klar geworden, nicht aber, warum dies so ist. Der in diesem Zusammenhang entscheidende Punkt ist, dass die Symbolhaftigkeit der geistigen Grundformen nicht einfach als ein äußeres, bloß zu Zwecken einer einheitlichen Theoriebildung an diese Formen herangetragenes Merkmal gelten kann, sondern ihnen inhärent ist. Die ideelle Form eines geistigen Bereiches lässt sich Cassirer zufolge „nur an und in dem Inbegriff der sinnlichen Zeichen [erkennen], deren sie sich zu ihrem Ausdruck bedient" (ECW 11: 16). Anders gesagt: Über geistige Formen lässt sich überhaupt nichts ausmachen, wenn diese nicht von vornherein als symbolische Formen in den Blick kommen. Im Hintergrund dieser Überlegung steht bei Cassirer die Einsicht, dass Zeichen nicht nachträglich oder kontingenterweise mit einem schon für sich bestehenden geistigen Inhalt in Verbindung gebracht werden, sondern für jeden solchen Inhalt konstitutiv sind. Kraft der Zeichen wird „dieser Inhalt selbst herausgebildet" und gewinnt „erst seine volle Bestimmtheit" (ebd.).

Dass die systematische Einheit der verschiedenen Grundformen des Verstehens und Gestaltens nicht jenseits des Symbolischen festgemacht werden kann, bedeutet auf der anderen Seite aber nicht, dass der Symbolbegriff ein höchstes Prinzip darstellt, aus dem die Pluralität der Formen erzeugt oder entfaltet wird. In Anlehnung an Kants *Kritik der Urteilskraft* (§ 77) und die dortige Unterscheidung zwischen dem Analytisch-Allgemeinen und dem Synthetisch-Allgemeinen grenzt Cassirer zwei Systemformen gegeneinander ab, die „kritische und die metaphysisch-spekulative" (ECW 11: 26). Der am Synthetisch-Allgemeinen orientierten Systemidee zufolge wird „*aus* einem einzigen Urprinzip die Totalität, die konkrete Gesamtheit der besonderen Formen entwickelt", während es in der Ausrichtung am Begriff des Analytisch-Allgemeinen darum geht, die vorausgesetzte Vielheit der Formen „in einem höchsten Systembegriff zu vereinen", wobei die „verschiedenen Weisen der geistigen Formung [...] als solche anerkannt" werden, „ohne daß der Versuch gemacht wird, sie einer einzigen einfach-fortschreitenden Reihe einzuordnen" (ebd., 27). Im dritten Band seiner Werkreihe zum *Erkenntnisproblem in der Philosophie und Wissenschaft der neueren Zeit*, *Die nachkantischen Systeme* (1920), hat Cassirer diese Differenz explizit mit Kants kritischem und Hegels absolutem Idealismus in Verbindung gebracht und ausführlich gegen letzteren im Rückgriff auf ersteren argumentiert (ECW 4: 348 ff.).[40] An das dortige Resultat knüpft er auch in der *Philosophie der symbolischen Formen* an,

---

[40] Zur Rekonstruktion dieser Argumentation, siehe vom Verf., Wunsch 2011a, 118-125.

indem er erklärt, für diese sei nicht der Begriff eines einfachen, sondern der eines „komplexen Systems" maßgeblich (ECW 11: 27).[41]

In einem komplexen System, so Cassirers Begriffsbestimmung, wird jede Form „sozusagen einer besonderen Ebene zugeteilt, innerhalb welcher sie sich auswirkt und in der sie ihre spezifische Eigenart völlig unabhängig entfaltet – aber gerade in der Gesamtheit dieser ideellen Wirkungsweisen treten nun zugleich bestimmte Analogien, bestimmte typische Verhaltungsweisen hervor, die sich als solche herausheben und beschreiben lassen" (ECW 11: 27). Um das Konzept des komplexen Systems zu verdeutlichen, ist es hilfreich, das Bild der verschiedenen ‚Ebenen' aufzugreifen und zwei verschiedene Typen von Stützpfeilern zu unterscheiden, die die Ebenen des Gebäudes tragen.

Cassirer unterscheidet erstens eine Reihe von Beziehungs- oder Verknüpfungsarten, die sämtlich in verschiedenen Sinnganzen vorkommen, aber vor dem Hintergrund des Grundprinzips eines solchen Ganzen auf eine jeweils spezifische Weise kategorial ausgeformt sind. Bei den genannten Verknüpfungsarten oder „Qualitäten" von Beziehungen handelt es sich etwa um Raum, Zeit, Kausalität etc. Jede solche Qualität kann „dadurch eine innere Wandlung erfahren, daß sie innerhalb eines anderen Formzusammenhangs" steht; ihr „Modus" also kann wechseln (ECW 11: 27 f.). Als Beispiele für „Modalitätsindizes" von Beziehungsarten nennt Cassirer die geistigen Grundformen Sprache, Mythos, Kunst und Wissenschaft. Jeder dieser „Bedeutungszusammenhänge", so Cassirer, „besitzt sein eigenes konstitutives Prinzip, das allen besonderen Gestaltungen in ihm gleichsam sein Siegel aufdrückt" (ebd., 29). Die Ebenen des auf diese Weise aufgespannten komplexen Systems sind demnach die durch die symbolischen Formen konstituierten Sinnzusammenhänge oder Sinnganzheiten. Sie hängen dadurch zusammen, dass es „ein und dieselben Beziehungsform[en]" sind, die in ihnen eine für diese Ganzheiten je spezifische kategoriale Ausprägung erfahren. Diese Beziehungsformen sind, in dem verwendeten Bild gesprochen, die Pfeiler, die die einzelnen Ebenen tragen. Entlang dieser Pfeiler lassen sich die Verhältnisse zwischen diesen Ebenen bestimmen, indem ihre, wie ich es nennen möchte, *kategoriale Signatur* miteinander verglichen wird.[42]

---

[41] Auf die Bedeutsamkeit des Begriffs des komplexen Systems für die *Philosophie der symbolischen Formen* hat insbesondere Schwemmer 1997, 59 f., aufmerksam gemacht.

[42] Als Beispiel für dieses Vorgehen siehe etwa: „Wenn man das empirisch-wissenschaftliche und das mythische Weltbild miteinander vergleicht, so wird alsbald deutlich, daß der Gegensatz zwischen beiden nicht darauf beruht, daß sie in der Betrachtung und Deutung des Wirklichen ganz verschiedene Kategorien verwenden. Nicht die Beschaffenheit, die Qualität dieser Kategorien, sondern ihre Modalität ist es, worin der Mythos und die empirisch-wissenschaftliche Erkenntnis sich unterscheiden" (ECW 12: 74).

Zweitens unterscheidet Cassirer aber auch drei Arten von Symbolfunktionen, die alle in den durch die symbolischen Formen bestimmten Sinnzusammenhängen und -ganzheiten am Werk sind, dort aber jeweils mit unterschiedlicher Stärke zum Zuge kommen. Bei diesen Symbolfunktionen handelt es sich um die des Ausdrucks, der Darstellung und der Bedeutung. Zeichen können die Funktion haben, einen Sinngehalt in dem Sinne auszudrücken, dass sie ihn präsentieren; sie können Sinngehalte oder Einzeldinge aber auch darstellen, das heißt repräsentieren; schließlich können Zeichen eine so beschaffene Bedeutungsfunktion haben, dass sie zusammen eine Struktur bilden, die die relationale Ordnung eines Bereichs konstituiert.[43] Die drei Symbolfunktionen haben nicht in allen geistigen Formen dasselbe Gewicht. Die Ausdrucksfunktion etwa spielt im Mythos die entscheidende Rolle, in der Wissenschaft aber so gut wie gar keine; bei der Bedeutungsfunktion dagegen verhält es sich umgekehrt. Das Gewicht, das den drei Symbolfunktionen in einer geistigen Form jeweils zukommt, bestimmt, was ich als die *symbolische Signatur* dieser Form bezeichnen möchte. Die geistigen Formen lassen sich demnach nicht nur vermittels ihrer jeweiligen kategorialen Signatur, sondern auch vermittels ihrer symbolischen Signatur miteinander vergleichen. In dem Bild des komplexen Systems als Gebäude bedeutet dies, dass die Funktionen des Ausdrucks, der Darstellung und der Bedeutung in konzeptioneller Hinsicht ebenfalls als Stützpfeiler gelten können, anhand dessen sich die einzelnen Ebenen in Beziehung zueinander setzen lassen.[44]

Aufgrund ihrer kategorialen und symbolischen Signatur erhält jede symbolische Form ein bestimmte ‚Stelle' in dem komplexen System dieser Formen. Für das Verständnis von Cassirers Projekt ist es entscheidend, sich dieses System nicht als ein starres Gefüge vorzustellen. Geistige Formen verändern sich; und diese Veränderung lässt sich als Verschiebung ihrer kategorialen und symbolischen Signatur beschreiben. Mit Blick auf die symbolische Signatur hält Cassirer dies ausdrücklich fest. In seinem Aufsatz „Das Symbolproblem und seine Stellung im System der Philosophie" (1927) erklärt er, die systematische ‚Stelle' einer symbolischen Form sei nicht „ein für allemal fixiert [...]. Vielmehr ist es für jede Form bezeichnend, daß sie in verschiedenen Phasen ihrer Entwicklung, in den verschiedenen Stadien ihres geistigen Aufbaues, sich zu den drei Grundpolen, die wir hier auszuzeichnen versuchten [d. h. Ausdruck, Darstellung und Bedeutung (M. W.)], verschie-

[43] Siehe ECW 13: 114, 519 ff. – Zu Cassirers Unterscheidung zwischen Ausdrucks-, Darstellungs- und Bedeutungsfunktion siehe Graeser 1994, 41-47.

[44] Entsprechend erklärt Cassirer im Rückblick auf seine *Philosophie der symbolischen Formen*: „[...] wir haben diese Dreiteilung [sc. von Ausdruck, Darstellung und Bedeutung] als eine Art ideellen Bezugssystems benutzt, an dem sich die Eigenart der mythischen Form, der Sprachform, der reinen Erkenntnisform feststellen und gewissermassen ablesen liess" (ECN 1: 6).

den verhält. Sie rückt in dieser Entwicklung von Ort zu Ort – und sie erfüllt erst in dieser Bewegung und kraft ihrer den Kreis des Seins und den Kreis des Sinnes, der ihr zugemessen ist" (ECW 17: 262). Diese Überlegung zur Dynamisierung der symbolischen Signatur einer geistigen Form lässt sich offenbar auch auf die kategoriale Signatur übertragen, da der Entwicklungs-verlauf einer geistigen Form nicht nur mit Gewichtsverschiebungen der drei Symbolfunktionen, sondern auch mit Verschiebungen in der kategorialen Ausprägung der Beziehungs- und Verknüpfungsarten dieser Form korrelie-ren wird. Cassirer verfügt auf diese Weise über ein reichhaltiges theoreti-sches Instrumentarium, um das komplexe System der symbolischen Formen sowohl in seinen statischen als auch in seinen dynamischen Aspekten zu entwickeln.

Vor dem Hintergrund dieser Übersicht über Grundzüge des Cassirer-schen Projekts lässt sich nun klären, auf welche Weise die *Philosophie der sym-bolischen Formen* nach dem Menschen fragt. Ich habe bereits eingangs dieses Abschnitts darauf hingewiesen, dass nicht nur Heideggers, sondern auch Cassirers Fragen nach dem Menschen in dem Sinne nicht-anthropologischer Art ist, dass es im Kontext eines philosophischen Projekts steht, das nicht auf den Menschen abzielt. Ebenso deutlich wie diese Gemeinsamkeit ist die Differenz zwischen dem Fragen nach dem Menschen in *Sein und Zeit* und der *Philosophie der symbolischen Formen*. Sie besteht darin, dass Heidegger dieses Fragen als Sprungbrett für die allgemeine Ontologie konzipiert, während es sich für Cassirer gewissermaßen als Nebenprodukt seiner Kulturphilosophie ergibt.

Cassirers Fragen nach dem Menschen ist durch die Begriffe der symbo-lischen Form und der Menschheit vermittelt. Die symbolischen Formen bilden Cassirer zufolge „gleichsam die Demarkationslinie zwischen dem Menschen und der Gesamtheit der Welt des Lebendigen" (ECN 1: 36). Der Anspruch, der mit dem Projekt einer *Philosophie der symbolischen Formen* erho-ben wird, lässt sich daher so formulieren, dass der gesamte spezifisch menschliche Bereich von innen und in alle verfügbaren Richtungen zu durchmessen ist. Erstmalig betreten ist dieser Bereich mit der mythischen Lebensform. „Wo immer uns spezifisch-menschliches Dasein und mensch-liches Leben fassbar wird – da finden wir es bereits eingehüllt in die Urges-talten des Mythos" (ebd., 19). Von diesem „gemeinsamen Mutterboden des Mythos", so Cassirer in seinem Aufsatz „Sprache und Mythos" (1925), lösen sich die anderen symbolischen Formen „ganz allmählich [...] los" (ECW 16: 266), und zwar, wie hier zu ergänzen ist, durch Verschiebungen in der sym-bolischen und kategorialen Signatur. Der Gedanke der „Genesis der Grund-formen der geistigen Kultur aus dem mythischen Bewußtsein" wird im My-thos-Band der *Philosophie der symbolischen Formen* aufgegriffen (ECW 12: XI) und dort dahingehend spezifiziert, dass sich im Ganzen der geistig-kulturellen Leistungen „die ,Menschheit' ihrem ideellen Begriff und ihrem konkreten geschichtlichen Dasein nach" konstituiert (ebd., 16). Nicht erst die geschichtliche Wirklichkeit der ‚Menschheit', auch deren Wesen lässt sich nicht apriorisch, sondern nur in der Auseinandersetzung mit der ganzen Fülle geistig-kultureller Leistungen bestimmen. Denn noch die heterogensten dieser Leistungen sind „Entfaltungen und Ausprägungen" des „Wesens der ‚Menschheit'" (ECN 1: 7).

Die klassische anthropologische Grundfrage, was der Mensch ist, lässt sich nach Cassirer erst von der so konzipierten ‚Menschheit' her angehen. Seines Erachtens besteht eine Vorrangigkeit von ‚Menschheit' gegenüber ‚Mensch'.[45] Cassirer leugnet zwar nicht, dass es Menschen sind, die in den symbolischen Formen leben, sich in ihnen ausdrücken und sie gestalten. Er lehnt aber die Auffassung ab, dass sich in irgendeiner Weise ohne Rekurs auf diese Formen bestimmen ließe, was der Mensch ist. Jede Grundform geistiger Tätigkeit, so Cassirer in seinem späteren „Seminar on Symbolism and Philosophy of Language" (1941/2) ist „an original manifestation of humanity" und der Mensch („man") offenbare „the secret of his own nature" nur in dem Maße, in dem er sich in diesen Formen artikuliere (ECN 6: 209). Wie Cassirer schon in Überlegungen festgehalten hat, die im Umkreis der *Philosophie der symbolischen Formen* stehen, ergibt sich damit als formales Minimum dessen, was der Mensch ist, „die Bestimmung, daß er ‚der Form fähig' ist" (ECN 1: 44). Dies darf wiederum nicht so verstanden werden, dass die Fähigkeit zur Form eine Zutat zu seinem schon unabhängig davon bestehenden Menschsein wäre. Cassirer zufolge ist es nicht nur so, dass der Mensch jenseits dieser Fähigkeit nichts wäre – der Besitz dieser Fähigkeit also eine wesentliche Eigenschaft ist –, sondern darüber hinaus auch so, dass er durch Ausübung dieser Fähigkeit erst seine eigene Form gewinnt. In seinem Wirken drückt „der Mensch" bzw. „das Ich" nicht allein „seine eigene, ihm von Anfang an gegebene Form den Gegenständen auf, sondern es findet, es gewinnt diese Form erst in der Gesamtheit der Wirkungen, die es auf die Gegenstände übt und die es von ihnen zurückempfängt" (ECW 12: 235).

Was der Mensch demnach ist und wird, entscheidet sich und wird sichtbar erst in den verschiedenen geistig-kulturellen Leistungen, deren komplexes System durch eine Philosophie der symbolischen Formen entwickelt werden muss. Cassirers Kulturphilosophie, darin gleicht ihr Fragen nach dem Menschen dem Anspruch nach dem von Heideggers Daseinsontologie, bedarf keiner Grundlage, die erst durch eine philosophische Anthropologie zu erbringen wäre, sondern hätte vielmehr umgekehrt die Mittel für deren Fundierung bereitzustellen. Allerdings sind die Gründe, die beide Autoren für die Priorität ihrer jeweiligen Ansätze gegenüber einer Anthropologie geltend machen, sehr verschieden. Aus Heideggers Sicht müsste eine philoso-

---

[45] Das betont auch Hartung 2003, 346, 355.

phische Anthropologie deshalb auf *Sein und Zeit* aufbauen, weil sie sich zunächst in einer Analytik des Daseins ihres existenzialen Aprioris zu versichern hätte. Aus Cassirers Sicht dagegen müsste sie aus dem Grund an die
Philosophie der symbolischen Formen anknüpfen, dass nur diese dem anthropologisch vorrangigen Begriff der Menschheit auf dem allein dafür in Frage
kommendem Wege, das heißt kulturphilosophisch, Gehalt verleihen kann.

Die dargelegten Überlegungen zu Cassirers und Heideggers Verhältnis
zur Anthropologie, dies darf hier nicht außer acht gelassen werden, ergeben
sich auf der Grundlage der philosophischen Ansätze und Ansprüche von
Sein und Zeit sowie der *Philosophie der symbolischen Formen*. Sie gehören damit in
die Zeit *bevor* die moderne philosophische Anthropologie ihre Gestalt gewinnt und mit den Veröffentlichungen von Max Schelers *Die Stellung des
Menschen im Kosmos* und Helmuth Plessners *Die Stufen des Organischen und der
Mensch* im Jahr 1928 zum Durchbruch gelangt. *Sein und Zeit* sowie in der
Hauptsache auch die *Philosophie der symbolischen Formen* waren 1927 bereits
erschienen oder fertiggestellt.[46] Wie sich die systematischen Verhältnisse von
Cassirer und Heidegger zur philosophischen Anthropologie in den folgenden Texten entwickelt haben und wie Scheler und Plessner sich ihrerseits
mit ihren anthropologischen Ansätzen zum nicht-anthropologischen Fragen
nach dem Menschen bei Cassirer und Heidegger verhalten, muss also noch
im Einzelnen verfolgt werden. Unabhängig davon drängt sich aus den bisherigen Überlegungen aber auch die Frage auf, wie sich Cassirers kulturphilosophisch und Heideggers daseinsontologisch geprägte Ansätze nicht-anthropologischen Fragens nach dem Menschen untereinander verhalten.

1.3 Das Zusammentreffen in Davos und der fehlende Dritte

Mit Blick auf die Frage nach dem Verhältnis zwischen Cassirer und Heidegger ist es ein philosophiehistorischer Glücksfall, dass es eine facettenreiche
direkte Auseinandersetzung der beiden Philosophen gibt, deren Kulminationspunkt das berühmte Zusammentreffen in Davos war. Meines Erachtens
steht die diesbezügliche Forschung, obwohl sie mittlerweile recht umfang-

---

[46] Der dritte und letzte Teil der *Philosophie der symbolischen Formen* ist zwar erst 1929
erschienen, Cassirer schreibt dort jedoch im Vorwort, „daß das Manuskript dieses
Bandes bereits zu Ende des Jahres 1927 abgeschlossen war" (ECW 13: XI). Zu dieser Zeit war Schelers Text „Die Sonderstellung des Menschen" (1927), der in großen Teilen identisch mit der späteren Separatveröffentlichung *Die Stellung des Menschen im Kosmos* (1928) ist, zwar schon erschienen. Die Auseinandersetzung mit ihm
fand aber keinen Eingang mehr in den dritten Teil der *Philosophie der symbolischen
Formen*.

reich und fortgeschritten ist,[47] immer noch vor großen Aufgaben, und zwar vor allem aus zwei Gründen: Erstens hat sich die Textgrundlage mit der 2014 erfolgten Veröffentlichung eines Bandes der Cassirer Nachlassedition mit dem Titel *Davoser Vorträge. Vorträge über Hermann Cohen* (ECN 17) in einer Weise erweitert, der noch nicht ausreichend Rechnung getragen wurde, und zweitens fehlt der Forschung bisher das Verständnis, in weiten Teilen auch das Bewusstsein, für die Rolle, die die entstehende moderne philosophische Anthropologie für die Auseinandersetzung zwischen Cassirer und Heidegger gespielt hat.[48] Beide Punkte hängen, wie noch deutlich werden wird, zusammen.

Das Treffen von Cassirer und Heidegger im Rahmen der zweiten Davoser Hochschulkurse (17.03. – 06.04.1929) war damals ein internationales akademisches Ereignis ersten Ranges, das ein philosophisch interessiertes Publikum aus ganz Europa anzog. Unter den Teilnehmern befinden sich einige später bekannt gewordene Philosophen, damals teilweise noch Studenten, beispielsweise Otto Bollnow, Rudolf Carnap, Eugen Fink, Emmanuel Levinas, Herbert Marcuse, Joachim Ritter, Alfred Sohn-Retel und Leo Strauss.[49] Den Höhepunkt der Veranstaltung bildete die „Davoser Disputation" zwischen Cassirer und Heidegger.[50] Die grundlegende Bedeutung und systematische Reichweite der behandelten Fragen lassen die Einschätzung nicht übertrieben erscheinen, dass in Davos „ein Paradigmenkonflikt der europäischen Philosophie" ausgetragen wurde.[51] Meine These wird sein, dass neben der Zweierkonstellation dieses Konflikts mit der modernen philosophischen Anthropologie ein drittes Paradigma im Raum stand, das in Davos zwar von keiner Partei direkt vertreten wurde, den Konflikt aber dennoch geprägt hat.

Vor ihrer berühmten Disputation haben Cassirer und Heidegger in Davos zunächst eine Reihe von Vorträgen gehalten. Heidegger äußerte sich in drei Vorträgen zum Thema „Kants Kritik der reinen Vernunft und die Aufgabe einer Grundlegung der Metaphysik".[52] Cassirer sprach in einer Reihe von Vorträgen – und das ist in Hinblick auf die genannte These ein erster

---

[47] Die wichtigsten Veröffentlichungen dazu sind der umfangreiche Sammelband Kaegi/Rudolph (Hgg.) 2002 sowie die Monographien Hackenesch 2001 und Gordon 2010. Siehe auch die Dissertation Jackson 1990.

[48] Den bisherigen Stand der Forschung in diesen Punkten repräsentiert Gordon 2010, 69-77, insbesondere 75 f., und 115-119.

[49] Kaegi 2002, 68 Anm. 3.

[50] Das (nicht wortgetreue) Protokoll der „Davoser Disputation" wurde von Bollnow und Ritter angefertigt (vgl. dazu GA 3: XV) und ist in GA 3: 274-296 veröffentlicht.

[51] Kaegi/Rudolph (Hgg.) 2002, VII.

[52] Vgl. dazu GA 3: XV. Heideggers Zusammenfassung dieser Vorträge findet sich in GA 3: 271-273.

interessanter Befund – über „Grundprobleme der philosophischen Anthropologie" und in einem weiteren Vortrag über den „Gegensatz von Geist und Leben in Schelers Philosophie".[53] In seinem Nachlass findet sich ein Manuskript, das der Vortragsreihe zugrunde lag (und kürzlich in dem erwähnten Band der Nachlassedition erschienen ist); auf dem Deckblatt hat Cassirer „Heidegger-Vorles[ung] (Davos) März 1929" notiert.[54] Während er sich, wie dieser Titel schon andeutet, in Davos ausführlich mit Heideggers *Sein und Zeit* auseinandersetzt, scheint Heidegger sich in seinen Davoser Vorträgen nicht direkt auf Cassirers *Philosophie der symbolischen Formen* bezogen zu haben.

Heidegger hatte sich allerdings schon im Vorjahr, 1928, in einer ausführlichen Rezension in der *Deutschen Literaturzeitung* mit dem Zweiten Teil der *Philosophie der symbolischen Formen* über *Das mythische Denken* beschäftigt. Nach einer eingehenden Darstellung und Würdigung des Buchs geht Heidegger zu einer „Stellungnahme" über,[55] in der er im Wesentlichen drei Kritikpunkte formuliert: (1) Cassirer gehe in der *Philosophie der symbolischen Formen* von einer unzutreffenden Interpretation Kants aus, indem er diesen als Erkenntnistheoretiker verstehe.[56] (2) Außerdem bleibe bei Cassirer die ontologische Verfassung des Subjekts unklar, also die „Seinsart dessen, was [von diesem] unbestimmt genug bald ,Bewußtsein', bald ,Leben', bald ,Geist', bald ,Vernunft' genannt wird".[57] Dieser Einwand betrifft nicht nur den Mythos-Band, sondern das gesamte Projekt der *Philosophie der symbolischen Formen*. (3) Einem weiteren, speziell auf Cassirers Philosophie des Mythos zugeschnittenen Kritikpunkt zufolge meine Cassirer zwar, dass sowohl die für den Mythos charakteristische *Denk*form als auch die für ihn charakteristische *Anschauungs*form „in die mythische Lebensform als die ,geistige Urschicht' zurückverfolgt werden" muss, bleibe aber „die *ausdrückliche und systematische* Aufhellung des Ursprungs der Denk- und Anschauungsform aus der ,Lebensform'" schuldig.[58]

(1) Mit dem ersten Kritikpunkt ordnet Heidegger Cassirers Kantverständnis in die „neukantianisch-erkenntnistheoretische" Traditionslinie des

---

[53] Siehe Gründer 1988, 293 f.

[54] Siehe die erste Zusammenfassung des Textes bei Gründer 1988, 295 ff.

[55] Heidegger 1928, 1000-1007 (=GA 3: 255-264). Diese „Stellungnahme" wird bereits durch eine auf Cassirers Mythos-Band bezogene Fußnote in *Sein und Zeit* vorbereitet (SuZ 51 Anm. 1).

[56] Heidegger 1928, 1007 f. (=GA 3: 265).

[57] Ebd., 1008 (=GA 3: 265).

[58] Ebd. (=GA 3: 266). Da Cassirer die Ursprungsdimension der mythischen Lebensform, das mythische In-der-Welt-sein nicht richtig in den Blick bekomme, verfehle er dann auch eine angemessene Konzeption der „Wahrheit des mythischen Daseins" – so Heideggers Vorwurf in seiner Vorlesung *Einleitung in die Philosophie* vom Wintersemester 1928/29, GA 27: 362.

von Hermann Cohen begründeten Marburger Neukantianismus ein. Seinen eigenen Interpretationsansatz beschreibt er demgegenüber als einen „ontologischen", ohne dies in seiner Cassirer-Rezension näher ausführen zu können. Diese Differenz wird dann in Davos eine zentrale Rolle spielen. Kant ist dort nicht nur ein Dreh- und Angelpunkt des Streitgesprächs zwischen Heidegger und Cassirer, sondern wird von Heidegger auch in den Mittelpunkt seiner Davoser Vorträge gestellt. Dabei zeigt sich, dass es Heidegger nicht einfach nur um Fragen der richtigen Kantinterpretation geht. Vielmehr wird ihm Kant zum Vehikel seiner Kritik an Cassirer, und allgemeiner gesagt, am Marburger Neukantianismus. Er beabsichtigt, „gegen die traditionelle Interpretation des Neukantianismus" zu zeigen, dass Kants *Kritik der reinen Vernunft* „keine Theorie der mathematisch-naturwissenschaftlichen Erkenntnis" und „überhaupt keine Erkenntnistheorie", sondern eine „Grundlegung der Metaphysik" ist (GA 3: 271). Heideggers Davoser Vorträge mögen zwar keine *direkte* Auseinandersetzung mit Cassirers Philosophieansatz darstellen, enthalten aber vermittelt über Kant und den Neukantianismus gleichwohl eine Kritik auch an Cassirer. Ebenfalls via Kant versucht Heidegger darüber hinaus, sich in Davos sowie in seinem kurz darauf fertiggestellten ‚Kantbuch' – *Kant und das Problem der Metaphysik* – seines eigenen Philosophieansatzes zu versichern. Da Cassirer auf dieser systematischen Ebene, in der es nicht nur um Fragen der richtigen Kantinterpretation geht, Kant ebenso als Gewährsmann beansprucht, läuft der Streit, den beide Autoren um Kant führen, auf eine Auseinandersetzung um das richtige Verständnis von Philosophie überhaupt hinaus. Dieser Streit um Kant wird daher weiter unten noch eine wichtige Rolle spielen (Kap. 1.5).

(2) Will man der im zweiten Kritikpunkt diagnostizierten Unklarheit Cassirers bezüglich der Seinsart des Subjekts abhelfen, benötigt man Heidegger zufolge eine „radikale Ontologie des Daseins im Lichte des Seinsproblems", seines Erachtens also Überlegungen der Art, wie er selbst sie in *Sein und Zeit* angestellt hat. Es ist daher nicht überraschend, dass Heidegger vorschlägt, auf die dortige Daseinsanalytik zurückzugreifen, um insbesondere eine existenzial-ontologische Klärung des mythischen Daseins zu gewinnen. Seiner Auffassung zufolge lässt sich etwa vom Existenzial der Geworfenheit her die Übermächtigkeit verständlich machen, die in mythischen Lebensformen dem sogenannten *Mana* zugewiesen wird.[59] – Dieser Vorschlag wird von Heidegger zwar nicht ausgearbeitet; gleichwohl lässt sich die Frage stellen, ob er in methodischer Hinsicht zu überzeugen vermag. Mit seiner Daseinsanalytik setzt Heidegger an der von ihm beobachteten „durchschnittlichen Alltäglichkeit" konkreten Existierens an (SuZ 16). Dabei geht er davon aus, dass es „*wesenhafte* Strukturen" der Alltäglichkeit gibt, „die in *jeder* Seinsart des faktischen Daseins sich als seinsbestimmende durchhalten" (ebd., 17).

---

[59] Ebd., 1009 f. (=GA 3: 267).

Doch überlastet Heidegger seinen Ansatz nicht, wenn er meint, im Ausgang von der durchschnittlichen Alltäglichkeit der 1920er Jahre in Deutschland ließe sich etwas über die Seinsweise von Menschen in mythischen Lebenszusammenhängen aussagen? In der Übertragung seiner, wie etwa im Man-Kapitel von *Sein und Zeit* deutlich wird, zeitgeist- oder zumindest zeitgebundenen Analysen auf mythische Gemeinschaften besteht ein methodisches Problem, das von Heidegger nicht ausreichend reflektiert wird. Seine existenziale Deutung des Mythos vor dem Hintergrund von *Sein und Zeit* scheint damit ebenso viele Schwierigkeiten aufzuwerfen, wie sie zu lösen beansprucht.

Davon unberührt bleibt allerdings Heideggers Einwand, dass die ontologische Verfassung des Subjekts in der *Philosophie der symbolischen Formen* unklar sei. In der Davoser Disputation nimmt er die Gestalt an, dass zwar der Zielpunkt, der *terminus ad quem* von Cassirers Überlegungen verständlich sei und in dem „Ganzen einer Kulturphilosophie [...] im Sinne einer Aufhellung der Ganzheit der Formen des gestaltenden Bewusstseins" bestehe, dass dieses gestaltende Bewusstsein selbst aber bzw. der „*terminus a quo* bei Cassirer [...] vollkommen problematisch" bleibe (GA 3: 288). Damit macht Heidegger auf eine Grundschwierigkeit von Cassirers Ansatz aufmerksam, auf die ebenfalls zurückzukommen sein wird.

(3) In seinem dritten, mit dem zweiten offenbar zusammenhängenden Kritikpunkt moniert Heidegger, Cassirer bleibe die systematische Erklärung dafür schuldig, dass die mythische Lebensform die ‚geistige Urschicht‘ ist, aus der sowohl die mythische Denkform als auch die mythische Anschauungsform entspringen. Interessanterweise scheint er jedoch selbst bei Cassirer Mittel auszumachen, mit denen dieses Problem gelöst werden könnte. Denn lassen sich Cassirers Überlegungen zur „bildenden Kraft des Mythos" und zur „mythischen *Phantasie*"[60] nicht als Hinweise für die genannte Urschicht werten? Doch, so lautet dann die Kritik Heideggers, bleibe dieses „Fundamentalvermögen" bei Cassirer „völlig ungeklärt".[61] Heidegger selbst hatte sich vor dem Erscheinen seiner Rezension des Mythos-Bandes in einem anderen Zusammenhang, und zwar in seiner Vorlesung über Kants *Kritik der reinen Vernunft* vom Wintersemester 1927/28, schon intensiv mit der Frage nach einem Fundamentalvermögen auseinandergesetzt. Dabei hat er die später durch sein ‚Kantbuch‘ berühmt gewordene These entwickelt, die transzendentale Einbildungskraft sei die Wurzel der beiden von Kant so genannten „Stämme der menschlichen Erkenntnis", Sinnlichkeit und Verstand.[62] Cassirer selbst dürfte für das Projekt der Aufwertung der Ein-

---

[60] Ebd., 1010 f. (=GA 3: 269).

[61] Ebd., 1011 (=GA 3: 269).

[62] Heidegger, *Phänomenologische Interpretation von Kants Kritik der reinen Vernunft* (WS 1927/28), GA 25: 93, 277 f., 287, 417 f. Mit der Wurzelmetaphorik lehnt sich Heidegger an Kants *Kritik der reinen Vernunft*, A 15, B 29, sowie A 835, B 863, an. Zur

bildungskraft eine gewisse Sympathie gehegt haben. Denn auch in seinem Philosophieansatz kommt der produktiven Einbildungskraft eine zentrale Bedeutung zu. Ihre Leistung, so Cassirer in einem Nachlasstext, sei das „einigende ideelle Band", das sich um die „einzelnen Formwelten" von Mythos, Sprache, Kunst und Wissenschaft „schlingt" (ECN 1: 29). Da Cassirer und Heidegger aus der Zentralstellung der Einbildungskraft allerdings ganz verschiedene Konsequenzen ziehen, wird auch dieser Punkt wieder aufzugreifen sein.

Die drei angesprochenen Kritikpunkte aus Heideggers Rezension des Mythos-Bandes der *Philosophie der symbolischen Formen* – Kantinterpretation, *terminus a quo*-Frage und Begriff der Einbildungskraft – finden sich alle auf der Agenda der späteren Auseinandersetzung zwischen den beiden Philosophen wieder. Von entscheidender Bedeutung und bisher weitgehend übersehen ist, dass in diese Auseinandersetzung in Davos noch eine dritte Partei hineingezogen worden ist: die moderne philosophische Anthropologie. Das geht aus den Vorträgen hervor, die Heidegger und Cassirer bei ihrem Zusammentreffen in Davos gehalten haben.

Heideggers Davoser Vorträge sind nur in Form einer kurzen, von diesem selbst verfassten Zusammenfassung veröffentlicht worden, die 1929 in der *Davoser Revue* erschien und mittlerweile im Anhang seines ‚Kantbuchs' zugänglich ist.[63] Von besonderer Bedeutung ist hier der Schlussabsatz des Textes. Nachdem Heidegger darauf hingewiesen hat, dass jedem Projekt einer Grundlegung der Metaphysik vorgeschaltet eine „auf die Möglichkeit der Metaphysik gerichtete Metaphysik des Daseins" auszuarbeiten wäre, „die die Frage nach dem Wesen des Menschen" stellt, nimmt er eine Standortbestimmung seines Ansatzes vor: Die „Metaphysik des Daseins", so Heidegger, stellt die Frage nach dem Wesen des Menschen „in einer Weise, die *vor* aller philosophischen Anthropologie und Kulturphilosophie liegt" (GA 3: 273). Damit zeichnet sich folgendes Bild ab: Es gibt drei verschiedene Ansätze, die nach dem Wesen des Menschen fragen: (i) die Metaphysik des Daseins, (ii) die Kulturphilosophie und (iii) die philosophische Anthropologie. Während Heidegger mit dem Ausdruck „Metaphysik des Daseins" sein eigenes Projekt bezeichnet, für das er hier den Primat reklamiert, und mit der „Kulturphilosophie" Cassirers Projekt meint, bringt er mit der „philosophischen Anthropologie" ein drittes Projekt auf den Plan, das ebenfalls um die Frage nach dem Wesen des Menschen kreist. Damit reflektiert er den Umstand, dass die Anthropologie seit 1928 – als sowohl Max Schelers *Die Stellung des Menschen im Kosmos* als auch Helmuth Plessners *Die Stufen des Organischen und der Mensch* erschienen – neben der Fundamentalontologie und der

---

Auseinandersetzung mit Heideggers These zur Wurzel von Sinnlichkeit und Verstand siehe Wunsch 2007, 31-42.

[63] GA 3: 271-273. Vgl. GA 3: XV.

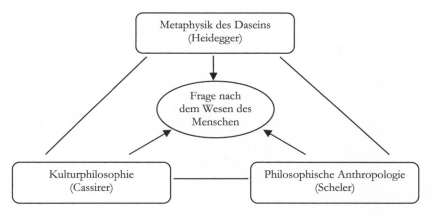

Abbildung 1.1

Kulturphilosophie als eine Hauptströmung der damaligen Gegenwartsphilosophie gelten musste. In Davos fehlte jedoch ein Vertreter dieses Projekts. Plessner war ohne Lehrstuhl, Privatdozent in Köln; überdies hatte er mit Plagiatsvorwürfen zu kämpfen, die Scheler gegen die *Stufen des Organischen* erhoben hatte; und Scheler selbst war im Mai 1928 überraschend gestorben.[64]

Es ist überaus bemerkenswert, dass auch für Cassirers Sicht der philosophischen Problemlage um 1929 die Dreierkonstellation von Kulturphilosophie, Fundamentalontologie und philosophischer Anthropologie entscheidend ist. Bildlich gesprochen, zeichnet er dieselbe Figur wie Heidegger: ein Dreieck mit einem Zentrum, setzt die Akzente allerdings anders. In seinen kürzlich veröffentlichten Davoser Vorträgen erklärt er gleich zu Beginn: Das „Problem der philosophischen Anthropologie rückt wieder in das *Zentrum* der modernen philos[ophischen] Probleme"; es stelle sogar zunehmend einen „Brennpunkt philosoph[ischer] Forschung" dar, weil es gegenwärtig „von ganz verschied[enen] Seiten her" in den Fokus der Aufmerksamkeit rückt. Cassirer zählt die zeitgenössischen philosophischen Perspektiven oder Richtungen, die sich diesem Problem zuwenden, auf: „a) Metaphysik (Scheler) b) Phänomenologie c) krit[ischer] Idealismus" (ECN 17: 3). Der einzige Name, der an dieser Stelle fällt, ist der Schelers. Doch im Laufe der Vorträge komplettiert sich das Bild: So wie Scheler das Problem der philosophischen Anthropologie in den Horizont der Metaphysik stellt, nähert sich Heidegger dem Problem von der Phänomenologie und Cassirer selbst vom kritischen

---

[64] Zu den real- und philosophiegeschichtlichen Zusammenhängen in der Zeit des „Durchbruchs" des Denkansatzes der Philosophischen Anthropologie siehe Fischer 2008, 61-93, insbesondere 80 ff.

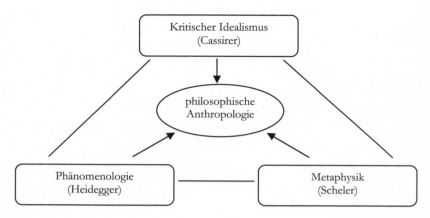

Abbildung 1.2

Idealismus her. In Cassirers Dreieck nehmen Heidegger, Scheler und er selbst die Eckpunkte ein und im Zentrum steht das Problem der philosophischen Anthropologie. Cassirer konturiert seine eigene Position in diesem Dreieck in Davos durch die Kritik der beiden konkurrierenden Ansätze: In seinem Vortrag „Der Gegensatz von Geist und Leben in Schelers Philosophie"[65] geht es um die Auseinandersetzung mit Scheler hinsichtlich der philosophischen Anthropologie und in der „Heidegger-Vorlesung" wird eben diese Auseinandersetzung mit Heidegger geführt.

Zwischen den Dreierkonstellationen, die sich aus den Davoser Vorträgen Heideggers und Cassirers ergeben, besteht eine Strukturgleichheit. Den Eckpunkten der beiden Dreiecke sind offenbar dieselben Personen zugeordnet, wenn ihre Projekte auch unterschiedlich benannt werden. Außerdem steht in beiden Dreiecken *der Sache nach* dasselbe im Zentrum: die Frage nach dem Menschen. Die Betonung liegt auf „der Sache nach", weil trotz der Strukturgleichheit der von Heidegger und Cassirer gezeichneten Dreierkonstellationen bezüglich des Anthropologieverständnisses beider Autoren ein wichtiger Unterschied auszumachen ist. Während Cassirer den im Zentrum stehenden Problembereich des Wesens des Menschen „philosophische Anthropologie" nennt, verwendet Heidegger diese Bezeichnung für eine von drei verschiedenen Weisen, diesen Problembereich zu bearbeiten, und zwar für diejenige, auf die Cassirer mit „Metaphysik (Scheler)" Bezug nimmt. Bei Heidegger macht die Anthropologie einen Eckpunkt des Drei-

---

[65] Siehe die Notizen von Hermann Mörchen zu diesem Vortrag in ECN 17: 121 f. Eine Ausarbeitung des Vortrags ist 1930 unter dem Titel „„Geist' und ‚Leben' in der Philosophie der Gegenwart" in der *Neuen Rundschau* erschienen (ECW 17: 185-205). Auf die in diesem Text formulierte Scheler-Kritik Cassirers werde ich unten in Kap. 2.2 zurückkommen.

ecks aus und erscheint damit auf einer Ebene mit der Kulturphilosophie und der Metaphysik des Daseins als eine von drei *Denkrichtungen*, die nach dem Wesen des Menschen fragen. Bei Cassirer dagegen findet sich die Anthropologie im Zentrum des Dreiecks und wird entsprechend nicht als ein eigener philosophischer Ansatz, sondern als ein Problemfeld verstanden. Womit sich die drei von ihm genannten Ansätze in Bezug auf dieses Feld beschäftigen, ist die mit der Frage nach dem Wesen des Menschen befasste *Disziplin* der philosophischen Anthropologie.

Die Differenzierung zwischen der philosophischen Disziplin und dem Denkansatz der philosophischen Anthropologie ist in der aktuellen Forschung gut etabliert. Nachdem etwa Herbert Schnädelbach sie im Schlusskapitel seines Buchs *Philosophie in Deutschland 1831 – 1933* verwendet hat, ist sie in jüngerer Zeit von Joachim Fischer wiederaufgegriffen und ausführlich ausgearbeitet worden.[66] Typographisch wird sie durch Klein- und Großschreibung des Beiworts „philosophisch" verdeutlicht und inhaltlich dadurch, dass das Unterschiedene verschiedenen Reihen zugehört: Während die „philosophische Anthropologie" als eine Disziplin der Philosophie in dieselbe Ordnung wie „Erkenntnistheorie", „Ethik" oder „Sprachphilosophie" gehört, steht die „Philosophische Anthropologie" als Paradigma oder Denkrichtung der Philosophie des 20. Jahrhunderts in einer Reihe mit „Phänomenologie", „Logischem Empirismus", „Existenzphilosophie" und „Kritischer Theorie".

Heidegger scheint schnell erkannt zu haben, dass Schelers *Die Stellung des Menschen im Kosmos* und Plessners *Die Stufen des Organischen und der Mensch* Gründungsdokumente eines neuen Denkansatzes sind, der in Konkurrenz zu dem von ihm selbst verfolgten fundamentalontologischen Ansatz steht. Er hat auf diesen neuen Ansatz noch vor Davos, Anfang 1929 in Frankfurt am Main mit einem Vortrag reagiert und ihn, wie der Titel „Philosophische Anthropologie und Metaphysik des Daseins" zeigt, von seinem eigenen Programm unterschieden.[67] Cassirer dagegen scheint um 1929 mit einem Anthropologiebegriff anderer Art zu arbeiten. Für ihn ist philosophische Anthropologie genau der Problembereich der Philosophie, in dem es um das Wesen des Menschen geht. Heidegger lehnt diesen weiten Anthropologiebegriff in Davos ab, da es – von dem Dreieck her beurteilt, das sich aus seinen Davoser Vorträgen ergibt – der Metaphysik des Daseins ebenfalls um das Wesen des Menschen geht, sie aber gerade von der Anthropologie abgegrenzt werden soll.

---

[66] Schnädelbach 1983, 271 f., 265; Fischer 2008. – Siehe außerdem die oben in Anm. 1 der Einleitung genannten Stellen bei Odo Marquard.

[67] Heidegger hat den (bisher unveröffentlichten) Vortrag „Philosophische Anthropologie und Metaphysik des Daseins" am 24.01.1929 vor der Frankfurter Kantgesellschaft gehalten. Ausführlich dazu: Muñoz Pérez 2008, 70-79. Siehe auch die Hinweise bei Meyer 2006, 158 f.

1.4 Cassirers „Heidegger-Vorlesung" und die Davoser Disputation

Es ist deutlich geworden, dass Cassirers „Heidegger-Vorlesung" von großer Bedeutung für das Verständnis des systematischen Rahmens ist, in den die beiden Davoser Protagonisten ihr dortiges Zusammentreffen einordneten. Zusammen mit Heideggers Davoser Vorträgen macht sie deutlich, dass sowohl Heidegger als auch Cassirer ihre Auseinandersetzung als Teil einer Konfrontation von *drei* grundlegenden Perspektiven begriffen, von denen je eine ihre eigene und die dritte die der modernen philosophischen Anthropologie war. Dass die beiden Philosophen dieses Selbstverständnis ihrer Auseinandersetzung teilten, ist in der bisherigen Forschung unsichtbar geblieben. Entsprechend konnte auch noch nicht herausgearbeitet und gewürdigt werden, dass ihnen beiden, gerade weil in Davos kein Vertreter der modernen philosophischen Anthropologie mit von der Partie war, ein ansonsten ungenutztes Arsenal von Argumenten zur Verfügung stand, um dem jeweils anderen Mängel philosophisch-anthropologischer Art zu attestieren.

Cassirers „Heidegger-Vorlesung" ist noch in anderer Hinsicht instruktiv. Sie ermöglicht einen neuen und angemesseneren Überblick über die Auseinandersetzung in Davos. Das Gesprächsprotokoll der „Davoser Disputation" allein erweist sich dafür als unzureichend. Es ist oft bemerkt worden, dass es vor allem Heidegger ist, der hier die Konfrontation mit Cassirer sucht, während dieser sich mit Kritik an Heidegger eher zurückhielt und sich um die Identifizierung von Gemeinsamkeiten bemühte. Diese Konstellation wird aber erst vor dem Hintergrund der von beiden gehaltenen Davoser Vorträge verständlich. Heidegger hatte sich in seinen Vorträgen Kants *Kritik der reinen Vernunft* und dem Problem einer Grundlegung der Metaphysik gewidmet, während Cassirer, wie ich gleich im Einzelnen zeigen werde, die Vorträge genutzt hat, um eine grundsätzliche Kritik an Heideggers Daseinsanalytik zu formulieren. Aus Sicht des Publikums in Davos stand Cassirers Kritik damit schon vor der Disputation im Raum, sodass Heidegger sich gezwungen sah, darauf zu reagieren und mit seiner Kritik an Cassirer nachzuziehen.

Es ist daher wichtig, sich zunächst den Argumentationsgang in Cassirers „Heidegger-Vorlesung" vor Augen zu führen. Vor dem Hintergrund seines auf die Frage nach dem Wesen des Menschen bezogenen Anthropologiebegriffs ist es nicht überraschend, dass er die philosophische Anthropologie nicht für ein spezifisch modernes Unternehmen hält. Sie trete in der Geschichte der Philosophie immer wieder und vor allem in den „großen Epochen der Scheidung und Entscheidung" in Erscheinung (ECN 17: 3). Cassirer formuliert daher das Desiderat einer „*Geschichte* der philosoph[ischen]

Anthropologie"[68] und geht selbst einige wichtige ihrer Stationen durch. Die entscheidende scheint für ihn neben Augustinus Kant zu markieren, nicht nur wegen seiner Bedeutung für die Anthropologie der Aufklärung, sondern auch weil seine Ethik als „‚Transzendenz' gegenüber dem Anthropologischen" zu werten sei (ECN 17: 11). Gemeint ist wohl, dass Menschen als sittliche Wesen nach Kantischen Maßstäben einer Ordnung angehören, die sich mit den Mitteln der Anthropologie nicht mehr erfassen lässt. Cassirer bringt dies in der Rede von einem *„Gegensatz"* zwischen „anthropologischer *Relativität*' und *„ethischer* Unbedingtheit" zum Ausdruck (ebd.). Auch wenn er diesen Gegensatz selbst anthropologisch einordnet, indem er ihn als Kennzeichen des Wesens des Menschen versteht (ebd.), deutet sich an dieser Stelle ein Vorbehalt gegen ‚das Anthropologische' an. In Kantischer Weise ließe sich die Ordnung, die das Anthropologische transzendiert und auch anthropologisch nicht mehr zugänglich ist, als Ordnung der Vernunft bzw. des *mundus intelligibilis* begreifen.[69] Wie ich im folgenden Abschnitt ausführen werde, verteidigt Cassirer diese Ordnung nach Davos gegen ihre Nivellierung durch Heidegger, und zwar in seiner Rezension von dessen ‚Kantbuch'.

Nach seinen philosophiehistorischen Überlegungen zur Anthropologie wendet sich Cassirer der anthropologischen „Problematik der Philosophie der Gegenwart" zu (ECN 17: 13). In diesem Kontext kommt er kurz auf Scheler zu sprechen, doch das Hauptaugenmerk liegt auf der Auseinandersetzung mit Heidegger. Dieser wird seinem Selbstverständnis zum Trotz der „modernen philos[ophischen] Anthropologie" zugerechnet (ebd., 61). Cassirer formuliert seine Einwände in Hinblick auf verschiedene Themenfelder – Raumbegriff, Gegenständlichkeit/Sprache und Todesproblem –, doch dem liegt eine einheitliche Stoßrichtung zugrunde: Er will verdeutlichen, dass Heidegger mit einem stark unterbestimmten Begriff des Menschen operiert. Die Bestimmungen des Menschen aus *Sein und Zeit*, so seine Beobachtung, liegen unterhalb der Schwelle zum spezifisch Menschlichen. Cassirers Kritik nimmt daher die Gestalt einer philosophischen „Anthropogonie" im Ausgang von Heideggers Daseinsanalytik an. Das heißt, er will zeigen, dass das in *Sein und Zeit* „Dasein" genannte Wesen erst durch von Heidegger ignorierte oder marginalisierte Momente zum Menschen wird.

---

[68] ECN 17: 7. Auch in Cassirers späterem *Essay on Man* (1944) heißt es noch: „The history of the philosophy of man is still a desideratum" (ECW 23: 10 Anm. 6). Cassirer kann dort zwar auf den ausführlichen Handbuchbeitrag zur philosophischen Anthropologie des Dilthey-Schülers Bernhard Groethuysen verweisen (Groethuysen 1928), den er selbst in einer 1934 publizierten Rezension besprochen hatte (ECW 18: 458); doch er weist zu Recht darauf hin, dass Groethuysens Darstellung an der Schwelle der Moderne halt mache (ECW 23: 10 Anm. 6).

[69] Zur Artikulation eines strukturell vergleichbaren Vorbehalts vgl. Jaeschke 2012.

In Bezug auf den Problemkomplex Gegenständlichkeit/Sprache, mit dem ich wegen seiner besonderen Wichtigkeit beginne, referiert Cassirer zunächst einige Gegenüberstellungen aus *Sein und Zeit*. Aus Heideggers Sicht sei das Erkennen dem alltäglichen praktischen Umgang mit den Dingen, dem „besorgenden Zu-tun-haben[] mit der Welt" nachgeordnet (SuZ 61). Die Seinsart dieser Dinge des praktischen Umgangs, des Zeugs, wird in *Sein und Zeit* „Zuhandenheit" genannt (ebd., 69). „Das schärfste Nur-noch-*hinsehen* auf das so und so beschaffene Aussehen von Dingen vermag Zuhandenes nicht zu entdecken", so Cassirer Heidegger zitierend; und weiter: „Der nur ,theoretisch' hinsehende Blick auf Dinge entbehrt des Verstehens von Zuhandenheit".[70] Cassirer hat keine inhaltlichen Einwände gegen diese Überlegungen von Heideggers Umweltanalyse. Vielmehr scheint er ihnen sogar zuzustimmen. Er hält sie jedoch bloß für einen ersten Schritt und fragt daher: „[L]ässt sich bei diesem Anfang *stehen bleiben*? – oder ist nicht vielmehr die ,Transzendenz' über ihn hinaus […], der Schritt vom ,Zuhandenen' zum ,Vorhandenen' das eigentliche *Problem*? Besteht nicht eben das ,Wesen' des Menschen darin, dass er dieser Wendung, der ,Wendung zur Idee', wie Simmel sie genannt hat, *fähig* ist? – *wird* er nicht mit ihr erst zum Menschen, ist sie nicht ein Teil u[nd] Moment der Anthropogonie – und hat sie nicht einen ganz anderen Sinn u[nd] *Wert* als den einer blossen ,Defizienz', eines *Abfalls* von seiner ursprünglichen Natur?" (ECN 17: 29) Diese Fragen sind rhetorischer Art, denn für Cassirer ist tatsächlich der Schritt von dem, was bloß zuhanden und im praktischen Umgang erschlossen ist, zur Objektivierung der Dinge und ihrer Verhältnisse entscheidend. Worin aber besteht dieser Schritt, so fragt Cassirer, „welches ist das Medium, das von der Welt des bloss-Zuhandenen zu der des Vorhandenen, von der blossen ,Zeughaftigkeit' zur echten ,Gegenständlichkeit' herüberführt"? Dieses Medium, so seine Antwort, ist „die Welt der *symbolischen Formen*" (ebd., 33).

Von den symbolischen Formen greift Cassirer in seiner „Heidegger-Vorlesung" die Sprache heraus. Gegen Heideggers in *Sein und Zeit* vertretene These von der ,Abkünftigkeit' der Sprache arbeitet er in Anknüpfung an Wilhelm von Humboldt die schon im ersten Band der *Philosophie der symbolischen Formen* vertretene Auffassung von der Sprache als einem „geistigen Grundakt von positiver, schöpferischer Bedeutung" heraus (ECN 17: 37). Als Kern dieser Auffassung kann die These gelten, dass die Sprache ein „Grundmittel der objektivierenden Bestimmung" ist (ebd.). Ein innovatives Argument für diese These gewinnt Cassirer im Rekurs auf empirische Untersuchungen der Sprachpathologie und näherhin zur Aphasie.[71] Der Aphasiker versteht es in Cassirers Darstellung zwar, mit alltäglichen Gebrauchsgegenständen, wie einem Messer oder Bleistift, umzugehen, sie richtig zu

---

[70] SuZ 69 und bei Cassirer, ECN 17: 27.
[71] Siehe ECN 17: 15, 25, 25 Anm. G, 43.

benutzen; aber er vermag nicht mehr, sie etwa als „Messer" oder „Bleistift" zu benennen. Die „Objekte" der Aphasiker bleiben situationsgebunden, sind durch „Einschmelzung in den jeweiligen Situationszusammenhang" gekennzeichnet (ECN 17: 35). Ihre Benennung gelingt, wo sie versucht wird, nur auf einem Umweg: Messer und Bleistift werden durch „zum Schneiden" oder „zum Schreiben" bezeichnet (ebd.). Es dürfte klar sein, welches – von Cassirer hier nicht mehr explizit gemachte – Argument damit im Raum steht. Der Aphasiker verfügt nicht oder nur eingeschränkt über die Fähigkeit der objektivierenden Bestimmung. Da er aber zu Leistungen des ‚hantierenden, gebrauchenden Besorgens' in der Lage ist, gleicht die von ihm erlebte Wirklichkeit derjenigen, die Heideggers Umweltanalyse beschreibt. Ganz entgegen ihrem Anspruch vermag diese Analyse also nicht die zentrale Dimension des gewöhnlichen menschlichen Umgangs mit den Dingen zu erfassen.

Cassirer konkretisiert seine These, dass Heidegger mit einem stark unterbestimmten Begriff des Menschen operiert, nicht nur hinsichtlich des Übergangs von bloßer Zuhandenheit zu echter Gegenständlichkeit, sondern auch in Bezug auf den Raumbegriff. Aus der Raumkonzeption von *Sein und Zeit* (§§ 22-24) ergibt sich seines Erachtens der Primat „des reinen Aktions-Raums" bzw. „des ‚pragmatischen' Raumes" vor dem „symbol[ischen] Raum" (ECN 17: 15). Wenngleich Cassirer die Bedeutung des Raumkonzepts, dem Heidegger den Vorrang gibt, nicht bestreitet, führt er hier ein Gegenargument an, das dem soeben dargelegten analog ist. Es besagt, „daß der anthropologische Raum, der Raum, in dem der Mensch lebt, erst dadurch erobert wird, daß dieser Ausgangspunkt [des ‚pragmatischen' Raums; M. W.] verlassen, überwunden wird" (ebd.). Gemäß seiner eigenen Gliederung der Zeichenfunktionen in Ausdruck, Darstellung und Bedeutung unterscheidet Cassirer den spezifisch menschlichen Raum oder „Symbolraum" (a) als „Ausdrucks-Raum", der „am deutlichsten in der mythischen Welt" wird, (b) als „Darstellungs-Raum", wie er in einem ersten „Schritt zur Objektivierung überhaupt" durch den „Akt der ‚Deixis'" und Demonstrativpronomen zugänglich wird und (c) als „Bedeutungs-Raum", das heißt als „mathematisch-physikalische[n] Symbolraum" oder „Funktionsraum".[72]

Dass Heidegger sich mit seiner Raumkonzeption unterhalb der Schwelle zum „anthropologische[n] Raum" bewegt, macht Cassirer auch hier wieder auf kontrastive Weise deutlich. Zum einen bringt er erneut empirische Resultate der Forschung mit Aphasikern ins Spiel: „Die Raumwelt des Aphasischen scheint geradezu dadurch charakterisiert zu sein, daß sie den ‚Handlungsraum' unverändert bewahrt; aber daß es für sie einen reinen Symbolraum nicht mehr giebt" (ECN 17: 23 Anm. A). – Zum anderen weist Cassi-

---

[72] Siehe dazu das ausführliche Kapitel „Zur Pathologie des Symbolbewußtseins" im dritten Band der *Philosophie der symbolischen Formen* (ECW 13: 234-322).

rer die Nähe zwischen Heideggers existenzialer Raumkonzeption und dem von der modernen theoretischen Biologie untersuchten tierischen „Raum" auf. Unter ausführlicher Bezugnahme auf seinen Hamburger Kollegen Jakob von Uexküll kann er deutlich machen, dass der „‚pragmatische' Raum, wie ihn Heidegger schildert und wie er ihn im Begriff der ‚Gegend' als des ‚jeweiligen umweltlichen Begegnen des Zuhandenen' umschreibt, [...] in der tierischen Welt, bis hinab zur Welt der niederen Tiere, sein genaues Analogon" hat.[73] – Beide Argumentationslinien verweisen darauf, dass Heideggers Raumkonzeption in anthropologischer Hinsicht zu kurz greift. Denn mit ihr wird die Räumlichkeit des Daseins nicht hinreichend von der von Aphasikern oder der von Tieren unterschieden. In Hinblick auf eine philosophische Anthropogonie wäre also wiederum nach dem Medium zu fragen, im Rekurs auf das der Übergang, das heißt hier: der Schritt in den Symbolraum, verständlich wird. Wenngleich Cassirer wiederum die Sprache als „ein unentbehrliches Mittel dieser Erhebung" hervorhebt (ECN 17: 23 Anm. A), muss seine allgemeine Antwort auf die Frage nach dem Medium aufgrund der skizzierten Pluralität des Symbolraums als Ausdrucks-, Darstellungs- und Bedeutungsraum wieder auf „die Welt der symbolischen Formen" insgesamt verweisen.

Das neben der Umweltanalyse und der Konzeption der Räumlichkeit dritte Feld der Auseinandersetzung mit *Sein und Zeit*, das Cassirer in seiner „Heidegger-Vorlesung" eröffnet, betrifft das „Todesproblem" (ECN 17: 55).[74] Und auch in diesem Feld macht er auf einen Übergang aufmerksam: dem von der „blasse[n] Tatsächlichkeit des Todes" zum Wissen um den Tod (ebd., 59 Anm. A). „Der Mensch *unterliegt* nicht lediglich dem Tode, noch *erleidet* er ihn schlechthin[;] er beweist auch ihm gegenüber die Grundfähigkeit, die ihn über das Tier hinaushebt; die Fähigkeit der *Distanzierung*" (ebd., 59). Allerdings lässt sich dieser Übergang einer philosophischen Anthropogonie *nicht* zur Kritik an einer etwaigen anthropologischen Unterbestimmtheit von Heideggers Todesanalyse ins Feld führen. Denn Heideggers Auffassung des Todes als „die eigenste, unbezügliche, gewisse und als solche unbestimmte, unüberholbare Möglichkeit des Daseins" (SuZ 258 f.) darf nicht unterhalb der Schwelle zum spezifisch Menschlichen verortet werden. Seine Überlegungen zum „Vorlaufen in diese Möglichkeit" bzw. „den Tod" (ebd., 262 ff.) haben kein Analogon im Tierreich.

---

[73] ECN 17: 17. Heidegger hat sich später, in seiner Vorlesung *Die Grundbegriffe der Metaphysik* von 1929/30, positiv auf Uexküll bezogen, ohne allerdings auf Cassirers Kritik einzugehen. Vgl. dazu Kap. 4.1.

[74] Die Herausgeber von ECN 17 (Jörn Bohr und Klaus Christian Köhnke) weisen darauf hin, dass Cassirer einige Passagen seiner Vortragsnotizen zu diesem Problem nicht vorgetragen hat (ebd., 55 Anm. A). Ich werde hier aber auch diese Passagen einbeziehen.

Für Cassirers Auseinandersetzung mit Heidegger hinsichtlich des Todes ist also nicht der Gesichtspunkt der Anthropogonie, sondern ein anderer entscheidend. Cassirer stellt zwischen Heidegger und sich selbst einen „Gegensatz" in der „Richtung der Betrachtung" fest (ECN 17: 63), einen Gegensatz, den er anhand von zwei großen Orientierungen in der Geschichte „der europäischen Menschheit" identifiziert (ebd.). Grob gesagt und alle Interferenzen ausblendend, könne man in Bezug auf das Todesproblem „die christlich-religiöse" und „die antik-heidnische" Orientierung unterscheiden (ebd.). Heidegger folge der ersten Orientierung, dem Motiv des „religiöse[n] Individualismus" (ebd., 57), für das Cassirer vor allem Luther namhaft macht.[75] Dieser Orientierung zufolge wirft der Tod den Einzelnen auf sich selbst zurück (vgl. ECN 17: 65) und fungiere damit als *principium individuationis*. Für Heideggers Todesanalyse ist darüber hinaus der Gedanke entscheidend, dass diese „Geworfenheit in den Tod" nicht durch eine explizite Erkenntnis, sondern durch die „Befindlichkeit der Angst" erschlossen wird (SuZ 251). Diese Befindlichkeit, so Cassirer, mache für Heidegger den „Zentralpunkt des Daseins" aus (ECN 17: 71). Dagegen setzt Cassirer selbst die „antik-heidnische, die eigentlich ,philosophische' Orientierung" (ebd., 63),[76] die seines Erachtens auf exemplarische Weise in Platons *Phaidon* zum Ausdruck komme (ebd., 65). Als maßgeblich müssen dort aber weniger die einzelnen Beweisführungen Platons für die Unsterblichkeit der Seele gelten als vielmehr „die Gestalt des sterbenden Sokrates", der „kraft des reinen Gedankens" für den Tod „reif geworden" ist und sich „der Urtatsache des Todes [...] in Gedanken gewachsen" zeigt (ebd., 67). Cassirer erblickt darin eine Form der geistigen Überwindung des Todes, die in der Geschichte der Philosophie immer wieder aufgegriffen und durch andere solche Formen ergänzt wurde. Sich in diese Traditionslinie einordnend erklärt Cassirer gegen Heidegger, für den Menschen sei nicht „die Angst vor dem Tode als solche" charakteristisch, sondern „die Überwindung dieser Angst – mag diese wie bei Platon als gedankliche, mag sie wie bei Schiller als aesthetische, mag sie schließl[ich] als *religiöse* Überwind[ung] gedacht werden" (ECN 17: 71). „Der Mensch", so dann der paradox formulierte Schluss von Cassirers

---

[75] Insbesondere bezieht sich Cassirer (ECN 17: 55 f.) auf den ersten der „Acht Sermone" Luthers (1522). Dort heißt es etwa: „Wir sind alle zum tode gefoddert und wird keiner fur den andern sterben [...]. ich werde denn nicht bey dir sein noch du bey mir" (Luther, WA 10 III, S. 1).

[76] Karlfried Gründer hat die Qualifizierung dieser Orientierung als eigentlich philosophische (vgl. auch ECN 17: 59) so verstanden, dass Heideggers Todesauffassung damit als *un*philosophisch kritisiert wird (siehe Gründer 1988, 297). Meines Erachtens geht es Cassirer jedoch eher darum, auf die tiefe Verwurzelung seiner eigenen Todesauffassung im sokratischen Philosophiebegriff („Philosophie ist sterben lernen", ECN 17: 67) sowie in der Geschichte der abendländischen Philosophie hinzuweisen.

„Heidegger-Vorlesung", „ist das endliche Wesen, das seine Endlichkeit *weiss* – u[nd] das in diesem Wissen seine Endl[ichkeit] überwindet, u[nd] seiner Unendl[ichkeit] gewiss wird" (ebd., 73).

Gemessen an diesen Bestimmungen des Menschen erweist sich auch die Todesanalyse von *Sein und Zeit* als anthropologisch unzureichend. Wie schon erwähnt lässt sich das in diesem Fall aber nicht mit den Mitteln einer philosophischen Anthropogonie korrigieren. Denn hier stehen sich nicht zwei Analysen gegenüber, von denen eine die Schwelle zum spezifisch Menschlichen nur vermeintlich überschritten hat. Vielmehr handelt es sich um konkurrierende Auffassungen zum Tod bei Menschen. Dass Heideggers Auffassung in diesem Problemfeld unzutreffend ist, müsste also anders begründet werden, als in Bezug auf die zuvor diskutierten Problemfelder. Cassirer bleibt diese Begründung in seiner „Heidegger-Vorlesung" schuldig. Die Frage, um die es geht, ist, ob die Angst vor dem Tod zum Wesen des Menschen gehört oder eine Überwindung dieser Angst möglich ist. Cassirers Auffassung, also die zweite Alternative scheint mir in diesem Punkt besser nachvollziehbar zu sein; jedenfalls meine ich, ohne darauf hier näher einzugehen, dass es Heidegger in *Sein und Zeit* nicht gelingt, die erste Alternative zu begründen.[77]

Bevor ich mich nun der Davoser Disputation zuwende, möchte ich den entscheidenden Punkt noch einmal festhalten. Die Kritik, die Cassirer in seiner Davoser „Heidegger-Vorlesung" anhand der Umweltanalyse sowie der Räumlichkeitskonzeption von *Sein und Zeit* und mit Blick auf Untersuchungen der theoretischen Biologie zu Tieren (Uexküll) sowie der Neurologie und Psychologie zu den Ausfallerscheinungen der Aphasie (Goldstein et al.) entwickelt, enthält starke Anhaltspunkte dafür, dass zentrale Befunde von Heideggers Daseinsanalytik eine systematische Unterbestimmung des Begriffs des Menschen bedeuten. Vor diesem Hintergrund muss Heideggers Idee, dass *Sein und Zeit* als Grundlage einer zukünftigen philosophischen Anthropologie fungieren könnte, als verfehlt gelten.

In der Davoser Disputation lässt sich das gleiche Argumentationsmuster beobachten. Auch hier wird der Hinweis auf Mängel philosophisch-anthropologischer Art zur Kritik eingesetzt. Es ist besonders interessant, dass sich in Davos nicht nur Cassirer, sondern auch Heidegger dieses Argumentationsmusters bedient. Verschafft man sich einen Überblick über die Davoser Disputation, so lassen sich fünf Kernthemen identifizieren: (1) die Frage nach dem Menschen, (2) die Konzeption von Philosophie, (3) die Kantinterpretation, (4) die Thematik der Endlichkeit und (5) die Bedeutung von Freiheit. Zwischen den Themen gibt es Überschneidungen, weil etwa die Konzeption der Philosophie auch im Zusammenhang der Kantinterpre-

---

[77] Einige Argumente gegen Heideggers Todesanalyse und weitere Hinweise zum Verständnis des Phänomens der Angst vor dem Tode finden sich bei Tugendhat 1996 und Tugendhat 2003, 98-106.

tation diskutiert wird und es um die Freiheit endlicher Menschen geht. Außerdem lenkt die Diskussion der einzelnen Themen die Aufmerksamkeit auf weitere Themen, die systematisch keineswegs zweitrangig sind. So kommen etwa im Zuge der Thematik der Endlichkeit die Fragen nach Wahrheit und Objektivität ins Spiel. Obwohl ich einen ausführlichen und die Argumentationsverläufe im Einzelnen rekonstruierenden Kommentar zur Davoser Disputation (trotz und teilweise wegen des immensen Umfangs der schon vorliegenden Sekundärliteratur) für ein lohnendes Unterfangen hielte, möchte ich mich hier auf die Frage nach dem Menschen (1) und die Philosophiekonzeption (2) konzentrieren. Auf strittige Fragen der Kantinterpretation (3) komme ich im nächsten Abschnitt zu sprechen. Die Diskussionen um „Endlichkeit" und „Freiheit" werde ich dabei eher streifen.[78]

Die wichtigste Gemeinsamkeit zwischen Heidegger und Cassirer ist die Überzeugung, dass die Frage nach dem Menschen eine zentrale Bedeutung für die Philosophie hat. Sie kam bereits in den Davoser Vorträgen der beiden Philosophen zum Ausdruck (Kap. 1.3); und auch für die Davoser Disputation hält Heidegger noch einmal ausdrücklich „die Frage, was der Mensch sei, als die zentrale Frage" fest (GA 3: 291). Von diesem gemeinsamen Ausgangspunkt aus entwickelt sich der Streit um die Frage nach dem Menschen und das richtige Verständnis von Philosophie überhaupt. Die Kritik, die Cassirer in seinen Davoser Vorträgen geäußert hat, bestand im Kern darin, dass Heidegger der Frage nach dem Menschen in *Sein und Zeit* nicht gerecht geworden ist. Im direkten Gespräch mit Heidegger bringt Cassirer diesen Kritikpunkt in einer abgewandelten Form vor, und zwar im Zusammenhang mit der Diskussion der Thematik unserer Endlichkeit. Er legt dar, dass Heideggers Konzeption der Endlichkeit des Daseins problematisch ist, weil sie in praktischer Hinsicht das Kantisch verstandene „Ethische", also die Geltung des Sittengesetzes für alle vernünftigen Wesen, sowie in theoretischer Hinsicht die Möglichkeit synthetischer Erkenntnisse a priori und damit von Objektivität unverständlich macht (GA 3: 276 f.). Diese Linie von Überlegungen mündet in Cassirers Frage: „Will Heidegger auf diese ganze Objektivität, auf diese Form der Absolutheit, die Kant im Ethischen, Theoretischen und in der Kritik der Urteilskraft vertreten hat, verzichten?" (Ebd., 278) Bei der darin ausgedrückten Kritik handelt es sich insofern um eine Variante der Einwände in Cassirers Davoser Vorträgen, als die Daseinsanalytik aus *Sein und Zeit* auch hier als eine Konzeption erscheint, die in Hinsicht auf zentrale Aspekte des menschlichen Selbst- und Weltverständnisses zu kurz greift.

Heidegger reagiert darauf in zweifacher Weise. Erstens geht er direkt auf die Kritik ein, indem er auf der Basis der Endlichkeit des Daseins Aspekte

---

[78] An anderer Stelle habe ich die Bedeutung der Freiheitskonzeption für die Auseinandersetzung zwischen Cassirer und Heidegger in den Mittelpunkt gestellt; siehe Wunsch 2012a.

ins Spiel zu bringen versucht, die als ein Überschreiten der Endlichkeit gewertet werden können. Da dabei Kantische Motive und ihre Interpretation
eine wichtige Rolle spielen, werde ich darauf erst im folgenden Abschnitt
eingehen.[79] Zweitens verfolgt Heidegger die Strategie, Cassirers Kritik als
unangemessen zurückzuweisen. Er räumt bereitwillig ein: Die „ganze Problematik in ‚Sein und Zeit‘, die vom Dasein im Menschen handelt, ist keine
philosophische Anthropologie. Dazu ist sie viel zu eng und vorläufig" (GA
3: 283). Cassirers Kritik treffe nicht „den eigentlichen Kern der Absicht"
von *Sein und Zeit*, also die Ausarbeitung der Seinsfrage. Man könne daher, so
Heidegger, ohne Weiteres zugeben, „daß, wenn man gewissermaßen diese
Analytik des Daseins in ‚Sein und Zeit‘ geschlossen als eine Untersuchung
über den Menschen nimmt und dann die Frage stellt, wie auf Grund dieses
Verständnisses des Menschen das Verständnis einer Gestaltung der Kultur
und Kulturgebiete möglich sein soll, daß, wenn man diese Frage so stellt, es
eine absolute Unmöglichkeit ist, aus dem, was hier vorliegt, etwas zu sagen.
All diese Fragen sind inadäquat mit Bezug auf mein zentrales Problem" (GA
3: 284).

Zunächst ist auffällig, dass Heidegger mit seiner defensiven Rede von der
„absoluten Unmöglichkeit" offenbar einen früheren Anspruch revidiert.
Denn in seiner Rezension des zweiten Bandes von Cassirers *Philosophie der
symbolischen Formen* vertrat er die Auffassung, dass sich das Kulturgebiet des
Mythos durchaus im Rückgriff auf die Daseinsanalytik von *Sein und Zeit*
existenzial-ontologisch aufklären lasse (Kap. 1.3). Seine Zurückführung der
Mana-Vorstellung auf das Existenzial der Geworfenheit etwa machte deutlich, dass ihm ein Verständnis kultureller Grundformen auf der Basis der
Daseinsanalytik von *Sein und Zeit* eher ohne Weiteres möglich als absolut
unmöglich erschien.

Ein anderer Punkt ist in diesem Zusammenhang noch wichtiger. Wenn
Heidegger Cassirers Kritik als inadäquat zurückweist, dann liegt dem offenbar die Auffassung zugrunde, dass diese Kritik auf einer Art Missverständnis
von *Sein und Zeit* beruht. Diese Auffassung scheint mir allerdings fragwürdig
zu sein. Cassirers Auseinandersetzung mit *Sein und Zeit* in den Davoser Vorträgen entsprang nicht bloß dem Interesse einer Textinterpretation. Es ging
ihm darum, ob Heidegger der Frage nach dem Menschen gerecht wird. Seine Kritik war daher tiefer gehend. Auch wenn die Analytik des Daseins aus
Sein und Zeit nicht auf eine philosophische Anthropologie abzielt, bleibt der
Einwand bestehen, dass sie zu einem systematisch unterbestimmten Begriff
des Menschen führt. Das Problem ist nicht einfach, dass die Daseinsanalytik
das Phänomen des Menschen nicht erschöpft, sondern dass sie es in einigen
Punkten, die zentral wären, gar nicht erreicht. In diesem Sinne wird die von
Heidegger entwickelte phänomenologische Perspektive der Frage nach dem

---

[79] Siehe Kap. 1.5, Punkt (3).

Menschen nicht gerecht – ebenso wenig übrigens wie Schelers metaphy-sisch-anthropologische Perspektive, die Cassirer in Davos ihrerseits der Kri-tik unterzieht.[80] Als positives Gegenstück zur Kritik an Heidegger und Sche-ler kann damit die Empfehlung der kritisch-idealistischen Perspektive gelten, wie sie von Cassirer selbst vertreten wird. Wie es um Cassirers Anspruch steht, der in der Frage nach dem Menschen liegenden Herausforderung bes-ser als die moderne philosophische Anthropologie begegnen zu können, wird noch ausführlich zu diskutieren sein (ab Kap. 3.3).

Hinsichtlich des Streits zwischen Cassirer und Heidegger ist festzuhalten, dass es dabei nicht bloß um exegetische Fragen zu *Sein und Zeit*, sondern um eine Auseinandersetzung zwischen zwei Konzeptionen des Fragens nach dem Menschen geht. Sie kommen, wie schon mit Blick auf die Davoser Vorträge Heideggers und Cassirers klar wurde, zunächst in einem negativen Punkt überein: ihrer Abgrenzung gegenüber der modernen philosophischen Anthropologie. Auf der Grundlage, dass es sich um nicht-anthropologische Konzeptionen des Fragens nach dem Menschen handelt, stellt Heidegger sie in der Davoser Disputation einander gegenüber: Cassirer verfolge in seinem Bemühen um ein Verständnis des Menschen das Ziel zu klären, wie auf-grund dieses Verständnisses die „Gestaltung der Kultur und der Kulturge-biete" verstanden werden könne; Heidegger selbst dagegen gehe es um das „Problem der Möglichkeit der Metaphysik", für das er durch sein Fragen nach dem Menschen, das im Rahmen einer „Metaphysik des Daseins" er-folgt, den Boden gewinnen will.[81] Heideggers Fragen nach dem Menschen zielt demnach auf eine Grundlegung der Metaphysik ab, während dasjenige Cassirers kulturphilosophischen Interessen dient.

Dass die Auseinandersetzung zwischen den beiden nicht-anthropologi-schen Konzeptionen des Fragens nach dem Menschen für die Davoser Dis-putation von entscheidender systematischer Bedeutung ist, zeigt sich auch darin, dass sie unmittelbar mit dem Kern von Heideggers und Cassirers Streit um das richtige Verständnis von Philosophie überhaupt zusammen-hängt. Wieder ist es Heidegger, der den Gegensatz ausdrücklich zum Thema macht. Sein Gedanke ist aber nicht einfach, dass unterschiedliche Einschät-zungen darüber bestehen, was das Hauptthema der Philosophie ist, ob, grob gesagt, „Sein" oder „Kultur"; die Differenz bestehe vielmehr in einander entgegengesetzten Richtungen des Fragens. Cassirers Hauptanstrengung richte sich auf die Entwicklung einer „Kulturphilosophie", er wolle die „Ganzheit der Formen des gestaltenden Bewusstseins" aufklären (GA 3: 288, vgl. 285). Heidegger deutet das so, dass Cassirer dasjenige zur Kern-

---

[80] Cassirer hat seinen Davoser Scheler-Vortrag ausgearbeitet und 1930 publiziert (dazu Kap. 2.2).

[81] GA 3: 284. – Auf die Frage nach dem Verhältnis zwischen dem fundamental-ontologischen Projekt von *Sein und Zeit* und dem hier angedeuteten, auf die Meta-physik bezogenen Projekt werde ich unten in Kap. 3.1 näher eingehen.

problematik seines Philosophierens mache, was er für den *terminus ad quem* der Philosophie halte. Demgegenüber versteht Heidegger sein eigenes Projekt als auf den Ursprung der Philosophie ausgerichtet: „Der *terminus a quo* ist meine zentrale Problematik, die ich entwickle" (ebd., 288).

Das bedeutet nicht, dass keine Differenz hinsichtlich des *terminus ad quem* bestünde. Denn Heidegger sieht diesen nicht in der Kulturphilosophie, sondern ausdrücklich in der Frage „Was heißt überhaupt Sein?" (GA 3: 288) Bedenkt man, wie groß die systematische Bedeutung dieser Frage für ihn ist, wird zugleich klar, dass der *terminus ad quem* in seinem Fall nicht weniger wichtig ist als in Cassirers. Entscheidend ist aus Heideggers Sicht etwas anderes: dass die Philosophie vom *terminus ad quem* her in den *terminus a quo* hineinzufragen habe, statt die umgekehrte Fragerichtung von diesem weg auf jenen hin zu verfolgen. Ganz im Einklang damit erklärt er: „Von dieser Frage her [sc. der Frage, was überhaupt Sein heißt], einen Boden zu gewinnen für das Grundproblem der Metaphysik, ist für mich die Problematik einer Metaphysik des Daseins erwachsen" (ebd.). Und entsprechend lautet sein Haupteinwand gegen die *Philosophie der symbolischen Formen*, diese habe in ihrem Versuch, eine Kulturphilosophie zu entwickeln, die Frage nach dem *terminus a quo* ignoriert: „Der *terminus a quo* bei Cassirer ist vollkommen problematisch" (ebd.). Der Boden der Kulturphilosophie ist demnach fraglich, wird aber von Cassirer nicht eigens zum Problem gemacht. Von Heideggers bereits diskutierter Rezension des zweiten Teils der *Philosophie der symbolischen Formen* her ist klar, dass die *terminus a quo*-Frage aus seiner Sicht als Frage nach der ontologischen Verfasstheit des Subjekts der Kulturgestaltung zu stellen ist (Kap. 1.3). Wie es sich damit auch verhält, so ist es meines Erachtens nicht zweifelhaft, dass Heidegger, indem er den *terminus a quo* bei Cassirer problematisiert, einen neuralgischen Punkt in dessen Philosophie berührt. Cassirer selbst hat dies meines Erachtens ähnlich gesehen. Jedenfalls lassen sich eine Reihe seiner Überlegungen so verstehen, als versuchten sie, diese Problematik zu bewältigen. Auf einige dieser Überlegungen werde ich schon im unmittelbar folgenden Abschnitt eingehen, andere werde ich dann ausführlich im dritten Kapitel vorstellen.

Heidegger verfolgt in seiner Kritik an Cassirer noch eine weitere Stoßrichtung. Die *Philosophie der symbolischen Formen* lasse nicht nur den *terminus a quo* im Unklaren, sondern greife auch in Bezug auf den *terminus ad quem* zu kurz. Indem sie die Auseinandersetzung mit der Frage, was der Mensch sei, in den Horizont einer Theorie der Grundbereiche menschlichen Verstehens und Gestaltens stelle, bleibe sie in einer Weise beschränkt, die Heidegger „anthropozentrisch" nennt (GA 3: 291). Die Auseinandersetzung mit der Frage nach dem Menschen bzw. „die Idee einer philosophischen Anthropologie" habe, so nun Heideggers überraschende Bemerkung, aber nur dann Sinn, wenn sie den „exzentrischen Charakter" des Menschen berücksichtige (ebd.). Diese Aussage ist ein anthropologischer Paukenschlag. Um Cassirers kulturphilosophischen Ansatz zu kritisieren, knüpft Heidegger mit dem Terminus „exzentrisch" in affirmativer Weise an den Schlüsselbegriff des in Davos nicht repräsentierten Denkansatzes der Philosophischen Anthropologie an.

Dies macht, auch wenn ich die Positionen von Max Scheler und Helmuth Plessner unten noch ausführlich erläutern werde, hier schon einige Bemerkungen dazu nötig, was es mit dem genannten Schlüsselkonzept auf sich hat. Bei Plessner hat der Begriff der Exzentrizität verschiedene Facetten, von denen die offensichtlichste durch die naturphilosophische These kenntlich wird, in der die *Stufen des Organischen und der Mensch* (1928) münden: dass der Mensch ein exzentrisch positioniertes Wesen ist, ein Lebewesen, das durch eine Abständigkeit zur eigenen Körperleiblichkeit gekennzeichnet ist.[82] Obwohl der Begriff der Exzentrizität ganz zu Recht vor allem mit Plessner in Verbindung gebracht wird, war es Max Scheler, der ihn in die moderne philosophische Anthropologie eingeführt hatte, und zwar in seinem Vortrag *Die Sonderstellung des Menschen* (1927).[83] In Bezug auf den Menschen und seine Sonderstellung erklärt Scheler dort: „Er allein (sofern er Person ist) vermag sich wahrhaft über sich (als Lebewesen) empor zu schwingen und von einem Zentrum gleichsam jenseits der raumzeitlichen Welt aus Alles, und darunter auch sich selbst, zum Gegenstande der Erkenntnis zu machen".[84] Der zu diesen Vergegenständlichungen fähige Mensch habe sich „aus der gesamten Natur herausgestellt", wodurch sein Seinskern „weltexzentrisch" geworden sei.[85] Meines Erachtens knüpft Heidegger in Davos genau daran an, wenn er den „exzentrischen Charakter" des Menschen darin sieht, „daß der Mensch das Wesen ist, das [...] offen ist zum Seienden im Ganzen und zu sich selbst" (GA 3: 291). Offenheit besteht also bei Heidegger genau gegenüber dem, was weltexzentrische Wesen bei Scheler vergegenständlichen können.

Der Schlüssel zur Interpretation von Heideggers anthropologischem Paukenschlag liegt meines Erachtens in dem Bild, das Cassirer in seiner Davoser „Heidegger-Vorlesung" gezeichnet hat (Kap. 1.3). Dort hieß es gleich zu Beginn, das „Problem der philosophischen Anthropologie" – und gemeint war die Frage nach dem Wesen des Menschen – stehe „von ganz verschied[enen] Seiten her" im Mittelpunkt „der modernen philos[ophischen] Probleme", und zwar von Seiten der „Metaphysik (Scheler)", der Heideggerschen „Phänomenologie" und des Cassirerschen „krit[ischen] Idealismus"

---

[82] Als Einführung und Übersicht zur „exzentrischen Positionalität" als Plessners Grundkategorie siehe Fischer 2000.

[83] Der Ausdruck „Exzentrizität" wurde jedoch auch von Scheler nicht kreiert; er stammt von Ludwig Klages, der den Geist als die „Exzentrizität der Seele" bezeichnet hatte; siehe dazu Fischer 2008, 87.

[84] Scheler 1927, 202.

[85] Scheler 1927, 247, 249

(ECN 17: 3). Heideggers Ausführung in der Davoser Disputation liest sich wie ein Kommentar zu diesem Bild. Seines Erachtens muss Cassirers kritisch-idealistischer bzw. kulturphilosophischer Zugang zur Frage nach dem Wesen des Menschen abgewiesen werden. Er bleibt „anthropozentrisch" eine „Anthropologie des Menschen" (GA 3: 291), weil es ihm nur um „die Ganzheit der Formen des gestaltenden Bewusstseins" gehe (ebd., 288). Der Mensch sei aber durch seinen „exzentrischen Charakter zugleich auch hineingestellt […] in das Ganze des Seienden überhaupt" (ebd., 291). Daher habe „die Frage nach dem Wesen des Menschen […] einzig nur den Sinn und das Recht, dass sie motiviert ist aus der zentralen Problematik der Philosophie selbst, die den Menschen über sich selbst hinaus und in das Ganze des Seienden zurückzuführen hat, um ihm da bei all seiner Freiheit die Nichtigkeit des Daseins offenbar zu machen" (ebd.).

In seiner im Rückgriff auf den zentralen Begriff der Philosophischen Anthropologie, „Exzentrizität", geführten Argumentation gegen Cassirer nimmt Heidegger Schelers Gedanken auf, dass die Frage, was der Mensch sei, letztlich der Metaphysik bedürfe. Bei Scheler steht der Mensch, indem er sich „aus der Natur herausstellt[]", wegen seines „weltexzentrisch gewordenen Seinskernes" vor der Aufgabe, „sein Zentrum irgendwie außerhalb und jenseits der Welt [zu] verankern".[86] Scheler sieht zwei Möglichkeiten, diese Aufgabe zu bewältigen: Metaphysik und Religion. In beiden Fällen ist der Ankerpunkt „das Absolute". Während es in der Religion aber darum geht, „diese Seinssphäre mit beliebigen Gestalten zu bevölkern, um sich in deren Macht durch Kult und Ritus hineinzubergen, um etwas von Schutz und Hilfe ‚hinter sich' zu bekommen", versucht der Mensch in der geschichtlich erst später aufgetretenen Metaphysik, das nicht durch die theistische Voraussetzung eines geistigen und darin allmächtigen persönlichen Gottes bestimmte Absolute durch seinen erkennenden Geist „zu erfassen und sich in es einzugliedern".[87] Schelers Option ist die Metaphysik und Heidegger schließt sich dem bis in das zugrunde liegende Philosophieverständnis an.[88] Wie schon zitiert meint auch er, die Philosophie habe „den Menschen über sich selbst hinaus und in das Ganze des Seienden zurückzuführen" (GA 3: 291).

Vielleicht war es Heideggers Erwartung, dass sich auf diesem Wege auch die von Cassirer in seinen Davoser Vorträgen monierte Unterbestimmung des Begriffs des Menschen beseitigen lässt. Jedenfalls ist sein Standpunkt in der Davoser Disputation dadurch charakterisiert, dass er Schelers Gedanken von der philosophischen Anthropologie als Vehikel des Übergangs in die Metaphysik aufnimmt. Dieser Gedanke kann allerdings nicht für die moder-

---

[86] Scheler 1927, 249.

[87] Scheler 1927, 249-251.

[88] Am deutlichsten wird Schelers diesbezüglicher Einfluss auf Heidegger in dessen Vorlesung *Einleitung in die Philosophie* vom Wintersemester 1928/29.

tik der reinen Vernunft „als Theorie der Erkenntnis mit Bezug auf die Naturwissenschaft" erkläre, und dem selbst entgegengestellt: „Kant wollte keine
Theorie der Naturwissenschaft geben, sondern wollte die Problematik der
Metaphysik zeigen und zwar der Ontologie" (GA 3: 274 f.). Cassirer gibt in
seiner Replik zu, dass die mathematische Naturwissenschaft „nur als *ein* Paradigma" gelten könne (ebd.; meine Hvh., M. W.). Bereits Kant selbst ordne
diesem im Fortgang seines kritischen Unternehmens andere Paradigmen bei.
Neben den Bezug auf das mathematisch-naturwissenschaftliche Sein trete
bei ihm, so Cassirer in der *Philosophie der symbolischen Formen,* die Orientierung
am „intelligiblen Reich der Freiheit" in der *Kritik der praktischen Vernunft* und
die am „Reich der Kunst" sowie am „Reich der organischen Naturformen"
in der *Kritik der (ästhetischen sowie teleologischen) Urteilskraft.* Cassirer hat daraus
die systematische Konsequenz gezogen, dass die Kritik der mathematisch-
wissenschaftlichen Vernunft um eine „Kritik der Kultur" insgesamt zu ergänzen sei (vgl. ECW 11: 8 f.).

Doch Heidegger bestreitet in Davos schon den Ausgangspunkt der Überlegung: Nicht einmal im positiven Teil der *Kritik der reinen Vernunft* gehe es
Kant bloß um „eine kategoriale Strukturlehre des Gegenstandes der mathematischen Naturwissenschaft"; vielmehr ziele Kant dort auf „eine Theorie
des Seienden überhaupt" ab, das heißt auf „eine allgemeine Ontologie" oder
„metaphysica generalis" (GA 3: 278 f.). In seinem Kantbuch hat Heidegger diesen Punkt dahingehend zugespitzt, dass die *Kritik der reinen Vernunft* „mit
‚Erkenntnistheorie' nichts zu schaffen" habe, weil es ihr um die Grundlegung einer solchen Ontologie bzw. Metaphysik geht (GA 3: 16 f.). – Meines
Erachtens ist Heidegger darin zuzustimmen, dass die Gegenstände der Erfahrung, um die es Kant in der *Kritik der reinen Vernunft* geht, nicht bloß solche der wissenschaftlichen Erfahrung, sondern durchaus auch solche der
Alltagserfahrung sind. Irreführend scheint mir dagegen die Entgegensetzung
Metaphysik vs. Erkenntnistheorie zu sein. Sie bringt einen Scheinkonflikt
hervor. Für die Kantforschung hat am deutlichsten Wolfgang Carl gezeigt,
dass die *Kritik der reinen Vernunft* „eine Theorie der Bedingungen der Möglichkeit der Erfahrung" entwickelt, „*weil* sie sich mit der Metaphysik beschäftigt".[91] Denn die Metaphysik bedarf bei Kant einer transzendentalen
Kategoriendeduktion, die wiederum eine Theorie der Bedingungen der
Möglichkeit der Erfahrung verlangt. Heideggers Zurückweisung einer erkenntnistheoretischen Interpretation der *Kritik der reinen Vernunft* vermag
daher nicht zu überzeugen.[92]

(2) Kant dient Heidegger auch als Gewährsmann für seine eigene Philosophiekonzeption. Das wird besonders deutlich gleich im ersten Satz des
Kantbuchs: „Die folgende Untersuchung stellt sich die Aufgabe, [a] Kants

---

[91] Siehe Carl 1992, 11.
[92] Siehe dazu ausführlicher Wunsch 2007, 24-31.

Kritik der reinen Vernunft als eine Grundlegung der Metaphysik auszulegen, [b] um so das Problem der Metaphysik als das einer Fundamentalontologie vor Augen zu stellen" (GA 3: 1). Den ersten Teil der Aufgabe nehmen die ersten drei Abschnitte des Kantbuchs wahr, die der Grundlegung der Metaphysik „im Ansatz", „in der Durchführung" und „in ihrer Ursprünglichkeit" gewidmet sind. Um den zweiten Teil der Aufgabe kümmert sich Heidegger im vierten und letzten Abschnitt des Kantbuchs, in dem es um „eine Wiederholung" der Grundlegung der Metaphysik im Zeichen der Fundamentalontologie geht. Unter „Fundamentalontologie" versteht Heidegger dabei diejenige „ontologische Analytik des endlichen Menschenwesens" bzw. „Metaphysik des menschlichen Daseins", die für eine solche Grundlegung unverzichtbar ist (ebd.). Die für (b) wichtige Idee der Fundamentalontologie wird von Heidegger aber nicht einfach auf der Basis oder vor dem Hintergrund einer von ihr unabhängigen, in (a) entwickelten Kantinterpretation entfaltet, sondern ist vielmehr umgekehrt das Prinzip dieser Interpretation selbst. So schreibt Heidegger ebenfalls noch auf der ersten Seite des Kantbuchs, dass sich „die Idee der Fundamentalontologie [...] in einer Auslegung der ‚Kritik der reinen Vernunft' als einer Grundlegung der Metaphysik bewähren und darstellen" soll (ebd.).[93] Damit erscheint das Kantbuch *als Kantinterpretation* von vornherein in einem zweifelhaften Licht.

Es stellt sich daher die Frage, ob Kant wirklich als Gewährsmann für Heideggers Philosophiekonzeption gelten kann oder nur ein fingierter Zeuge ist. Letztlich muss sich dies an der spektakulären Hauptthese seiner Kantinterpretation entscheiden. Heidegger entwickelt und verteidigt im dritten Abschnitt des Kantbuchs die Auffassung, dass alle Vermögen und Kräfte des Subjekts, die von Kant unterschieden werden, aus einer gemeinsamen Wurzel entspringen, und zwar der transzendentalen Einbildungskraft. Die Sinnlichkeit und der Verstand, ja sogar die theoretische und die praktische Vernunft, so Heideggers These, lassen sich auf die Einbildungskraft zurückführen (GA 3: 138-160). Die These hat offenbar weitreichende Konsequenzen. Sie impliziert, dass der Grund der Rationalität, wenn er in der Einbildungskraft liegt, in etwas besteht, das in großen Teilen der philosophischen Tradition als vorrational oder gar irrational zurückgedrängt wurde. In seinen kurz vor der Fertigstellung des Kantbuchs gehaltenen „Davoser Vorträgen" beschreibt Heidegger diese Konsequenz folgendermaßen: „Der Ansatz in der Vernunft ist so gesprengt worden"; und das besagt: „Zerstörung der bisherigen Grundlagen der abendländischen Metaphysik (Geist, Logos, Vernunft)".[94] Kant selbst, so Heideggers psychologische Deutung im Kantbuch,

---

[93] Siehe auch Heideggers Rede von der „Zuflucht", die er bei Kant genommen habe, im Vorwort zur vierten Auflage des Kantbuchs von 1973; GA 3: XIV.

[94] GA 3: 273. Vgl. Heideggers dem entsprechende Bemerkung in der Davoser Disputation, „daß die innere Problematik der Kritik der reinen Vernunft, d. h. die Frage nach der Möglichkeit der Ontologie, zurück drängt auf eine radikale Spren-

sei vor diesem Resultat zurückgeschreckt und habe sich daher in der zweiten Auflage der *Kritik der reinen Vernunft* um eine systematische Marginalisierung der Einbildungskraft bemüht (GA 3: 160 ff.).

Heideggers Interpretationsthese von der Einbildungskraft als der gemeinsamen Wurzel von Sinnlichkeit, Verstand, theoretischer und praktischer Vernunft ist nur selten für überzeugend gehalten worden. Wichtige Gründe dafür lassen sich durch Reflexion auf das Problem gewinnen, das sie zu lösen vorgibt.[95] Die Frage, auf die Heideggers These die Antwort sein soll, lautet: Worin besteht die gemeinschaftliche, aber uns unbekannte Wurzel, aus der Sinnlichkeit und Verstand als die beiden Stämme der menschlichen Erkenntnis entspringen?[96] Dem unvoreingenommen Leser der *Kritik der reinen Vernunft* bieten sich ganz verschiedene Antworten an: Die Wurzel besteht in einer intellektuellen Anschauung bzw. einem anschauenden Verstand, sie liegt in der Einbildungskraft oder sie liegt im Vermögen der Vorstellung überhaupt. All diese Antworten lassen sich etwa gleich gut (bzw. schlecht) begründen und relativieren sich daher gegenseitig. Die Option „Einbildungskraft" kann sich etwa auf Kants Hinweis berufen, dass die Einbildungskraft in ihrer erkenntnistheoretischen Funktion der Vermittlung von Sinnlichkeit und Verstand „ein Grundvermögen" ist.[97] Wie bereits Dieter Henrich zu Recht festhalten konnte, gibt Heidegger im Kantbuch jedoch keine Begründung dafür, „daß die Vermittlung nicht sie selbst sein kann, ohne daß das Vermittelte ihr entstammt".[98] Es besteht demnach kein Anlass, die Vermittlungsfunktion der Einbildungskraft davon abhängig zu machen, dass diese auch eine Wurzelfunktion besitzt.

Kant selbst hat die genannte Frage nach der Wurzel für unbeantwortbar gehalten. In Bezug auf die in der Psychologie des 18. Jahrhunderts geführte Debatte, ob sich die verschiedenen Seelenvermögen auf eine einzige Grundkraft zurückführen lassen oder ob man mit einem Pluralismus von Grundkräften rechnen müsse,[99] hat Kant ausdrücklich für letztere Position Partei ergriffen.[100] Entsprechend hat er auch in der *Kritik der reinen Vernunft* „drei ursprüngliche Quellen (Fähigkeiten oder Vermögen der Seele)" ange-

---

gung desjenigen Begriffs im traditionellen Sinne, der für Kant der Ausgang war" (GA 3: 288).

[95] Vgl. dazu vom Verf., Wunsch 2007, 33-42, sowie Sallis 1981.

[96] Vgl. Kants *Kritik der reinen Vernunft*, A 15, B 29; A 835, B 863.

[97] Ebd., A 124. Vgl.: „Beide äußerste Enden, nämlich Sinnlichkeit und Verstand, müssen vermittelst dieser transzendentalen Funktion der Einbildungskraft notwendig zusammenhängen: weil jene sonst [...] keine Erfahrung geben würden".

[98] Henrich 1955, 47.

[99] Siehe dazu Henrich 1955, 32-39, sowie ausführlich Heßbrüggen-Walter 2004.

[100] Kant, *Metaphysik L₁*: „Vergeblich bemüht man sich, alle Kräfte der Seele aus einer herzuleiten; noch viel weniger, daß als Grundkraft die *vis repraesentativa universi* könnte angenommen werden." (AA 28: 262)

setzt, die „selbst aus keinem andern Vermögen des Gemüts abgeleitet werden können, nämlich, Sinn, Einbildungskraft und Apperzeption".[101] Heidegger ist daher gezwungen, entweder diejenigen konstitutiven Momente des reinen Denkens und der reinen Anschauung, die sich nicht im Rückgriff auf die Einbildungskraft bzw. als Synthesistypen beschreiben lassen, aus seiner Kantdeutung auszugrenzen, oder den Begriff der Synthesis derart auszuweiten, dass „Einbildungskraft" einfach zum Gattungsbegriff von „reiner Anschauung" und „reinem Denken" wird. Seine Position im Kantbuch schwankt zwischen den Polen dieses unliebsamen Dilemmas.

Heideggers Kantinterpretation, dass die Einbildungskraft die Wurzel aller (anderen) Vermögen des Gemüts ist, muss daher als gescheitert gelten. Kant ist kein wirklicher Zeuge für seine Philosophiekonzeption. Unabhängig davon scheint die Zeugenrolle nicht die einzige zu sein, die Heidegger ihm zuweist. Kant findet sich in einer groß angelegten „Destruktion der Geschichte der Ontologie" (SuZ, §§ 6 u. 8) auch als Angeklagter wieder und muss dann in dem scharfen Verhör des Kantbuchs zugeben, dass er seinen eigenen Ausgangsbegriff, den der Vernunft, gesprengt hat. Allerdings ist es nicht dies, wofür er schließlich verurteilt wird, sondern dafür, dass er vor der eigenen Tat zurückgeschreckt und mit der zweiten Auflage der *Kritik der reinen Vernunft* wieder in die Spur der Vernunftphilosophie eingeschwenkt sei (GA 3: 160 ff.). Die philosophische Wahrheitsfindung bedarf daher einer „Wiederholung" der Grundlegung der Metaphysik, die das von Kant (angeblich und) nur Angezeigte auf dem Wege einer „Metaphysik des Daseins" unerschrocken zum Abschluss bringt. In diesem Prozess spielt die Kantische Position dann keine Rolle mehr.

(3) Auch Cassirer beruft sich auf Kant, um die Position Heideggers zu charakterisieren und dessen Philosophieverständnis zu kritisieren. Er hatte moniert, dass Heideggers „Endlichkeit des Daseins" eine zu schmale Basis ist, um die menschlichen Spezifika, die Kant auf die Bedingungen ihrer Möglichkeit hin befragt hat, einholen zu können. Seine Frage war daher: „Will Heidegger auf diese ganze Objektivität, auf diese Form der Absolutheit, die Kant im Ethischen, Theoretischen und in der Kritik der Urteilskraft vertreten hat, verzichten?" (GA 3: 278) Im vorigen Abschnitt ist deutlich geworden, dass Heideggers indirekte Strategie, diese Kritik als unangemessen zurückzuweisen, scheitert. Heidegger verfolgt aber noch eine andere, eigentlich näher liegende Strategie. Er reagiert direkt auf die Kritik, indem er auf der Basis der Endlichkeit des Daseins Aspekte ins Spiel bringt, die als ein Überschreiten der Endlichkeit gewertet werden können. Dies lässt sich ebenso für Fragen aus dem Feld der praktischen wie für Fragen aus dem der theoretischen Philosophie beobachten.

So weist Heidegger darauf hin, dass sich Imperative nur an endliche We-

---

[101] Kant, *Kritik der reinen Vernunft*, A 94.

sen richten können, dass sie aber in der für Kants Ethik spezifischen kategorischen Form nur dann sinnvoll sind, wenn eine Überwindung unseres Bestimmtseins durch Sinnliches bzw. sinnliche Triebfedern, und in diesem Sinne unserer Endlichkeit gelingen kann (vgl. GA 3: 280). – Ich halte diesen Gedanken Heideggers, der auf dem klassischen *ultra posse nemo obligatur* beruht, für gut nachvollziehbar. Allerdings hilft er nicht wirklich dabei, das von Cassirer gesehene Problem zu lösen. Cassirer hatte nicht bestritten, dass aus dem Bestehen des kategorischen Imperativs die Möglichkeit folgt, unsere Endlichkeit im Sinne des Bestimmtseins durch sinnliche Triebfedern zu überwinden. Sein Punkt war vielmehr, dass dieses Bestehen, also die *Geltung* des Sittengesetzes für ein Wesen unverständlich bleibt, das strikt diesseits des *mundus intelligibilis* verortet ist.

Doch auch auf dem Feld der theoretischen Philosophie meint Heidegger auf der Basis der Endlichkeit des Daseins Aspekte aufweisen zu können, die sich als ein Überschreiten der Endlichkeit werten lassen. Seines Erachtens steht die Beschränkung auf die Endlichkeit des Daseins dem von Cassirer so genannten „Durchbruch" zur Sphäre der Objektivität keineswegs entgegen. Denn: „Der Mensch als endliches Wesen hat eine gewisse Unendlichkeit im Ontologischen" (GA 3: 280). Im Hintergrund dieser Begründung stehen transzendentalphilosophische bzw. Kantische Motive. Unsere „Unendlichkeit im Ontologischen" verdankt sich nicht unserer Fähigkeit, Seiendes hervorzubringen, sondern unserem Verstehen – und damit auch Entwerfen (vgl. SuZ 145) – des Seins. Mehr Kantisch gesprochen, sind und bleiben wir als endliche Wesen angewiesen auf sinnliche Gegebenheit, sind als diese Wesen aber zugleich auch Ursprung der Struktur, in der allein sinnlich Gegebenes bestimmt sein kann. Denn die Formen der Anschauung sind Kant zufolge ebenso subjektiven Ursprungs wie die kategoriale Gesetzmäßigkeit der Natur. Heidegger übernimmt diese Differenz ihrer Struktur nach mit seinen Begriffen der ontischen und der ontologischen Erkenntnis. Ontische Erkenntnis ist für ihn die Erfassung des Seienden, setzt als Bedingung ihrer Möglichkeit aber die ontologische Erkenntnis voraus. Diese Erkenntnis ist es in Heideggers Version der ‚Kopernikanischen Wendung' der *Kritik der reinen Vernunft*, nach der sich die Gegenstände ‚richten' müssen.[102] Sie macht Seiendes als Seiendes bzw. in seiner Seinsverfassung offenbar; und erst dadurch erhält dann die ontische Erkenntnis ein „mögliches Wonach" ihrer Orientierung (GA 3: 13).

Heidegger zögert nicht, seine Untersuchung der aller Erfahrung zugrunde liegenden Seinsverfassung des Seienden als „transzendentale Erkenntnis" zu bezeichnen (GA 3: 16). Er knüpft damit an ein genuin Kantisches Motiv an, das auch für den Marburger Neukantianismus bestimmend geblieben ist. Vor diesem Hintergrund ironisiert Cassirer Heideggers Kritik an den Mar-

---

[102] Vgl. Kant, *Kritik der reinen Vernunft*, B XVI.

burgern ganz treffend mit der auf die gemeinsame Richtung der Fragestellung bezogenen Bemerkung: „Ich muß gestehen, daß ich in Heidegger hier einen Neukantianer gefunden habe, wie ich ihn nicht vermutet hätte".[103] Wie bei Kant die Formen und Funktionen, die die objektive empirische Erkenntnis allererst ermöglichen, subjektiven Ursprungs sind, so gilt bei Heidegger: „Die ontologische Erkenntnis ‚bildet' die Transzendenz", das heißt ein „Überschreiten [...] zum Seienden, so daß sich diesem jetzt allererst als möglichem Gegenstand Erfahrung anmessen kann" (GA 3: 123, 16). Wenn Heidegger in Davos sagt, der „Mensch als endliches Wesen hat eine gewisse Unendlichkeit im Ontologischen" (GA 3: 280), so bedeutet dies also, dass der Mensch in der ontologischen Erkenntnis die Struktur entwirft, die aller ontischen und damit im engeren Sinn endlichen Erkenntnis zugrunde liegt. Dass diese Unendlichkeit dem Menschen „als endliches Wesen" offensteht, liegt Heidegger zufolge daran, dass sie „in der Einbildungskraft herausbricht" (ebd.), einem endlichen Vermögen *par excellence*. Heidegger meint, durch eine Interpretation des Schematismuskapitels der *Kritik der reinen Vernunft* die transzendentale Einbildungskraft als Wesensgrund der ontologischen Erkenntnis aufweisen zu können (vgl. GA 3: 89).

Strukturell vergleichbar sieht auch Cassirer in der Fähigkeit des Menschen zur Form, der Fähigkeit, eine geistige Welt zu schaffen, „das Siegel seiner Unendlichkeit" (GA 3: 286). Bei dieser Unendlichkeit handelt es sich um eine auf das Konzept der symbolischen Form bezogene und daher „immanente Unendlichkeit". Anders jedoch als bei Heidegger, für den die Unendlichkeit in der Einbildungskraft „herausbricht" und insofern eine bloß „privative Bestimmung" der Endlichkeit darstellt, ist sie für Cassirer „ein eigener Bereich" und wird, wie er in Davos an Goethe anknüpfend sagt, durch die nach allen Seiten schreitende Erfüllung bzw. vollkommene Ausfüllung der Endlichkeit konstituiert (ebd.). Deutlicher kommt der Gedanke der immanenten Unendlichkeit in der *Philosophie der symbolischen Formen* zum Ausdruck. Die den symbolischen Formen korrelativen „allgemeinen Strukturgesetze des Bewusstseins [sind] schon in jedem seiner Elemente, in jedem Querschnitt von ihm mitgegeben [...] – jedoch nicht mitgegeben im Sinne von eigenen und selbständigen Inhalten, sondern von Tendenzen und Richtungen, die schon im Sinnlich-Einzelnen angelegt sind" (ECW 11: 38). Diese Tendenzen und Richtungen sind es, die die sukzessive Erfüllung der Endlichkeit erlauben; und sie sind insofern schon im Einzelnen angelegt, als dieses in dem durch eine geistige Form und ihre Beziehungs- oder Verknüp-

---

[103] GA 3: 274. Auf diese Weise wird die zitierte Bemerkung Cassirers in der Davoser Disputation und damit die Nähe Heideggers zum Marburger Neukantianismus auch von Ferrari 2003, 264 f., erläutert. Vgl. auch Gordon 2010, 137 f. Zu Heideggers facettenreichem Verhältnis zum Neukantianismus insgesamt siehe die Beiträge in Strube (Hg.) 2009.

fungsarten eröffneten Horizont steht.[104] Paradigmatisch lässt sich dies in Bezug auf den Raum verdeutlichen: Wir denken „in jedem Element, sofern wir es als räumliches setzen, schon eine Unendlichkeit möglicher Richtungen gesetzt und der Inbegriff dieser Richtungen macht erst das Ganze der räumlichen Anschauung aus" (ECW 11: 33 f.).

Auch die Unendlichkeit, um die es Cassirer hier geht, wird von ihm in eine enge Beziehung zur Einbildungskraft gestellt, wobei ebenfalls Kant Pate steht. Von entscheidender Bedeutung scheint mir eine Stelle im dritten Teil der *Philosophie der symbolischen Formen* zu sein, wo Cassirer eine Passage aus der *Kritik der reinen Vernunft* zitiert, wonach „nur vermittelst der transzendentalen Funktion der Einbildungskraft sogar die Affinität der Erscheinungen, mit ihr die Assoziation und durch diese endlich die Reproduktion nach Gesetzen, folglich die Erfahrung selbst möglich werde".[105] Es ist wichtig zu sehen, dass die Affinität der Erscheinungen für Kant der objektive Grund der Assoziation ist[106] und zugleich als „notwendige Folge" einer a priori auf Regeln gegründeten Leistung der Einbildungskraft gilt[107]. Mit Cassirer wäre die Kantische Affinität symbolphilosophisch zu fassen, und zwar als genau das, was immer schon „mitgegeben" ist, wenn wir es mit (assoziablen) sinnhaften Einzelnen zu tun haben. Der Affinität der Erscheinungen, die bei Kant auf der produktiven Einbildungskraft beruht, liegt daher bei Cassirer ein „Akt ‚symbolischer Ideation'" zugrunde (ECW 13: 150), ein Akt, der eine geistige Sichtweise und damit erst das einzelne ‚Sehen' konstituiert. Er hat dies selbst deutlich gesehen: „Der Begriff der ‚symbol[ischen] Ideation' tritt an Stelle des Kantischen Begriffs der ‚produktiven Einbildungskraft'".[108] Die entscheidende Konsequenz dieses Schritts besteht darin, dass Cassirer die Kantische Affinität der Erscheinungen insofern pluralisiert, als er verschiedene Richtungen der symbolischen Ideation unterscheidet (ECW 13:

---

[104] Im Hintergrund steht Cassirers gegen den Sensualismus und jede Assoziationspsychologie gerichtete Auffassung vom „Grundcharakter des Bewußtseins, daß jede Setzung eines Teils die Setzung des Ganzen, nicht seinem Inhalt, wohl aber seiner allgemeinen Struktur und Form nach bereits in sich schließt. Jedes Einzelne gehört hier schon ursprünglich einem bestimmten Komplex an und bringt die Regel dieses Komplexes in sich zum Ausdruck" (ECW 11: 35). Diese Überlegungen stehen bei Cassirer im Kontext einer Theorie der Repräsentation, für die der Gedanke grundlegend ist, dass die Bestimmtheit jedes einzelnen Bewusstseinsinhalts davon abhängig ist, dass das Bewusstseinsganze seiner Struktur bzw. Form nach in ihm „mitgesetzt und repräsentiert wird" (ebd., 31) – Eine gute Rekonstruktion von Cassirers Repräsentationstheorie findet sich bei Kreis 2010, 235 ff.

[105] Kant, *Kritik der reinen Vernunft*, A 123; bei Cassirer: ECW 13: 180.

[106] *Kritik der reinen Vernunft*, A 122; vgl. A 100 f. und 122 f.

[107] Ebd., A 123.

[108] ECN 4: 66. Für eine ausführliche Analyse von Cassirers Begriff der symbolischen Ideation siehe Möckel 2010.

154). Die Erscheinungen sind zwar durch ihre symboltheoretisch gefasste ‚Affinität' auf ursprüngliche Weise sinnhaft, ihr konkreter Sinn hängt aber von modifizierbaren Bezugspunkten ab, und zwar von den Beziehungs- und Verknüpfungsarten oder Modalitäten symbolischer Formen.

Vor diesem Hintergrund wird deutlich, dass Cassirer Heidegger in der Frage des systematischen Gewichts der Einbildungskraft näher steht, als man zunächst vermuten könnte. Entsprechend hebt er in der Davoser Disputation hervor: „In einem Punkt besteht zwischen uns Übereinstimmung, daß die produktive Einbildungskraft auch mir in der Tat für Kant zentrale Bedeutung zu haben scheint. Darauf bin ich durch meine Arbeit an dem Symbolischen geführt. Das kann man nicht lösen, ohne es auf das Vermögen der produktiven Einbildungskraft zurückzuführen" (GA 3: 275 f.). Die produktive Einbildungskraft und, allgemeiner gesagt, die symbolische Ideation ist für Cassirer, wie man in Abwandlung eines Kantischen Diktums sagen kann, ein notwendiges Ingrediens des Verstehens selbst. Im Rückblick auf die *Philosophie der symbolischen Formen* schreibt Cassirer daher, dass es die „Leistung der ‚produktiven Einbildungskraft' [ist], die uns allenthalben im Aufbau der einzelnen Formenwelten entgegengetreten ist und die gewissermaßen das einigende ideelle Band ist, das sich um sie schlingt" (ECN 1: 29).

Cassirers Kritik an dem, was er als „Heideggers Neukantianismus" versteht, setzt daher nicht primär am Begriff der Einbildungskraft an und auch nicht am transzendentalphilosophischen Zug von Heideggers Position. Stein des Anstoßes ist vielmehr, dass Heidegger Kants Kopernikanische Wende nicht weit genug berücksichtige. Cassirer stimmt Heidegger darin zu, dass die Seinsfrage keineswegs obsolet ist. Wenn sie in Anknüpfung an Platon erneut gestellt werden soll, ist seines Erachtens aber der nachkantischen Situation der Philosophie in ausreichendem Maße Rechnung zu tragen. Das bedeutet zum einen, dass die Frage nach der Seinsstruktur von Gegenständlichkeit den Vorrang vor der Frage nach den Gegenständen selbst hat; und diese These hat sich Heidegger zweifellos zu eigen gemacht. Zum anderen ist aber zu berücksichtigen, dass die Kopernikanische Wendung ihre volle Bedeutung erst durch die Einsicht gewinnt, dass es statt einer einzigen solchen Seinsstruktur „ganz verschiedene Seinsstrukturen" gibt (GA 3: 294). „Das Sein der alten Metaphysik war die Substanz, das eine Zugrundeliegende", und Heidegger, so der implizite Einwand, halte zu stark an der unifizierenden Rede dieser Metaphysik von *dem* Sein bzw. an der unausgewiesenen Voraussetzung von der Einheit des Seins fest.[109] Cassirer setzt dem entgegen: „Das Sein in der neuen Metaphysik ist in meiner Sprache nicht mehr das Sein einer Substanz, sondern das Sein, das von einer Mannigfaltigkeit von funktionellen Bestimmungen und Bedeutungen ausgeht. Und hier scheint mir der wesentliche Punkt der Unterscheidung meiner Position ge-

---

[109] Siehe zu diesem Einwand auch Frede 2002, insbes. 178.

genüber Heidegger zu liegen" (ebd.). Cassirers Argument besagt also, dass es
für eine auf Kant gestützte Erneuerung der Ontologie nicht ausreicht, der
ontologischen gegenüber der ontischen Erkenntnis einen transzendentalphilosophischen Primat einzuräumen, sondern dass unter kritischen Vorzeichen außerdem Heideggers Annahme und Rede von *dem* Sein gegenüber
einer pluralistischen Konzeption verschiedener Verstehensweisen und Objektivierungsrichtungen in methodischer Hinsicht zurücktreten müsse.[110]

(4) Auf der Basis dieser Heidegger-Kritik via Kant scheint sich auch eine
Perspektive für den Umgang mit dem *terminus a quo*-Problem bei Cassirer zu
eröffnen. Um sie sichtbar zu machen, möchte ich von Heidegger ausgehen.
Er konzipiert sein auf den *terminus a quo* bezogenes Nachdenken als Rück-
gang von der Seinsfrage in das „Dasein" bzw. die „Existenz". Aus Cassirers
Sicht lässt sich dann argumentieren: Soll ein solches Nachdenken mit Kants
Philosophiekonzeption verträglich sein, so wäre dieser Rückgang durch eine
Reflexion auf die systematische Einheit derjenigen Pluralität von geistigen
Formen zu ersetzen, in die das Sein nach der wohl verstandenen, also kul-
turphilosophisch erweiterten Kopernikanischen Wende zu transformieren
wäre. Auf diese Weise scheint sich für die Untersuchung des *terminus a quo*-
Problems eine durchaus zu bewältigende Aufgabenstellung zu ergeben:
Worin besteht die systematische Einheit der erwähnten „Mannigfaltigkeit
von funktionellen Bestimmungen und Bedeutungen" (GA 3: 294)?

Leider liegen die Dinge so einfach nicht. Worin immer die Antwort auf
die genannte Frage besteht, sie würde nicht das aufklären helfen, was Heidegger anspricht, wenn er den *terminus a quo* von Cassirers Kulturphilosophie
problematisiert. Mit dem *terminus a quo* fragt Heidegger nach einem „Boden"
für die Untersuchung der kulturphilosophischen Problematik.[111] Die genannte systematische Einheit der „Mannigfaltigkeit von funktionellen Bestimmungen und Bedeutungen" kommt jedoch nicht als *Boden* der Kulturphilosophie in Betracht. Denn statt ihr Fundament zu sein, würde sie sich
erst aus der Reflexion auf die für die verschiedenen Kulturgebiete maßgeblichen geistigen Funktionen ergeben. Heidegger hatte dies in der Davoser
Disputation richtig gesehen. Im Zuge der Diskussion der *terminus a quo*-
Frage weist er darauf hin: „Es kommt Cassirer zuerst darauf an, die verschiedenen Formen der Gestaltung herauszustellen, um dann im Hinblick
auf diese Gestaltungen nachträglich eine gewisse Dimension der gestalten-

---

[110] Vgl. Kaegi 2002, 81. Ähnlich (wenngleich noch nicht auf Heidegger bezogen)
argumentiert Cassirer zum Auftakt des ersten Teils seiner *Philosophie der symbolischen
Formen*. Vgl. dazu bereits die Ausführungen zu Beginn von Kap. 1.2.

[111] Ich entnehme dies der Beschreibung, die Heidegger von seinem auf den *terminus a quo* gerichteten Fragen gibt. Er erklärt: „Von dieser Frage her [sc. ‚Was heißt
überhaupt Sein?'], einen *Boden* zu gewinnen für das Grundproblem der Metaphysik,
ist für mich die Problematik einer Metaphysik des Daseins erwachsen" (GA 3: 288;
Hvh. v. mir, M. W.).

den Kräfte selbst auszuführen" (GA 3: 289). Gemeint ist offenbar die Dimension des Symbolischen. Denn in Bezug auf sie bringt Cassirer die gestaltenden Kräfte in eine Einheit. Da dies aber, wie Heidegger zu Recht sagt, „nachträglich" geschieht, ist die Metapher des Bodens, in Verbindung mit der Heidegger seine Rede vom *terminus a quo* eingeführt hatte, hier fehl am Platz. Das von Heidegger angesprochene Problem des *terminus a quo* bei Cassirer bleibt damit ungelöst.

Doch vielleicht gibt es einen Ausweg. Bietet es sich für Cassirer nicht an, die Einbildungskraft als *terminus a quo* seiner Kulturphilosophie auszuzeichnen? Die Frage liegt insofern nahe, als zuletzt deutlich geworden ist, dass nicht nur Heidegger, sondern auch Cassirer an einer Aufwertung der Kantischen Einbildungskraft interessiert ist. Wie Heidegger hatte auch er dabei eigene systematische Zwecke verfolgt. Die produktive Einbildungskraft galt ihm in diesem Zusammenhang als „das einigende ideelle Band", das sich um die einzelnen Formwelten „schlingt", die in der *Philosophie der symbolischen Formen* beschrieben werden (ECN 1: 29). Die Formulierung ist im Vergleich mit Heideggers systematischer Anknüpfung an die Einbildungskraft aufschlussreich. Gegen Ende seiner Vorlesung zur Interpretation der *Kritik der reinen Vernunft* vom Wintersemester 1927/28 hat Heidegger – als ob er Cassirers später notierte und ihm auch unbekannt gebliebene Bemerkung antizipiert hätte – festgehalten: Die „produktive reine Einbildungskraft [erweist sich] als Wurzel der beiden Stämme der Erkenntnis, der Anschauung und des Denkens – nicht aber als das Band zwischen den beiden Enden Sinnlichkeit und Verstand" (GA 25: 418). Heidegger hat darin Recht, dass die Wurzel-These grundlegender ist als die Band-These. Die Metaphern sind eindeutig: Während das Verschiedene im ersten Fall aus der Wurzel erst entspringt, muss es im zweiten Fall, wenn es durch ein Band vereinigt wird, schon unabhängig davon bestehen. Sofern die Einbildungskraft als *Band* der verschiedenen Formwelten verstanden wird, kann ihr Begriff also wieder nur als nachträgliche Vergewisserung des diesen Gemeinsamen gelten und *nicht* als *terminus a quo*. Dass die Einbildungskraft aber, wie Heidegger es in seiner Interpretation der *Kritik der reinen Vernunft* vorschlägt, die *Wurzel* aller Vermögen des Gemüts ist, führt nicht nur auf die bereits unter Punkt (2) erläuterten Probleme, sondern wird von Cassirer in seiner Auseinandersetzung mit Heidegger auch ausdrücklich abgelehnt.

In seiner Rezension von Heideggers Kantbuch hat Cassirer zwar noch einmal betont, dass auch ihm „die Lehre von der ‚produktiven Einbildungskraft' […] als ein schlechthin unentbehrliches und als ein unendlichfruchtbares Motiv der Lehre Kants wie der gesamten ‚kritischen Philosophie'" gilt (ECW 17: 230). Heideggers Wurzel-These geht ihm aber entschieden zu weit. Besonders skeptisch ist er hinsichtlich der Zurückführbarkeit der theoretischen und vor allem der praktischen Vernunft auf die Einbildungskraft (vgl. GA 3: 151-160). Das liegt wesentlich daran, dass Heidegger die Einbildungskraft strikt zeitbezogen denkt und sogar mit der ursprünglichen Zeit identifiziert (ebd., 196). Indem er versucht, alle Vermögen des Subjekts auf die transzendentale Einbildungskraft zurückführen, bleibt ihm Cassirer zufolge „nur eine *einzige* Bezugsebene, die Ebene des zeitlichen Daseins zurück" (ECW 17: 238). Daraus ergibt sich direkt Cassirers Haupteinwand gegen Heideggers Kantinterpretation: Indem alles Sein der Dimension der Zeit zugeschlagen wird, wird der Kantische Unterschied zwischen *Phaenomena* und *Noumena* sowie zwischen der sinnlichen Welt und der übersinnlichen, also überzeitlichen Welt aufgegeben, das heißt „einer der Grundpfeiler" der Kantischen Philosophie „beseitigt" (ebd.). Das Thema „Kant und das Problem der Metaphysik" werde gewissermaßen verfehlt, wenn es „ausschließlich *sub specie* des Schematismus-Kapitels" und nicht „*sub specie* der Kantischen Ideenlehre, insbesondere *sub specie* der Kantischen Freiheitslehre" behandelt werde. Indem Heidegger Kants „Problem von ‚Sein' und ‚Sollen'" sein eigenes „Problem von ‚Sein' und ‚Zeit'" unterschiebe, wird er vom „Kommentator" zum „Usurpator, der gleichsam mit Waffengewalt in das Kantische System eindringt, um es sich zu unterwerfen und um es seiner Problematik dienstbar zu machen" (ebd., 239 f.).

Wenngleich Cassirers Kritik an Heideggers Kantbuch philologisch gesehen ins Schwarze trifft, vermag sie in systematischer Hinsicht nicht zu überzeugen.[112] Denn was ist gewonnen, wenn Cassirer zeigt, dass Heidegger dem Kantischen Dualismus von sinnlicher und intelligibler Welt nicht gerecht wird, wo er diesen Dualismus selbst aus systematischen Gründen ablehnt? Gleich in der programmatischen Einführung in die *Philosophie der symbolischen Formen* hatte Cassirer betont, der Gegensatz zwischen der „Welt des Intelligiblen" sowie der „freie[n] Spontaneität des Geistigen" einerseits und der „Welt des Sinnlichen" sowie der „Passivität des Sinnlichen" andererseits sei für ihn selbst „kein unvermittelter und ausschließender mehr. Denn zwischen dem Sinnlichen und Geistigen knüpft sich hier eine neue Form der Wechselbeziehung und der Korrelation. Der metaphysische Dualismus beider erscheint überbrückt, sofern sich zeigen läßt, daß gerade die reine Funktion des Geistigen selbst im Sinnlichen ihre konkrete Erfüllung suchen muß und daß sie sie hier zuletzt allein zu finden vermag" (ECW 11: 17). Die Dimension der konkreten Erfüllung der geistigen Funktion im Sinnlichen ist für Cassirer eine Einheitsdimension des Sinnlichen und des Sinnhaften bzw. Geistigen, die sachlich unhintergehbar ist. Sein Terminus für diesen Zusammenhang ist „symbolische Prägnanz". Darunter soll „die Art verstanden werden, in der ein Wahrnehmungserlebnis, *als* ‚sinnliches' Erlebnis, *zugleich* einen bestimmten nicht-anschaulichen ‚Sinn' in sich faßt und ihn zur unmittelbaren konkreten Darstellung bringt".[113] Geht man von der so bestimmten

---

[112] Vgl. für die folgende Überlegung bereits vom Verf., Wunsch 2012a, 129 f.
[113] ECW 13: 231; meine Hvh., M. W. – „Symbolische Prägnanz" gilt zu Recht als ein Grundbegriff von Cassirers Philosophie; siehe dazu Schwemmer 1997, 69 ff.

Dimension des Symbolischen aus, so unterläuft man den für die Kantische Philosophie konstitutiven „metaphysischen Dualismus" der sinnlichen und der intelligiblen Welt von Beginn an. Daher kann Cassirer diesen Dualismus auch nicht mehr von seiner eigenen Position her,[114] sondern nur noch aus der Perspektive Kants, die er eigentlich gerade in diesem Punkt für obsolet hält, gegen Heidegger ins Feld führen. Für eine Kritik in der Sache reicht das nicht aus.

Heidegger hat auf Cassirers Kritik seiner Kantinterpretation nicht mehr geantwortet.[115] Der Streit um Kant verläuft sich. Während Heideggers Position als Absprung von Kant gewertet werden muss, weil sie als Kantinterpretation scheitert und Kant, wie sich durch Cassirers Kritik zuletzt erneut gezeigt hat, auch nicht als Gewährsmann in Anspruch nehmen kann, handelt es sich bei Cassirers Position zwar um ein Festhalten an Kant, aber um ein unmögliches, weil es sich nicht auf der Höhe der durch die *Philosophie der symbolischen Formen* gewonnen antidualistischen Einsicht bewegt. – Abschließend gilt es jedoch noch einmal hervorzuheben, dass die zwischen Cassirer und Heidegger geführte Auseinandersetzung um Kant nicht als das Zentrum ihres Davoser Streitgesprächs gelten sollte.[116] Vielmehr ist deutlich geworden, dass sie lediglich ein Mittel der Auseinandersetzung zwischen den Philosophiekonzeptionen der beiden Protagonisten ist. Cassirer und Heidegger verstehen sich als Vertreter nicht-anthropologischer Konzeptionen des Fragens nach dem Menschen. Wovon sie sich damit in Davos unterscheiden – der modernen philosophischen Anthropologie –, ist dort real abwesend, weil Scheler bereits tot und Plessner als verbliebener Hauptvertreter der Richtung nicht vor Ort ist, bricht sich dort aber dennoch Bahn. Dies geschieht einerseits dadurch, dass sowohl Cassirer als auch Heidegger in ihren Davoser Vorträgen zu erkennen geben, dass sie sich nicht in einer Zweier-, sondern zusammen mit der modernen philosophischen Anthropologie in einer Dreierkonstellation sehen (Kap. 1.3); und andererseits dadurch, dass Cassirer und Heidegger in ihrer direkten Auseinandersetzung jeweils auf anthropologische Argumentationsmuster zurückgreifen, um einander zu kritisieren (Kap. 1.4). Von dieser Warte aus lässt sich eine Absicht dieser Arbeit so formulieren, das in Davos buchstäblich Abwesende, aber implizit bereits Anwesende, auch ausdrücklich in den dort ausgetragenen philosophischen Grundlagenstreit zu bringen.

---

[114] Bei Cassirers eigener Position handelt es sich, wie man einen Kernbegriff der Cassirerinterpretation von Gerald Hartung aufnehmend sagen kann, um einen „kritischen Monismus". Siehe Hartung 2003, 328, 331, und Hartung 2012.

[115] Siehe jedoch seine Notizen zu Cassirers Rezension des Kantbuchs in GA 3: 297-303.

[116] Anders Lynch 1990.

2 PHILSOPHISCHE ANTHROPOLOGIE
UND DIE KRITIK IHRER IDEE

2.1 Philosophische Anthropologie I – Die Position Max Schelers

Nachdem mit Heidegger und Cassirer bisher zwei Perspektiven nicht-anthropologischen Fragens nach dem Menschen diskutiert wurden, deren wechselseitige Konfrontation direkt und indirekt auf die Idee eines spezifisch anthropologischen Fragens nach dem Menschen verwies, soll nun dieses selbst im Mittelpunkt stehen. Der Platz, der in Davos leer blieb, wird damit nachträglich besetzt: Die Philosophische Anthropologie rückt zwischen die Daseinsanalytik und die Kulturphilosophie – aber nicht als Vermittlerin des Konflikts, sondern als eigene Partei. Die in der „Einleitung" der Arbeit identifizierten Kennzeichen ihres Fragens nach dem Menschen – dass es nicht auf einen übergeordneten systematischen Zweck hin orientiert ist und davon ausgeht, dass Menschen durch und durch Naturwesen sind – müssen allerdings spezifiziert werden. Ich wende mich daher nun den Autoren zu, die als Begründer der modernen philosophischen Anthropologie gelten müssen: Max Scheler und Helmuth Plessner.[117]

Die beiden Gründungsdokumente der modernen philosophischen Anthropologie – Schelers *Die Stellung des Menschen im Kosmos* und Plessners *Die Stufen des Organischen und der Mensch* sind beide 1928 erschienen. Schelers Text ging auf einen Vortrag vom 28.04.1927 auf einer Darmstädter Tagung zurück, dessen Ausarbeitung noch in demselben Jahr unter dem Titel „Die Sonderstellung des Menschen" in dem entsprechenden Tagungsband erschien.[118] Die Philosophische Anthropologie kommt erst mit diesen Texten als spezifischer Denkansatz zum „Durchbruch".[119] Das erklärt rückblickend auch den Eindruck der Unbestimmtheit von Heideggers Anthropologiebegriff in *Sein und Zeit*. Als Heidegger an dem Buch arbeitete, lag noch kein ausgearbeitetes Theorieprogramm einer modernen philosophischen Anthropologie vor.

Gleichwohl hat Scheler schon lange vor dem Erscheinen von *Sein und Zeit* philosophisch-anthropologisch ausgerichtete Überlegungen angestellt.[120] In

---

[117] Siehe einführend zur modernen philosophischen Anthropologie Arlt 2001 und Thies 2004.

[118] Scheler 1927.

[119] Siehe dazu Fischer 2008, 61 ff. Zum Vergleich zwischen Scheler und Plessner siehe die Texte in Becker/ Fischer/ Schloßberger (Hgg.) 2010.

[120] Zur Entwicklung von Schelers anthropologischem Denken siehe Henckmann 2010.

seinem Aufsatz „Zur Idee des Menschen" von 1914/15 bestimmt er die Frage nach dem Menschen sogar als die Grundfrage der Philosophie: „In gewissem Verstande lassen sich alle zentralen Probleme der Philosophie auf die Frage zurückführen, was der Mensch sei und welche metaphysische Stelle und Lage er innerhalb des Ganzen des Seins, der Welt und Gott einnehme" (GW 3: 173). In der Vorbemerkung des Aufsatzes identifiziert Scheler mit Blick auf den Menschen drei Fragekomplexe, die das Verhältnis von Mensch und Natur, von Mensch und Geschichte und die Frage nach der Einheit des Menschen betreffen.[121] Ihm scheint dabei ein programmatischer Entwurf der Aufgaben vorzuschweben, denen sich eine philosophische Anthropologie zu stellen hätte. Sein Aufsatz führt diesen Entwurf allerdings nicht aus. Statt die drei Fragekomplexe „in einer systematischeren Form genauer zu trennen" und zu bearbeiten, möchte Scheler nur „ein paar Bemerkungen" zu ihnen bieten (ebd. 175), die ich nun überblicksartig skizzieren werde.

Die von Scheler in „Zur Idee des Menschen" angestellten Überlegungen bleiben in der Hauptsache negativ. Sie richten sich gegen die seines Erachtens unangemessenen bisherigen Wesensbestimmungen des Menschen. „Der Mensch ist ein so breites, buntes, mannigfaltiges Ding, daß die Definitionen alle ein wenig zu kurz geraten" (GW 3: 175). Scheler kritisiert drei dieser Definitionen gesondert: die des Menschen als Vernunftwesen, Bergsons Bestimmung des Menschen als *homo faber* und das positivistische Verständnis des Menschen als Produkt der Naturgeschichte. Gemessen an der historisch-systematischen Bedeutung der Definition des Menschen als Vernunftwesen fasst Scheler sich in diesem Punkt äußerst kurz. Er meint, dass neben den Menschen andere endliche Vernunftwesen, etwa Engel, denkbar seien, und erinnert an Lockes Argument, dass Wesen, die Vernunft zeigten, wie der Papagei, von dem Locke berichtet,[122] nicht deshalb schon Menschen sind.[123] Vernunft ist für die Wesensbestimmung des Menschen demnach weder notwendig noch hinreichend. Ist der Mensch dagegen zweitens wesentlich dadurch bestimmt, dass er arbeitet und Werkzeuge schafft (*homo faber*), so scheint seine Vernunft ein Niederschlag dieser Arbeit zu sein. Scheler weist dies zurück und hält vielmehr diese Bestimmung für den Niederschlag der Epoche, in der sie gegeben wurde. Die Bezeichnungen des Menschen als „Arbeitstier" oder als „Werkzeugtier" sind Scheler zufolge

---

[121] GW 3: 173-175. Ich werde diese Fragen weiter unten genauer bestimmen und als Leitfaden zur Bestimmung wichtiger Differenzen zwischen der Philosophischen Anthropologie und Heideggers Daseinsontologie verwenden (Kap. 3.2).

[122] Siehe Locke, *Versuch über den menschlichen Verstand*, II, 27, § 8.

[123] Scheler selbst hält den „Engeleinwand" für „erheblich stärker" (GW 3: 176). Ausführlicher hat sich Scheler mit der Idee vom Menschen als „homo sapiens" und ihren Voraussetzungen in seinem späten Aufsatz „Mensch und Geschichte" (1926) auseinandergesetzt; siehe GW 9: 125-129.

eher komprimierte Selbstdarstellungen des jeweiligen Zeitgeistes (hier: des Industriezeitalters) als adäquate Wesenbestimmungen (ebd., 177). Die Positivisten, so Scheler drittens, die den Mensch-Tier-Unterschied gradualistisch fassen, „meinen in Sprache und Werkzeug die Tatsachensphären sehen zu dürfen, in denen sich kontinuierliche Übergänge zwischen Mensch und Tier am ersten finden lassen" (ebd.). Wie Scheler im Einzelnen argumentiert, verkennen sie allerdings sowohl das Wesen der Sprache bzw. des Wortes (ebd., 177-183) als auch das Wesen des Werkzeugs (ebd., 183-185).

Scheler selbst scheint sich von jeder Art Versuch zu verabschieden, eine Wesensbestimmung des Menschen zu geben. Darin besteht das Moderne seines frühen Anthropologieentwurfs. „Der Irrtum der bisherigen Lehren vom Menschen besteht darin, daß man zwischen ‚Leben' und ‚Gott' noch eine feste Station einschieben wollte, etwas als *Wesen* Definierbares: den ‚Menschen'. Aber diese Station existiert nicht und gerade die *Undefinierbarkeit* gehört zum Wesen des Menschen" (GW 3: 186). Scheler scheint damit die Möglichkeit von Wesensaussagen über den Menschen, die die traditionelle Anthropologie selbstverständlich in Anspruch nahm, zu verneinen. Paradoxerweise entsteht dabei allerdings der Eindruck, dass dies in Form einer Wesensaussage geschieht. Weiterhin bleibt an dieser Stelle offen, ob Scheler meint, es gebe kein Wesen des Menschen oder bloß, dieses Wesen sei undefinierbar. Darüber hinaus bleibt unklar, ob es ihm hier lediglich um inhaltliche oder auch um formale Wesensmerkmale geht. Ich möchte vorschlagen, ihn so zu verstehen, dass er lediglich die Möglichkeit inhaltlicher Wesensbestimmungen des Menschen bestreitet, aber an der formaler Wesensbestimmungen festhält. Als eine solche formale Bestimmung kann dann die inhaltliche Undefinierbarkeit des Wesens des Menschen gelten.

Gegen diese Interpretation spricht auf den ersten Blick allerdings Schelers Aussage, der Mensch sei „das Wesen, das betet und Gott sucht" (GW 3: 186), – zumindest dann, wenn sie als Wesensaussage genommen wird. Denn dass der Mensch ein betendes und Gott suchendes Wesen ist, scheint zu spezifisch zu sein, um als formale Wesensbestimmung gelten zu können. Als inhaltliche Wesensbestimmung liefe die Aussage jedoch der inhaltlichen Undefinierbarkeit des Wesens des Menschen zuwider. Wie passt also die Aussage, der Mensch sei ein Gottsucher, zur These der Undefinierbarkeit seines Wesens? Entgegen dem Anschein besteht meines Erachtens kein Widerspruch zwischen beiden Bestimmungen. Denn Scheler sieht neben ‚Undefinierbarkeit' und ‚Gottsuchertum' eine dritte Bestimmung vor, die einen Ausweg aus dem beschriebenen Dilemma eröffnet: Der Mensch ist „das *alles* Leben und in ihm sich selbst *transzendierende Wesen*" (GW 3: 186). Bei dieser Aussage, die den Mittelpunkt von Schelers Anthropologie in „Zur Idee des Menschen" bildet, handelt es sich um eine *formale* Wesensbestimmung des Menschen. Als solche gerät sie nicht in Konflikt mit der Aussage der *inhaltlichen* Undefinierbarkeit des Wesens des Menschen (die ebenfalls als formale

Wesensbestimmung zu verstehen ist). Die These vom Transzendenzcharakter des menschlichen Wesens verpflichtet auch nicht dazu, wie es oben hieß, „zwischen ‚Leben' und ‚Gott' noch eine feste Station ein[zu]schieben" (ebd.). Denn Scheler formuliert diese These nicht bloß so, dass der Mensch alles Leben, sondern auch „*in ihm*", also: im Leben, sich selbst transzendiere. Transzendenz wird damit als ein Überschreiten des Lebens *im* Leben konzipiert. Damit ist der Grundgedanke der Konzeption des Menschen in der modernen philosophischen Anthropologie formuliert: Der Mensch zeichnet sich dadurch aus, dass er als Naturwesen in Distanz zur Natur, auch seiner eigenen, steht. Entsprechend heißt es bei Scheler noch einmal ausdrücklich, dass der Mensch „ein ewiges ‚Hinaus' des Lebens über sich selbst" sei (ebd.).

Schelers Formulierung, dass der Mensch ein betendes und Gott suchendes Wesen ist, könnte nun auf zwei Weisen verstanden werden: zum einen in einem abstrakten Sinn, dass sie lediglich den skizzierten Transzendenzgedanken auf eine metaphorische Weise beschreibt,[124] zum anderen in dem konkreten Sinn, dass Menschen in verschiedenen Epochen und Kulturen Religion ausbilden. Dass Menschen in diesem zweiten Sinn beten und Gott suchen, wäre eine inhaltliche Ausprägung der formalen Bestimmung ihres Wesens, das heißt des Transzendenzcharakters des menschlichen Lebens. Dass es zu dieser Ausprägung kommt, müsste jedoch als kontingent gelten, da es vor dem Hintergrund der inhaltlichen Undefinierbarkeit des Wesens des Menschen keine inhaltliche Wesensbestimmung des Menschen gibt, durch die dies sichergestellt wäre. – Die Frage, welche der beiden genannten Deutungsweisen der Gottsucher-These vorzuziehen ist, kann hier offenbleiben, da beide nicht in Konflikt zu Schelers in Hinblick auf eine moderne philosophische Anthropologie zentralen Aussagen der Undefinierbarkeit des Wesens des Menschen und des Transzendenzcharakters des menschlichen Lebens stehen.[125]

Die Diskussion der Positionen von Cassirer und Heidegger im ersten Kapitel hat deutlich gemacht, dass nicht jedes Fragen nach dem Menschen ein anthropologisches ist. Im Unterschied zu jenen fragt Scheler in „Zur Idee des Menschen" auf anthropologische Weise nach dem Menschen, und zwar in doppelter Hinsicht. *Zum einen* drehen sich die von ihm einleitend

---

[124] In diese Richtung scheint etwa Schelers Formulierung zu gehen, der Mensch „*ist* das Gebet des Lebens über sich hinaus" (GW 3: 186).

[125] Entsprechend gehe ich hier auch nicht auf Schelers Auseinandersetzung mit der Gottes- und Atheismusthematik ein (siehe GW 3: 186-190). Zudem stelle ich hier die theistischen Aspekte, von denen Schelers anthropologisches Denken in der Zeit der Publikation von „Zur Idee des Menschen" bis etwa 1922 unzweifelhaft geprägt ist (vgl. etwa die Belege bei Henckmann 2010, 32, 36-38), in den Hintergrund. Zu den „christlichen bzw. theologischen Implikationen" von Schelers anthropologischen Überlegungen insgesamt siehe Hammer 1972.

angesprochenen Problemkomplexe zum Verhältnis von Mensch und Natur, von Mensch und Geschichte und zur Frage nach der Einheit des Menschen so um den Menschen, dass sie nicht im Dienst eines übergeordneten systematischen Zwecks stehen. Schelers starke, aber nicht begründete These lautet sogar, dass „sich alle zentralen Probleme der Philosophie auf die Frage [nach dem Menschen] zurückführen" lassen (GW 3: 173). *Zum anderen* konzipiert Scheler den Menschen auf eine Weise, in der dieser ausdrücklich ein Naturwesen durch und durch ist. Die Sonderstellung des Menschen, um die es Scheler geht, ist eine Sonderstellung *in der Natur*. Der entscheidende Beleg dafür war, dass die Transzendenz des Menschen, die diese Sonderstellung verbürgen soll, ein Überschreiten des Lebens *im* Leben ist.[126]

Betrachtet man Schelers „Zur Idee des Menschen" als einen Ausgangspunkt der Entwicklung der modernen philosophischen Anthropologie, so zeigt sich bei näherer Betrachtung, dass Heideggers Auseinandersetzung mit der Anthropologie in *Sein und Zeit* doch schon zu diesen Anfängen zurückreicht. Denn Heidegger weist darauf hin, dass die von der Gottesebenbildlichkeitsthese ausgehende christliche Bestimmung des Menschen „im Verlauf der Neuzeit enttheologisiert wurde", und zwar unter dem Stichwort der „Transzendenz" (SuZ 49). Obwohl Schelers Name in diesem Zusammenhang nicht fällt, ist vor dem Hintergrund der bisherigen Darstellung die Annahme naheliegend, dass Heidegger hier insbesondere an ihn denkt.[127] Heidegger glaubt, die Transzendenzkonzeption mit dem Hinweis auf ihre christlichen Wurzeln abweisen zu können: „Aber die Idee der ‚Transzendenz', daß der Mensch etwas sei, das über sich hinauslangt, hat ihre Wurzeln in der christlichen Dogmatik, von der man nicht wird sagen wollen, daß sie das Sein des Menschen je ontologisch zum Problem gemacht hätte" (ebd.). Sofern dies ein Argument gegen Schelers Transzendenzkonzeption sein soll, vermag es kaum zu überzeugen. Denn dass eine Idee ihre Wurzeln in der christlichen Dogmatik hat, macht sie nur dann philosophisch fragwürdig, wenn sie ihrem Gehalt nach von dieser Dogmatik abhängig ist. Das ist bei Schelers Konzeption von Transzendenz als formaler Wesensbestimmung des Menschen aber nicht der Fall, da sich sein „Suchen Gottes" als eine metaphorische Fassung der Transzendenzidee selbst oder als eine einzelne und kontingente Ausprägung des Transzendierens verstehen lässt, die als solche für die Idee des Menschen nicht maßgeblich ist. Übrigens stellt auch Heidegger selbst in der an *Sein und Zeit* anschließenden Phase seines

---

[126] Das ist deshalb so stark zu betonen, weil einer der Standardvorwürfe gegen Schelers Anthropologie darin besteht, dieser eine cartesianische Ontologie zu unterstellen. Diesen Vorwurf, der auf Cassirer zurückgeht, werde ich im nächsten Abschnitt untersuchen (Kap. 2.2).

[127] Dass Heidegger Schelers „Zur Idee des Menschen" kannte, ist sicher, da er sich mit dem Aufsatz schon in seiner Vorlesung *Ontologie (Hermeneutik der Faktizität)* vom Sommersemester 1923 auseinandergesetzt hat (GA 62: 23-27).

Denkens den Transzendenzbegriff in den Mittelpunkt,[128] ohne sich dabei durch dessen „Wurzeln in der christlichen Dogmatik" gestört zu fühlen. Und schließlich konnte Scheler seinen eigenen Transzendenzgedanken zu Recht auch schon in *Sein und Zeit* ausmachen: So in seinem für Teil V seiner Abhandlung *Idealismus – Realismus* vorgesehenen Nachlasstext „Das emotionale Realitätsproblem" von 1927, wo Scheler mit Blick auf Heideggers Rede vom „Sich-vorweg-sein" des Daseins bemerkt (SuZ 191 f.), es handele sich bei ihr um „eine Formel, die sich mit meiner Bestimmung im Aufsatz ‚Zur Idee des Menschen', es sei der Mensch das Wesen, das in seinem Sichselbsttranszendieren bestehe, weitgehend deckt" (GW 9: 274). Wie schon die Formulierungen zeigen, ist es in der Tat nicht überraschend, dass Scheler in Heideggers „immer schon ‚über sich hinaus'" seiendem „Dasein" (SuZ 192) sein „ewiges ‚Hinaus' des Lebens über sich selbst", das der Mensch sei (GW 3: 186), entdeckt.

Im Laufe der 1920er Jahre verstärkt Scheler seine systematische Beschäftigung mit Fragen der philosophischen Anthropologie.[129] Einem Nachlasstext von 1925 lässt sich entnehmen, dass er die verschiedenen Probleme und Aufgaben der philosophischen Anthropologie unter neun Gesichtspunkte ordnet:[130]

(1) Geistesgeschichtlich fundierte Typologie des menschlichen Selbstbewusstseins
(2) „Wesensontologie des Menschen"
(3) Systematische Unterscheidung von ‚Mensch' und ‚Tier'; Untersuchung zu den „Monopole[n] des Menschen"
(4) „Lehre vom zeitlichen Ablauf des Menschenlebens von seiner Geburt bis zum Tode"
(5) „[P]hilosophische Diskussion der Möglichkeiten des Ursprungs des Menschen […] im Zusammenhang mit der Philosophie der Evolutionstheorie"
(6) „Philosophie des Menschen als soziales und historisches Wesen"
(7) Was wird aus dem Menschen? Frage nach „der Möglichkeit des Übermenschen" bzw. des „Rückfall[s] des Menschen in tierische Vorstufen"

---

[128] Siehe beispielsweise Heideggers „Vom Wesen des Grundes" (1929): „[D]ie Transzendenz bezeichnet das Wesen des Subjekts, ist Grundstruktur der Subjektivität. [...] Subjekt *sein* heißt: in und als Transzendenz Seiendes sein" (GA 9: 137 f.). Zu Heideggers „Transzendenzphase" siehe Görland 1981 sowie Hackenesch 2001 und vgl. unten Kap. 3.1.

[129] Die wichtigsten Zeugnisse dafür finden sich in dem Nachlassband zur Philosophischen Anthropologie (GW 12) sowie in „Mensch und Geschichte" (1926), teilweise in „Der Mensch im Weltalter des Ausgleichs" (1929), vor allem aber in *Die Stellung des Menschen im Kosmos* (1928) (alle in GW 9).

[130] Siehe den Text „Probleme, Methode, Einteilung I und II", in: GW 12: 16-23.

(8) Diskussion der „Wesensgrundlagen der vergleichenden Anthropologie"
(Geschlechterdifferenz, „Charakterologie der Rassen")
(9) Untersuchung zum „Verhältnis des Menschen zum Weltgrund"

Wie sich zeigt, ist das Feld dieses Fragens nach dem Menschen weit ge-
steckt. Scheler plante eine Monographie mit dem Titel *Philosophische Anthropologie*, für die die genannten Gesichtspunkte wohl maßgeblich gewesen wären,[131] die aber aufgrund seines plötzlichen Todes im Mai 1928 nicht mehr
ausgeführt werden konnte. Das systematische Zentrum wird meines Erachtens durch die Punkte (2) und (3) markiert. Auf ihnen soll daher im Folgenden der Fokus liegen.

Die Wesensontologie des Menschen – Punkt (2) – bildet Scheler zufolge
„das Kernstück der philosophischen Sach-Anthropologie" und ist inhaltlich
vor allem durch zwei Fragen gekennzeichnet:

(i) Welches sind die aufeinander irreduziblen Wesenselemente des Menschen und in welchen Wesensverhältnissen stehen sie zueinander?

(ii) Gibt es im Wesensaufbau des Menschen ein exklusives Element, das
heißt „*ein echtes Wesen* [...], das wir nur an ihm treffen"? (GW 12: 17 f.)

In methodischer Hinsicht knüpft die Wesensontologie ausdrücklich an Husserls Konzept „phänomenologischer Reduktion" an; sie arbeitet „mit voll-
ständigem Ausschluß der Realsetzung eines bestimmten, konkreten, historisch da und dort lebenden Menschen, da sie nur auf das geht, was wesensmäßig dazu gehört, daß etwas ein Mensch sei".[132] Für Scheler bedeutet dies,
dass seine Untersuchung des Wesensaufbaus des Menschen keine Erfahrung
vom Menschen, die auf Beobachtung und Induktion beruht, voraussetzen
soll. Entsprechend dürfen empirische Merkmale, etwa morphologischer,
physiologischer und psychologischer Art, für den Wesensbegriff des Menschen keine Rolle spielen. Vor diesem Hintergrund ist es nicht verwunder-
lich, wenn Scheler seine wesensontologischen Überlegungen mit der These

---

[131] Das ergibt sich mit Blick auf die verschiedenen Zusammenhänge, in denen
Scheler auf sein geplantes Buch verweist: GW 8: 19, 27, 42, 44, 49, 62, 89, 100, 336;
GW 9: 82, 92, 94, 100. – In seiner Scheler-Monographie ordnet Wolfhart Henck-
mann seine Darstellung der Schelerschen Anthropologie um die oben genannten
Gesichtspunkte; siehe Henckmann 1998, 191-212. Neuerdings hat er eine (bis dahin
unpublizierte) Gliederung der Probleme und Aufgaben der philosophischen Anthropologie bekannt gemacht, die Scheler „vermutlich seiner letzten Anthropologie-
Vorlesung vom Wintersemester 1927/8 zugrunde" gelegt hat; siehe Henckmann
2010, 46 f. Die oben genannten Punkte der Gliederung von 1925 finden sich in der
Hauptsache auch in der neueren Gliederung wieder. Eine interessante Abweichung
besteht darin, dass der letzte Punkt, also die Frage nach dem Verhältnis des Menschen zum *Weltgrund*, in der neueren Gliederung durch die Frage nach dem Menschen in der *Geschichte* abgelöst wird.

[132] GW 12: 17. – Zur Frage des komplexen Verhältnisses zwischen Schelers und
Husserls Konzepten der phänomenologischen Reduktion siehe Cusinato 1998.

des Paläontologen und Naturphilosophen Edgar Dacqué für kompatibel hält, dass Menschen in verschiedenen Erdperioden auch eine amphibische, eine reptilienartige, eine beuteltierhafte etc. Form besessen haben können.[133] Denn der gegenwärtige und irdische Mensch ist nur *eine* Instanz vom Wesen des Menschen. Dass es zu anderen Zeiten oder in anderen Sonnensystemen Exemplare dieses Wesenstyps mit ganz anderen anatomischen oder psychischen Merkmalen geben mag, lässt sich Scheler zufolge nicht ausschließen. Voraussetzung dafür ist, dass zwei Begriffe des Menschen unterschieden werden, der des gegenwärtigen Erdmenschen und der ideale Wesensbegriff des Menschen, seine Wesensidee.[134]

Der Punkt (3) des Programms von Schelers Anthropologie besteht im systematischen Mensch/Tier-Vergleich sowie der Untersuchung der „Herkunft der *Monopole* des Menschen" (GW 12: 19). In der Frage nach den Monopolen geht es Scheler hier nicht um *metaphysische* Alleinstellungsmerkmale des Menschen – dieses Problem gehört, wie eben gesehen, in die Wesensontologie des Menschen –, sondern um allgemeine *empirische* Phänomene, die spezifisch menschlich sind (auch wenn sie im Einzelfall rudimentäre Analoga schon bei einigen Tieren haben mögen). Er nennt etwa Sprache, Kunst, Religion, Werkzeug, Gewissen, Haus, soziale Organisation, Recht, Wirtschaft und Geschichte.[135]

Es ist interessant, dass es sich bei vielen dieser Phänomene um symbolische Formen im Sinne Ernst Cassirers handelt. Denn Scheler skizziert ein Verfahren der Untersuchung dieser Phänomene, das ebenfalls eine Entsprechung in der *Philosophie der symbolischen Formen* findet, und zwar die „subjektive Analyse" der symbolischen Formen, das heißt die Rekonstruktion der subjektiven Voraussetzungen und Möglichkeitsbedingungen der verschiedenen kulturellen Formen.[136] Auch Scheler will ausgehend von den genannten Phänomenen und näherhin ausgehend von den entsprechenden Verhaltensweisen, Leistungen und Werken ‚zurückschließen' auf wirkliche, so-und-so-beschaffene psychische und geistige Funktionen und Akte ihrer Urheber (GW 12: 19). Dieser Gemeinsamkeit zwischen Scheler und Cassirer stehen zwei aufschlussreiche Differenzen gegenüber. *Erstens* bezieht Scheler in seiner Untersuchung der menschlichen Monopole viel stärker als Cassirer empirische Untersuchungen über Tiere mit ein. So lässt seines Erachtens erst „die Heranziehung der Tierpsychologie und Tiersoziologie […] das spezi-

---

[133] Dacqué 1924. Vgl. Scheler, GW 12: 87, 93 u. GW 9: 96 f. Anm. 2.

[134] GW 12: 89, 93, 100.

[135] Vgl. GW 12: 19 und das Inhaltsverzeichnis des Nachlassbandes zur Anthropologie, GW 12: 3.

[136] Vgl. im Kapitel „Subjektive und objektive Analyse" des dritten Bandes der *Philosophie der symbolischen Formen* die Passagen ECW 13: 54 f. und 58 f. Ich werde auf Cassirers Konzept der subjektiven Analyse ausführlicher in Kap. 3.5 zurückkommen.

fisch Menschliche genau hervortreten"; außerdem zieht Scheler die „so lehr-
reiche vergleichende entwicklungsgeschichtliche Methode im Vergleich von
Kind und Tier" heran, um zu klären, „wie und wann das spezifisch Menschliche" sich ontogenetisch zeigt (GW 12: 20). Er kann damit als ein Gründer
des mehrdimensionalen Forschungsansatzes gelten, mit dem heute etwa
Michael Tomasello und seine Forschungsgruppe arbeiten.[137] *Zweitens* soll
Schelers ‚subjektive Analyse' im Unterschied zu derjenigen Cassirers (und
auch in Differenz zu Tomasello) „auf der Basis und dem Grunde einer Lehre von den Wesensstufen psychischer und geistiger Funktionen und Akte"
und insbesondere einer Lehre „vom Wesensaufbau der psychischen Welt
überhaupt" stehen (GW 12: 19). Das bedeutet, dass Scheler seine Untersuchung zu den menschlichen Monopolen und damit auch zu den Phänomenen, die Cassirer als symbolische Formen gelten, in einer Wesensontologie
des Menschen und des Tiers fundieren möchte.

Grundgedanken einer solchen wesensontologischen Anthropologie entwickelt Scheler in dem Text, der *de facto* sein anthropologisches Hauptwerk
geblieben ist: *Die Stellung des Menschen im Kosmos* (1928). Gleich zu Beginn
erklärt er dort: „Die Arbeit stellt eine kurze, sehr gedrängte Zusammenfassung meiner Anschauung zu einigen Hauptpunkten der ‚Philosophischen
Anthropologie' dar, die ich seit Jahren unter der Feder habe".[138] Diese
Hauptpunkte betreffen „das Wesen des Menschen im Verhältnis zu Pflanze
und Tier" und „die metaphysische Sonderstellung des Menschen" (GW 9:
11). Sie lassen sich direkt den gerade erläuterten systematisch zentralen Gesichtspunkten von Schelers Anthropologie, und zwar dem wesensontologischen (2) und dem des Mensch/Tier-Vergleichs (3), zuordnen.[139] Scheler
greift hier auch den Gedanken eines stufentheoretischen Wesensaufbaus des
Psychischen wieder auf. Er möchte die Sonderstellung des Menschen auf
dem Wege einer Untersuchung des „gesamten Aufbaus der biopsychischen
Welt" herausstellen, wobei er diesen Aufbau mit Hilfe einer „Stufenfolge

---

[137] Siehe Tomasello 2002 und 2009.

[138] GW 9: 9. Scheler stellt das Erscheinen seiner Philosophischen Anthropologie
hier für den „Anfang des Jahres 1929" in Aussicht. Doch angesichts des Umstands,
dass er, als er dies Ende April 1928 schrieb, dem Nachlassband zur Philosophischen
Anthropologie nach zu urteilen (GW 12), mit der Niederschrift noch nicht einmal
begonnen hatte, erscheint diese Einschätzung als sehr optimistisch.

[139] Die menschlichen Monopole werden in *Die Stellung des Menschen im Kosmos* –
wo über die oben genannten hinaus beispielsweise noch „Mythos", „Wissenschaft"
und „Staat" genannt werden – nicht näher untersucht. Die Frage ihrer wesensontologischen Verankerung, wie sie „aus der Grundstruktur des Menschen" hervorge-
hen, bleibt ausgeklammert; statt dessen schließt der Text mit einigen Überlegungen
zum „metaphysische[n] Verhältnis des Menschen zum Grunde der Dinge", das
heißt zu Punkt (9) des oben skizzierten Programms von Schelers Anthropologie
(GW 9: 67).

der psychischen Kräfte und Fähigkeiten, wie sie die Wissenschaft langsam herausgestellt hat", analysiert (ebd., 12). Ein zentrales Konstruktionsprinzip von Schelers Stufenordnung ist, dass jede untere Stufe auch in den Wesen aufzuweisen sein muss, die Kräfte oder Vermögen der höheren Stufen besitzen (vgl. ebd., 16). Schelers Rede vom Psychischen ist dabei weit gefasst, das heißt die Grenzen des Psychischen fallen gut aristotelisch mit denen des Lebendigen zusammen. In *Die Stellung des Menschen im Kosmos* werden vier Stufen von Kräften des Lebendigen unterschieden.

(1) Der *Gefühlsdrang* bildet die unterste Stufe. Er ist gewissermaßen der Motor des Lebens bzw. „der Dampf, der bis in die lichtesten Höhen geistiger Tätigkeit alles treibt" (GW 9: 13). Nicht einmal eine Empfindung wäre ohne ihn möglich, da sie nie nur die Folge eines Reizes, „sondern immer auch Funktion einer *triebhaften* Aufmerksamkeit" ist (ebd., 16). Der Gefühlsdrang selbst ist für Empfindung und Bewusstsein jedoch nicht hinreichend. Wo er rein zum Zuge kommt, wie in der Pflanze, fehlt die für Empfindungen spezifische „Rückmeldung eines augenblicklichen Organ- und Bewegungszustandes des Lebewesens an ein Zentrum" (ebd., 14). Entsprechend ist der Gefühlsdrang daher „ein ganz nach außen gerichteter Drang"; selbst bei pflanzlichen Lebewesen findet sich daher bereits „das Urphänomen des Ausdrucks", wie etwa deutlich wird, wenn wir diese als „matt, kraftvoll, üppig, arm" erkennen (ebd., 15).

(2) Die nächst höhere Stufe ist der *Instinkt*. Um einen klaren und kontrollierbaren Instinktbegriff zu gewinnen, orientiert sich Scheler am Verhalten von Lebewesen. „Verhalten" wird von ihm aber nicht auf eine behavioristisch verkürzte Weise verstanden, sondern gilt ihm als ein naturphilosophischer bzw. „psychophysisch indifferenter Begriff" und damit als Begriff für „das deskriptiv ‚mittlere' Beobachtungsfeld, von dem wir auszugehen haben" (GW 9: 17). Scheler stellt fünf Merkmale heraus, die instinktives Verhalten kennzeichnen: Es ist (a) sinnmäßig, (b) läuft nach einem festen, unveränderlichen Rhythmus ab, (c) ist direkt oder indirekt artdienlich, (d) in seinen Grundzügen angeboren sowie erblich und (e) „fertig", das heißt von der Zahl der Versuche unabhängig, die ein Lebewesen macht, eine Situation zu meistern (ebd., 18 f.).

(3) Darauf folgt die Stufe des *assoziativen Gedächtnisses*. Sie ist nicht durch fertiges, sondern durch gewohnheitsmäßiges Verhalten gekennzeichnet. Scheler erläutert die Ausbildung dieser Fähigkeit im Rückgriff auf den Wiederholungstrieb und den Umstand, dass dessen Ausübung dem Prinzip von „Erfolg und Irrtum" untersteht (GW 9: 22). Gewohnheitsbildung ergibt sich auf dieser Stufe also dadurch, dass versucht wird, ein Verhalten, das zu positiver Triebbefriedigung (Erfolg) führt, in der Folge zu wiederholen, sodass es sich stabilisieren kann. Der Wiederholungstrieb betrifft Scheler zufolge zum einen die eigenen Verhaltensweisen und Erlebnisse, zum anderen aber auch fremdes Verhalten und Erleben. In letzterem Fall könne man von

„Nachahmen" und „Kopieren" sprechen, zwei Erscheinungen die „zuerst die wichtige Tatsache der ‚Tradition'" bilden (GW 9: 25). Zur biologischen Vererbung kommt damit „eine ganz neue Dimension der Bestimmung des tierischen Verhaltens" durch vergangene Verhaltensweisen von Mitgliedern einer Population hinzu (ebd.). Vor dem Hintergrund von Schelers These, dass es bereits in Tiergruppen zu Traditionsbildung kommt, ließe sich ein Begriff vormenschlicher Kultur einführen. In der gegenwärtigen Ethologie verfolgt Frans de Waal diese auf Scheler zurückgehende Option und gibt damit den traditionellen Gedanken auf, die Grenze zwischen Mensch und Tier komme mit der zwischen Kultur und Natur zur Deckung.[140]

Vom assoziativen Gedächtnis her bietet sich der Blick zurück auf die zweite und nach vorn auf die vierte Stufe der Kräfte des Lebendigen an. Vor dem Hintergrund von Schelers Beschreibung der Traditionsbildung ist es nicht überraschend, dass er eine Konsequenz des Prinzips der dritten Stufe im „Zerfall des Instinktes" und in der „Herauslösung des organischen Individuums aus der Artgebundenheit" sieht (GW 9: 26). Instinktive werden durch assoziationsbasierte, gewohnheitsbedingte Dispositionen in den Hintergrund gedrängt. Doch was im Vergleich mit dem Instinkt ein „Werkzeug der Befreiung" ist, erweist sich mit Blick auf die vierte Stufe, die durch eine ganz neue Flexibilität gekennzeichnet ist, als „Prinzip der Starrheit und Gewohnheit" (ebd.).

(4) Bei dieser Stufe handelt es sich um die *organisch gebundene praktische Intelligenz*. Auch hier schlägt Scheler eine verhaltensorientierte, nicht auf im engeren Sinn psychische Vorgänge Bezug nehmende Definition vor: „Ein Lebewesen verhält sich ‚intelligent', wenn es ohne Probierversuche […] ein sinngemäßes […] Verhalten *neuen*, weder art- noch individualtypischen Situationen gegenüber vollzieht, und zwar *plötzlich* und vor allem *unabhängig von der Anzahl* der vorher gemachten Versuche, eine triebhaft bestimmte Aufgabe zu lösen" (GW 9: 27). Die Definition deutet schon an, inwiefern es um Intelligenz geht, die „praktisch" und „organisch gebunden" ist. „Praktisch" ist diese Intelligenz darin, dass die zu lösende Aufgabe letztlich ein „Handeln" erfordert; und „organisch gebunden" darin, dass, so wie die sich stellende Aufgabe eine „triebhaft bestimmte" ist, auch das Lösungsverfahren „im Dienste einer Triebregung oder einer Bedürfnisstillung steht" (ebd., 27 f.). Den Lebewesen auf dieser Stufe kommt Scheler zufolge auch eine, in der Regel „organisch gebundene, Wahlfähigkeit" zu, die eine „Vorzugsfähigkeit" in Bezug auf Güter und Geschlechtspartner ist und es durch spontanes Eingreifen in die „Triebkonstellation" ermöglicht, „nahewinkende Vorteile" in einem gewissen Rahmen mit Blick auf „zeitlich entferntere […] größere Vorteile" zu suspendieren (ebd., 30, 27).

---

[140] Siehe etwa De Waal 2002, insbesondere 36 f.

Vor diesem Hintergrund und der verschiedentlich vertretenen Zusatzannahme, dass es über Intelligenz und Wahlfähigkeit hinaus nichts gibt, was den Menschen als solchen bestimmt, ergibt sich für die Anthropologie eine dichotomische Situation: *Entweder* sie behauptet, dass zwischen Mensch und Tier ein Wesensunterschied besteht, indem sie Intelligenz und Wahlfähigkeit für Monopole des Menschen hält, also den Tieren grundsätzlich abspricht, *oder* sie behauptet, dass zwischen Mensch und Tier nur ein gradueller Unterschied besteht, da bereits einige Tiere über Intelligenz und Wahlfähigkeit verfügen. Da es Scheler um die Begründung der „Sonderstellung" des Menschen geht, muss er die zweite, gradualistische Alternative ablehnen. Doch auch die erste Alternative kommt für ihn, zumindest in dieser Form, nicht in Frage, da sie den Stand der wissenschaftlichen Tierforschung ignoriert. Scheler ist der Auffassung, dass sich aus den Versuchen, die Wolfgang Köhler in der Anthropoidenstation der Preußischen Akademie der Wissenschaften auf Teneriffa durchgeführt hat, ergibt, dass Schimpansen tatsächlich intelligentes Verhalten aufweisen.[141] Seine Strategie besteht daher darin, die Annahme, die in die skizzierte dichotomische Situation führt, aufzugeben. „Das Wesen des Menschen", so seine Konsequenz, steht prinzipiell „über dem, was man Intelligenz und Wahlfähigkeit nennt, und würde auch nicht erreicht, wenn man sich diese Intelligenz und Wahlfähigkeit quantitativ beliebig, ja bis ins Unendliche gesteigert vorstellte" (GW 9: 31).

„Geist" ist der Terminus für das Prinzip, das Scheler zufolge die Sonderstellung des Menschen verbürgt.[142] Es stellt das exklusive Element im Wesenaufbau des Menschen dar, nach dem Scheler mit seiner Wesensontologie des Menschen gefragt hatte (s. o. Frage (ii)). Aber auch die vier skizzierten Kräfte und Fähigkeiten sind Elemente dieses Wesensaufbaus: Der Mensch fasst „alle Wesensstufen des Daseins überhaupt, und insbesondere des Lebens, in sich zusammen" (GW 9: 16). Für die Frage nach den Verhältnissen der aufeinander irreduziblen Wesenelemente, die für Schelers Wesensontologie des Menschen ebenso entscheidend ist (s. o. Frage (i)), ist damit auch eine erste Beantwortung gefunden: Es handelt sich um Stufenverhältnisse. Vor diesem Hintergrund lässt sich auch die Frage nach den Wesensunterschieden von Mensch, Tier und Pflanze klären. Die Differenzen ergeben sich aus der jeweiligen Position in der Stufenfolge. Sie stehen daher in wesensontologischer Hinsicht vor dem Hintergrund von partiellen Wesensidentitäten. Denn Pflanzen gehören nur der Stufe des Gefühlsdrangs an; Tiere aber dieser und je nach Art auch höheren Stufen bis hin zur Intelli-

---

[141] GW 9: 28-30. Vgl. Köhler 1921.

[142] Scheler wählt „Geist" statt „Vernunft", weil jener Ausdruck umfassender als dieser ist. Zum Geist gehört auch die „„Anschauung' [...] von Urphänomenen oder Wesensgehalten" sowie „eine bestimmte Klasse volitiver und emotionaler Akte" (GW 9: 32; vgl. dazu schon GW 2: 82-84, 259 f.).

genz; und der Mensch gehört all diesen Stufen, zusätzlich aber noch der Stufe des Geistes an.

Das Geistprinzip bildet eine neue Wesensstufe, stellt aus Schelers Sicht aber zugleich einen Bruch mit der Folge der darunter liegenden Stufen dar. Denn die Stufe des Geistes ist im Unterschied zu den vier bis dahin dargelegten keine Stufe des Lebens, keine „Wesenstufe psychischer und der Vitalsphäre angehöriger Funktionen und Fähigkeiten, die zu erkennen also in der Kompetenz der Psychologie und Biologie läge" (GW 9: 31). Dass der Mensch, obwohl er fraglos ein Lebewesen ist, einer in diesem Sinne transpsychologischen und transbiologischen Stufe angehört, die ihn allererst „zum Menschen macht" (ebd.), hat in der Rezeption von Schelers Anthropologie immer wieder Skepsis und Kritik hervorgerufen. Es ist daher wichtig, diesem Punkt besondere Aufmerksamkeit zu widmen; und dies wird auch im folgenden Abschnitt geschehen (Kap. 2.2). Die Darstellung von Schelers Anthropologie abschließend, möchte ich zunächst aber die wichtigsten Merkmale von dessen Geistkonzeption skizzieren.

Scheler gibt nach verschiedenen Hinsichten inhaltliche Bestimmungen des Geistprinzips. (a) Zunächst geht es ihm um dessen „besondere Wissensfunktion", die sich aus der „existentielle[n] Entbundenheit vom Organischen" ergibt, also daraus, dass geistige Wesen „nicht mehr trieb- und umweltgebunden, sondern ‚umweltfrei' und [...] ‚weltoffen'" sind (GW 9: 32). Die mit der „Weltoffenheit" oder „Welthabe" ins Spiel kommende Wissensfunktion des Geistprinzips besteht darin, dass ein geistiges Wesen in der Lage ist, die „affekt- und triebumgrenzten ‚Widerstands'zentren" seiner Umwelt, mit denen ein Tier bloß konfrontiert ist, zu vergegenständlichen und die Beschaffenheit der Gegenstände, ihr Sosein zu erfassen (ebd., 32, 34). Während Tieren eine „vollausgeprägte konkrete Ding- und Substanzkategorie" fehle (ebd., 36), so kann man Schelers Punkt meines Erachtens spezifizieren, ist uns Menschen klar, dass ein und dieselben Gegebenheiten Gegenstände von verschiedenen Vorstellungen sein können und dass Gegebenheiten existentiell und qualitativ wahrnehmungsunabhängig sein können.[143] In diesem Sinn geht mit der Weltoffenheit „Sachlichkeit, Bestimmbarkeit durch das Sosein von Sachen selbst" einher (GW 9: 32). (b) Von der erkenntnistheoretischen kann zweitens eine subjekttheoretische Dimension des Geistprinzips unterschieden werden. Geistig sind nicht nur gegenstandsbezogene, sondern auch die höherstufigen selbstbezogenen Akte. Scheler spricht in diesem Zusammenhang von „Selbstbewusstsein" und der „Sammlung" seiner selbst (ebd., 34). Wie vorher schon die Weltoffenheit

---

[143] Existentiell wahrnehmungsunabhängig wäre, was existieren kann, ohne wahrgenommen zu werden; und qualitativ wahrnehmungsunabhängig wäre, was Eigenschaften haben kann, die nicht wahrgenommen werden, und andere Eigenschaften als diejenigen haben kann, die es in der Wahrnehmung zu haben scheint. Vgl. zu diesen für empirische Objekte charakteristischen Bestimmungen Thöle 1991, 78.

bestimmt Scheler auch das Selbstbewusstsein als ein menschliches Monopol und betont zudem den engen Zusammenhang zwischen diesen beiden Aspekten des Geistprinzips.[144] (c) Eine dritte inhaltliche Bestimmung des Geistprinzips sieht Scheler darin, dass der Geist ein zwar Physisches und Psychisches vergegenständlichendes, selbst aber „gegenstandsunfähiges" Sein ist; qua pure Aktualität hat er sein Sein nur im Vollzug seiner Akte (ebd., 39).

Außer den drei genannten gibt es ein weiteres Charakteristikum von Schelers Geistkonzeption. Er hält es sogar für „das Grundmerkmal des menschlichen Geistes" (GW 9: 42). Gemeint ist die „Fähigkeit der Trennung von Wesen und Dasein" bzw. der „Akt der Ideierung": „Ideieren heißt [...], unabhängig von der Größe und Zahl der Beobachtungen [...] und von induktiven Schlußfolgerungen [...], die *essentiellen* Beschaffenheiten und Aufbauformen der Welt an je *einem* Beispiel der betreffenden Wesensregion miterfassen" (ebd., 40-42). Das durch Ideieren erworbene Wesenswissen werde zwar an einem Beispiel gewonnen, gelte jedoch „in unendlicher Allgemeinheit von allen möglichen Dingen, die dieses Wesens sind", das heißt „für alle möglichen Welten" (ebd., 41). Diese Konzeption ist insofern interessant, als sie auf eine *reflexive* Dimension von Schelers Anthropologie aufmerksam macht. Scheler thematisiert mit dem Ideieren den Akt, der seines Erachtens aller Wesensforschung und damit auch seiner Wesensanthropologie selbst im Rücken liegt.

Doch so begrüßenswert Schelers Bemühen um Reflexivität des eigenen Ansatzes auch sein mag, es scheitert meines Erachtens daran, dass seine Konzeption des Ideierens ihrem Anspruch nach überzogen ist. Sie scheint, wo das Ideieren im Resultat über einfache analytische Urteile hinausführen soll, nicht über eigene Ressourcen zu verfügen, mit denen das idiosynkratische Ergebnis eines einzelnen Wesenforschers auf kontrollierte Weise überprüft und korrigiert werden könnte. Das lässt sich schon in Bezug auf Scheler selbst zeigen. Beispielsweise muss für ihn die Wesensidee des Menschen von dem naturwissenschaftlichen Begriff des Menschen unabhängig sein, weil dieser Begriff als naturwissenschaftlicher mit Hilfe von Beobachtung und Induktion gewonnen wurde. In einem seiner späten Texte, die kurz nach seinem Tod unter dem Titel „Philosophische Weltanschauung" (1929) publiziert wurden, schreibt Scheler daher, dass jene Wesensidee für „alle möglichen anatomischen, physiologischen und vitalpsychologischen Organisationen völlig freien Spielraum läßt" (GW 9: 96 f. Anm. 2). Der Wesensidee nach scheint „Mensch" sich damit auf alle geistigen Lebewesen in allen möglichen Welten zu beziehen. Dass jedoch sämtliche insekten- oder reptilienartigen Aliens, die Science-Fiction-Filme bevölkern, als Menschen gelten

---

[144] Siehe GW 9: 34: „Sammlung, Selbstbewusstsein und Gegenstandsfähigkeit des ursprünglichen Triebwiderstandes bilden eine einzige unzerreißbare Struktur, die als solche erst dem Menschen eigen ist."

können,[145] halte ich für eine willkürliche Festlegung. Sie sind günstigstenfalls Personen. Da ich Schelers Konzeption des Ideierens also nicht für überzeugend halte, erscheint mir auch der Gedanke, dass das Ideieren ein Wesensmerkmal des Menschen ist, nicht attraktiv zu sein. Entsprechend werde ich hier auch nicht weiter auf die Wesensbestimmungen eingehen, die sich daraus bei Scheler ergeben und in denen der Mensch als „der ‚Neinsagenkönner', der ‚Asket des Lebens'" und „der ewige Protestant gegen alle bloße Wirklichkeit" gekennzeichnet wird (GW 9: 44). Trotz dieser Skepsis halte ich Schelers Geistkonzeption, wie ich nun deutlich machen möchte, nicht für ein anthropologisches Auslaufmodell.

2.2 Cassirers Scheler-Kritik und ihre Grenzen

Schelers Anthropologie wirft Bewertungsprobleme auf. Eine für ihre systematische Erforschung wichtige Kontroverse dreht sich um die Frage, ob Scheler als Gründerfigur der modernen philosophischen Anthropologie gelten sollte oder eher als letzter Vertreter einer traditionellen metaphysischen Anthropologie. Die erste Auffassung wird gegenwärtig etwa von Joachim Fischer vertreten, aus dessen Sicht mit Schelers „Die Sonderstellung des Menschen" (1927) und mit Plessners *Die Stufen des Organischen und der Mensch* (1928) „ein konzeptioneller Durchbruch zu dem vorliegt, was seitdem als *moderne* Philosophische Anthropologie identifizierbar ist."[146] Ein Proponent der zweiten Auffassung ist demgegenüber Helmut Fahrenbach, für den Scheler „sachlich und methodisch prinzipiell im traditionellen Rahmen der ‚Wesensanthropologie' und vor allem der spekulativen Metaphysik (des Absoluten) bleibt" und daher „nicht eigentlich als der ‚Begründer' der neuen philosophischen Anthropologie angesehen werden" kann.[147]

Die Auffassung, dass Scheler eine traditionelle philosophische Anthropologie vertritt, die unter metaphysikkritischen Vorzeichen nicht mehr zu überzeugen vermag, wurde bereits in einer der ersten Auseinandersetzungen mit seiner Anthropologie vertreten, und zwar von Ernst Cassirer. Dieser hatte bereits in Davos einen Vortrag über den „Gegensatz von Geist und Leben in Schelers Philosophie" gehalten, dessen Ausarbeitung dann 1930 unter dem Titel „‚Geist' und ‚Leben' in der Philosophie der Gegenwart" erschien.[148] Die darin enthaltene Kritik von Schelers Anthropologie ist auch heute noch systematisch aufschlussreich. Die Frage, wie triftig und weitrei-

---

[145] Auch Lockes Papagei, den ich eingangs des Abschnitts erwähnte (siehe oben, S. 76), könnte dann letztlich als ein Mensch gelten. Scheler ist konsequent darin, dass er dieser Option tatsächlich aufgeschlossen gegenübersteht.

[146] Fischer 2008, 61.

[147] Fahrenbach 1970b, 896.

[148] ECW 17: 185-205. Vgl. Gründer 1988, 293, 295.

chend sie ist, wird im Mittelpunkt des vorliegenden Abschnitts stehen.[149] Zuvor möchte ich jedoch zeigen, dass die Differenz zwischen Cassirer und Scheler vor dem Hintergrund einer Reihe von Gemeinsamkeiten steht.

Wie bereits erwähnt, wollte Scheler eine geistesgeschichtlich fundierte Typologie des menschlichen Selbstbewusstseins an den Anfang seiner geplanten Anthropologie stellen (Kap. 2.1). Dabei sollte es um die „typischen Formen" der „Selbstgegebenheit des Menschen" gehen, darum, den „typischen Sinngehalt seines empirischen Wissens und Bewusstseins von sich" freizulegen (GW 12: 16). Von diesem Vorhaben berichtet Scheler nicht nur in den Notizen, die erst 1987 im Nachlassband zur Anthropologie publiziert wurden, sondern auch in dem Cassirer vermutlich bekannten Aufsatz „Mensch und Geschichte" von 1926. Dort erklärt Scheler, als Einleitung seiner geplanten Anthropologie konzipiere er eine „Geschichte des Selbstbewußtseins des Menschen von sich selbst", und zwar eine „Geschichte der idealtypischen Grundarten, in denen er sich selbst dachte, schaute, fühlte [...]" (GW 9: 120). Zieht man die ausführlichen Vorarbeiten Schelers zu diesem Themenkreis in Betracht,[150] wird man die Parallelen zum Eröffnungskapitel von Cassirers späterem *Essay on Man* (1944) kaum übersehen können, in dem Cassirer, orientiert an der abendländischen Philosophiegeschichte, die Stationen und Formen des Selbstverständnisses des Menschen in eine Übersicht zu bringen versucht.[151]

Scheler unterscheidet in „Mensch und Geschichte" eine Reihe von Grundtypen des Selbstverständnisses des Menschen (GW 9: 122 f.). Dabei handelt es sich um die jüdisch-christliche und die griechische Idee vom Menschen, die naturalistische bzw. pragmatistische, die spekulativ-lebensphilosophische als dem an seinem Geist erkrankten Tier und schließlich um die postulatorisch-atheistische Idee vom Menschen (ebd., 124-144). In der Entwicklung dieser Grundtypen macht er eine „wachsende *Steigerung* des menschlichen Selbstbewstseins" aus (wenngleich er offen lässt, ob mit diesen Steigerungen eine genauere Fassung unserer „Stellung und Lage im Ganzen des Seins" verbunden ist) (ebd., 121 f.). Cassirer, auf dessen kurz

---

[149] Zum Verhältnis zwischen Cassirer und Scheler siehe auch Hartung 2005.

[150] Zu diesen Vorarbeiten siehe vor allem GW 12: 27-79. Manfred Frings hat im „Nachwort des Herausgebers" von Schelers *Späten Schriften* darauf hingewiesen, dass zu diesem Themenkreis auch die Überlegungen aus Teil I von Schelers Abhandlung *Idealismus – Realismus* gehören (GW 9: 355, vgl. 351-355).

[151] ECW 23: 5-27. Noch deutlicher wird die Parallele mit Blick auf Cassirers Anthropologie-Nachlass. Die 1942/3 entstandene Erstfassung des *Essay on Man* beginnt mit einer Einleitung zu „Fundamental types of philosophical Anthropology", die von der „Classical Answer" auf die Frage nach dem Menschen über die Stationen der „Christian Answer", der „Sceptical Answer", der „Positivistic Answer" und der „Mechanistic Answer" bis zur Situation der Moderne reicht (ECN 6: 347-392).

zuvor veröffentlichten zweiten Band der *Philosophie der symbolischen Formen* Scheler in diesem Kontext wohlwollend verweist (ebd., 121 Anm.), hätte hier sein eigenes Fortschrittsmotiv wiedererkennen können. Hatte er in dem genannten Band doch erklärt, „im Verhältnis des Mythos, der Sprache und der Kunst" stelle sich trotz ihres realgeschichtlichen Ineinandergreifens „doch ein bestimmter systematischer Stufengang, ein ideeller Fortschritt dar, als dessen Ziel es sich bezeichnen lässt, daß der Geist in seinen eigenen Bildungen, in seinen selbstgeschaffenen Symbolen nicht nur ist und lebt, sondern daß er sie als das, was sie sind, begreift" (ECW 12: 32 f.). Die thematische Ausrichtung bleibt allerdings verschieden. Mythos, Sprache und Kunst können in gewissem Sinne zwar auch als idealtypische Grundarten des menschlichen Selbstbewusstseins gelten, aber sie gehören zur Ebene der Kulturphilosophie und damit des ‚objektiven Geistes', während Scheler mit seinen Ideen vom Menschen hier auf der Ebene des ‚subjektiven Geistes' operiert.

Ganz auf der subjektiv-geistigen Ebene bewegt sich dann auch Cassirer im ersten Kapitel des *Essay on Man*. Seine Leitidee ist dabei aber nicht die des Fortschritts, sondern die der „Crisis in Man's Knowledge of Himself" (ECW 23: 5). An verschiedenen Stellen der (abendländischen) Geschichte des menschlichen Selbstverständnisses, so Cassirers auf Thomas Kuhn vorausweisendes Modell, stößt ein bestimmtes Erkenntnisparadigma an seine Grenze und verliert an Verbindlichkeit und Orientierungskraft, bis es durch ein neues ersetzt wird. „Metaphysics, theology, mathematics, and biology successively assumed the guidance for thought on the problem of man and determined the line of investigation" (ebd., 26). Zwar sei es keineswegs so, dass in den vergangenen Epochen keine Diskrepanzen zwischen den Meinungen und Theorien aufgetreten wären, aber es bestand zumindest jeweils „a general orientation, a frame of reference, to which all individual differences might be referred" (ebd.). Die besondere Situation der Moderne dagegen sei dadurch gekennzeichnet, dass kein solcher umfassender Bezugsrahmen mehr zur Verfügung steht: „The real crisis of this problem manifested itself when such a central power capable of directing all individual efforts ceased to exist" (ebd.).

Als Kronzeugen für diese Einschätzung beruft sich Cassirer auf Scheler. Dessen Diagnose in *Die Stellung des Menschen im Kosmos* (1928) lautete, dass „zu keiner Zeit der Geschichte der Mensch sich so problematisch geworden ist wie in der Gegenwart" und wir nicht länger über „eine einheitliche Idee vom Menschen" verfügen (GW 9: 11). Es ist gerade der durch die „immer wachsende Vielfalt der Spezialwissenschaften" hervorgebrachte Zuwachs an Wissen über den Menschen, der uns die Bildung einer solchen Idee zu erschweren scheint (ebd.). Wir scheinen, so Cassirer zustimmend, „not yet to have found a method for the mastery and organization of this material" (ECW 23: 27). In der Frage, welche Konsequenzen aus diesem Befund zu ziehen sind, trennen sich die Wege beider Philosophen. Cassirer meint, wie in der Überschrift des zweiten Kapitels des *Essay on Man* angekündigt, über „A Clue to the Nature of Man" zu verfügen: „the Symbol" (ebd., 28). Vom Symbolbegriff her, so seine Idee, lasse sich das spezifisch Menschliche bestimmen und eine einheitliche Idee des Menschen in seiner geschichtlichen und kulturellen Verschiedenheit gewinnen. Was Menschen unter allen anderen bekannten Lebewesen auszeichnet, sei der Umstand, dass der emotive, kognitive und praktische Zugang, den sie zu sich, anderen und anderem haben, unhintergehbar durch symbolische Formen vermittelt und strukturiert ist. Nun hat sich jedoch im vorigen Abschnitt bereits gezeigt, dass die symbolischen Formen, weil sie für Scheler zu den „Monopolen des Menschen" gehören, seines Erachtens in einer wesensontologischen Anthropologie zu fundieren wären (vgl. GW 12: 19), statt durch den Symbolbegriff bloß funktional verbunden zu werden. Scheler zufolge greift Cassirers Orientierung an den symbolischen Formen also anthropologisch zu kurz, weil sie die Fragen der Wesensontologie des Menschen ausblende.[152]

Umgekehrt ist es aber gerade die Schelersche Wesensontologie, die für Cassirer den Stein des Anstoßes in seinem Aufsatz „‚Geist' und ‚Leben' in der Philosophie der Gegenwart" darstellt. Für Scheler ist der Geist das Wesen des Menschen und verbürgt dessen Sonderstellung im Vergleich mit den anderen Lebewesen. Das Geistprinzip, so spitzt Scheler dies zu, „steht außerhalb alles dessen, was wir ‚Leben' im weitesten Sinne nennen können" und „ist ein jedem Leben überhaupt, auch dem Leben im Menschen entgegengesetztes Prinzip" (GW 9: 31). Der Einwand, den Cassirer dagegen erhebt, besteht im Kern darin, dass Scheler mit dieser wesensontologischen Unterscheidung in den cartesianischen Dualismus zurückfalle und damit den entsprechenden unlösbaren Schwierigkeiten gegenüberstehe. Was Scheler sich mit seiner Entgegensetzung von Geist und Leben auflädt, so Cassirer, „erinnert in mehr als einer Hinsicht auffallend an jenen Problemkreis der älteren Metaphysik, der sich um das Leib-Seele-Problem zentriert" (ECW 17: 194). Das Hauptproblem sei, dass der Geist „im Sinne der ursprünglichen Schelerschen Definition [...] nie, in irgendeiner Form, über sich hinauszuwirken" vermag (ebd.).[153]

Ein Interpret, der Schelers Anthropologie gegenüber wohlwollend ist, aber keine Vorliebe für den Cartesianismus hegt, sieht sich damit vor ein Dilemma gestellt: Er scheint entweder bestreiten zu müssen, dass Scheler überhaupt einen Geist-Leben-Dualismus vertritt, oder sieht sich gezwungen,

---

[152] In diesem Sinne verstehe ich Schelers Diktum: „Für jede menschliche Kulturleistung (Mathematik, Kunst, Philosophie, Wirtschaft, Politik) ist der *Ort* im Menschen und seiner Konstitution [...] aufzuzeigen" (GW 12: 198). Vgl. dazu auch GW 9: 67.

[153] ECW 17: 194. – Zur Rekonstruktion von Cassirers Kritik an Scheler siehe ausführlich Seidengart 2005.

diesen aus dessen Anthropologie auszugrenzen.[154] Meines Erachtens besteht dieses Dilemma jedoch nicht wirklich. Denn Scheler vertritt in der Tat und wie er selbst ausdrücklich einräumt einen „Dualismus" von Geist und Leben,[155] wenngleich, so wird sich zeigen, keinen cartesianischen. Sein Dualismus braucht meines Erachtens auch nicht aufgegeben zu werden, sondern lässt sich vielmehr als im Kern haltbar erweisen. Dazu sind allerdings einige Präzisierungen seiner Position erforderlich. Sie lassen sich meines Erachtens am besten im Rückgang auf Nicolai Hartmanns Kategorienlehre und ontologische Stufen- sowie Schichtenlehre formulieren.[156]

Hartmann hatte 1925 eine Professur in Köln erhalten, wo bereits Scheler als Ordinarius und Plessner als Privatdozent tätig waren.[157] Ein Jahr später wurde der für seine Neue Ontologie grundlegende Aufsatz „Kategoriale Gesetze. Ein Kapitel zur Grundlegung der allgemeinen Kategorienlehre" publiziert. Ich denke, dass dieser Text eine ontologische Basis von Schelers *Die Stellung des Menschen im Kosmos* bildet.[158] Um dies zu verdeutlichen, gehe ich von der Beobachtung aus, dass Scheler Geist und Leben, statt sie als cartesianische Substanzen zu konzipieren, dort als die „beiden irreduziblen Grundkategorien" fasst.[159] Aufschluss darüber, wie dies zu verstehen ist, erhält man meines Erachtens durch den erwähnten Aufsatz Hartmanns über „Kategoriale Gesetze". Hartmann entwickelt dort eine Theorie von Kategorienschichten mit verschiedenen Typen von Gesetzen. Diese betreffen (i) die Geltungsweise von Kategorien, (ii) die Binnenverhältnisse in den einzelnen Kategorienschichten, (iii) die Art der Schichtung der Kategorien und (iv) die Abhängigkeiten zwischen Kategorien verschiedener Schichten. Unter jeden der vier Gesetzestypen fallen wiederum vier Gesetze, sodass mit Hartmann 16 kategoriale Gesetze zu unterscheiden sind.

Um zu zeigen, inwiefern Cassirers Kritik an Scheler ins Leere läuft, ist zunächst das erste von Hartmann eingeführte Gesetz zu beachten, das „Gesetz des Prinzips". Es besagt, dass jede Kategorie kein anderes Sein als ein „Prinzip-Sein" hat und dieses Prinzip-Sein darin besteht, dass die Kategorie „für bestimmte Züge des ihr zugehörigen Konkretums ‚gilt'", dieses „de-

---

[154] Gegenwärtig ist ersteres die Option von Joachim Fischer (Fischer 2008, 529, 552 f.) und letzteres die Strategie von Hans-Peter Krüger (Krüger 2009, 156).

[155] Siehe Scheler, GW 12: 143, 175.

[156] Die folgenden Überlegungen dieses Abschnitts greifen größtenteils wörtlich auf zwei Aufsätze des Verf. zu Nicolai Hartmann und der philosophischen Anthropologie zurück; Wunsch 2011b und Wunsch 2012c, 156-162.

[157] Zu dieser „Kölner Konstellation" vgl. Fischer 2012.

[158] Dass Scheler Hartmanns Aufsatz früh rezipiert hat, lässt sich dem auf Dezember 1926 datierten Vorwort zur dritten Auflage von *Der Formalismus in der Ethik und die materiale Wertethik* entnehmen (GW 2: 19 Anm. 2).

[159] GW 9: 65; vgl. auch ebd., 48, 56 und 63.

terminiert".[160] Wenn Scheler Geist und Leben als Kategorien konzipiert, so bedeutet dies entsprechend, dass sie nicht Substanzen, sondern *Prinzipien* sind. Von daher ist es nicht überraschend, dass Scheler in der *Stellung des Menschen im Kosmos* bei der Einführung des Geistbegriffs durchgängig vom Geist als einem „Prinzip" spricht und ‚Leben' und ‚Geist' auch später noch „Prinzipien" nennt (GW 9: 31 f., 62). Sein Dualismus ist daher kein Substanzen-Dualismus wie der Descartes', sondern ein Prinzipien-Dualismus. Zu dessen Kern gehört der Gedanke, dass das Geistprinzip für „eine echte neue Wesenstatsache [steht], die als solche überhaupt nicht auf die ‚natürliche Lebensevolution' zurückgeführt werden kann" (ebd., 31). Das Geistprinzip hat sich zwar irgendwann im Laufe der Naturgeschichte „zu manifestieren begonnen" (GW 12: 89), aber es selbst bzw. sein Gehalt ist nicht darauf reduzierbar. Scheler richtet sich mit diesem Prinzip gegen den genannten, ja gegen jedweden reduktionistischen Naturalismus.

Mit Hartmann müsste man statt von einem Prinzipien-Dualismus sogar von einem Prinzipien-Pluralismus sprechen. Denn er unterscheidet hinsichtlich der realen Welt vier irreduzible Kategorienschichten, die des anorganischen, organischen, psychischen und geistigen Seins. Mit dem Begriff der Schicht in engem Zusammenhang steht der der Stufe. Hartmann zufolge überlagern sich die genannten Schichten in konkreten Seinsgebilden, die je nach Schichtenanzahl verschiedenen Stufen angehören. Korrelativ zu den Schichten handelt es sich bei diesen Stufen um: materielles Ding, Lebewesen, Lebewesen mit Bewusstsein und Mensch.[161] Dass der Mensch diese Stufen, wie Scheler sagt, in sich zusammenfasst, bedeutet, dass er auch ein materielles Ding, ein Organismus und ein bewusstes Lebewesen ist.

Cassirer geht davon aus, dass sein Vorwurf des Substanzen-Dualismus gegen Scheler einen entscheidenden Anhaltspunkt darin hat, dass dieser den Geist für „von Hause aus ohnmächtig[]" hält und von dem „ursprünglich ohnmächtigen Geist[]" spricht (GW 9: 46, 55). Ein Geist, der nicht nur

---

[160] Hartmann 1926, 136.

[161] Dieser Unterschied ist zwar der Sache nach schon in Hartmann 1926, 132, präsent; doch die systematischen Konsequenzen, die er für seine Ontologie hat, hat Hartmann wohl erst in seinem späteren Werk *Der Aufbau der realen Welt* völlig erfasst. Siehe Hartmann 1940, 448-452. Hartmann gibt dort allerdings (S. 452) eine „Stufenfolge der Gesamtgebilde" an, die von der oben genannten abweicht: „Sache, Lebewesen, Mensch, Gemeinschaft". Ich halte das für problematisch, da zu den Schichten, die sich im Menschen überlagern, neben dem seelischen auch das geistige Sein gehört. Passender scheint es mir daher, den Menschen als vierte Stufe zu verstehen und dann mit Hartmanns „Naturphilosophie und Anthropologie" von „drei Grundgestalten" zu sprechen, „in denen das Phänomen ‚Mensch' sich darstellt [...]: der Einzelmensch, die Verbundenheit der Einzelnen in der Gemeinschaft und die zeitliche Kontinuität dieser Verbundenheit über die Einheit der simultanen Gemeinschaft hinaus" (Hartmann 1944, 343).

prinzipiell außerhalb von allem Leben stehe, könne, wenn er überdies noch ohne alle Macht sei, keinerlei Wirkung und Einfluss auf das Leben entfalten. Wie kann ihm, so fragt Cassirer, auch nur eine „Hemmung" oder „Stauung der Lebenskräfte gelingen, wenn er von Hause aus ein schlechthin Machtloses wäre?" (ECW 17: 194) Mit dieser Frage unterstellt Cassirer bereits, dass der Geist als Substanz bzw. ,reale Seinspotenz' aufzufassen ist.[162] Doch indem er Scheler damit auf ein cartesianisches Abstellgleis schiebt, verfehlt er dessen Thema. Denn die These der Ohnmächtigkeit des Geistes betrifft nicht, wie Cassirer irrtümlich meint, das Problem der geistigen Verursachung, sondern die Frage des kategorialen Status des Geistes in der Anthropologie.

Der kategoriale Status des Geistes lässt sich mit Blick auf Hartmanns Konzeption der schichtenübergreifenden Dependenzverhältnisse zwischen kategorialen Prinzipien verdeutlichen. Von zentraler Bedeutung dabei ist das von Hartmann so genannte *kategoriale Grundgesetz*: „Die höheren Kategorien setzen immer eine Reihe niederer schon voraus, sind aber ihrerseits in diesen nicht vorausgesetzt".[163] Hartmann erläutert dieses einseitige Abhängigkeitsverhältnis, indem er erklärt, die höhere Kategorie sei „also allemal die bedingtere, abhängigere und in diesem Sinne schwächere".[164] Scheler bringt diesen Gedanken in *Die Stellung des Menschen im Kosmos* für die höhere Kategorie des Geistes im Vokabular von Macht und Ohnmacht zum Ausdruck: „Mächtig ist ursprünglich das Niedrige, ohnmächtig das Höchste" (GW 9: 52). Seine Rede von der Ohnmacht des Geistes hat ihren systematischen Hintergrund demnach in Hartmanns kategorialem Grundgesetz.

In der Formulierung, dass die höheren Kategorien die niederen einseitig voraussetzen, lässt das kategoriale Grundgesetz allerdings eine Reihe von verschiedenen Interpretationen zu. Einer schwachen Lesart zufolge könnte es so verstanden werden, dass alle Wesen, die Geisteskategorien instantiieren, auch Lebenskategorien instantiieren, aber nicht umgekehrt. Stärkere Lesarten hingegen könnten besagen, dass Lebenskategorien auf Geisteskategorien hin angelegt sind oder dass die Beschaffenheit der Geisteskategorien weitgehend von der der Lebenskategorien abhängig ist. Im vorliegenden Zusammenhang ist es daher wichtig, dass Hartmann weitere Abhängigkeitsgesetze formuliert, denen er eine „einschränkende Rolle" gegenüber dem kategorialen Grundgesetz zuweist.[165] Das erlaubt es, die Frage nach der Art

---

[162] ECW 17: 199. Es ist einzuräumen, dass Scheler einer solchen Interpretation durch seine häufig anzutreffende substantivische Rede von *dem* Geist und *dem* Leben einen gewissen Vorschub geleistet hat.

[163] Hartmann 1926, 161. Vgl. die ähnliche Formulierung in Hartmanns *Ethik*: „die höheren Prinzipien sind von den niederen abhängig, nicht aber umgekehrt" (Hartmann 1925, 598).

[164] Hartmann 1926, 161.

[165] Ebd., 162.

und Reichweite der Abhängigkeit der höheren von den niederen Kategorien zu klären, wodurch sich dann besser verstehen lässt, warum Cassirers Kritik fehlgeht.

Eine erste Einschränkung des kategorialen Grundgesetzes wird durch das *Gesetz der Schichtenselbständigkeit* mit dem Hinweis gegeben, dass die niedere Kategorienschicht zwar Grundlage der höheren ist, aber ihr kategoriales Sein „in diesem Grundlage-Sein nicht auf[geht]" und sie „auch ohne Hinzutreten der höheren eine selbständig determinierende Prinzipienschicht" ist.[166] Hartmann konzipiert dieses Gesetz als Absage an alle teleologischen Ansätze: Die niedere Seinsschicht „hat in sich keine Bestimmung zum höheren Sein".[167] Während das Verhältnis von niederen und höheren Kategorien hier negativ als nicht-teleologisch gekennzeichnet wird, wird es im *Gesetz der Materie* zweitens positiv bestimmt, und zwar als Verhältnis von Materie und Form: „Jede niedere Kategorie ist für die höhere, in der sie als Element wiederkehrt, nur Materie".[168] Die höhere Formung ist zwar durch die „Bestimmtheit und Eigenart der Materie" eingeschränkt, gleichwohl ist sie aber, wie abschließend das *Gesetz der Freiheit* festhält, eine „durchaus neuartige, inhaltlich überlegene Formung."[169] Das bedeutet, die höheren Kategorien können die niederen zwar nicht „aufheben", „abändern" oder „umformen", aber sie können sie „überformen" oder „überbauen".[170]

Dass die Abhängigkeit der höheren von den niederen Kategorien beschränkt ist, das kategoriale Grundgesetz (Gesetz der Stärke) durch die zuletzt erwähnten Gesetze also eine „Begrenzung" erfährt, hat Hartmann auch schon in seiner 1925 erschienenen *Ethik* herausgestellt.[171] Jede „höhere Determination", so heißt es dort, ist „eo ipso autonom und kategorial ‚frei', ungeachtet ihres Schwächerseins und ihrer materialen Abhängigkeit. Sie kann wohl nichts ‚*gegen*' die niedere ausrichten – und nur das bedeutet deren

---

[166] Ebd., 161 f.

[167] Ebd., 162. – Cassirer selbst scheint mit dieser [teleologischen] Option zu liebäugeln, indem er gegen Scheler die (rhetorische) Frage richtet, ob „nicht vielleicht das Leben doch etwas anderes und etwas mehr als bloßer Drang, als ein Trieb ins Unbestimmte und Ziellose" ist, ob „ihm nicht vielleicht ursprünglich der Wille inne[wohnt], zu seiner eigenen Selbstdarstellung, zu seiner eigenen Objektivität, zu seiner eigenen ‚Sichtbarkeit' zu gelangen?" (ECW 17: 193 f.)

[168] Hartmann 1926, 162.

[169] Ebd., 162.

[170] Ebd., 163, 162; Hartmann macht 1926 noch keinen Unterschied zwischen Überbauung und Überformung, revidiert dies später aber (vgl. Hartmann 1940, VII); zu der genannten Differenz selbst siehe ebd., 440 f., 444.

[171] Hartmann 1925, 599.

Stärkersein –, wohl aber *mit* ihr und *durch* sie alles".[172] Diese kategorialanalytischen Überlegungen Hartmanns werfen erneut Licht auf die ontologischen
Grundlagen von Schelers Anthropologie. Sie implizieren, dass die Manifestation eines höheren Prinzips und seine Autonomie die niederen Prinzipien
nicht außer Kraft setzen können; mehr noch: Jede höhere Seinsform, so
Scheler selbst, „verwirklicht sich nicht durch ihre eigenen Kräfte, sondern
durch die Kräfte der niedrigeren. Der Lebensprozeß, an sich ein gestalteter
Vorgang in der Zeit von eigener Struktur, wird *verwirklicht* ausschließlich
durch die Stoffe und Kräfte der anorganischen Welt. Ganz analog steht der
Geist zum *Leben*" (GW 9: 52).

Da das, was sich in der höheren Form verwirklicht, gerade *ihre Eigengesetz-
lichkeit* ist, bietet es sich hier mit Hartmann an, zwei verschiedene Arten von
Selbständigkeit zu unterscheiden:[173]

(a) die Selbständigkeit der niederen gegenüber den höheren Kategorien,
     die im kategorialen Grundgesetz und im Gesetz der Schichtenselb-
     ständigkeit festgehalten ist, das heißt die einseitige Abhängigkeit der
     Existenz der höheren Kategorien von der niederen Schicht;
(b) eine Selbständigkeit umgekehrt der höheren gegenüber den niederen
     Kategorien, die das Gesetz der Materie und das Gesetz der Freiheit
     zum Ausdruck bringen, das heißt die Selbständigkeit, die in der Auto-
     nomie der höheren Kategorien besteht, für die die niedere Schicht das
     Medium der Verwirklichung ist.

Cassirer liest Scheler einseitig als Theoretiker der ersten Art der Selbständigkeit, blendet in seiner Kritik aber aus, dass dieser mit Hartmann auch ein
entschiedener Verfechter der zweiten Art der Selbständigkeit ist. Scheler
schreibt etwa in *Die Stellung des Menschen im Kosmos*: „Der Mensch allein –
sofern er Person ist – vermag sich über sich – als Lebewesen – emporzu-
schwingen und von einem Zentrum gleichsam jenseits der raumzeitlichen
Welt aus alles, darunter auch sich selbst, zum Gegenstande seiner Erkenntnis zu machen. So ist der Mensch als Geistwesen das sich selber als Lebewesen und der Welt überlegene Wesen" (GW 9: 38). Diese Überlegenheit, so
ist mit Scheler hinzuzufügen, ist jedoch keine vom Menschen als Lebewesen
abgetrennte, sondern verwirklicht sich und gewinnt ihre Gestalt allein im
und durch das Leben.[174] In seiner Auseinandersetzung mit Schelers Anthro-

---

[172] Ebd., 682; Hvh. v. mir, M. W. Vgl. Hartmann 1926, 164: Die höhere Determination kann „niemals gegen" die von den niederen Kategorien ausgehende Determination gehen.

[173] Vgl. Hartmann 1926, 168.

[174] GW 9: 62: „[…] den Geist aber von seiner einfachsten Aktregung an bis zur
Leistung eines Werkes, dem wir geistigen Sinngehalt zuschreiben, in Tätigkeit zu
setzen und zu verwirklichen vermag das Leben allein".

pologie hat Cassirer diese lebensgebundene Selbständigkeit des Geistes gegenüber dem Leben nicht in den Blick bekommen.

Neben dieser Einseitigkeit krankt Cassirers Interpretation an der oben schon erwähnten unangemessenen Angleichung von Scheler und Descartes. Beide Schwächen zusammen werden dort noch einmal augenfällig, wo Scheler in *Die Stellung des Menschen im Kosmos* tatsächlich auf Descartes Bezug nimmt. Er formuliert dort eine prägnante Kritik (GW 9: 56 ff.), die unter anderem Descartes' Nivellierung des ontologischen Eigenrechts des Lebendigen und den Verlust der Einheit des Menschen durch den Substanzen-Dualismus betrifft. Schelers von Hartmann inspirierte Kategorienlehre kann beides auffangen, da sie zum einen das Sein des Lebendigen auf einer eigenen Schicht verortet und zum anderen der Dissoziierung der Einheit des Menschen – „seine[r] Herausreißung aus den Mutterarmen der Natur" (Scheler; ebd., 56) – dadurch vorbeugt, dass sie die niederen Kategorien von unten nach oben durchlaufen und als Element in den höheren Kategorien wiederkehren lässt.[175] Besonders instruktiv ist jedoch eine Stelle, an der sich Scheler *zustimmend* zu Descartes äußert: „Wertvoll an der Lehre Descartes ist nur eines: die neue *Autonomie* und *Souveränität des Geistes* (allerdings bei ihm auf Ratio reduziert und diese mit Intelligenz vermischt), die Erkenntnis der *Überlegenheit des Geistes über alles Organische* und Nur-Lebendige" (GW 9: 56). Scheler hebt damit als die einzige Stärke der cartesianischen Position das hervor, was zu seiner eigenen Position in krassem Widerspruch stünde, wenn Cassirers Interpretation seiner Auffassung richtig wäre: dass der Geist nicht einfach ohnmächtig ist, sondern dass ihm eine Souveränität und Überlegenheit über alles Organische zukommt. Meines Erachtens ist dies als *reductio ad absurdum* von Cassirers Scheler-Interpretation zu werten.

Schließlich vermag Cassirers Kritik an Schelers Anthropologie noch aus einem weiteren Grund nicht zu überzeugen. Sie basiert auf einer Fehleinschätzung der systematischen Bedeutung von Schelers These der Ohnmächtigkeit des Geistes. Cassirer hält diese These deshalb für problematisch, weil sie angeblich einer Konzeption der Einflussnahme des Geistes auf den Lebensprozess im Wege steht. Damit ist ihr systematischer Ort jedoch von vornherein verkannt. Denn die These der Ohnmächtigkeit des Geistes ist nicht, wie Cassirer irrtümlich meint, auf das Problem der geistigen Verursachung gemünzt, sondern betrifft die Frage des kategorialen Status des Geistes in der Anthropologie. Sie richtet sich direkt gegen die von Scheler so genannte „klassische Theorie" vom Menschen, die seines Erachtens „fast die gesamte Philosophie des Abendlandes" von der Antike bis zu Hegel beherrscht (GW 9: 50). Die Grundthese dieser Theorie besteht darin, dass dem Geist „nicht nur eine eigentümliche Wesenheit und Autonomie, son-

---

[175] Dass das Gesetz der Wiederkehr die Funktion hat, die ‚Gespaltenheit' und ‚Zerrissenheit' der realen Welt zu verhindern, wird etwa in Hartmann 1940, 448, ganz deutlich.

dern auch Kraft und Tätigkeit (νοῦς ποιητικός), ja das Höchstmaß von Macht und Kraft" zukommt (ebd., 45), sodass er als kategorialer Gestaltungsgrund der niederen Schichten gelten kann.[176] Es ist offenbar diese These, gegen die Scheler mit seiner Konzeption der Ohnmächtigkeit des Geistes Einspruch erhebt. Ohnmächtig ist der Geist dabei aber *nicht* in Bezug auf die *Entitäten* der niederen Schichten, *sondern hinsichtlich der kategorialen Struktur und Gesetzlichkeit dieser Schichten.*[177] Nur insofern er auf diese Struktur und Gesetzlichkeit keinen Einfluss hat, ist er ohnmächtig. Die Ohnmächtigkeitsthese redet also nicht einem Epiphänomenalismus in der Philosophie des Geistes das Wort, sondern richtet sich gegen solche Thesen wie die Kants, dass der Verstand die Autorität besitzt, durch seine Kategorien „der Natur gleichsam das Gesetz vorzuschreiben und sie so gar möglich zu machen".[178]

Es passt gut in dieses Bild, dass Scheler an der einzigen Stelle von *Die Stellung des Menschen im Kosmos*, an der er sich *expressis verbis* auf Nicolai Hartmann bezieht, diesen als Kronzeugen gegen die klassische Theorie des Menschen aufbietet. Er zitiert ihn mit den Worten: „Die höheren Seins- und Wertkategorien sind von Hause aus die schwächeren" (GW 9: 51). Nach den vorigen Ausführungen dürfte klar sein, dass es sich bei diesem Diktum um eine Variante von Hartmanns kategorialem Grundgesetz handelt. Die klassische Theorie des Menschen und des Geistes sowie die ihr korrelativen Positionen des Idealismus und der teleologischen Weltanschauung sind aus Schelers Sicht also Verstöße gegen das kategoriale Grundgesetz und die Selbständigkeit der niederen Schichten. Genau dies war auch das Resultat, zu dem Hartmann in seinem Aufsatz „Kategoriale Gesetze" gelangt war.[179] – Zusammenfassend lässt sich damit festhalten, dass Schelers *Die Stellung des Menschen im Kosmos* als eine anthropologische Konkretisierung von Hartmanns Kategorienlehre zu verstehen ist[180] und dass Cassirers Kritik an den Grundgedanken von Schelers Anthropologie vor dem Hintergrund dieses Zusammenhangs nicht haltbar ist.

---

[176] GW 9: 51. Gegen die klassische Theorie vom Menschen hat sich Scheler, wenn auch nicht unter diesem Etikett, auch in „Mensch und Geschichte" gewandt (GW 9: 125 ff.).

[177] So Hartmann 1942, 276; vgl. Hartmann 1940, 475.

[178] Kant, *Kritik der reinen Vernunft*, B 159.

[179] Siehe Hartmann 1926, 165-167.

[180] Damit, dass Schelers Anthropologie als eine solche Konkretisierung zu verstehen ist, meine ich auch, dass sie so verstanden werden *sollte*. Denn mit einem solchen Verständnis lässt sich ihrer meines Erachtens nachteiligen und hier bewusst ganz ausgesparten Tendenz entgegenwirken, in eine Metaphysik des Absoluten abzudriften. Auf diesbezügliche Unterschiede zwischen Scheler und Hartmann weist etwa Ehrl 2003, 11 f., hin.

2.3 Philosophische Anthropologie II – Helmuth Plessner

Bei Scheler wird erst vor dem Hartmannschen Hintergrund deutlich, dass Menschen nicht nur als Lebewesen, sondern auch in dem, was sie qualitativ von allen anderen solchen Wesen unterscheidet, lebensgebunden sind. Bei Plessner wird dies unmittelbar deutlich. Der entsprechende Gedanke ist bereits in die Terminologie eingelassen. Statt direkt auf den Begriff des Geistes zurückzugreifen, verwendet Plessner in *Die Stufen des Organischen und der Mensch* (1928) den Begriff der exzentrischen Positionalität. Da „Positionalität" sein Grundbegriff für das Lebendige ist, setzt er, was Menschen gegenüber anderen Lebewesen auszeichnet, ihre Exzentrizität, von vornherein als einen Modus des Lebendigen an.

Die Stufen des Organischen und der Mensch – Untertitel: *Einleitung in die philosophische Anthropologie* – ist Plessners erstes anthropologisches Hauptwerk.[181] Das zweite, ebenso wichtige, folgt drei Jahre später mit *Macht und menschliche Natur. Ein Versuch zur Anthropologie der geschichtlichen Weltansicht* (1931). Um in Plessners Philosophische Anthropologie einzuführen, orientiere ich mich in diesem Abschnitt am Problem- und Lösungsansatz der *Stufen des Organischen*, während ich *Macht und menschliche Natur* erst später mit einbeziehe. Eine erste und grobe Gegenüberstellung der beiden Werke ergibt Folgendes. Die *Stufen* verfolgen einen naturphilosophischen Ansatz. „Ohne Philosophie der Natur", so Plessner programmatisch, „keine Philosophie des Menschen" (Stufen, 26). Der Mensch gilt hier als ein Wesen, das in vertikaler Dimension ins Verhältnis zu anderen Naturerscheinungen (Dingen, Lebewesen und speziell Tieren) gesetzt wird. *Macht und menschliche Natur* dagegen ist eher geschichtsphilosophisch ausgerichtet. Hier bewegt sich Plessner in einer horizontalen Untersuchungsdimension und thematisiert den Menschen, sofern er sich in historisch wie kulturell höchst variabler Weise selbst entwirft.

Um in die vertikale Dimension der Untersuchung eintreten zu können, gilt es zunächst den theoretischen Rahmen zu rekonstruieren, in dem Plessner seinen eigenen Ansatz verortet. Im Eingangskapitel der *Stufen* nennt er zwei Gruppen von „Ismen", gegen die er sich gleichermaßen abgrenzt: auf der einen Seite gegen „Materialismus, Naturalismus, Empirismus" und auf der anderen Seite gegen „Spiritualismus, Idealismus, Apriorismus" (Stufen, 13). Die „Ismen" beider Gruppen stehen zwar jeweils für einander ausschließende Positionen. Wir müssen uns Plessner zufolge jedoch nicht zwischen ihnen entscheiden, da sie sämtlich nach einem Prinzip vorgehen, das nicht alternativlos ist. Im Ausgang von der Natur-Geist-Unterscheidung

---

[181] Auf Plessners früheres und für die Entwicklung seiner Philosophischen Anthropologie wichtiges Buch *Die Einheit der Sinne* (1923) werde ich hier nicht eingehen können (GS 3: 7-315). Siehe dazu ausführlich Lessing 1998. Für einen aufschlussreichen Vergleich zwischen Cassirer und Plessner von der *Einheit der Sinne* her siehe Delitz 2005.

setzen sie jeweils „eine Sphäre, einmal die physische, das andere Mal die spirituelle absolut und machen jeweils die andere Sphäre von ihr abhängig" (Stufen, 5). Plessner zufolge gelingt es diesen verabsolutierenden Positionen aus systematischen Gründen allerdings nicht, ihre jeweilige Abhängigkeitsthese verständlich zu machen.

Plessners Ansatz hat seit den 1990er Jahren eine erstaunliche Renaissance erlebt. Seine gegenwärtige Aktualität ist meines Erachtens nicht zuletzt darin begründet, dass immer deutlicher geworden ist, dass die *Stufen* ein originelles philosophisches Programm entwickeln, um eine gegenüber den genannten, auch heute noch (zumindest in bestimmten Varianten) vertretenen, aber zunehmend als unbefriedigend eingeschätzten Abhängigkeitsthesen alternative Position zu gewinnen. Die These der Abhängigkeit der Natur vom Geist wird gegenwärtig nicht mehr im Sinne des Apriorismus vertreten und ihre Vertreter werden auch nicht mehr „Spiritualisten" oder „Idealisten", sondern meist „Antirealisten" genannt. Die antirealistische Abhängigkeitsthese impliziert, dass die Natur ein *Konstrukt* mentaler, sprachlicher, sozialer oder kultureller Art ist.[182] Sie hat eine wichtige Konsequenz für unser Bild von den Naturwissenschaften. Naturwissenschaftliche Erkenntnisse handeln ihr zufolge von etwas, das seinem Dasein oder seiner Beschaffenheit nach von uns, das heißt von unserer Sprache oder unserer Kultur, abhängig ist, und nicht von einer geistunabhängigen Wirklichkeit. Das hat zur Folge, dass diese Variante der Abhängigkeitsthese mit einer Relativierung des Wahrheitsanspruchs und letztlich einer Herabsetzung der Naturwissenschaften verbunden ist – eine Konsequenz, die aus Plessners Sicht abzulehnen ist. Denn Plessner sucht ein Vorgehen, das „die naturwissenschaftlichen Ergebnisse in ihrer Wahrheit anerkennen" soll (Stufen, 70).

Hinsichtlich der These der umgekehrten Abhängigkeit, der Abhängigkeit des Geistes von der Natur, liegt der Fall anders. Nicht nur deshalb, weil es anders als bei den entsprechenden Gegenbegriffen auch heute noch oder wieder verbreitet ist, die Bezeichnungen „Materialismus, Naturalismus, Empirismus" affirmativ zu verwenden, sondern vor allem aus einem sachlichen Grund. Wer naturwissenschaftliche Resultate auch im Rahmen philosophischer Überlegungen ernst nimmt, muss der These der Abhängigkeit des Geistes von der Natur zumindest in einer Hinsicht zustimmen: Menschen gehen samt ihrer geistigen Vermögen aus der Naturgeschichte hervor und sind in diesem Sinne durch und durch Naturwesen bzw. Naturwesen ohne außernatürliche Zutat. Man kann diese Position als *„minimalen Naturalismus"* bezeichnen. Lässt man den abseitigen theologischen Kontext des Kreationismus außen vor, erscheint sie heute als selbstverständlich. Mit Blick auf Plessners Auffassung ist es nun wichtig zu betonen, dass uns die evoluti-

---

[182] In dieser Sichtweise ist, wie Plessner ausdrücklich sagt, „die ganze Natur eine Konstruktion" des menschlichen Geistes (Stufen, 5).

onsbiologische Erkenntnis nicht auch auf einen strengeren, reduktionistischen Naturalismus verpflichtet, der jedes Eigenrecht der geistigen Sphäre
bestreiten würde. Denn dass die geistige Sphäre im Verlauf der Evolution
aufkommt, impliziert Plessner zufolge nicht, dass die Ebene der geistigen
Gehalte und ihrer Relationen, also die Sphäre der *Bedeutung*, im Rahmen einer
Sphäre verständlich gemacht werden kann, die von sich aus ohne Bedeutung
ist. Es erscheint mir daher angemessen, Plessner als einen nicht-reduktiven
Naturalisten zu verstehen.

Der philosophischen Anthropologie stellen sich vor dem skizzierten
Plessnerschen Hintergrund zwei eng miteinander zusammenhängende Aufgaben: Sie soll *erstens* den genuinen bzw. irreduziblen Charakter der geistigen
Sphäre verständlich machen, ohne sich gegenüber den Naturwissenschaften
abzuschotten. Und sie soll *zweitens* die Tatsache, dass Menschen durch und
durch Naturwesen sind, in einer Weise verständlich machen, die nicht einem
reduktionistischen Naturalismus das Wort redet.

In der Bearbeitung dieser Aufgaben geht Plessner, wie gesagt, davon aus,
dass „der Mensch aus einer vormenschlichen Stammesgeschichte hervorgegangen ist und sich die Entfaltung des Geistes an eine ungeheure biologische Vergangenheit anschließt"; diese Position wird von ihm als eine *„natürliche, vorproblematische* Anschauung" bezeichnet.[183] Er meint damit meines
Erachtens, dass diese Auffassung, obwohl sie vor einiger Zeit einmal problematisch und unplausibel gewesen ist, inzwischen gewissermaßen in den
Common Sense eingesickert ist. Eine wichtige Konsequenz der von Plessner
als „natürliche" und „vorproblematische" Auffassung bezeichneten evoluti-
onsbiologischen Erkenntnis besteht in dem schon erwähnten minimalen
Naturalismus.

Wie versucht Plessner ausgehend von diesem biologisch geprägten Naturalismus seine Rede von einer geistigen Sphäre, die auf die natürliche Sphäre
nicht reduzibel ist, verständlich zu machen? Die allgemeine Antwort lautet:
Indem er eine Perspektive zu etablieren versucht, die sich (a) von der naturwissenschaftlichen Perspektive grundsätzlich unterscheidet und von der aus
(b) sowohl die geistige Sphäre als auch die natürliche Sphäre in den Blick
gebracht werden kann. Plessner konzipiert diese Perspektive in den *Stufen des
Organischen* als eine *naturphilosophische*, oder wie man auch sagen könnte, als
eine *lebensphilosophische* Perspektive (vgl. Stufen, III, 26, 37 u. ö.). Durch sie
soll sich, wie Plessner sagt, „der Mensch als Subjekt geistig-geschichtlicher
Wirklichkeit [...] *in eben derselben* Richtung betrachten [lassen], die durch seine
physische Stammesgeschichte und seine Stellung im Naturganzen bestimmt" oder „festgelegt ist" (Stufen, 6 u. 12).

Die Richtung, die durch die Stammesgeschichte und Naturstellung des
Menschen vorgegeben ist, ist die durch seine Naturwesenhaftigkeit orientier-

---

[183] Stufen, 12 f. u. 6; Hvh. v. mir, M. W.

te. Ihr Ausgangspunkt wird daher durch die Begriffe der Natur und des biologischen Lebens markiert. Wenn sich nun von dieser Richtung her auch die geistige Sphäre in den Blick bringen lassen soll, dabei aber die Distanz zu jedwedem reduktionistischen Naturalismus gewahrt bleiben soll, dann muss es über die Natur bzw. das biologische Leben ‚mehr' zu wissen geben, als die Naturwissenschaften und insbesondere die Biologie – auch bei größtmöglichem Erfolg – in Erfahrung bringen können. Dass dies der Fall ist, ist genau Plessners These. Er nennt die Disziplin, die er der naturwissenschaftlichen Biologie aus diesem Grund an die Seite stellen möchte, „philosophische Biologie" (siehe Stufen, III, 66 u. 76).

Plessner erachtet diese Disziplin für seine Grundlegung der philosophischen Anthropologie als unverzichtbar.[184] Er meint, dass „der Aufbau einer philosophischen Anthropologie zur Voraussetzung die Untersuchung jener Sachverhalte hat, die um den Sachverhalt ‚Leben' konzentriert sind" und dass daher „das [sc. naturphilosophische] Problem der organischen Natur aufgerollt werden" muss (Stufen, 77). Seine Begründung dafür hatte er schon zuvor gegeben: „Den Menschen trägt die lebendige Natur, ihr bleibt er bei aller Vergeistigung verfallen, aus ihr zieht er die Kräfte und Stoffe für jegliche Sublimierung. Deshalb drängt von selbst die Forderung nach einer philosophischen Anthropologie auf die Forderung nach einer philosophischen Biologie" (ebd., 76). In dem Vokabular, das ich verwendet habe, ausgedrückt, heißt das: *Weil* Menschen durch und durch Natur- und näherhin Lebewesen sind, kann es eine Anthropologie, die weder bloß naturwissenschaftlich noch reduktiv-naturalistisch ist, genauer gesagt, eine genuin *philosophische* Anthropologie nur geben auf der Basis eines genuin *philosophischen* Wissens von der Natur bzw. dem Lebendigen.

Die philosophische Biologie, in der dieses Wissen erworben werden soll, wird von Plessner als Wissenschaft bzw. „Lehre von den Wesensgesetzen oder Kategorien des Lebens" verstanden (Stufen, 76). Er sieht ihre Aufgabe in „der systematischen Begründung solcher Vitalkategorien" (ebd., 66). Später heißt es noch entschiedener: Der „Zentralteil der Philosophie des Lebens" besteht in der „Deduktion der Kategorien oder Modale des Organischen" (ebd., 122). Damit ist der Kern von Plessners Ansatz in den *Stufen des Organischen* identifiziert.

Um das skizzierte Projekt zu umreißen, möchte ich im Folgenden zunächst erläutern, (1) was Plessner unter „Kategorien des Lebens" bzw. „Vitalkategorien" versteht. Da sich solche Kategorien nicht ausweisen lassen werden, wenn nicht klar ist, wie das Phänomen beschaffen ist, an dem sie

---

[184] „Grundlegung der philosophischen Anthropologie" lautete der ursprünglich von Plessner geplante Untertitel seiner *Stufen des Organischen*. Scheler, der das Vorrecht einer solchen Grundlegung für sich reklamierte, hat ihn jedoch von diesem Untertitel abgebracht. Plessner wählte dann „Einleitung in die philosophische Anthropologie" als Untertitel; vgl. dazu seine „Selbstdarstellung", GS 10: 329.

einsichtig gemacht werden sollen und welches der Maßstab dafür sein soll, werde ich (2) Plessners Auffassung des Lebendigen darstellen und (3) sein Konzept einer Deduktion der Vitalkategorien erläutern. In einem letzten Schritt kann ich dann (4) einige Grundzüge von Plessners naturphilosophischer Anthropologie und insbesondere den Begriff der exzentrischen Positionalität darstellen.

(1) *Kategorien des Lebens.* Nimmt man den Kantischen Hintergrund als Maßstab, so hat der Begriff von Kategorien des Lebens etwas Unerhörtes. Für Kant sind Kategorien die allgemeinsten Funktionen eines Denkens, das sich nicht anders als in Urteilen vollziehen kann. In der *Kritik der reinen Vernunft* geht es ihm um den Nachweis, dass diese im denkenden Subjekt verorteten Kategorien die Bedingungen der Möglichkeit objektiver empirischer Erkenntnis sind und als solche zugleich die Bedingungen der Möglichkeit der Gegenstände dieser Erkenntnis. Vor dieser Folie scheint die Frage nach Kategorien des Lebens deplatziert. Kategorien kommen Verstandeswesen zu, aber nicht x-beliebigen Lebewesen. Plessner fragt: „Warum sollte es aber nicht erlaubt sein, die Funktion der Kategorie aus ihrer besonderen Zuspitzung zur Denk- und Erkenntnisform versuchsweise loszulösen und das Problem von Kategorien oder Kategorialfunktionen aufzuwerfen, die zu anderen, primitiveren oder fundamentaleren Existenzschichten gehören?"[185] Diese (rhetorische) Frage verweist auf sein Programm. Ausgehend von der Tatsache, dass die Relationen, die zwischen einem Organismus und seiner Umgebung bestehen, wesentlich reichhaltiger sind als die zwischen einem Stein und seiner Umgebung, möchte Plessner Gesetze identifizieren und ausweisen, die den Zusammenhang zwischen Organismen und ihrer Umwelt regeln. Er spricht in diesem Zusammenhang von „Kategorialgesetzen" und „Kategorialfunktionen" (Stufen, 65 f.). Unter Kategorien des Lebens oder Vitalkategorien versteht Plessner demnach diejenigen Prinzipien, „auf denen das Zueinander und Miteinander des Organismus und der Umwelt beruht" (ebd., 66). Als Beispiele für solche Vitalkategorien nennt er Wachstum, Ernährung, Regulation (ebd., 110) oder Assimiliation und Altern (ebd., 115 f.).

(2) *Das Lebendige.* So wie die Kantischen Kategorien in der Struktur des Verstandes fundiert sind, sollen Plessners Vitalkategorien in der Struktur des Lebendigen fundiert sein.[186] Eine philosophische Biologie, die sich eine Begründung solcher Vitalkategorien vornimmt, muss daher zunächst über ihre Auffassung des Lebendigen Rechenschaft ablegen. Das wiederum ist nicht

---

[185] Stufen, 65 f. – Diese Weise, das Kategorienproblem zu stellen, findet sich bereits bei Nicolai Hartmann, für den die Seinsschichten Kategorienschichten sind (Hartmann 1926). Plessners Bezeichnung „Kategorien des Lebens" geht vermutlich auf Wilhelm Dilthey zurück (Dilthey 1927, 228 ff.).

[186] Es geht Plessner um „Gesetze des Zusammenhangs zwischen Lebewesen und Welt, Gesetze der Eintracht, der Konkordanz und gleichursprünglichen Gestaltung, die in der Wasform, der Wesensstruktur des Lebens begründet sind" (Stufen, 65).

möglich, ohne auf die Frage des Unterschieds zwischen belebten Dingen und bloßen, also unbelebten Dingen einzugehen. Damit stellt sich aber ein zentrales methodisches Problem. Fällt die Frage nach der Differenz zwischen belebten und unbelebten Dingen nicht komplett in den Bereich der Naturwissenschaften und näherhin in den der Biologie? Wie gesehen war es gerade Plessners Ausgangsthese, dass dies nicht der Fall ist. Es gibt seines Erachtens mehr über die Natur zu wissen, als sich mit naturwissenschaftlichen Mitteln ausmachen lässt, wobei ‚Natur*philosophie*‘ und ‚*philosophische* Biologie‘ Namen für die Disziplinen sein sollten, die für dieses ‚Mehr‘ aufkommen. Aber wie gelingt ihnen das? Welches soll die Methode sein, um zu dem anvisierten Wissen zu gelangen?

Der grundlegende Aspekt dieser Methode, so Plessners Antwort, ist phänomenologischer Art, genauer gesagt, die „phänomenologische Deskription".[187] In dieser beziehen wir uns auf das, was in der Dimension der *Anschauung* der Natur offenbar ist bzw. auf die *Erscheinungsweise* der Natur.[188] Plessner erläutert das zuerst in Bezug auf räumliche Dinge der Wahrnehmung. Was von einem Wahrnehmungsding, so Plessner, „reell erscheint und als Baum, [oder] Tintenfaß sinnlich belegt werden kann, ist selbst nur eine von unendlich möglichen Seiten (Aspekten) dieses Dinges. Dieses Reelle ist durchaus für die Anschauung das Ding selbst –, aber von einer Seite, nicht das ganze Ding, welches reell überhaupt nie ‚auf ein Mal‘ sinnlich belegbar ist" (Stufen, 82). Die wichtige Unterscheidung ist hier die zwischen dem reellen Phänomen und dem ganzen Ding. Das reelle Phänomen bietet sich in der Wahrnehmung einerseits als eine von unendlich vielen möglichen Dingseiten dar und andererseits als Manifestation oder Erscheinung des ganzen Dinges. Zur Erscheinungsweise von Wahrnehmungsdingen gehören daher, so erläutert Plessner im Rückgriff auf Raummetaphern, „zwei Richtungen der Transgredienz": die „vom Phänomen ‚in‘ das Ding ‚hinein‘ und ‚um‘ das Ding ‚herum‘. Die erste zielt auf den substantiellen Kern des Dinges, die zweite Richtung zielt auf die möglichen anderen Dingseiten" bzw. Dinggestalten oder -eigenschaften (ebd., 82 f.). Das Ding, das nie ganz, sondern immer nur ausschnittweise zur Erscheinung kommt, erscheint daher als „kernhaft geordnete Einheit von Eigenschaften" oder „Seiten" (ebd., 81, 83).

---

[187] Stufen, 30; zu ergänzenden Methodenaspekten vgl. ebd., 115.

[188] Plessners Naturphilosophie sucht „die Natur als unmittelbar tragende Dimension unseres gesamten Lebens und Bewusstseins [...], d. h. in ihrer ursprünglichen Anschaulichkeit, zu verstehen" („Das Problem der Natur in der gegenwärtigen Philosophie" (1930), GS 9: 67; vgl. Stufen, 26); und von der phänomenologischen Deskription heißt es, dass sie „zur ursprünglichen Anschauung hinführt und in ihr verweilt (wobei sie sich allerdings von jeder Ontologisierung des Erschauten freizuhalten hat)" (Stufen, 4).

Mit Blick auf Wahrnehmungsdinge müssen wir demnach zwei grundsätzlich verschiedene Innen-Außen-Relationen auseinanderhalten: die räumliche und die phänomenologisch-anschauliche.[189] An einer Holzpuppe etwa, so ein weiteres von Plessner selbst stammendes Beispiel (Stufen, 86), lässt sich ein räumliches Außen (ihr äußerer Rand) von einem räumlichen Innen (dem von diesem Rand Umfassten) unterscheiden. Ihr räumliches Innen lässt sich in ein räumliches Außen überführen, dadurch etwa, dass sie zersägt wird; und ihr räumliches Außen lässt sich durch Verpacken oder Bekleben in ein räumliches Innen überführen. Von der räumlichen Innen-Außen-Relation unterscheidet sich die soeben herausgestellte, zur Erscheinungsweise von Dingen gehörende phänomenologisch-anschauliche Innen-Außen-Relation zwischen Substanzkern und Eigenschaften, vor allem dadurch, dass Innen und Außen hier prinzipiell nicht ineinander überführbar sind. Wenn die Holzpuppe blau ist, hat sie, wie Plessner sagen würde (vgl. ebd., 82), das Blau an ihrer Oberfläche, aber das Blau könnte nie umgekehrt die Holzpuppe haben. In diesem Haben und Nicht-haben-können drückt sich die schon zur anschaulichen Ordnung gehörende Asymmetrie von Eigenschaft und substantiellem Kern, von Getragenheit im Unterschied zur Eigenständigkeit aus.

Damit kommt nun der Zusammenhang zu der von Plessner anvisierten Naturphilosophie in den Blick. Das phänomenologisch gewonnene Wissen darum, dass das Kern-Eigenschaftsverhältnis ein Strukturmoment der Erscheinungsweise von räumlichen Dingen ist, lässt sich nicht auf naturwissenschaftliche Weise gewinnen.

„Was mit der in den Eigenschaften manifest werdenden und zugleich unter und hinter ihnen verborgen bleibenden Substanz anschaulich erlebt wird, spottet jeder naturwissenschaftlichen Auflösung in Elemente: Elektronen und Energien. Substanz des Dinges ist nicht das, woraus es besteht. Besagt nicht in dem Sinne Inneres, wie […] Sägemehl Inneres der Holzpuppe ist. Insofern der naive Ansatz, durch Aufbrechen eines Dinges sein Inneres als sein Eigentliches, sein Wesen und seinen Kern zu bekommen, in der Richtung vorbildlich für die naturwissenschaftliche Elementaranalyse der Atomisierung ist, verfehlt der exakte Wissenschaftler notwendig die Substantialität. (Wer den Sinn exakten Vorgehens richtig versteht, wird darin keinen Mangel sehen. Nur aus falscher Interpretation naturwissenschaftlicher Arbeit und Zielsetzung kommt das Interesse, schon der einfachen Anschauung des Wahrnehmungsdinges die Struktur Substanz-Eigenschaft abzustreiten und nach dem Prinzip des Sensualismus seine Eigenschaften als bloße Sinnesdaten gegeben sein zu lassen. Erst wenn man

---

[189] Plessner bezeichnet diese phänomenologisch-anschauliche Innen-Außen-Beziehung an einer Stelle als „sinnhafte Relation" (Stufen, 84). Die Relation gehört zum Sinn erscheinungsmäßiger Gegebenheit von räumlichen Dingen.

glaubt, die exakte Methode sei die einzige Art der Naturerkenntnis, will man im Gegenstande nichts da sein lassen, was sie nicht erklären kann.)" (Stufen, 86)

Was sich mit den exakten naturwissenschaftlichen Mitteln nicht erklären lässt, ist für die *vorwissenschaftliche* Erfahrung eine Selbstverständlichkeit: Räumliche Wahrnehmungsdinge erscheinen aufgrund eines Doppelaspekts von nicht ineinander transformierbarem Außen und Innen. Auf diese Weise klärt sich auf, von welcher Art das Wissen der von Plessner anvisierten Naturphilosophie ist. Es ist dasjenige Wissen, in dem sich unser vorwissenschaftliches Verständnis von der Natur artikuliert, ein Wissen, das zur lebensweltlichen Grundlage der Naturwissenschaft gehört.

Nachdem sich im phänomenologischen Rückgriff auf die Anschauung und Erscheinungsweise der Natur der Horizont einer Naturphilosophie aufgespannt hat, die in dem skizzierten Sinn vor der Naturwissenschaft liegt, lässt sich die Frage nach dem Unterschied zwischen belebten und unbelebten Dingen wieder aufgreifen. Dieser Unterschied wird von Plessner naturphilosophisch als Binnendifferenz in der Erscheinungsweise von räumlichen Dingen konzipiert. Bei räumlichen Dingen kann es sich um ‚bloße‘ im Sinne von unbelebten Dingen oder um belebte Dinge handeln. Wie sich beide in ihrer Erscheinungsweise unterscheiden, erläutert Plessners folgendermaßen: Während für unbelebte Dinge gilt, dass sie nur aufgrund oder *kraft* des phänomenologisch-anschaulichen Doppelaspekts von Außen und Innen erscheinen, erscheinen lebendige Dinge darüber hinaus auch *in* einem Doppelaspekt (vgl. Stufen, 89). Das bedeutet, dieser Doppelaspekt tritt an ihnen selbst als eine Eigenschaft in Erscheinung. Sie weisen, so Plessner, „erscheinungsmäßig eine prinzipiell divergente Außen-Innenbeziehung als gegenständliche Bestimmtheit" auf (ebd., 99). Damit wird terminologisch fixiert, was ein alltäglich vertrautes Phänomen ist. Wenn wir etwas für lebendig halten, halten wir einige seiner Merkmale für spezifisch vitale Äußerungen; und diese Äußerungen erscheinen uns als ausgehend oder als gehalten von einem vitalen Innen (vgl. ebd., 100). Diese Relation von Innen und Außen unterscheidet sich nicht nur von der räumlichen, sondern auch von der gerade aufgewiesenen phänomenologisch-anschaulichen, die zur Erscheinungsweise jedes räumlichen Dinges gehört. Zwar ist sie ebenfalls phänomenologisch-anschaulicher Art, aber sie ist dem zuvor an der Erscheinungsweise beliebiger räumlicher Dinge erörterten Kern-Eigenschafts-Verhältnis nachgeordnet, setzt dieses strukturell voraus. Denn ihr Bestehen, das Bestehen der für die Erscheinungsweise des Lebendigen spezifischen Innen-Außen-Relation, kommt selbst als eine ganz bestimmte *Eigenschaft dieser* Dinge in den Blick, und zwar als diejenige, die wir ‚Lebendigkeit‘ nennen. *Bloße räumliche* Dinge erscheinen lediglich *kraft* eines Doppelaspekts von Innen und Außen, von Kern und Eigenschaften, denn dieser Doppelaspekt konstituiert zwar „das Anschauungsgebilde des Dingkörpers, aber [verliert sich] als echte Bedingung […] in dem von ihm Bedingten" (ebd., 89), tritt also an ihm selbst nicht in Erscheinung. *Belebte* Wahrnehmungsdinge dagegen erscheinen auch *in* einem Doppelaspekt. Er ist gewissermaßen eine der Eigenschaften, die zum ‚Außen' desjenigen Doppelaspekts gehören, der für die Erscheinungsweise von räumlichen Dingen charakteristisch ist.[190]

Um Plessners Konzeption des Lebendigen weiter zu verdeutlichen, ist der Doppelaspekt, in dem es erscheint, näher zu bestimmen. Wie gesagt knüpft Plessner an unser Alltagsverständnis an. Offenbar erscheinen uns einige der an lebendigen Dingen angeschauten Merkmale als Äußerungen bzw. Ausformungen eines selbst nicht aufweisbaren vitalen Innen; und einiges von dem, was ihnen widerfährt, erscheint uns als rückbezogen auf dieses vitale Innen. Daher kann Plessner mit Blick auf lebendige Dinge nicht nur von einer spezifischen Innen-Außen-Relation sprechen, sondern auch von zwei Richtungen, die zu dieser Relation gehören: eine Richtung von Innen nach Außen (Lebensäußerung, Wirken) und die entgegengesetzte Richtung von Außen nach Innen (Lebensrückbezug, Merken). Plessners Argument ist nun, dass sich solch gegenläufige und nicht ineinander überführbare Richtungen nur dann an einem Gebilde unterscheiden lassen, wenn an ihm eine Zone gegeben ist, von der beide Richtungen ausgehen und in der beide gegeneinander laufen, die also sowohl den gemeinsamen Ansatz- als auch Um-

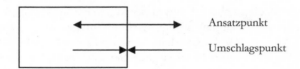

Ansatzpunkt

Umschlagspunkt

Abbildung 2.1

schlagspunkt beider Richtungen aufweist. Er bezeichnet diese Zone als *„Grenze"* (Stufen, 100) und führt damit den Schlüsselbegriff seiner Philosophie des Lebendigen ein.

Um zu verstehen, wie der Begriff der Grenze in diese Rolle gelangt, ist er zunächst von zwei anderen Begriffen der Grenze zu unterscheiden: (a) von der Raumgrenze zwischen dem räumlichen Innen und dem räumlichen Außen eines Körpers und (b) von der zur Erscheinungsweise von Körpern gehörenden Aspektgrenze zwischen substantiellem Kern und Eigenschaften. – (a) Hinsichtlich der Differenz zum Konzept der Raumgrenze ist der ent-

---

[190] Daher weist Plessner auf die Differenz zwischen dem substantiellen Kern, der zur Erscheinungsweise von räumlichen Dingen gehört, und dem vitalen Innen hin, das insofern zur Erscheinungsweise solcher Dinge gehört, als sie auch als belebt erscheinen. Er erklärt, dass dieses unaufweisbare Innen „nicht die Substanz des Dinges ist, sondern mit zu seinen (sonst aufweisbaren) Eigenschaften gehört" (Stufen, 100).

scheidende Punkt, dass sich räumliches Innen und räumliches Außen jeweils ineinander überführen lassen und der Unterschied zwischen den Richtungen von Innen nach Außen und von Außen nach Innen daher nur relativ ist. Die zur Erscheinungsweise lebendiger Dinge gehörende Gegenläufigkeit der Richtungen von Außen nach Innen und von Innen nach Außen wird dagegen nicht durch eine etwaige Überführbarkeit des einen ins andere relativiert. Sie muss daher als prinzipiell oder absolut gelten. Die Raumgrenze (Kontur) darf also nicht mit der Grenze verwechselt werden, die zu dem Doppelaspekt gehört, in dem lebendige Dinge erscheinen, das heißt mit einer Aspektgrenze. – (b) Außerdem ist der Begriff der zum Doppelaspekt des Lebendigen gehörenden Grenze auch vom Begriff der Grenze zwischen substantiellem Kern und Eigenschaften zu unterscheiden, obwohl beide für Aspektgrenzen stehen. Der für ihre Differenz entscheidende Punkt ist bereits klar geworden: Der Doppelaspekt und damit auch die entsprechende Aspektgrenze tritt nur im Fall des Lebendigen selbst in Erscheinung, nicht aber im Fall bloßer räumlicher Dinge. – Diese Abgrenzungen zusammenfassend lässt sich festhalten, dass sich zwar mit Blick auf *jedes* räumliche Ding eine erscheinende Raumgrenze und eine nicht erscheinende Aspektgrenze, aber mit Blick auf *lebendige* Dinge darüber hinaus auch eine erscheinende Aspektgrenze ausmachen lässt.

	Aspektgrenze	Raumgrenze
Erscheinend	*nur* lebendige Dinge	alle räumlichen Dinge
Nicht erscheinend	alle räumlichen Dinge	

Abbildung 2.2

Diese Überlegungen führen zum entscheidenden Schritt in der Entwicklung des Begriffs der Grenze in Plessners Philosophie des Lebendigen. Er wird als Reaktion auf eine Paradoxie nötig: Es scheint in der Konsequenz der zuletzt angestellten Überlegungen zu liegen, dass ein lebendiges Ding zwei verschiedene erscheinende Grenzen hat: die seine Lebendigkeit anzeigende Aspektgrenze und seine Raumgrenze. Wie aber soll es möglich sein, dass lebendige Dinge grundsätzlich zwei erscheinende Grenzen haben?[191] Plessners Antwort lautet: Es handelt sich nur insofern um zwei Grenzen, als das Grenzverhältnis im Fall der Raumgrenze umkehrbar, im Fall der Aspektgrenze aber nicht umkehrbar ist; gleichwohl existieren beide Grenzen

---

[191] Plessner fragt: „Wie kann ein Ding dem Verlangen nach Vereinigung der beiden Grenzfunktionen nachkommen?" (Stufen, 103) Der oben skizzierte Hintergrund verdeutlicht, wodurch dieses Verlangen erzeugt wird.

nicht getrennt voneinander. Beim Lebendigen, so Plessner, hat die Raumgrenze den „Wert" einer Aspektgrenze (Stufen, 102); und eine solche Aspektgrenze, so lässt sich hinzufügen, kann auch nicht von der Raumgrenze,
die diesen Wert hat, abgelöst werden.

Auf dieser Grundlage lassen sich die Grundzüge des Konzepts der Grenze – die zugleich Raum- und Aspektgrenze ist – und damit auch des Konzepts des Lebendigen nun genauer bestimmen. Da ein lebendiges Ding mit
der für es spezifischen Aspektgrenze erscheint und diese Grenze der gemeinsame Ansatz- und Umschlagspunkt zweier nicht ineinander überführ-
barer Richtungen ist, tritt an ihm zugleich eine eigentümliche Dynamik in
Erscheinung – die des Grenz*übergangs*. Mit Plessner formuliert: Indem das
lebendige Ding „eine erscheinende, anschauliche Grenze" hat, hat es
zugleich „den Grenzübergang" als ebensolche Eigenschaft (Stufen, 100,
103). Der Grenzübergang muss nun, da sich die Aspektgrenze nicht von der
Raumgrenze ablösen lässt, in der Raumgrenze lokalisiert sein. Dies kann
Plessner zufolge aber nicht anders verstanden werden, als dass er an dem
Ort stattfindet, der dem Ding als Kontur angehört, an seinem Rand oder,
anthropomorphistisch gesagt, an seiner ,Haut'.

Plessners These ist dann, dass solche Dinge lebendig sind, die den Innen-
Außen-Grenzübergang in ihrer räumlichen Begrenzung haben bzw. verkör-
pern und das heißt: in dieser Begrenzung ein Übergehen von Innen nach
Außen sowie Außen nach Innen sind. Im Unterschied zu einem unbelebten
Ding ist ein lebendiges nicht nur in seine Grenzen eingeschlossen, sondern
auch seiner Umgebung gegenüber aufgeschlossen, mit ihr in Verbindung
gesetzt. Da das lebendige Ding ein Übergehen in beiden Richtungen ist,
kann Plessner sagen, es sei „einerseits über es hinaus[ge]setzt (streng genommen: außerhalb seiner [ge]setzt), andererseits in es hinein[ge]setzt (in
ihm [ge]setzt)" (Stufen, 128 f.). Er bezeichnet das, was ein Ding „in seinem
Sein zu einem [auf diese Weise] gesetzten macht", terminologisch als „*Positionalität*" (ebd., 129). Damit ist nach dem Begriff der Grenze und basierend
auf ihm der zweite zentrale Begriff von Plessners Philosophie des Lebendigen erreicht. Er markiert die gegenüber der Differenz zwischen dem Natürlichen und dem Seelischen bzw. Geistigen neutrale Sphäre, in Bezug auf die
„beide Seiten des lebendigen Seins" in einer einheitlichen Perspektive, „in
konvergenter Blickstellung" erfasst werden sollen (vgl. ebd., 244) und dient
Plessner im Weiteren auch dazu, die verschiedenen Stufen des Organischen
und ihre Unterschiede zu charakterisieren.

(3) *Das Konzept einer Deduktion der Vitalkategorien.* Als Resultat seiner Überlegungen zum Begriff der Grenze hält Plessner fest: Dinge der Anschauung,
die „durch das Moment der Doppelaspektivität spezifisch ausgezeichnet
sind", haben ein „Verhältnis zu ihrer eigenen Grenze", das darin besteht,
dass sie den Innen-Außen-Grenzübergang vollziehen (Stufen, 105). Bei dieser Beziehung zwischen Doppelaspektivität auf der einen und ausgezeichne-

tem Grenzverhältnis auf der anderen Seite handelt es sich um einen begriff-lichen Zusammenhang. Dass er besteht, impliziert nicht schon, dass er die lebendigen Dinge betrifft. Überhaupt räumt Plessner ein, dass es bisher nicht mehr als eine These ist, dass Dinge der Anschauung, an denen der Doppelaspekt als Eigenschaft auftritt, als lebendig gelten (ebd.). Um die Richtigkeit dieser These zu zeigen, fehlt ein Nachweis der in der Plessner-Forschung sogenannten „Grenzhypothese":[192] Dass ein Ding den Innen-Außen-Grenzübergang vollzieht, wäre als Grund dafür zu erweisen, dass es als lebendig gilt. Denn damit hätten wir folgendes Argument:

(P1) Dinge der Anschauung, an denen der Doppelaspekt als Eigenschaft auftritt, haben auch die Eigenschaft, den Innen-Außen-Grenzüber-gang zu vollziehen. (=Bisheriges Resultat)

(P2) Dass Dinge der Anschauung den Innen-Außen-Grenzübergang voll-ziehen, ist der Grund dafür, dass sie als lebendig gelten. (=Grenz-hypothese)

(C) Also: Dinge der Anschauung, an denen der Doppelaspekt als Eigen-schaft auftritt, gelten als lebendig.

Der anstehende Nachweis der Grenzhypothese (P2) ist für Plessner jedoch nicht einfach als Baustein des genannten Arguments entscheidend, sondern vor allem deshalb, weil er in unmittelbarem Zusammenhang mit der für sei-ne philosophische Biologie maßgeblichen *Deduktion der Vitalkategorien* steht. Die Grenzhypothese dient gewissermaßen als das Schema für die Formulie-rung der Deduktionsaufgabe. Denn sie ist der Ausgangspunkt für den Schritt in das Gebiet der *einzelnen Lebensfunktionen* und deren Rechtfertigung. Strukturell ist Plessners Vorgehen dadurch gekennzeichnet, dass er das Problem des Nachweises der Grenzhypothese auf zwei komplementäre Weisen konkretisiert.

Plessner möchte einerseits aus dem Ansatz, dass Dinge den Innen-Außen-Grenzübergang in ihrer räumlichen Begrenzung vollziehen, „diejeni-gen Grundfunktionen [...] entwickeln, deren Vorhandensein an belebten Körpern als charakteristisch für ihre Sonderstellung geltend gemacht wird" (Stufen, 106). Die Rede von einer „Entwicklung dieser für alles Leben cha-rakteristischen Funktionen" (ebd.) ist allerdings nicht so zu verstehen, dass diese Funktionen aus dem *Begriff* der Grenzrealisierung abgeleitet werden sollen. Es geht eher darum, die Lebensmerkmale, also die Merkmale, die „an belebten Körpern als charakteristisch für ihre Sonderstellung" gelten, als grenzrealisierende Merkmale zu erweisen, das heißt als Merkmale, deren Besitz impliziert, dass ein Ding den Innen-Außen-Grenzübergang vollzieht. Leicht formalisiert ausgedrückt, ist demnach zu zeigen, dass für ein beliebi-ges Merkmal K, das den Status eines Lebensmerkmals hat (L(K)), gilt, dass ein Ding der Anschauung x, das es besitzt (Kx), bezüglich dieses Merkmals

---

[192] Ich übernehme die Bezeichnung von Mitscherlich 2007, 18, 89 u. ö.

ein grenzrealisierendes Ding ist (G(x,K)), also ein Ding, das in seiner räumlichen Begrenzung den Innen-Außen-Grenzübergang vollzieht.[193]

Andererseits – und dies ist die zweite Weise, die Aufgabe eines Nachweises der Grenzhypothese zu konkretisieren – will Plessner auch umgekehrt zeigen, dass ein Ding der Anschauung das besondere Verhältnis zu seiner Grenze „nur dann hat", das heißt nur dann grenzrealisierend ist, „wenn es die Weise der Entwicklung, der Reizbarkeit, der Vermehrung annimmt", das heißt wenn es Lebensmerkmale hat (Stufen, 122). Wiederum leicht formalisiert ausgedrückt, wäre demnach für ein beliebiges Merkmal K zu zeigen, dass ein Ding der Anschauung x bezüglich dieses Merkmals nur dann grenzrealisierend ist (G(x,K)), wenn x das Merkmal K besitzt (Kx) und dieses den Status eines Lebensmerkmals hat (L(K)).[194] Plessner zufolge liegt damit zugleich eine hinreichende Bedingung dafür vor, dass Lebensmerkmale „Modalcharakter" haben, das heißt „wesensursprüngliche Charaktere des Lebens" sind: Wenn der Status eines Merkmals als Lebensmerkmal darin begründet ist, dass ein Träger des Merkmals grenzrealisierend ist, dann handelt es sich bei diesem Merkmal um einen wesensursprünglichen Charakter des Lebens bzw. eine Vitalkategorie (ebd., 121 f.).

Führt man diese Überlegungen zusammen, so lässt sich nun genau angeben, worin Plessner zufolge die Aufgabe einer Deduktion der Vitalkategorien besteht. Ich habe betont, dass die Grenzhypothese bei Plessner als eine Art Schema für die Formulierung der Deduktionsaufgabe fungiert. Im Anschluss daran habe ich zwei Weisen unterschieden, in denen Plessner die Aufgabe eines Nachweises der Grenzhypothese konkretisiert. Durch Vereinigung der beiden Weisen bzw. durch die Konjunktion dessen, was Plessner dabei jeweils zeigen will, lässt sich nun der Begriff einer *deduzierten Vitalkategorie* gewinnen.

(DV)   Kann nachgewiesen werden, dass ein Ding der Anschauung bezüglich eines Merkmals K genau dann grenzrealisierend ist, wenn es dieses Merkmal besitzt und dieses ein Lebensmerkmal ist, so ist K eine deduzierte Vitalkategorie.

Worin die Deduktionsaufgabe besteht, kann damit so formuliert werden: Von einer Deduktion von Vitalkategorien ist zu verlangen, Kandidaten K für solche Kategorien als deduzierte Vitalkategorien auszuweisen, das heißt den Nachweis zu führen, dass ein Ding der Anschauung bezüglich K genau

---

[193] L(K) → (Kx → G(x,K)); oder äquivalent dazu: (Kx . L(K)) → G(x,K). Dabei steht ‚→' für das Konditional und ‚ . ' für die Konjunktion.

[194] (Kx . L(K)) ← G(x,K), wobei der Junktor ‚←' für die Replikation steht; oder äquivalent dazu: G(x,K) → (Kx . L(K)). In der jeweils zweiten Formel dieser und der vorigen Anmerkung wird deutlich, dass sich die beiden Weisen, in denen Plessner das Deduktionsschema ausfüllen möchte, auf Umkehrungen voneinander beziehen und in diesem Sinne komplementär zueinander sind.

dann grenzrealisierend ist, wenn es das Merkmal besitzt und dieses ein Lebensmerkmal ist.[195]

Die gegebene Erläuterung von Plessners Konzept der Deduktion der Vitalkategorien ist zugleich eine Verdeutlichung des Zentrums seiner philosophischen Biologie, da deren Hauptaufgabe in „der systematischen Begründung solcher Vitalkategorien" besteht (Stufen, 66). Das an die Deduktion geknüpfte naturphilosophische Programm beschäftigt Plessner bis zum Schluss der *Stufen des Organischen*. Darauf, es im Einzelnen zu rekonstruieren, muss allerdings im Rahmen dieser Arbeit ebenso verzichtet werden,[196] wie darauf, auf Cassirers Überlegungen zu den verschiedenen symbolischen Formen oder auf Heideggers Entfaltung seiner Konzepte der Eigentlichkeit oder der Zeitlichkeit im Einzelnen einzugehen. Ich zahle diesen Preis, weil das, worauf es mir ankommt, etwas anderes ist. Es gilt, die strukturellen *Grundzüge* des jeweiligen Fragens nach dem Menschen herauszustellen, um die systematische Auseinandersetzung zwischen den daseinsontologischen, kulturphilosophischen und philosophisch-anthropologischen Varianten dieses Fragens führen zu können. In Hinblick auf Plessner hat sich diesbezüglich gezeigt, dass er wie schon Scheler und in deutlichem Kontrast sowohl zu Heidegger als auch Cassirer ein naturphilosophisches Verfahren wählt. In den *Stufen des Organischen* versucht er auf der Basis des dort vertretenen minimalen Naturalismus eine von der naturwissenschaftlichen unterschiedene Perspektive zu entfalten, durch die „sich der Mensch als Subjekt geistiggeschichtlicher Wirklichkeit [...] *in eben derselben* Richtung betrachten [lässt], die durch seine physische Stammesgeschichte und seine Stellung im Naturganzen bestimmt" oder „festgelegt ist" (Stufen, 6 u. 12). Wie Plessner konkret vorgeht, um diese naturphilosophische Perspektive zu entwickeln – phänomenologisch, kategorialanalytisch und deduktionsorientiert –, ist nun im Ansatz deutlich geworden. Vor diesem Hintergrund kann ich nun den letzten Schritt dieser Einführung in Plessners Ansatz machen.

(4) *Grundzüge von Plessners naturphilosophischer Anthropologie.* In Plessners Deduktion der Vitalkategorien spielen einige naturphilosophische Binnendifferenzen im Bereich des Lebendigen eine zentrale Rolle. Diese Differenzen bestehen dort, wo sich die Kreise der Merkmale bezüglich derer Dinge grenzrealisierend sind, zu unterscheiden beginnen. Plessner thematisiert diese Differenzen mittels des Titelbegriffs seines Buchs: Die „Wesensbestimmungen" des Lebendigen „ordnen sich in Stufen" (Stufen, 115). Das Vorgehen ist *bottom-up*: Nach der Erörterung der Grundzüge seiner auf die Konzepte der Grenze und der Positionalität gestützten Philosophie des Le-

---

[195] Formal gesprochen ist die Gültigkeit der Konjunktion der konditionalen und der replikativen Verknüpfung von G(x,K) sowie Kx . L(K), das heißt die Gültigkeit des Bikonditionals G(x,K) ↔ (Kx . L(K)), zu zeigen.

[196] Für die bisher ausführlichste Rekonstruktion von Plessners Deduktion der Vitalkategorien sei auf die Studie von Mitscherlich 2007 verwiesen.

bendigen geht die Untersuchung von unten auf bis zur Stufe des Menschen. Dabei geht es nicht um eine Rekonstruktion der Schritte der Naturgeschichte des Lebens, also nicht um Evolutionsstufen, sondern um qualitative Niveauunterschiede im Lebendigen, um „eine Logik der lebendigen Form" (GS 10: 327). Plessner arbeitet diese Unterschiede in einer strukturellen Untersuchung verschiedener Organisationsformen und Positionalitätsmodi heraus.

Die erste wichtige Differenz in diesem Zusammenhang ist die zwischen der offenen Organisationsform, die für Pflanzen kennzeichnend ist, und der geschlossenen, die bei Tieren und Menschen anzutreffen ist.[197] Je nachdem, ob der Organismus in allen seinen Lebensäußerungen *unmittelbar* oder *mittelbar* seiner Umgebung eingegliedert ist, und je nachdem, ob er als *unselbständiger* oder als *selbständiger* Abschnitt des ihm entsprechenden Lebenskreises gelten muss, ist seine Organisationsform *offener* oder *geschlossener* Art (Stufen, 219, 226). Das Ranken einer Pflanze an einem Haus oder ihre sich bei Sonnenlicht öffnende Blüte etwa veranschaulichen ihre unmittelbare Eingliederung in die Umgebung. Denn diese Veränderungen unterliegen ganz den Bedingungen, die durch das Medium gegeben sind, in dem die Pflanze existiert (Helligkeit und Dunkelheit, Wärme und Kälte etc.). In morphologischer Hinsicht, so Plessner, haben lebendige Körper der offenen Form die „Tendenz zur äußeren, der Umgebung direkt zugewandten Flächenentwicklung [...], die wesensmäßig mit der Unnötigkeit einer Bildung irgendwelcher Zentren" oder „Zentralorgane" einhergeht, „in denen der ganze Körper gebunden oder repräsentiert wäre" (ebd., 219 f.).

Der offenen steht die geschlossene Organisationsform gegenüber. Die Geschlossenheit äußert sich in der „Abkammerung des Lebewesens gegen seine Umgebung", was eine „mittelbare[] Eingliederung in das Medium" bedeutet (Stufen, 226). „Mittelbar" heißt dabei: durch eingeschaltete Zwischenglieder vermittelt. Da diese einerseits – qua *zwischen* dem Lebendigen und dem Medium verortete Glieder – in bestimmter Hinsicht nicht zum Lebendigen selbst gehören dürfen, andererseits aber ohne lebendige Beziehung zu ihm ihre Vermittlungsleistung nicht erbringen könnten, stellt sich die Frage, wie diese Einschaltung von Zwischengliedern zu denken ist – zumal der Körper ja räumlich unmittelbar mit dem Medium in Kontakt ist (ebd., 227). Plessner beantwortet diese Frage, indem er die Organe bzw. den Körper, der *aus diesen Organen besteht*, als vermittelnde Schicht auszeichnet und diesen vom lebendigen Ganzen unterscheidet, das Organe *hat* und mittels dieser in mittelbarem Kontakt mit den Dingen des Mediums steht (ebd., 229). Diese Differenz ergibt sich für ihn aus einer Unterscheidung im lebendigen Ganzen selbst. Das Lebendige muss, um der beschriebenen An-

---

[197] Die in diesem Abschnitt folgenden Ausführungen finden sich im Wesentlichen bereits in Wunsch 2013b, Abschnitt 2.

forderung gerecht werden zu können, in ihm selber eine Grenze haben oder in zwei antagonistische Organisationszonen zerfallen. Soll es Lebendiges dieser Art überhaupt geben können, so kann dieser Antagonismus keinen einheitsverhindernden Bruch bedeuten, sondern es muss ihm eine einheitsgewährleistende, eine organisatorische Funktion zukommen. Dieser „organisatorische Sinn" des Antagonismus geht Plessner zufolge „nur dann nicht verloren, wenn auch ein *Zentrum* da ist, das dieses Gegeneinander technisch aufrecht hält" (ebd., 228), und auf diese Weise, dem Antagonismus übergeordnet, „als Bedingung organischer Einheit" für Lebendiges der geschlossenen Form fungiert (ebd., 229).

Auf der Basis seiner Annahme eines Zentrums – Plessner spricht auch von einem „Repräsentationsorgan", da es „alle Organe in ihm vertreten sein" lässt (Stufen, 229) – hält Plessner fest: Das Lebewesen „hat eine Realität ‚im' Körper, ‚hinter' dem Körper gewonnen und kommt deshalb nicht mehr mit dem Medium in direkten Kontakt" (ebd., 230). Der Kontakt wird durch seinen Körper vermittelt, der als „die Zwischenschicht zwischen dem Lebendigen und dem Medium" fungiert. Das Problem, wie eine mittelbare Eingliederung eines Lebewesens in das Medium zu denken ist, wird demnach durch die Annahme einer internen und für ein solches Wesen konstitutiven Nichtidentität gelöst: Es *ist* Körper *und* es ist *im* Körper. Sein Im-Körper-sein, so die ontologische Konsequenz dieser Nichtidentität, bringt das Lebewesen „auf ein höheres Seinsniveau […], das mit dem vom eigenen Körper eingenommen nicht in gleicher Ebene liegt" (ebd.). Positionalität erweist sich damit als geschichtet. An dieser Stelle ist unverkennbar, dass auch Plessner von Nicolai Hartmanns ontologischen Bemühungen profitiert hat.[198] Im Unterschied zu diesem spricht er allerdings nicht bevorzugterweise von einer Schichtenordnung von Seinsbereichen, sondern von einer Stufenordnung konkreter Gebilde. Lebewesen, so daher eine Plessner näherstehende Formulierung, gehören zu einer Ordnung verschiedener Positionalitätsstufen.

Akzeptable Stufenordnungen, das konnte Plessner von Hartmann lernen, müssen dem Homogenitätskriterium Rechnung tragen, dass ein Gebilde der Stufe *n+1* auch ein Gebilde der Stufe *n* ist.[199] Die Folge „Pflanze – Tier – Mensch" erfüllt dieses Kriterium nicht, da Tiere keine Pflanzen sind. Die Gliederung der *Stufen des Organischen* berücksichtigt dies, indem die letzten

---

[198] Im Erscheinungsjahr von Plessners *Stufen* lagen bereits die für Hartmanns Neue Ontologie wegweisenden Aufsätze Hartmann 1924 und Hartmann 1926 vor. Der Wechselbeziehung zwischen Plessner und Hartmann bin ich nachgegangen in Wunsch (i. Ersch., b).

[199] Zum Homogenitätsgedanken in Bezug auf Schichten vgl. Hartmann 1921, 196, und in Übertragung auf die Stufenfolge, Hartmann 1925, 235. In aller Deutlichkeit findet sich das Homogenitätskriterium in dem späteren Text Hartmann 1942, 232.

drei Kapitel des Buchs (i) dem lebendigen Dasein in seinen beiden Organisationsformen (und nicht etwa der Pflanze allein), (ii) der Sphäre des Tiers und (iii) der Sphäre des Menschen gewidmet sind. Positionalität der ersten Stufe ist also für lebendige Körper als solche charakteristisch, mögen sie offen oder geschlossen organisiert sein. Bei der zweiten Stufe handelt es sich um die der „Positionalität der geschlossenen Form" (Stufen, 237). In dem Abschnitt, der ihre Grundzüge herausstellt, bringt Plessner, die Differenz zwischen Körper-sein und Im-Körper-sein aufgreifend, den Begriff des Leibes ins Spiel. Ein Lebewesen der geschlossenen Organisationsform, so Plessner, hat „Wirklichkeit als dieser Körper und als sein Leib, d. h. im Körper", wobei der Leib als die „vom Zentralorgan abhängige[] Körperzone" aufgefasst wird (ebd.). Körper und Leib bestehen nebeneinander, bilden eine Einheit ohne Identität.[200] Ihr Doppelaspekt ist der Kern dieser Positionalitätsstufe. Sein Leib seiend ist das Lebewesen von seinem Körper-sein abgehoben. Vom In-sein im Körper her hat es, beherrscht es seinen Körper. Plessner nennt dieses In-sein „raumhaft" statt „räumlich", da es keinen Ort anzeigt, sondern das Lebewesen als ein raumbedingendes kennzeichnen soll.[201] Das bedeutet, dass es als Subjekt des Habens seines Körpers den nicht-relativierbaren Bezugspunkt bedeutet, von dem jeder Ort zum Dort wird, ein absolutes Hier, von dem her es in den Raum hinein lebt und auf das hin es rückbezogen ist (ebd., 238).

Einige von Plessners Bemerkungen in diesem Kontext deuten bereits die obere Schranke dieser zweiten Positionalitätsstufe an. Das Lebewesen der geschlossenen Form beherrscht seinen Körper, aber dass es dies tut, ist ihm nicht schon aufgrund dieser Form bemerkbar (vgl. Stufen, 239). Es ist ein rückbezügliches Selbst, aber dass es dies ist, ist ihm ebenso wenig durch die geschlossene Form gegeben. Ein solches Selbst, „ein Sich", ist begrifflich von einem „Ich" zu unterscheiden: Ein Ich-Wesen wäre nicht nur dieses rückbezügliche Selbst, sondern hätte es auch, d. h. dieses Selbst wäre ihm gegeben (ebd., 238). Das lässt sich auch so formulieren, dass alle Lebewesen der geschlossenen Organisationsform von sich aus zentrisch, einige von ihnen aber näherhin zentrisch-exzentrisch positioniert sind. Und sofern sie dies sind, lebensweltlich gesagt: sofern sie nicht bloß Tiere, sondern Menschen sind, bilden sie eine dritte Positionalitätsstufe, von Plessner „exzentrische Positionalität" genannt. Dieser Stufenunterschied schlägt sich nicht in der Organisationsform nieder, da Menschen und gewöhnliche Tiere in ihr übereinkommen. Er unterliegt aber demselben „Gesetz" wie der zwischen den beiden ersten Stufen: Das „Moment der niederen Stufe, als Prinzip gefasst, [ergibt] die nächsthöhere Stufe und [tritt] zugleich als Moment in ihr"

---

[200] Vgl. „Die Position ist eine doppelte: das der Körper selber Sein und das im Körper Sein, und doch Eines, da die Distanz zu seinem Körper nur auf Grund völligen Einsseins mit ihm allein möglich ist" (Stufen, 237).

[201] Siehe Stufen, 85, und ergänzend auch ebd., 131 f., 157.

auf (ebd., 290). So also wie das positionale Moment der ersten Stufe auf der zweiten Stufe zum Konstitutionsprinzip des Lebewesens geworden ist,[202] insofern hier ein Gesetztsein vorliegt, das zugleich ein Gesetztsein in die eigene Mitte ist, wird *dieses* Moment, also das des zentrischen Gesetztseins, auf der dritten Stufe zum Konstitutionsprinzip, sodass das Lebewesen „in das in seine eigene Mitte Gesetztsein gesetzt ist" (ebd.). Kurz gesagt: Bloß zentrische Wesen leben nicht nur, sondern erleben; exzentrische Wesen aber erleben auch ihr Erleben (ebd., 292). Damit besteht eine zentrische Positionalität, die zugleich exzentrisch ist, in der das Lebewesen nicht nur Distanz zu seinem Körper-sein, sondern auch zu seinem Im-Körper-sein und damit auch Abstand zur Körper-Leib-Differenz selbst hat.

Diese Überlegungen bündelnd, schreibt Plessner: „Positional liegt ein Dreifaches vor: das Lebendige ist Körper, im Körper (als Innenleben oder Seele) und außer dem Körper als Blickpunkt, von dem aus es beides ist. Ein Individuum, welches positional derart dreifach charakterisiert ist, heißt Person" (Stufen, 293). Was Plessner damit formuliert, ist eine strukturelle Bestimmung des Konzepts der Exzentrizität. Es ist interessant, dass er an dieser Stelle die Orientierung am Begriff des Menschen fallen lässt und den der Person ins Spiel bringt. Menschen sind für Plessner zwar fraglos exzentrische Wesen. Ob Exzentrizität aber eine strukturelle Bestimmung des Menschseins ist, eine formal-apriorische Wesensbestimmung des Menschen, werde ich erst weiter unten diskutieren können (Kap. 4.3). An der vorliegenden systematisch zentralen Stelle jedenfalls versteht Plessner Exzentrizität als Charakterisierung des als „Person" gefassten Lebendigen. Solche personalen Lebewesen sind relativ zu einem Körper durch eine Dreiheit bestimmt: Sie *sind* dieser Körper, sind *in* ihm und *außer* ihm als Blickpunkt. Bei dieser Dreiheit handelt es sich um eine *dreifache Nichtidentität*. Denn ein Wesen, das *außer* dem Körper als Blickpunkt ist, ist ebenso wenig mit einem Wesen identisch, das dieser Körper *ist*, oder einem Wesen, das *in* diesem Körper ist, wie diese untereinander. Da es aber Personen und mithin einheitliche Wesen sind, die durch diese dreifache Nichtidentität gekennzeichnet sind, sollte auch hier, wie schon auf der zweiten Positionalitätsstufe – wo die Nichtidentität nur eine einfache, weil die „Position […] eine doppelte" war (Stufen, 237) – von einer *Einheit ohne Identität* gesprochen werden.

Das Einheitsmoment ist für Plessner darin begründet, dass nicht nur die schon für nicht-personales Lebendiges kennzeichnende einfache „Distanz zu seinem Körper *nur auf Grund völligen Einsseins mit ihm allein möglich ist*",[203] sondern auch die „doppelte[] Distanz zum eigenen Körper", wie sie für das personale Lebewesen, das ja zudem „noch vom Selbstsein in seiner Mitte, dem Innenleben, abgehoben" ist, kennzeichnend ist (Stufen, 293). Das Im-

---

[202] Stufen, 290; vgl. auch Plessner 1982, 9.
[203] Stufen, 237; Hvh. v. mir, M. W.

Körper- und Außer-dem-Körper-Sein personaler Lebewesen ist demnach nicht auf Kosten, sondern auf der Basis des Körper-Seins realisiert. Die so gewährleistete personale Einheit kann jedoch weder eine Art absoluter Identität à la Hegel sein,[204] aus der der Doppelaspekt vom „Sein innerhalb des eigenen Leibes" und vom „Sein außerhalb des Leibes" entspringt, noch „das den Gegensatz versöhnende Dritte, das in die entgegengesetzten Sphären überleitet" (Stufen, 292). Die personale Lebenseinheit ist eine in sich gebrochene Einheit. Plessner zufolge „bildet [sie] keine selbständige Sphäre. Sie ist der Bruch, der Hiatus, das leere Hindurch der Vermittlung" (ebd.). Die Gebrochenheit personalen Lebens besteht darin, dass sich die verschiedenen Momente, die es ausmachen, nicht zur Deckung bringen lassen und in einer nicht aufhebbaren Spannung stehen. Plessners Spezifikation der Positionalität dritter Stufe besteht daher in der Entfaltung dieser Gebrochenheit oder Spannung. Dies geschieht in zwei Richtungen: zum einen auf die Welthaftigkeit exzentrisch-positionierter Wesen hin, wobei differenzierte Konzeptionen von „Außenwelt", „Innenwelt" und „Mitwelt" entwickelt werden (ebd., 293 ff.); zum anderen auf die drei „anthropologischen Grundgesetze" hin, die Gesetze der „natürlichen Künstlichkeit", der „vermittelten Unmittelbarkeit" und des „utopischen Standorts" (ebd., 309 ff.). Plessners diesbezügliche Überlegungen können meines Erachtens als Entwurf einer Philosophie der verschiedenen Aspekte der menschlichen Kultur gelesen werden. Die theoretische Basis dieses Entwurfs ist die Struktur der exzentrischen Positionalität; zugleich macht die Gestaltung des Entwurfs diese Struktur aber in ihrer phänomenalen Fülle kenntlich und kann so als kulturphilosophische Probe des naturphilosophisch Entwickelten gelten.

2.4 Die Anthropologie als Herausforderung für *Sein und Zeit*

Sowohl Scheler als auch Plessner nehmen *Sein und Zeit* schon kurz nach dem Erscheinen zur Kenntnis. Plessners Auseinandersetzung wird zwar durch den Abschluss seiner Arbeit an den *Stufen des Organischen und der Mensch* verzögert; doch schon das dortige 1927 verfasste Vorwort deutet eine Kritik von *Sein und Zeit* an. Eine erste Ausführung dieser Kritik findet sich allerdings ‚erst' in einem Brief Plessners an Josef König aus dem Februar 1928. Scheler ist deutlich früher am Ball. Aus seinem Nachlass ist ein im September 1927 entstandenes Manuskript veröffentlicht worden, das dem Herausgeber Manfred Frings zufolge „eine der ersten, wenn nicht die erste eingehende Auseinandersetzung mit ‚Sein und Zeit' dar[stellt], die in der einschlägigen Literatur vorliegt".[205] Während Heidegger den erwähnten Brief Pless-

---

[204] Vgl. Hegel 1802.
[205] GW 9: 362. Bei dem in GW 9: 254-293 publizierten Text handelt es sich um Überlegungen, die Scheler für den V. Teil, „Das emotionale Realitätsproblem", sei-

ners an König nicht kennen konnte, ist es nicht unwahrscheinlich, dass ihm Schelers Bedenken schon früh im Einzelnen vertraut waren. Er war im Dezember 1927 zu einem Vortragsbesuch in Köln,[206] wo Scheler und er ein längeres Gespräch über ihre philosophischen Positionen geführt hatten.[207]

Als das „Wesentlichste" der Einigkeit zwischen ihm und Scheler in diesem Gespräch stellt Heidegger beider Überzeugung heraus, dass „der Augenblick" da sei, „den Überschritt in die eigentliche Metaphysik wieder zu wagen, d. h. sie von Grund aus zu entwickeln" (GA 26: 165). Man kann ergänzen, dass auch Einigkeit über den Ausgangspunkt bestand, von dem aus der Überschritt gewagt werden sollte: von einem Fragen nach dem Menschen her. Denn bei Heidegger ist es die Analytik des Daseins, die als unumgängliches Durchgangsstadium für die Ausarbeitung der Seinsfrage gilt, und Scheler plante seine Metaphysik als Weiterführung seiner philosophischen Anthropologie. Es ist nun hauptsächlich dieser gemeinsame Ausgangspunkt, um den es in Schelers Auseinandersetzung mit Heidegger geht. Wo Scheler sich auf den Gehalt der Daseinsanalytik von *Sein und Zeit* bezieht, sieht er in Heidegger einen Konkurrenten seines eigenen Versuchs, eine wesensontologische Anthropologie zu formulieren. Insgesamt betrifft seine Kritik sowohl inhaltliche Grundbestimmungen der Daseinsanalytik (vor allem bezüglich Realsein, Angst und Sorge), die seines Erachtens falsch oder einseitig getroffen werden, als auch methodische Fragen. Da es das Gebiet des Methodischen ist, auf dem Scheler die wichtigsten systematischen Herausforderungen formuliert, werde ich mich hier darauf konzentrieren.

---

ner Abhandlung „Idealismus-Realismus" gesammelt hatte. Die Teile II und III sind in dem von Plessner herausgegebenen *Philosophischen Anzeiger* (Nr. 2, 1927/8) publiziert worden, die übrigen Teile sind Fragment geblieben. Zu Schelers Abhandlung insgesamt vgl. Manfred Frings in seinem „Nachwort des Herausgebers" zu GW 9, ebd., 350 ff., und speziell zu Teil V, ebd., 361-363. – Einen Überblick über die Auseinandersetzungen mit *Sein und Zeit* bis 1933 gibt Strube 1983 (ohne dabei allerdings auf Scheler einzugehen).

[206] Der Titel von Heideggers Vortrag war „Kants Lehre vom Schematismus und die Frage nach dem Sinn des Seins".

[207] So Heideggers Selbstauskunft in seiner Vorlesung vom Sommersemester 1928 (GA 26: 165). Zudem ist Heidegger nach Schelers Tod im Mai 1928 in die Arbeit an dessen Nachlass eingeschaltet worden. Dass er in der erwähnten Vorlesung, zu der auch sein Nachruf auf Scheler gehört (ebd., 62-64), davon berichtet, dass dieser „zum Teil noch mit Rücksicht auf meine [d. h. Heideggers] Untersuchungen eine große Abhandlung ‚Idealismus-Realismus'" plante, ist meines Erachtens ein weiterer Hinweis auf Heideggers Vertrautheit mit der Schelerschen Kritik. Teil V der genannten Abhandlung (siehe dazu die vorvorige Anmerkung) enthält den Kern dieser Kritik.

Der zentrale Kritikpunkt Schelers an *Sein und Zeit* betrifft „Heideggers Versuch, eine Seinsstruktur ‚des' Menschen aufzuweisen, in der all seine Wesenseigenschaften und Tätigkeiten wurzeln", wobei Begriffe und Seinsformen „wie Geist, Leben, Leib, Psyche, Bewußtsein, totes Ding, Körper" nicht schon vorausgesetzt, sondern erst aus dieser unzerlegbaren und positiven Urstruktur gewonnen werden sollen (GW 9: 274 f.). Folgt man Schelers wesensontologischer Auffassung, der zufolge es einen einheitlichen, aus verschiedenen Seinsweisen zusammengesetzten Wesensaufbau des Menschen gibt, ist dieser Versuch von vornherein „zum Scheitern verurteilt", weil es zum Wesen des Menschen gehöre, „daß er teilhat an allen Strukturen des Seins, daß er ihre Komplexität darstellt" (ebd., 275). Auf diese verschiedenen Strukturen ist demnach schon zu rekurrieren, wenn die Seinsstruktur des Menschen begriffen werden soll.

Die Argumentation Schelers zugunsten seiner eigenen bzw. gegen Heideggers Position verläuft auf verschiedenen Ebenen. Scheler verteidigt seinen anthropologischen Ansatz (1) gegen die in *Sein und Zeit* vorgebrachte Kritik an traditionellen Anthropologien. Umgekehrt behauptet er (2), dass Heideggers dortiger Versuch, eine Urstruktur des Daseins zu gewinnen, misslingt. Von diesem faktischen Scheitern unabhängig steht Heideggers Position, die „Geist, Leben, Leib, Psyche, Bewußtsein, totes Ding, Körper" der Seinsstruktur des Daseins gegenüber für derivativ hält, Scheler zufolge (3) auch vor prinzipiellen Schwierigkeiten, weil sie durch ihre Auszeichnung des Daseins wider Willen in ein cartesianisches Fahrwasser gerate. Nach der Erörterung dieser Punkte wende ich mich (4) Plessner zu, der ebenfalls einige grundlegende Probleme der Heideggerschen Position markiert, teils in derselben Richtung wie Scheler, teils in einer anderen. Das wirft (5) die Frage nach Heideggers Reaktion auf diese Kritiken auf.

(1) Heideggers in *Sein und Zeit* erhobener Haupteinwand gegen traditionelle Anthropologien bestand darin, dass diese das Sein des Menschen nicht nur unreflektiert, sondern auch fälschlich als Vorhandensein ansetzen (SuZ 49). Scheler sieht sich von diesem Einwand nicht getroffen. Seines Erachtens lässt sich der Mensch schon deshalb nicht von der Seinsart des Vorhandenseins her verstehen, weil dessen Wesenelemente nicht auf diese Weise konzipierbar sind. Das wird zum einen in seiner (übrigens mit Heidegger geteilten) Auffassung deutlich, dass sich die Kategorien des physikalischen Seins nicht „auf Leben, Bewußtsein, Ich usw." übertragen lassen (GW 9: 260), und zum anderen darin, dass das den Menschen wesensmäßig auszeichnende Personsein aus seiner Sicht schon kein Gegenstandsein, geschweige denn Vorhandensein, sein kann (GW 9: 281). Da sich die verschiedenen Seinsweisen, aus denen sich der Wesensaufbau des Menschen zusammensetzt, nicht nach dem Modell der Vorhandenheit begreifen lassen, sondern jeweils eine „Sonderstruktur" haben (ebd., 276), meint Scheler wie „Heidegger: Mensch ist nicht Vernunft + Leben" (GW 12: 55). Der Zu-

sammenhang der zum Wesensaufbau des Menschen gehörenden Seinsweisen ist Scheler zufolge deutlich komplexer als die Additionsmetapher
suggeriert. Seine Auffassung in dieser Frage, so mein im vorigen Abschnitt
formulierter Vorschlag, lässt sich am besten mit Hilfe der Schichtungs- und
Abhängigkeitsgesetze von Hartmanns Neuer Ontologie rekonstruieren.[208]

(2) Scheler meint nicht nur, dass sein anthropologisches Fragen nach dem
Menschen von Heideggers Kritik an traditionellen Anthropologien nicht
betroffen ist, sondern auch, dass Heidegger seinem *eigenen* Anspruch in *Sein
und Zeit*, eine einzige Seinsstruktur des Menschen freizulegen, der gegenüber
die verschiedenen den Menschen kennzeichnenden Seinsweisen nachgeordnet sind, nicht gerecht wird. Diese Seinsweisen haben weder ihre Klammer
noch ihren Ursprung in der existenzialen Strukturbestimmung des Menschen als Dasein und in Zeitlichkeit wurzelnder Sorge. Vielmehr sei Heidegger der Vorwurf zu machen, dass sie „tatsächlich die Beute werden nur *einer*
der [...] erst aus dem ‚Dasein' herzuleitenden (oder doch es vorauszuset-
zenden) speziellen Seinskategorien": „Die Seinsart, der Heidegger faktisch
das Dasein *unterordnet*, ist die Seinsart des Lebens, gewiß nicht des erlebten
Lebens, aber des sich selbst erlebenden Lebens und darum entschwindet
ihm das Eigensein, das Eigenrecht der ‚Vernunft', der ‚Person', des ‚Geistes'
[...]"; es verschwindet „in der Geschichtlichkeit des Daseins und abgeleitet
in der Geschichte des ‚Menschen'".[209]

Es war offenbar Schelers Plan, diesen Vorwurf *en detail*, anhand der Gesichtspunkte: Angst/Sorge, Wesen vs. Realsein, Zeitlichkeit, Tod und Geschichtlichkeit, auszuarbeiten. Da seine Kritik jedoch Fragment geblieben
ist, werde ich hier nur eine Überlegung herausgreifen, die Scheler anführt,
um sein negatives Urteil zu erhärten. Er hebt gegen Heideggers Auffassung,
das Dasein sei durch Angst und Sorge konstituiert, hervor, dieses werde auf
diese Weise bloß durch „Vitalbegriffe" bestimmt. „Als Vernunftwesen aber
ist der Mensch Angst und Sorge überhoben" (GW 9: 284). Der Mensch
könne „nicht nur Angst und Sorge vergessen, sondern existenziell *zerstören*";
daher „ist es ausgeschlossen, daß er nur Angst und Sorge wäre" (ebd.). Heideggers These vom daseinsontologischen Rang speziell der Angst muss mit
Scheler vielmehr historisch-soziologisch destruiert werden und letztlich auf
ihre Ursachen im jüdisch-christlichen Mythos des Sündenfalls zurückgeführt
werden.[210]

---

[208] Es ist daher nicht überraschend, dass Hartmann die Heideggersche Ontologie
scharf kritisiert. Vgl. Hartmann 1935, 40-42, und in der neueren Literatur Kluck
2012.

[209] GW 9: 281 u. 282. Schelers Kritik berührt sich an dieser Stelle mit derjenigen,
die Cassirer in seiner Rezension des Kantbuchs formuliert, wonach die überzeitliche
Dimension der Vernunft bei Heidegger wegfällt.

[210] GW 9: 268. Vgl. dazu auch Schelers Ausführung in „Mensch und Geschichte": „Die Angst z. B., der Alpdruck, der einst den Mythos von Fall und Erbschuld

(3) Von größerer systematischer Bedeutung als die Behauptung, dass Heidegger seinen eigenen Ansprüchen in *Sein und Zeit* faktisch nicht gerecht wird, ist die These, dass sein dortiger Ansatz vor prinzipiellen Schwierigkeiten steht. Scheler konkretisiert diese These in einem scharfen Einwand: Trotz aller Kritik des cartesianischen Ansatzes durch die Daseinsanalytik bleibe bei Heidegger der „Grundfehler des Descartes" bestehen, „in der Ordnung des Seins des Seienden das primär gegeben zu halten, was tatsächlich das Allerfernste ist", und zwar das „eigene Ich" (GW 9: 260). Dieser Vorwurf mag auf den ersten Blick insofern etwas verwirrend sein, als Heidegger selbst auf differenzierte Weise von dem Abstand des Daseins zu sich selbst spricht: „Dasein ist ihm selbst ontisch ‚am nächsten', ontologisch am fernsten, aber vorontologisch doch nicht fremd" (SuZ 16). Heidegger vertritt damit bereits die These – dass sich das Dasein (allenfalls existenziell, aber) keineswegs in seinem Sein primär gegeben ist –, die Scheler von ihm einzufordern scheint. Meines Erachtens geht es diesem tatsächlich aber um etwas anderes. Was er vor allem bestreitet, ist die Position Heideggers, das Dasein sei das philosophisch primär zu Befragende (SuZ 13 f.). Sein Verdacht ist, dass ein solches Fragen über seinen ersten Bezugspunkt nicht hinausgelange und wider Willen an ihn gefesselt bleibe – was sich in strukturanaloger Weise bei Descartes zeige. Bei Heidegger, so Scheler, sei „eine pure Umkehr des cartesianischen *cogito ergo sum* in ein *sum ergo cogito*" zu beobachten; er bleibe metaphysisch in der Logik des Solipsismus, und zwar der Variante eines „Daseinssolipsismus", gefangen.[211]

Das Problematische dieses Solipsismus zeige sich Scheler zufolge im Verbund mit Heideggers Thesen der Nachrangigkeit von Realität gegenüber Weltlichkeit und des In-der-Welt-seins von Dasein: „Fundiert das Weltsein das Realsein (also sicher auch die Kausalität) und heißt Dasein (des *solus ipse*) In-der-Welt-sein – woher weiß Heidegger dann überhaupt, daß er und ich in einer Welt sind?" (GW 9: 266); woher will er „wissen, daß es *eine* Welt gibt, daß der Wirklichkeit nicht beliebig ‚viele Welten' entsprechen (Multiversa, nicht ein ‚Universum'), ebenso viele als es je *solus ipse* (vom Wesen dieser Art

---

aus sich heraus geboren hat, […] lastet noch heute mächtig über der ganzen abendländischen Menschheit, auch der ungläubigen. Und der große ‚Psychoanalytiker der Historie' ist noch nicht erschienen, der den geschichtlichen Menschen von dieser Angst des Irdischen frei und ledig gemacht und ihn […] von jenem konstitutiven Angstdruck geheilt hätte, der die emotional-triebhafte Wurzel dieser spezifisch jüdisch-christlichen Ideenwelt ist" (GW 9: 124 f.).

[211] GW 9: 260; meine Hvh., M. W. Vgl. Heidegger zum einen: Die Daseinsanalytik „stellt die ontologische Frage nach dem Sein des sum", um die „Seinsart der cogitationes erst faßbar" zu machen (SuZ 46). Und zum anderen der Hinweis, dass Heidegger in seinen Ausführungen zur Angst nicht nur davon spricht, dass diese das Dasein vereinzele und als „solus ipse" erschließe, sondern in diesem Zuge seine eigene Position auch als einen „existenziale[n] ‚Solipsismus'" bezeichnet (SuZ 188).

von Sein = Dasein) gibt"?[212] – Man könnte diesem Einwand entgegenhalten, dass der Weltbegriff in ihm mehrdeutig verwendet werde und „Welt" in Heideggers Begriff „In-der-Welt-sein" nicht für Kosmos stehe. Diese Mehrdeutigkeit wird aber durch Heidegger selbst provoziert, weil er in *Sein und Zeit* mit dem existenzialen einen neuen, vom kosmologischen scharf unterschiedenen Weltbegriff einführt. Dabei bleibt die Frage nach der Einheit des Weltbegriffs offen. Insbesondere wird nicht klar, wie sich die jedem Dasein in existenzialer Hinsicht zugesprochene Weltlichkeit zu dem verhält, was der Begriff der einen realen Welt meint. „In dieser Philosophie", so Scheler, „ist die Welt ohne jeden Selbst-sinn, Selbst-wert, ohne jede selbständige Realität im Verhältnis zum Menschen" (ebd., 295). Scheler meint also, dass „Welt" durch Heideggers existenzialen Weltbegriff massiv unterbestimmt bleibe.[213]

(4) Plessner dürfte die verschiedenen Stoßrichtungen von Schelers Kritik an Heidegger geteilt haben. Das wird etwa daran deutlich, dass er *Sein und Zeit*, wie er im Vorwort der *Stufen des Organischen* schreibt, noch „im Banne [...] des Subjektivismus" sieht, weil dort behauptet werde, „daß der Untersuchung des außermenschlichen Seins eine Existenzialanalytik des Menschen notwendig vorhergehen müsse" (Stufen, V). Seinerseits formuliert er einige Kritikpunkte an Heidegger, mit denen Scheler wiederum wohl sympathisiert hätte. So kritisiert er etwa in einem Brief an Josef König vom Februar 1928 eine These Heideggers, die sich oben schon als problematisch erwies, und zwar die These der Exklusivität der Unterscheidung zwischen Existenz und Vorhandensein[214]: „[A]uch der Mensch *ist*", so Plessner, der mit dem „ist" wie schon sein Briefpartner König auch Sein in der Weise des Vorhandenseins meint.[215] Mit Blick auf Heideggers Überlegungen im Anschluss an *Sein und Zeit* ist es von einiger Bedeutung, dass im Hintergrund dieses Einwands ein allgemeinerer Kritikpunkt steht, der ebenfalls mit dem Weltbegriff zusammenhängt. Plessner meint, Heidegger polemisiere in *Sein und Zeit* gegen die Theoretiker eines weltlosen Subjekts, gebe daher „seinem

---

[212] GW 9: 261. Scheler zeigt, was ich hier nur am Rande erwähne, dass der Hinweis auf das Miteinandersein, so wie es bei Heidegger konzipiert wird, dem skizzierten Problem des Solipsismus' keine Abhilfe schafft (ebd., 261, 266 f.).

[213] Auf die Probleme, die sich für Heideggers Konzeption von „Welt" für sein Vorhaben in *Sein und Zeit* bereits intern ergeben, bin ich bereits am Ende von Kap. 1.1 eingegangen.

[214] Heidegger zufolge kommt Vorhandensein „dem Seienden vom Charakter des Daseins wesensmäßig nicht" zu (SuZ 42) – genauso wenig wie Existenz die Seinsart von anderem als daseinsmäßigem Seienden sein kann; vgl. dazu oben Kap 1.1.

[215] Siehe Plessners Brief vom 22.02.1928 in: König/Plessner 1994, 177, sowie die entsprechende Stelle in Königs Schreiben vom 26.01.1928: „Das Ich *ist* auch ein Vorhandenes, ist *auch* ein Vorhandenes, *auch* ein ganz und gar Vorhandenes" (ebd., 167).

Subjekt (=Dasein) Welt im Modus des Inseins gleich mit", gliedere es dann aber wieder aus, „indem er Existenz jedem anderen, etwa naturdinglichen, Sein mit derselben Verve gegenüberstellt, wie Rickert die Kultur- den Naturdingen".[216] Ähnlich wie schon Scheler kommt Plessner also zu der Einschätzung, dass die Stellung des Menschen in der Welt bei Heidegger völlig unklar bleibt.

Gleichwohl kommt Plessners frühe Heidegger-Kritik nicht vollständig mit der Schelerschen zur Deckung. Das liegt daran, dass der Überschritt in die Metaphysik vom Fragen nach dem Menschen her – anders als Scheler und Heidegger nach Auskunft des letzteren gemeinsam glauben (GA 26: 165) – aus Plessners Sicht keineswegs an der Zeit ist, und zwar aus grundsätzlichen Gründen nicht. Gegen Heideggers These von der methodischen und ontologischen Zentralstellung des Daseins betont Plessner im Vorwort der *Stufen des Organischen* die „Exzentrizität" der menschlichen Lebensform. Ihr zufolge ist sich der Mensch existenziell „weder der Nächste", wie Heidegger meint, „noch der Fernste", wie Scheler einmal konträr dazu behauptet (GW 9: 261). Durch die „Exzentrizität seiner Lebensform" hat er zwar einen Selbstbezug besonderer Art, findet sich aber trotzdem „in eine[r] Reihe mit allen Dingen dieser Welt" vor (Stufen, V). Direkt anschließend folgt dann der sowohl gegenüber Heidegger wie Scheler entscheidende – Plessner zufolge von seinem Freund König entdeckte – Punkt, dass die „Situation der Exzentrizität [...] als Boden und Medium der Philosophie" zu bestimmen sei (ebd., VI).

Diese Bemerkung ist deshalb so aufschlussreich, weil sich in ihr ankündigt, dass der Begriff der Exzentrizität von einer deutlich weitergehenden systematischen Bedeutung ist, als bisher angenommen. Exzentrizität ist nicht nur das Resultat des in den *Stufen des Organischen* durchgeführten Aufstiegs der verschiedenen Positionalitätsstufen (Kap. 2.3), sondern zugleich die diesem Stufengang im Rücken liegende Bedingung seines Entwurfs und mehr noch des Philosophierens insgesamt.[217] Wenn die Situation der Exzentrizität „Boden und Medium" der Philosophie ist, dann hat dies methodische Konsequenzen für die Philosophie. Denn diese erfährt dann an sich selbst, wie es in dem schon erwähnten Brief an König heißt, „das Schicksal

---

[216] Brief an König vom 22.02.1928 in: König/Plessner 1994, 177.

[217] Um die beiden Aspekte der systematischen Bedeutung der Exzentrizität terminologisch auseinanderzuhalten, kann man mit Blick auf den ersten den Begriff „exzentrische Positionalität" verwenden, weil er sich gut zur Bezeichnung des Resultats der Positionalitätsstufentheorie eignet, und mit Blick auf den zweiten Aspekt von „positionierter Exzentrizität" sprechen, sofern dieser (nicht von Plessner selbst verwendete) Ausdruck die in der Welt verankerte bzw. situierte Vollzugs- und Entwurfsform unseres Existierens betont. Dabei kann man sich für den ersten Punkt auf Fischer 2008, 539, und für den zweiten, wenn ich richtig sehe, auf Schürmann 2006, 88, stützen.

der Exzentrizität".[218] Das bedeutet, sie gewinnt, ohne in einen schlechten Relativismus (wie den Historismus) abzudriften, Klarheit über die „intelligible Zufälligkeit" des eigenen Philosophierens.[219] Heidegger bleibe diese Einsicht in *Sein und Zeit* verborgen, da er „noch an einen ausgezeichneten Weg (der Ontologie) glaubt in der Rückinterpretation der Frage auf den angeblich sich Nächsten: den Fragenden (als ob wir fragen könnten, wenn wir nicht gefragt wären!). Nun könnte man leicht das Gegenteil dessen zeigen, was Heidegger macht: den Primat des Seins vor der Frage (= als der *an* das Sein *gestellten* Frage)".[220] Es geht Plessner aber nicht darum, diesen entgegengesetzten Ansatz als den „ausgezeichneten" Weg zur Philosophie auszuweisen, sondern isosthenisch zu zeigen, dass die Situation der Exzentrizität keinen derartigen Weg zulässt.[221] – Diese Überlegungen reichen systematisch bereits weit über Plessners unmittelbare Heidegger-Kritik hinaus. Sie eröffnen eine ganz neue und noch genau zu klärende Dimension seines Ansatzes und betreffen letztlich die Frage nach dem richtigen Philosophieverständnis. Ich werde daher erst bei einer späteren Gelegenheit auf sie zurückkommen.[222]

(5) Eingangs des Abschnitts habe ich erwähnt, dass Heidegger im Dezember 1927 zu einem Vortragsbesuch in Köln war, wo er, wie er selbst berichtet, ein längeres Gespräch mit Scheler geführt hat (GA 26: 165). Ich vermute, dass Scheler die Gelegenheit genutzt hat, um ihm auch einige seiner Bedenken gegen *Sein und Zeit* mitzuteilen. Auch Plessner macht eine briefliche Bemerkung zu Heideggers Besuch in Köln; daraus geht hervor, dass auch er, zusammen mit Hartmann, ein Gespräch mit Heidegger führen konnte.[223] Noch Ende 1927 hat er Heidegger dann ein Exemplar der *Stufen des Organischen* übersandt.[224] – Damit stellt sich nun die Frage, ob sich in

---

[218] Brief an König vom 22.02.1928 in: König/Plessner 1994, 176.

[219] Ebd., 179, 176.

[220] Ebd., 176.

[221] Die Idee, den Begriff der Isosthenie (d. h. des gleichwertigen Widerstreits) der pyrrhonischen Skepsis (vgl. Hossenfelder 1985, 43) für die Plessnerinterpretation zu verwenden, stammt von Volker Schürmann. Schürmann weist auch zu Recht auf die „entscheidende Differenz zum pyrrhonischen Modell" hin, „daß Plessner die Isosthenie nicht als Argument für eine Urteils*enthaltung (epoché)* nimmt, sondern selbst als Urteil in der Sache" (Schürmann 1997a, 356 Anm. 9).

[222] Zuerst in Kap. 3.4, dann in Kap. 4.3 ff.

[223] Brief an König vom 22.02.1928, in: König/ Plessner 1994, 180.

[224] Plessner hat allerdings nie eine Antwort darauf erhalten (siehe dazu Fischer 2008, 109; dort auch der Hinweis auf den Misch-Brief, in dem sich Heidegger über Plessner beklagt). Heidegger hat das Buch auch später in keinem seiner Texte erwähnt. Der Grund dafür lag vermutlich darin, dass Scheler in Plessners *Stufen des Organischen* ein Plagiat seiner eigenen, zum Großteil noch unveröffentlichten Ideen sah und dies, nicht zuletzt Heidegger gegenüber, auch kundtat. Zu dieser „Affäre"

Heideggers Denken seit 1928 eine Reaktion auf die Positionen und die Kritik der gerade auf die Bühne getretenen Philosophischen Anthropologie ausmachen lässt. Zumindest ist es unzweifelhaft, dass sich in seiner Vorlesung vom Sommersemester 1928 wichtige Neujustierungen und Verschiebungen seiner Konzeption beobachten lassen – inwieweit sie allerdings in Reaktion auf die Philosophische Anthropologie erfolgen, dürfte kaum mit letzter Bestimmtheit zu entscheiden sein. Zieht man jedoch die Art der von Heidegger vorgenommenen Modifikationen näher in Betracht, so liegt die Annahme einer Beeinflussung nahe.

Bei der genannten Vorlesung handelt es sich um Heideggers letzte Marburger Vorlesung *Metaphysische Anfangsgründe der Logik im Ausgang von Leibniz*, im Folgenden ‚Leibniz-Vorlesung' genannt. Eine Neuerung von Heideggers Überlegungen, die auf den ersten Blick marginal erscheinen mag, betrifft das Begriffspaar „Existenz - Leben". Wie schon in *Sein und Zeit* wird auch in der Leibniz-Vorlesung der Begriff der Existenz für die Seinsart des Daseins und der Begriff des Lebens für die Seinsart etwa von Tieren reserviert: „Existenz ist der Titel für die Seinsart des Seienden, das wir je selbst sind, das menschliche Dasein. Eine Katze existiert nicht, sondern lebt nur, ein Stein existiert nicht und lebt nicht, sondern ist vorhanden" (GA 26: 158). Anders als in *Sein und Zeit* spricht Heidegger hier zwar vom „menschlichen Dasein" statt *tout court* vom „Dasein", scheint an der zitierten Stelle aber sowohl an der Exklusivität der drei genannten Seinsarten festzuhalten als auch wieder die Frage des Lebendigseins des Daseins auszublenden (und erst recht die Frage nach dessen Vorhandensein). Die genaue Lektüre der zitierten Passage ergibt jedoch, dass nur die Existenzhaftigkeit einer Katze, nicht aber die Lebendigkeit des Daseins ausdrücklich ausgeschlossen wird. Es ist daher aufschlussreich, dass Heidegger an einer späteren Stelle der Vorlesung bemerkt, die „Seinsart des Daseins" sei „primär Existenz" (ebd., 171). Denn das „primär" indiziert, dass es andere, wenn auch nachrangige, Merkmale geben mag, die die Seinsart des Daseins ausmachen.

Deutlicher in diese Richtung bewegt sich Heidegger in seiner Vorlesung *Einleitung in die Philosophie* vom Winter 1928/29. Dort ist von der Zweideutigkeit von „Existenz" die Rede: Der Ausdruck bezeichne erstens die „Seinsweise überhaupt des Daseins", stehe aber zweitens nur für „die in verschiedener Hinsicht führende" Seinsweise (GA 27: 71), ist dann also „nicht die einzige", sondern „mit anderen zugleich" *eine* Seinsweise des Daseins. Im ersten Sinn ergibt sich das Heidegger nun selbst zufolge „Paradoxe, daß der Mensch nicht lebt, sondern existiert" (ebd.), wie es meines Erachtens in *Sein und Zeit* zu beobachten war. Bedeutet dies, dass nun der

---

und ihren drastischen Konsequenzen – Plessner verlor die Herausgeberschaft des *Philosophischen Anzeigers* und schon vor der erzwungenen Emigration jede Aussicht auf eine Professur in Deutschland – siehe Dietze 2006, 63-72, sowie Fischer 2008, 80-91, 107-111.

zweite Sinn der maßgebliche sein soll? Dann wäre insbesondere zu klären, wie das Verhältnis zwischen Existenz und Leben des Menschen zu bestimmen ist. Heidegger formuliert dazu die These, „daß das, was die Seinsart des Tieres und der Pflanze ausmacht, als Leben innerhalb der Existenz des Menschen, sofern er einen Leib hat, einen ganz anderen und eigenen Sinn bekommt" (ebd.). Der Grundgedanke dieser von ihm leider nicht ausgeführten These stimmt mit der anthropologischen Konzeption Plessners überein und ist durch diese vielleicht angeregt. Plessner macht den von Heidegger skizzierten Zusammenhang schon im vormenschlichen Bereich aus. Seines Erachtens durchdringt die Positionalität als Grundbestimmung belebter Dinge auch alle anderen Eigenschaften solcher Dinge (Stufen, 130). Dieses Verhältnis kehrt bei der exzentrischen Positionalität im Verhältnis zu den Lebensmerkmalen der exzentrischen Wesen wieder. Am deutlichsten hat Plessner diese schon für die *Stufen* charakteristische Auffassung in „Die Frage nach der Conditio humana" formuliert: Die exzentrische Positionalität komme nicht nur für unsere geistigen Leistungen auf, sondern durchtränkt auch die vitalen Grundfunktionen („Schlafen, Ernährung, Verdauung, Begattung, Orientierung, Schutz- und Abwehrreaktionen"), die bereits „gegenüber den entsprechenden Funktionen auch der nächst verwandten Tiere anders stilisiert sind" (GS 8: 184).

Heidegger teilt also mit Plessner die These, dass das Lebendigsein des Menschen nicht von derselben Art ist wie das der Tiere, sondern von genuiner Art. Während dies für ihn aber daran liegt, dass die primäre oder führende Seinsart des Menschen Existenz ist, liegt es für Plessner in der Exzentrizität des Menschen begründet. Der Unterschied zwischen dem argumentativen Status der daseinsanalytischen Spielart der These auf der einen und ihrer anthropologischen auf der anderen Seite ist allerdings, dass sich Plessner in diesem Kontext auf den von Hartmann inspirierten und ihm selbst entfalteten stufentheoretischen und naturphilosophischen Hintergrund berufen kann, während Heidegger für das Problem des ontologischen Verhältnisses von Existenz und Leben nur auf die aus *Sein und Zeit* bekannte, dort aber keineswegs ausgearbeitete Privationsthese hätte zurückgreifen können. Allerdings ist diese These, wenn überhaupt, nur für die Frage der Beziehung zwischen der Seinsart des Menschen und der des Tiers hilfreich,[225] nicht aber für die Frage der Beziehung zwischen Existenz und menschlichem Leben.

Selbst wenn man die Privationsthese aus *Sein und Zeit* mit dem Anspruch ausweitet, das ontologische Verhältnis diachroner Bestimmungen fassen zu

---

[225] Ich schreibe „wenn überhaupt", weil bereits Karl Löwith meines Erachtens zu Recht darauf hingewiesen hat, dass man mit der reduktiven Privation aus der Ontologie des Daseins „vom Tier nicht mehr und nicht weniger verstehen [kann] als das Menschliche und Unmenschliche seines Daseins, aber nicht sein Dasein in seiner ihm eigentümlichen Eigenart" (Löwith 1928, 34 f.).

können, also das Verhältnis zwischen unserer Existenz einerseits und früh-
zeitlicher, frühmenschlicher (d. h. kindlicher) oder vorgeschichtlicher „Existenz" andererseits (vgl. dazu GA 27: 123 f.), bleibt die Frage nach dem Verhältnis zwischen der primären und sekundären Seinsart des synchron betrachteten Menschen und damit die Frage nach dem Verhältnis zwischen
unserer Existenz und unserem, dem menschlichen Leben offen. Heidegger
hat ein privatives Vorgehen in *dieser* Frage vermutlich für fruchtlos gehalten;
jedenfalls unterbleibt diesbezüglich der Rückgriff auf eine Privationsthese.
Da für ihn aber auch keine stufentheoretische Fassung des Problems in Frage kommt, sieht er sich meines Erachtens darüber hinaus sogar dazu gedrängt, die ontologische Dimension des Problems zu marginalisieren, indem
er erklärt, das „Existierende" und das „Lebende" seien „nur methodische
Auffassungsbegriffe" (ebd., 72). Heidegger weicht damit einer der Haupt-
schwierigkeiten seiner Daseinsanalytik, einer Beantwortung der Frage nach
dem ontologischen Verhältnis zwischen Existenz und (menschlichem) Leben, aus.

Festzuhalten bleibt aber, dass sich Heidegger, indem er anerkennt, dass
Existenz nicht einfach *die*, sondern nur *eine* Seinsart des menschlichen Daseins ist (wenn auch die primäre oder führende), auf dasjenige Fragen nach
dem Menschen zubewegt hat, das für die Philosophische Anthropologie
kennzeichnend ist. Eine solche Annäherung lässt sich nicht nur mit Blick
auf das Begriffspaar „Existenz - Leben", sondern auch für das ähnlich gelagerte Paar „Dasein - Natur" beobachten. Das ist von der Sache her auch
erwartbar. Denn wenn Existenz nur die primäre, nicht aber die einzige
Seinsart des Daseins ist, dann liegt es nahe, das Dasein auf irgendeine Weise
in die Natur einzugliedern und als Naturwesen zu verstehen. Genau dies
geschieht bereits in der Leibniz-Vorlesung, und zwar im Kontext einer für
Heideggers gesamten Ansatz systematisch zentralen Überlegung. Der grundlegende Bezugspunkt der Fundamentalontologie in *Sein und Zeit* war das
Seinsverständnis des Daseins. In der Leibniz-Vorlesung eröffnet Heidegger
nun einen neuen Untersuchungshorizont, in dem er nach Vorbedingungen
dieses Bezugspunktes fragt. Die gesamte, zu diesem Horizont gehörende
Problematik, in der es nicht um das Seiende als solches, wie in der Fundamentalontologie, sondern um „das Seiende im Ganzen" geht, wird von ihm
als „Metontologie" bezeichnet (GA 26: 199). Ich werde auf sie im Zusammenhang der Diskussion desjenigen Fragens nach dem Menschen zurückkommen, das Heidegger unter dem Titel einer „Metaphysik des Daseins"
entwickelt. Zunächst möchte ich jedoch nur den bereits angekündigten
Punkt markieren, an dem sich eine weitere Annäherung Heideggers an Positionen der Philosophische Anthropologie zeigt: Die Möglichkeit des Seinsverständnisses, so Heidegger, „hat zur Voraussetzung die faktische Existenz
des Daseins, und diese wiederum das faktische Vorhandensein der Natur"
(ebd.). Im Kontext der Herausforderungen für den Heideggerschen Ansatz,

die sich durch die hier dargelegten Bedenken und Einwände der Philosophischen Anthropologie ergeben haben, ist diese Anerkennung der Abhängigkeit der faktischen Existenz des Daseins vom faktischen Vorhandensein der Natur von großer Bedeutung. Denn sie macht den Vorrang der Existenz gegenüber anderen Seinsarten fragwürdig, bringt einen Naturbegriff ins Spiel, der sich nicht wie der aus *Sein und Zeit* durch Privation eines bloß existenzialen Weltbegriffs ergibt, und impliziert, dass das Dasein (auch) ein Naturwesen ist.

2.5 Heideggers Kritik der Idee einer philosophischen Anthropologie

Trotz der Annäherung an bestimmte Termini und Auffassungen der Philosophischen Anthropologie, die sich in der Leibniz-Vorlesung (SoSe 1928) und der zur *Einleitung in die Philosophie* (WS 1928/9) beobachten lässt, wäre Heidegger wohl nicht bereit, seine dortigen Überlegungen als anthropologisch zu bezeichnen. Da die genannte Annäherung aber unübersehbar ist, fühlt er sich herausgefordert, sein Verhältnis zur Anthropologie nach dem in *Sein und Zeit* dazu Gesagten noch einmal neu zu bestimmen. Diese Herausforderung ist sicher durch den dezidiert systematischen Anspruch verstärkt worden, mit dem kurz nach *Sein und Zeit* die beiden Gründungsdokumente der Philosophischen Anthropologie – Schelers *Stellung des Menschen im Kosmos* und Plessners *Stufen des Organischen und der Mensch* – aufgetreten sind.

Die Neubestimmung seines Verhältnisses zur Anthropologie nimmt Heidegger in verschiedenen Texten vor: in dem Vortrag „Philosophische Anthropologie und Metaphysik des Daseins", den er am 24.01.1929 in der Frankfurter Kantgesellschaft gehalten hat; im ersten Teil seiner Vorlesung über den deutschen Idealismus „Die Enthüllung der philosophischen Grundtendenzen der Gegenwart" vom Sommersemester 1929 sowie in *Kant und das Problem der Metaphysik* (1929). Dem ‚Kantbuch' muss in diesem Zusammenhang die größte Bedeutung zugemessen werden, weil es der einzige der drei Texte ist, der von Heidegger selbst publiziert wurde. Die dortige Auseinandersetzung mit der Anthropologie wird daher hier im Mittelpunkt stehen.

Auf die systematische Ausrichtung des Kantbuchs bin ich schon am Ende des ersten Kapitels eingegangen. Heidegger meint, Kant bemühe sich in der *Kritik der reinen Vernunft* um eine Grundlegung der Metaphysik, deren Interpretation zeige, dass sich in einem solchen Vorhaben nicht länger am Primat der Logik und der Vernunft festhalten lasse (GA 3: 243 f.). Indem Kants Grundlegung in der transzendentalen Einbildungskraft und deren Verbund mit der Zeit ihren tiefsten Punkt erreiche, laufe sie auf die „Zerstörung der bisherigen Grundlagen der abendländischen Metaphysik (Geist, Logos, Vernunft)" hinaus (ebd., 273). Daher sei ein Neuansatz nötig, eine „Grundlegung der Metaphysik in einer Wiederholung", so die Überschrift des Schlussabschnitts des Kantbuchs. Die Wiederholung soll dabei an die „ursprünglichen, bislang verborgenen Möglichkeiten" der Kantischen Grundlegung, an ihr „eigentliche[s] Ergebnis" anknüpfen (ebd., 204). Worin aber besteht dieses Ergebnis? Nicht einfach, so Heidegger, in dem Interpretationsresultat, dass die transzendentale Einbildungskraft den Grund der anderen Vermögen ausmacht, sondern darin, dass „die Frage nach dem Wesen der Metaphysik" bei Kant zur „Frage nach der Einheit der Grundvermögen des menschlichen ‚Gemüts'" wird. Ausdrücklich hält Heidegger fest: „Die Kantische Grundlegung ergibt: Begründung der Metaphysik ist ein Fragen nach dem Menschen, d. h. Anthropologie" (ebd., 205).

Diese Auskunft ist erstaunlich. Läuft sie nicht darauf hinaus, dass die Wiederholung der Kantischen Grundlegung der Metaphysik, wenn sie die in ihr verborgenen Möglichkeiten ausarbeiten soll, von der *Anthropologie* her durchzuführen wäre? Wie sollte dies aber dazu passen, dass es eine ganze Reihe von Äußerungen Heideggers gibt, die deutlich machen, dass er der Anthropologie ablehnend gegenüber steht?[226] – Die Schwierigkeit löst sich auf, wenn man verfolgt, wie Heidegger seine Einschätzung rechtfertigt, dass „das Ergebnis der Kantischen Grundlegung in der Einsicht in den notwendigen Zusammenhang zwischen Anthropologie und Metaphysik liegt" (GA 3: 206). Er beruft sich dabei auf eine Passage in Kants Jäsche-Logik, wo das „Feld der Philosophie" in weltbürgerlicher Bedeutung über die drei schon aus der *Kritik der reinen Vernunft* bekannten Fragen – 1. Was kann ich wissen? 2. Was soll ich tun? 3. Was darf ich hoffen?[227] – hinaus auf eine vierte Frage gebracht wird: „Was ist der Mensch?" Von dieser vierten Frage heißt es in der Jäsche-Logik, dass die Anthropologie sie beantwortet und dass sich die drei ersten Fragen auf sie „beziehen", sodass man das *gesamte* Fragenfeld „zur Anthropologie rechnen" könne.[228] Dies steht im Hintergrund von Heideggers schon zitierter Einschätzung: „Die Kantische Grundlegung ergibt: Begründung der Metaphysik ist ein Fragen nach dem Menschen, d. h. Anthropologie" (ebd., 205).

Im Hinblick auf die von ihm anvisierte Wiederholung der Grundlegung der Metaphysik erachtet Heidegger an diesem Ergebnis nur einen einzigen Punkt als problematisch: das „d. h.". – Damit meine ich zweierlei: Erstens ist Heidegger für sein Wiederholungsprojekt ganz einverstanden mit dem Satz: „Begründung der Metaphysik ist ein Fragen nach dem Menschen". Zweitens aber weigert er sich, das Fragen nach dem Menschen mit der Anthropologie zu identifizieren. – Zum ersten Punkt nur zwei kurze Belege: In der Vorlesung vom Sommer 1928 *Metaphysische Anfangsgründe der Logik im*

---

[226] Derartige Äußerungen finden sich etwa in § 10 von *Sein und Zeit* sowie in § 2 von Heideggers Vorlesung zum deutschen Idealismus (SoSe 1929) (GA 28: 10-21).

[227] Kant, *Kritik der reinen Vernunft,* A 804 f., B 832 f.

[228] AA 9: 25. Vgl. die Parallelstellen in Kants Brief an Stäudlin vom 04.05.1793, AA 11: 429, sowie in der *Metaphysik Pölitz,* AA 28: 533 f.

Ausgang von Leibniz erklärt Heidegger in einem einleitenden Abschnitt: „Die Grundfrage der Philosophie, die Frage nach dem Sein, ist in sich selbst die rechtverstandene Frage nach dem Menschen" (GA 26: 20). Und in der Vorlesung *Die Grundbegriffe der Metaphysik* (WS 1929/30) heißt es im Rahmen eines Paragraphen zur „Bestimmung der Philosophie": „Unsere Frage: Was ist Metaphysik?, hat sich gewandelt zur Frage: Was ist der Mensch?" (GA 29/30: 10) Will man die Bedeutung, die Heidegger der Frage „Was ist der Mensch?" für seinen neuen Anlauf zur Grundlegung der Metaphysik gibt, richtig einschätzen, so muss man sorgfältig das Verhältnis bestimmen, das zwischen dem Fragen nach dem Menschen und dem Fragen der Anthropologie besteht. Damit komme ich zur Erörterung des zweiten Punktes, also zu Heideggers Weigerung, jenes Fragen mit der Anthropologie zu identifizieren. Kant sieht hier gar keine Differenz: Für ihn ist die Disziplin, die sich um die Frage nach dem Menschen kümmert, die Anthropologie. Deshalb kann Heidegger, sofern er ein Etikett für das „Fragen nach dem Menschen" bei Kant sucht, auch sagen: „*d. h.* Anthropologie". Im Rahmen seiner eigenen Position macht er hier jedoch – und das ist zentral für den Aufbau des vierten Abschnitts des Kantbuchs – einen Unterschied. Seine Idee ist, dass es (mindestens) zwei philosophische Denkrichtungen gibt, für die ein Fragen nach dem Menschen kennzeichnend ist: die philosophische Anthropologie und seine eigene Metaphysik des Daseins. Beide Ansätze stellen unterschiedliche, ja miteinander konkurrierende Weisen dar, nach dem Menschen zu fragen.[229]

---

[229] Nimmt man Heideggers „Davoser Vorträge" hinzu, muss man sogar von *drei* unterschiedlichen philosophischen Ansätzen sprechen, nach dem Menschen zu fragen. Denn dort wird neben der modernen philosophischen Anthropologie und der Metaphysik des Daseins auch noch die Kulturphilosophie ins Spiel gebracht. Die „Davoser Vorträge" nehmen eine doppelte systematische Verortung der Metaphysik des Daseins vor. Erstens bestimmen sie sie als „eine auf die Möglichkeit der Metaphysik als solche gerichtete" Untersuchung. Die Metaphysik des Daseins soll also eine zentrale Rolle für die Grundlegung der Metaphysik selbst spielen. Zweitens setzen die „Davoser Vorträge" die Metaphysik des Daseins zu den konkurrierenden Projekten, nach dem Menschen zu fragen, in Beziehung. Denn Heidegger erklärt, dass die Metaphysik des Daseins, „die Frage nach dem Wesen des Menschen stellen muß in einer Weise, die *vor* aller philosophischen Anthropologie und Kulturphilosophie liegt" (GA 3: 273). Heideggers Anspruch ist also, dass sein eigener Ansatz, wenn es um das Fragen nach dem Menschen geht, den anderen Ansätzen systematisch vorgeordnet ist (vgl. Kap. 1.3). Vor diesem Hintergrund kann ein Aspekt von seiner Auseinandersetzung in der Davoser Disputation mit Cassirer so verstanden werden, als habe sich Heidegger dort bemüht, den Vorrang seiner Metaphysik des Daseins gegenüber der Kulturphilosophie zu zeigen (vgl. GA 3: 288 ff.). Im Kantbuch geht es dann um die korrelative These, dass der Metaphysik des Daseins, wenn es um das Fragen nach dem Menschen geht, eine Vorrangstellung auch gegenüber der modernen philosophischen Anthropologie zukommt.

Heideggers Position kann so beschrieben werden: Die anvisierte Wiederholung der Grundlegung der Metaphysik bedarf des Fragens nach dem Menschen – aber dieses Fragen darf nicht der philosophischen Anthropologie überlassen werden, sondern ist in erster Linie Sache einer „Metaphysik des Daseins". – Für einen philosophisch informierten Leser, der das Kantbuch 1929 las, wäre es vermutlich einigermaßen naheliegend gewesen, ein philosophisch relevantes Fragen nach dem Menschen *gerade umgekehrt primär* der philosophischen Anthropologie zuzuordnen. Denn eine Denkrichtung dieses Namens hatte seit der Veröffentlichung der anthropologischen Schriften Max Schelers und Helmuth Plessners 1927 bzw. 1928 große Beachtung gefunden, während sich unser Leser von 1929 unter einer „Metaphysik des Daseins" nur wenig vorstellen konnte, da Heidegger diesen Ausdruck bis dato nur in Vorlesungen und Vorträgen, nicht aber in *Sein und Zeit* oder einer anderen Publikation verwendet hatte.

Für Heidegger ergab sich damit die Aufgabe, zunächst den Ansatz der philosophischen Anthropologie zu kritisieren, um auf diese Weise freie Bahn für sein eigenes Projekt einer Metaphysik des Daseins zu gewinnen. Diese wichtige Scharnierfunktion übernimmt im Kantbuch der § 37 „Die Idee einer philosophischen Anthropologie" (GA 3: 208 ff.). Heidegger legt dort in einem ersten Schritt einen allgemeinen Begriff der Anthropologie dar, in dem diese noch *nicht* als eine *philosophische* Unternehmung verstanden ist. Anthropologie in diesem weiten Sinn sei einerseits eine Sammelbezeichnung für ganz verschiedene Disziplinen, in denen es um die „somatische[], biologische[], psychologische[] Betrachtung des Menschen, als Charakterologie, Psychoanalyse, Ethnologie, pädagogische Psychologie, Kulturmorphologie und Typologie der Weltanschauungen", geht (ebd., 208 f.). Andererseits sei ‚Anthropologie' mittlerweile aber nicht mehr nur ein Disziplinentitel, sondern stehe, so Heideggers Zeitdiagnose, auch für „eine Grundtendenz der heutigen Stellung des Menschen zu sich selbst und im Ganzen des Seienden"; diese Grundtendenz läuft darauf hinaus, dass von der Anthropologie her darüber entschieden werde, „was Wahrheit überhaupt bedeuten kann" (ebd., 209). – Anthropologie wird damit zu einem wissenschaftlichen und kulturellen Paradigma, jedoch, da sie derart umfassend wird, erstens um den Preis, „daß ihre Idee zur völligen Unbestimmtheit herabsinkt", sowie zweitens um den Preis des Orientierungsverlustes; denn obwohl keine Zeit, so Heidegger mit Max Scheler, so viel und derart Verschiedenes vom Menschen gewusst habe wie die heutige, sei der Mensch keiner Zeit „so fragwürdig geworden wie der unsrigen" (ebd.).

Heidegger sieht, dass gerade diese Diagnose dafür sprechen mag, sich um eine *philosophische* Anthropologie zu bemühen. Dies führt ihn zum zweiten Schritt seiner Überlegungen im Anthropologie-Paragraphen des Kantbuchs. Ist „nicht gerade diese Weite und Unruhe des anthropologischen Fragens geeignet", so Heidegger, „eine philosophische Anthropologie entstehen zu lassen und den Bemühungen um sie eine besondere Kraft zu verleihen?" Diese Auffassung hatte zumindest Scheler, dem Heidegger sein Kantbuch gewidmet hat, in seinem Aufsatz „Zur Idee des Menschen" von 1914/15 vertreten. Heidegger selbst hält sie jedoch nicht für überzeugend. Leider setzt er sich im Kantbuch aber nicht im Einzelnen mit dem Schelerschen Programm auseinander.[230] Auf Schelers Schriften zur Anthropologie nach dessen Absage an den Theismus und die katholische Kirche – also etwa auf die Texte „Philosophische Weltanschauung" sowie „Mensch und Geschichte" – geht Heidegger nicht ein. Und von Schelers wichtigster Veröffentlichung zur Anthropologie Die *Stellung des Menschen im Kosmos* wird nur der schon erwähnte Ausgangspunkt wiedergegeben, dass sich der Mensch in keiner Zeit so fragwürdig geworden ist wie in der gegenwärtigen. Statt sich mit den von Scheler oder von der zweiten Gründergestalt, Helmuth Plessner, vorgelegten *konkreten Programmen* einer Philosophischen Anthropologie auseinanderzusetzen, problematisiert Heidegger lediglich den *Begriff* der philosophischen Anthropologie. Das heißt, er fragt, wodurch eine Anthropologie überhaupt zu einer philosophischen wird, um dann einige der möglichen Antworten kritisch zu diskutieren.

Dabei zieht er drei Möglichkeiten in Betracht. Anthropologie könnte philosophisch sein wegen

(a) ihres Grades an Allgemeinheit
(b) ihrer Methode bzw.
(c) ihres besonderen Verhältnisses zur Philosophie.

Heidegger hat gegen alle drei Möglichkeiten Vorbehalte. Wenn sich (a) die philosophische von der empirischen Anthropologie bloß graduell unterschiede, bliebe fraglich, „bei welchem Grad die empirische Erkenntnis aufhört und die philosophische beginnt" (GA 3: 210). Wenn die philosophische Anthropologie (b) über ihre Methode, etwa die Wesensbetrachtung des Menschen, definiert werde, dann führe sie zu einer regionalen Ontologie des Menschen, die anderen Regionalontologien nebengeordnet wäre, ihr käme für die Philosophie aber keine besondere Bedeutung zu. Und wenn die Anthropologie (c) wegen ihres besonderen Verhältnisses zur Philosophie als philosophische ausgezeichnet sein soll, wäre zu klären, ob sie Ziel oder Ausgang der Philosophie sein soll und was dabei unter ‚Philosophie' verstanden werden soll (ebd., 211).

An diesen knappen Überlegungen Heideggers fällt vor allem zweierlei auf. Offenbar geht Heidegger hier erstens von einem bestimmten, aber nicht explizierten Vorbegriff von philosophischer Anthropologie aus. Das zeigt

---

[230] Es findet sich aber eine Auseinandersetzung mit einigen Gedanken zumindest des genannten frühen Aufsatzes „Zur Idee des Menschen" in der letzten von Heideggers frühen Freiburger Vorlesungen (*Hermeneutik und Faktizität*, Sommersemester 1923, GA 63).

sich daran, dass er bestimmte Varianten gar nicht in Betracht zieht. Er rechnet etwa nicht damit, dass sich vielleicht gar keine strikte Grenze zwischen
der philosophischen und den empirischen Anthropologien ziehen lässt, dass
die philosophische Anthropologie also im Sinne irgendeiner Variante des
methodologischen Naturalismus in Kontinuität mit den empirischen Anthropologien steht.[231] Er zieht auch nicht in Erwägung, dass die philosophische Anthropologie anders als wesensontologisch vorgehen könnte. Plessners Verfahren etwa ist weder in den *Stufen des Organischen und der Mensch*
noch in seinem zweiten anthropologischen Hauptwerk *Macht und menschliche
Natur* auf diese Weise zu fassen. Im Zuge der Diskussion dieses Werks werde ich Plessners Verteidigung gegen die Anthropologiekritik des Kantbuchs
sowie seinen Gegenangriff noch ausführlich diskutieren (Kap. 4.3). Schließlich hat Heidegger einen zu engen Blick auf die Möglichkeiten, die Beziehung einer philosophischen Anthropologie zur Philosophie zu konzipieren.
Wie ich noch verdeutlichen werde, ist es auch hier Plessner, dessen Position
sich gar nicht in den von Heidegger vorgesehenen Rahmen – philosophische Anthropologie als Ziel oder Ausgang der Philosophie – einordnen lässt
(Kap. 3.4).

Unabhängig von Heideggers Einengung der Diskussion der Idee einer
philosophischen Anthropologie ist zweitens die Art der Schlussfolgerung zu
beachten, die er aus seinen kurzen Überlegungen zieht. Er erklärt, „aus diesen mehrfachen Möglichkeiten der Umgrenzung des philosophischen Charakters einer Anthropologie ergibt sich schon die Unbestimmtheit dieser
Idee. Die Unbestimmtheit steigert sich, wenn die Vielfältigkeit der empi-
risch-anthropologischen Erkenntnisse im Auge behalten wird, die jeder philosophischen Anthropologie zum mindesten im Ausgang zugrunde liegt.
[…] Die Idee der philosophischen Anthropologie ist nicht nur nicht hinreichend bestimmt, ihre Funktion im Ganzen der Philosophie bleibt ungeklärt
und unentschieden" (GA 3: 211 f.). – Wenn dies ein Argument wäre, dann
verhielte es sich mit der Metaphysik genauso: Es gibt mehrere Möglichkeiten, die Metaphysik zu umgrenzen. Ist ihre Idee also unbestimmt? Und wird
diese Unbestimmtheit durch die vielfältigen metaphysischen Entwürfe weiter gesteigert? Selbst wenn dies der Fall wäre, müsste die Idee der Metaphysik nicht verabschiedet werden. Ihr Anwalt stünde lediglich vor der Aufgabe, einen bestimmten Begriff der Metaphysik zu entwickeln sowie zu
begründen und ihn gegen Einwände zu verteidigen. Genau dies versucht
Heidegger mit seiner „Grundlegung der Metaphysik"; und es gilt auch *in
puncto* philosophischer Anthropologie. Dass es verschiedene Möglichkeiten
geben mag, eine philosophische Anthropologie aufzubauen und zu umgrenzen, spricht noch nicht gegen die Idee einer solchen Anthropologie. Um
sich gegen diese aussprechen zu können, müsste man diese Möglichkeiten

---

[231] Ich greife diese Frage in Kap. 5.2 wieder auf.

überprüfen. In Heideggers Kantbuch geschieht dies, wie gesagt, nicht. Es ist bemerkenswert, dass auch der am weitesten ausgearbeitete Ansatz, und zwar Plessners Grundlegung der philosophischen Anthropologie, *Die Stufen des Organischen und der Mensch*, nicht einmal erwähnt wird.

Der aus Heideggers Sicht vermutlich wichtigste Punkt in seiner Auseinandersetzung mit dem Begriff der philosophischen Anthropologie ist die in (c) genannte Frage nach dem Verhältnis von Anthropologie und Philosophie. Scheler hatte in seinem Aufsatz „Zur Idee des Menschen" die programmatische und von Heidegger (im Kantbuch) zitierte These formuliert: „In gewissem Verstande lassen sich alle zentralen Probleme der Philosophie auf die Frage zurückführen, was der Mensch sei […]" (GA 3: 210). Wenn tatsächlich gezeigt werden soll, dass die anthropologische Frage nach dem Menschen von grundlegender Bedeutung für die Philosophie sein soll, so nun Heidegger, dann müsste die Idee einer philosophischen Anthropologie „ausdrücklich aus dem Wesen der Philosophie begründet" werden (ebd., 212). Ohne eine solche Begründung ließe sich der philosophischen Anthropologie keinerlei Zentralstellung für die Philosophie zuweisen.

Was hieße es nun, die Idee eines bestimmten Fragens nach dem Menschen aus dem Wesen der Philosophie zu begründen? Heideggers Überlegungen dazu lassen sich folgendermaßen zusammenfassen: Man müsste die zentralen Probleme der Philosophie zuverlässig identifizieren können und nachweisen, dass sie in ihrem inneren Gehalt einen wesentlichen Bezug zum Menschen haben (vgl. GA 3: 212). Die philosophische Anthropologie hat diese Forderung aus Heideggers Sicht nicht erfüllt, daher fehlten „überhaupt Boden und Rahmen […] für eine grundsätzliche Frage nach ihrem Wesen" und sie könne allenfalls und dies auch nur kontingenterweise als ein „mögliches Sammelbecken" für philosophische Probleme gelten (ebd., 213, 212). Zwar bleibt Heidegger den Nachweis dafür schuldig, dass die philosophische Anthropologie diese Forderung nicht erfüllt, doch in Schelers Aufsatz „Zur Idee des Menschen" und dem schmalen Band *Die Stellung des Menschen im Kosmos* lassen sich in der Tat keine Überlegungen dazu finden, wie die wesentliche Beziehung genau beschaffen sein soll, in der die zentralen philosophischen Probleme zur Frage nach dem Menschen stehen. Auch abgesehen von Scheler ist Heidegger darin zuzustimmen, dass die Frage nach dem Verhältnis von Anthropologie einerseits und Philosophie bzw. Metaphysik andererseits wichtig ist, wenn man um Klarheit über den Begriff und die Projektidee einer Philosophischen Anthropologie bemüht ist. Ich werde auf diese Frage zurückkommen.[232] Zunächst möchte ich im nun folgenden Ka-

---

[232] In einem kurzen Vorblick sei hier schon angedeutet, wie sich Plessner dieser Frage annimmt. Im Rahmen seiner naturphilosophischen Anthropologie der Exzentrizität in den *Stufen des Organischen* entwickelt er das Projekt einer „Neuschöpfung der Philosophie" (dazu Kap. 3.4). Das bedeutet aber nicht, dass er die Anthropologie für die Grundlage der Philosophie halten würde. Vielmehr führt seine in

pitel aber die Ansprüche von Heidegger und Cassirer als Vertretern eines nicht-anthropologischen Fragens nach dem Menschen untersuchen, das Vorhaben der Philosophischen Anthropologie zu ergänzen oder zu ersetzen.

Macht und menschliche Natur durchgeführte Reflexion auf die Möglichkeit einer universalen Anthropologie auf das „Unergründlichkeitsprinzip", von dem her die Primatlosigkeit von Anthropologie und Philosophie erläutert wird (dazu Kap. 4).

3 AN STELLE VON PHILOSOPHISCHER ANTHROPOLOGIE: METAPHSIK DES DASEINS UND ANTHROPOLOGISCHE PHILOSOPHIE

3.1 Die Metaphysik des Daseins „übernimmt" die Frage nach dem Menschen

Im zweiten Kapitel sind mit den Positionen Max Schelers und Helmuth Plessners die beiden maßgeblichen Konzeptionen einer modernen philosophischen Anthropologie eingeführt und erläutert worden. Sie stellen insbesondere für Heideggers unter dem Namen einer „Daseinsanalytik" stehendes Fragen nach dem Menschen eine Herausforderung dar. Denn sie beanspruchen von seiner Anthropologiekritik in *Sein und Zeit* nicht betroffen zu sein, behaupten, Heideggers eigene Position bleibe in einem „Daseinssolipsismus" (Scheler) bzw. „Subjektivismus" (Plessner) gefangen, und halten die Frage nach der Stellung des Menschen in der Welt bei Heidegger nicht zuletzt wegen der von diesem behaupteten Exklusivität von Existenz und Vorhandensein für ungeklärt (Kap. 2.4). Heidegger hat sich diesen Kritikpunkten ansatzweise gestellt, jedoch im Kantbuch den Fokus eher darauf gelegt, seine Auseinandersetzung mit der Anthropologie durch eine Kritik an ihrer Idee zu vertiefen (Kap. 2.5).

Mit dieser Kritik wird eine neue Dimension des Konflikts eröffnet. Sie kann so beschrieben werden, dass Heidegger unter der Überschrift „Metaphysik des Daseins" sein eigenes Fragen nach dem Menschen gegenüber dem der modernen philosophischen Anthropologie als grundlegender ausweisen möchte. Es ist interessant, dass auch Cassirer einige Jahre nach seiner oben diskutierten Kritik an Scheler (Kap. 2.2) unter dem Titel einer „anthropologischen Philosophie" ein ähnliches Projekt zu verfolgen scheint. Damit ist die Aufgabe des vorliegenden Kapitels bestimmt: zu verdeutlichen, wie Heideggers Metaphysik des Daseins und Cassirers anthropologische Philosophie das von Scheler und Plessner begründete Projekt einer modernen philosophischen Anthropologie überflüssig machen oder in die Schranken weisen wollen, und zu überprüfen, wie erfolgreich dieser Versuch ist. In systematischer Hinsicht wird sich dabei die Differenz zwischen dem anthropologischen und dem nicht-anthropologischen Fragen nach dem Menschen konkretisieren lassen.

Ich beginne mit Heidegger und setze dabei die zuletzt verfolgte Untersuchung seiner Reflexion auf das Fragen nach dem Menschen im Kantbuch fort. Heidegger hatte argumentiert, dass der Anspruch, ein Fragen nach dem Menschen habe grundlegende Bedeutung für die Philosophie, nur dann aufrechterhalten werden kann, wenn ein strenges Kriterium erfüllt ist: Die Idee oder der Begriff solchen Fragens muss sich explizit aus dem Wesen der Philosophie begründen lassen. Das Kriterium ist allerdings zweischneidig. Ist es triftig, so wäre nicht nur zu verlangen, dass die Idee des *anthropologischen* Fragens nach dem Menschen aus dem Wesen der Philosophie explizierbar ist, sondern auch die Idee desjenigen *nicht*-anthropologischen Fragens, das Heideggers eigene Metaphysik des Daseins ausmacht. Was es Heidegger zufolge hieße, die Idee eines bestimmten Fragens nach dem Menschen aus dem Wesen der Philosophie zu begründen, ist schon klar geworden: Man müsste die zentralen Probleme der Philosophie zuverlässig identifizieren können und nachweisen, dass sie in ihrem inneren Gehalt einen wesentlichen Bezug zum Menschen haben (vgl. GA 3: 212). Die philosophische Anthropologie habe dies nicht geleistet, weshalb eine Grundlegung der Metaphysik in der Anthropologie aus Heideggers Sicht nicht in Frage komme (ebd., 213, vgl. 218).

Gelingt es Heidegger selbst, den von ihm formulierten Anspruch einzulösen? Wie versucht er, die Idee eines nicht-anthropologischen Fragens nach dem Menschen ausdrücklich aus dem Wesen der Philosophie zu begründen? Wie identifiziert er also die zentralen Probleme der Philosophie? Und inwiefern sieht er sie wesentlich auf den Menschen bezogen? Die Antworten auf die beiden letzten Fragen lauten:

(a)   Heidegger identifiziert die zentralen Probleme der Philosophie anhand des aristotelischen Doppelbegriffs der Metaphysik.

(b)   Er versteht ihren Bezug zum Menschen von Kant her als Bezug auf die Endlichkeit des Menschen.

Ich möchte beides kurz erläutern und beginne mit Punkt (b). Heidegger versucht, die Idee eines nicht-anthropologischen Fragens nach dem Menschen zu präzisieren, indem er darüber nachdenkt, wie für eine Grundlegung der Metaphysik – dies ist ja sein übergeordnetes Sachthema – nach dem Menschen zu fragen ist (GA 3: 215). Er knüpft dabei wieder an die Kantische Grundlegung an, die seines Erachtens, wie gesehen, ergibt: „Begründung der Metaphysik ist ein Fragen nach dem Menschen". Kant war der Auffassung, dass sich die Fragen nach dem, was ich wissen kann, tun soll und hoffen darf, auf die Frage nach dem Menschen beziehen. Mit Blick auf jene Fragen möchte Heidegger nun klären, was das näherhin bedeutet. Wer erstens überhaupt nach dem fragt, was er kann, dessen Vermögen muss als begrenzt gelten. Gott bzw. ein allmächtiges Wesen kennt die Frage nicht. Wer zweitens fragt, was er tun soll, kann überhaupt Adressat von Imperativen sein, anders wiederum als Gott. Und wer drittens fragt, was er hoffen darf, dem kann etwas zugestanden oder versagt sein und der hat Erwartungen, ist also entbehrend bzw. bedürftig. Auch in diesem wie schon in den beiden anderen Fällen ließe sich das Subjekt des Fragens im Kontrast zu Gott fassen. Positiv gefasst verweist das jeweilige Fragen – und dies ist der für Heidegger entscheidende Punkt – auf die *Endlichkeit* des Fragenden. Worauf die drei

Fragen bezogen sind, wenn sie sich auf die Frage „Was ist der Mensch?" beziehen, ist also letztlich dessen Endlichkeit. Diese Endlichkeit – mit Kant gesprochen die der menschlichen Vernunft – ist Heidegger zufolge sogar die Quelle der drei Fragen: Die vierte Frage ist damit „nicht nur den ersten drei rechtmäßig nachgeordnet, sondern sie wandelt sich zu der ersten, die die übrigen drei aus sich entläßt" (GA 3: 217). Um den fundamentalen Status der Endlichkeit anzuzeigen, spricht Heidegger nicht mehr nur von der Endlichkeit des Menschen – dem entspräche eine attributive oder prädikative Verwendung von „endlich" –, sondern von der Endlichkeit *im* Menschen.

Worin, so fragt Heidegger nun, besteht aber das Wesen der Endlichkeit im Menschen (vgl. GA 3: 219)? Einen Hinweis darauf, woher die Antwort auf diese Frage kommen soll, kann wiederum dem Vorhaben der Grundlegung der Metaphysik entnommen werden. Denn die Frage nach der Endlichkeit im Menschen ergab sich im Rahmen des Projekts einer solchen Grundlegung. Die Grundlegungsaufgabe hat die Frage nach der Endlichkeit im Menschen provoziert. Daher muss ihre Problematik auch „in sich die Anweisung auf die Richtung enthalten, in der sich die Frage nach der Endlichkeit des Menschen zu bewegen hat" (GA 3: 220). Da aber der bisher im Mittelpunkt stehende Grundlegungsversuch Kants für Heidegger als gescheitert oder zumindest als nicht ursprünglich genug gilt, müsste man genauer sagen, dass es eine „ursprünglichere[] Wiederholung der Grundlegung der Metaphysik" ist, aus der Aufschluss über die Frage nach der Endlichkeit im Menschen zu erwarten ist.

Damit kann ich zu Punkt (a) übergehen: Für die Wiederholung der Grundlegung der Metaphysik geht Heidegger von dem Doppelbegriff der Metaphysik aus, wie er sich seines Erachtens aus dem Problem der Ersten Philosophie bei Aristoteles ergibt. Heidegger unterscheidet in Anknüpfung an Aristoteles die Frage „nach dem Seienden als einem solchen" von „der Frage nach dem Seienden im ganzen".[233] Es sind diese beiden Fragen sowie letztlich die nach ihrem Zusammenhang, die für Heidegger in der Zeit nach *Sein und Zeit* bis etwa 1930 die zentralen Probleme der Philosophie markieren. Da dies in vielen Texten Heideggers aus dieser Zeit sichtbar wird und ihnen eine gewisse Einheit verleiht, ist in der neueren Forschung der Vorschlag gemacht worden, von Heideggers „metaphysischer Periode" zu sprechen.[234] Der bereits erwähnten Leibniz-Vorlesung (Sommer 1928) kommt dabei eine besondere Bedeutung zu. Heidegger erweitert dort die aus *Sein und Zeit* vertraute fundamentalontologische Dimension seines Philosophie-

---

[233] GA 3: 220. Vgl. bspw. auch Heideggers Freiburger Antrittsvorlesung „Was ist Metaphysik?" (1929): „Metaphysik ist das Hinausfragen über das Seiende, um es als ein solches und im Ganzen für das Begreifen zurückzuerhalten" (GA 9: 118).

[234] Tengelyi 2011b, 95: „metaphysical period". Vgl. zu dieser Periode auch Jaran 2010.

rens um eine neue, wie er selbst es ausdrückt, *metontologische* Dimension, in der es nicht um das Seiende als solches, sondern „zugleich um das Ganze des Seienden" geht (GA 26: 21). Die Fundamentalontologie, so Heidegger, „erschöpft nicht den Begriff der Metaphysik" (ebd., 199), sondern verlangt die Erweiterung durch die „Metontologie". Heidegger erläutert diesen Terminus vom griechischen Ausdruck „μεταβολή" her, den er mit „Umschlag" übersetzt (ebd.).[235] Sein Gedanke ist, dass es im Verfolgen der Fundamentalontologie zu einem Umschlag der Ontologie kommen muss. Denn die Möglichkeit des Seinsverständnisses des Daseins, um dessen Ausarbeitung es in der Fundamentalontologie geht, hat, wie Heidegger nun sieht, „zur Voraussetzung die faktische Existenz des Daseins und diese wiederum das faktische Vorhandensein der Natur. Gerade im Horizont des radikal gestellten Seinsproblems zeigt sich, daß all das nur sichtbar ist und als Sein verstanden werden kann, wenn eine mögliche Totalität von Seiendem schon da ist" (ebd., 199).[236] Diese Voraussetzung des faktischen Vorhandenseins der Natur und der Totalität von Seiendem zu klären und das Seiende im Ganzen zum Thema zu machen, fällt der Metontologie als zusätzlichem Teil der Metaphysik zu. In aller Deutlichkeit heißt es in der Leibniz-Vorlesung: „Fundamentalontologie und Metontologie in ihrer Einheit bilden den Begriff der Metaphysik" (ebd., 202).

Vor dem nächsten Schritt möchte ich das bisher Gesagte kurz rekapitulieren. Der Kernpunkt von Heideggers Kritik an der Idee der philosophischen Anthropologie war, dass sie von keinem ihrer Vertreter ausdrücklich aus dem Wesen der Philosophie begründet wurde. Daraus ergab sich die Frage, ob eine solche Begründung in Hinblick auf die Idee des nicht-anthropologischen Fragens gegeben werden kann, das Heidegger anvisiert. Dazu wäre nach einer zuverlässigen Identifizierung der zentralen Probleme der Philosophie der Nachweis zu erbringen, dass diese Probleme in ihrem inneren Gehalt einen wesentlichen Bezug zum Menschen und das heißt, wie gesehen, zur Endlichkeit im Menschen haben. Um welche Probleme es sich Heidegger zufolge dabei handelt, ist soeben klar geworden. Es sind die Probleme, die erstens mit der fundamentalontologischen Frage nach dem

---

[235] Vgl. dazu: Die Fundamentalontologie „ist 1. Analytik des Daseins und 2. Analytik der Temporalität des Seins. Diese temporale Analytik ist aber zugleich die *Kehre*, in der die Ontologie selbst in die metaphysische Ontik, in der sie unausdrücklich immer steht, ausdrücklich zurückläuft. Es gilt, durch die Bewegtheit der Radikalisierung und Universalisierung die Ontologie zu dem in ihr latenten Umschlag zu bringen. Da vollzieht sich das Kehren, und es kommt zum Umschlag in die Metontologie" (GA 26: 201). – Siehe die Interpretation dieses Begriffs der Kehre bei Becker 2004, 240-244.

[236] Aufschlussreiche Überlegungen dazu, wie sich diese Gedanken Heideggers in den Horizont seiner Philosophie einordnen lassen, liefert Crowell 2000, vor allem 320 ff.

Seienden *als solchem*, zweitens mit der metontologischen Frage nach dem Seienden *im Ganzen* und drittens mit der Frage nach dem Zusammenhang dieser beiden Grundfragen der Metaphysik gegeben sind.

Wendet man sich vor dem Hintergrund dieser Überlegungen, die sich aus der systematischen Anlage des Kantbuchs ergeben, dem Text selbst zu, so wird schnell deutlich, dass Heidegger *allein* das erste Problem, also die Frage nach dem Seienden als solchem verfolgt, um nachzuweisen, dass dessen innerer Gehalt einen wesentlichen Bezug zur Endlichkeit im Menschen hat. Dies geschieht allerdings, wie mit Blick auf die Hauptschritte seines Gedankengangs deutlich wird, mit großer Entschiedenheit. Soll nachgewiesen werden, dass der innere Gehalt der Frage nach dem Seienden als solchem einen wesentlichen Bezug zur Endlichkeit im Menschen hat, so ist zunächst dieser innere Gehalt zu entwickeln. Grob gesagt, verläuft die Entwicklung über eine Folge von Fragen und Antworten in vier Schritten (vgl. GA 3: 222-228):

1. Schritt: Was ist das Seiende als ein solches? Anders gefragt: Was bestimmt überhaupt das Seiende zum Seienden? – Antwort: Das Sein des Seienden.
2. Schritt: Was ist das Sein als solches? Wie ist es zu begreifen? – Die Antwort müsste zumindest die folgenden Momente auseinanderhalten: Was-sein (Essenz, Wesen), Dass-sein (Existenz, Wirklichkeit) und Wahr-sein. Doch grundlegend für die genannte Frage ist eine weitere:
3. Schritt: Von wo aus ist Sein in der skizzierten Komplexität zu begreifen? – Antwort: Vom (vorbegrifflichen) Seinsverständnis aus.
4. Schritt: Wie lässt sich das Wesen des Seinsverständnisses aufhellen? Antwort: Indem gezeigt wird, dass es das Wesen des Menschen ausmacht und „als der innerste Grund seiner Endlichkeit" gelten kann (GA 3: 228).

Diese sukzessive Entwicklung des inneren Gehalts der Frage nach dem Seienden als solchem führt also bereits auf die Endlichkeit des Menschen. Das bedeutet, nach einem Bezug dieser Frage zur Endlichkeit muss nicht noch in einem weiteren Schritt gefragt werden, denn das Seinsverständnis, so Heidegger, „*ist* das innerste Wesen der Endlichkeit" (GA 3: 229).

Statt diese Überlegungen Heideggers zu problematisieren, möchte ich hier lediglich ihre beiden wichtigsten Implikationen offenlegen. *Zum einen* hat sich Heideggers Idee eines nicht-anthropologischen Fragens nach dem Menschen herausgebildet: Was den Menschen zum Menschen macht, ist das „*Dasein[] in ihm*" (GA 3: 229), das heißt genauer: das Seinsverständnis als Wesen der Endlichkeit im Menschen. Heideggers Fragen nach dem Menschen konkretisiert sich auf diese Weise in dem Projekt einer „Metaphysik des Daseins" (ebd., 230). *Zum anderen* ist es Heidegger gelungen, die Idee eines nicht-anthropologischen Fragens nach dem Menschen, das heißt der Metaphysik des Daseins, wenn nicht aus dem Wesen, so doch aus einem

Wesenselement der Philosophie zu begründen, da ihm, wenn seine Überlegungen triftig sind, der Nachweis gelungen ist, dass der innere Gehalt der Frage nach dem Seienden als solchen einen wesentlichen Bezug auf den Menschen und näherhin seine Endlichkeit hat. – Während die philosophische Anthropologie, trotz ihres von Scheler erhobenen Anspruchs, grundlegend für „alle zentralen Probleme der Philosophie" zu sein,[237] aus der Sicht Heideggers daran scheitert, ihr Fragen nach dem Menschen im Rekurs auf das Wesen der Philosophie auszuweisen, meint er selbst, dies geleistet zu haben. Entsprechend offensiv drängt er die Anthropologie zur Seite: Die „Frage, was der Mensch sei, übernimmt die Metaphysik des Daseins" (GA 3: 231).

Ich habe gerade darauf hingewiesen, dass Heidegger die Idee der Metaphysik des Daseins nicht aus dem Wesen, sondern nur aus einem Wesens*element* der Philosophie begründet. Damit ziele ich darauf ab, dass er sich nur auf eines von drei zentralen Problemen der Philosophie bezieht, um nachzuweisen, dass dessen innerer Gehalt einen wesentlichen Bezug zur Endlichkeit des Menschen hat, und zwar auf die fundamentalontologische Frage nach dem Seienden als solchen. Die beiden anderen Grundprobleme – die Frage nach dem Seienden im Ganzen und das Problem des Zusammenhangs dieser beiden Fragen – bleiben außen vor. Diese Tendenz setzt sich fort, wenn Heidegger daran geht, die Metaphysik des Daseins zu entfalten. Denn diese Entfaltung geschieht nur in einer Hinsicht, wie schon die Überschrift des letzten Teils des Schlussabschnitts des Kantbuchs ankündigt: „Die Metaphysik des Daseins als Fundamentalontologie" (GA 3: 231). Heidegger korrigiert in diesem Abschnitt zwar die auf der ersten Seite des Kantbuchs formulierte Aussage, dass die Fundamentalontologie die Metaphysik des Daseins *ist* (ebd., 1), indem er sie nun lediglich als „die erste Stufe der Metaphysik des Daseins" bezeichnet, doch worin diese insgesamt besteht, so Heidegger, „kann hier nicht erörtert werden" (ebd., 232). Das bedeutet aber, dass die im Kantbuch entfaltete Metaphysik des Daseins nach Heideggers eigenen Maßstäben ein metontologisches Defizit hat.

Heidegger scheint dies dadurch relativieren zu wollen, dass er der Fundamentalontologie gegenüber der Metontologie einen Vorrang in der Erkenntnisordnung einräumt. Denn er erklärt, dass „die Frage nach dem Sei-

---

[237] GW 3: 173. – Ich nenne hier nur Scheler, da an einer späteren Stelle deutlich zu machen sein wird, dass Plessner den genannten Anspruch in dieser Form nicht vertritt. Er ist zwar sowohl mit Scheler als auch mit Heidegger der Auffassung, dass das Fragen nach dem Menschen eine grundlegende Bedeutung für die Philosophie hat, würde jedoch Heideggers Anspruch zurückweisen, dieses Fragen aus dem Wesen der Philosophie begründen zu müssen. Denn vielmehr sei zunächst umgekehrt zu berücksichtigen, dass ein Fragen nach dem Menschen im Zeichen der Exzentrizität eine „Neuschöpfung der Philosophie" erzwingt (Stufen, 30; siehe dazu unten Kap. 3.4).

enden im Ganzen und in seinen Hauptbezirken schon ein gewisses Begreifen dessen, was das Seiende als solches sei, voraussetzt" (GA 3: 222). Auf der anderen Seite räumt er aber ein, dass es eine andere Frage sei, ob der Fundamentalontologie „dieser Vorrang auch in der Ordnung der entscheidenden Selbstbegründung der Metaphysik zufällt"; diese Frage, so Heidegger ausweichend, sei „hier lediglich genannt" (ebd.). Das weist auf eine empfindliche Lücke des Gedankengangs hin. Denn von der Antwort auf diese Frage hängt es ab, wie triftig der Ansatz ist, die Grundlegung der Metaphysik einer fundamentalontologisch ausgerichteten Metaphysik des Daseins zu überlassen. – Wichtiger noch als die Feststellung der genannten Lücke ist es, sich an Heideggers Gedanken der Leibniz-Vorlesung zu erinnern, dass das für die Fundamentalontologie unverzichtbare Verstehen von Sein „das faktische Vorhandensein der Natur" voraussetzt und nur vollziehbar ist, „wenn eine mögliche Totalität von Seiendem schon da ist" (GA 26: 199) – Voraussetzungen, die nur von der Metontologie theoretisch einholbar sind. Das metontologische Defizit von Heideggers nicht-anthropologischem Fragen nach dem Menschen im Kantbuch lässt sich also nicht durch den Hinweis ausräumen, die Metontologie setze die Fundamentalontologie voraus. Das Voraussetzungsverhältnis ist wechselseitig.[238]

Was bedeutet dies mit Blick auf das Verhältnis zwischen der Metaphysik des Daseins und der modernen philosophischen Anthropologie? Heidegger hatte nach der Kritik der Idee der Anthropologie und einer ersten Erläuterung seiner Idee der Metaphysik des Daseins erklärt, diese „übernehme" die Frage nach dem Menschen (GA 3: 231). Vor dem Hintergrund ihrer fundamentalontologischen Einseitigkeit ist diese Aussage aber als vorschnell zu werten. Aus der Perspektive der Philosophischen Anthropologie würde jedenfalls an genau diesem Punkt die Kritik ansetzen. Sie würde das Ziel verfolgen, das metontologische Defizit der Metaphysik des Daseins als ein anthropologisches Defizit kenntlich zu machen.[239] Ich werde im nächsten

---

[238] So auch László Tengelyi in einem Aufsatz zu Metontologie und Weltanschauung bei Heidegger: „Il y a [...] un rapport de conditionnement réciproque entre l'ontologie fondamentale et la métontologie" (Tengelyi 2011a, 140).

[239] In dieser Richtung vgl. tendenziell schon Scheler selbst, GW 9: 281 f. – Scheler würde darüber hinaus auch von einem metanthropologischen Defizit sprechen. Denn seines Erachtens gelangen wir durch die Metanthropologie von der philosophischen Anthropologie zur eigentlichen Metaphysik, d. h. der Metaphysik des Absoluten, und zwar indem wir „vom Wesensbilde des Menschen aus" in einer von Scheler erörterten „transzendentalen Schlußweise" „auf die wahren Attribute des obersten Grundes aller Dinge" schließen (siehe GW 9: 81-83; vgl. auch GW 9: 290). Ich halte Schelers über seine Philosophische Anthropologie hinausgehende Metanthropologie heute nicht mehr für anschlussfähig und spreche oben daher allein von einem anthropologischen Defizit. Dieses lässt sich durch Schelers und Pless-

Abschnitt Bausteine einer solchen Kritik vorstellen. Dafür wird es jedoch hilfreich sein, zunächst darzulegen, dass die von Heidegger eröffnete metontologische Dimension seines Philosophierens Problemstellungen betrifft, um die sich auch die Philosophische Anthropologie bemüht.

Wenn die Metontologie das Seiende im Ganzen problematisiert, geht es ihr nicht in erster Linie um das Sein, sondern um die Welt, dies aber nicht mehr in dem fundamentalontologischen Sinn, in dem Welt ein Existenzial, eine Seinsbestimmung des Daseins ist, sondern um Welt als Kosmos (vgl. GA 26: 13). Und wenn die Metontologie zudem das faktische Dasein als Voraussetzung des Seinsverständnisses und als seinerseits vorausgesetzt durch „das faktische Vorhandensein der Natur" auffasst (ebd., 199), dann geht es ihr um den Menschen nicht mehr nur als Existenz, sondern auch als Naturwesen – und zwar in seiner Stellung im „Kosmos". Erst auf diese Weise zeigt sich, wie angemessen es ist, dass Heidegger sein Kantbuch Scheler gewidmet hat. Schelers anthropologischer Entwurf der Stellung des Menschen im Kosmos darf, wenn man der Logik von Heideggers Überlegungen im Kantbuch folgt, nicht als fundamentalontologisch überholt beiseite gelegt werden, sondern würde einer sorgfältigen metontologischen Auswertung bedürfen. Zwar unternimmt Heidegger eine solche ins Einzelne gehende Auseinandersetzung mit Scheler nicht, das Sachproblem aber stand ihm deutlich vor Augen. So schreibt er in seinem Aufsatz „Vom Wesen des Grundes" (1929), dass „das metaphysisch Wesentliche der [...] Bedeutung von κόσμος, mundus, Welt darin [liegt], daß sie auf die Auslegung des menschlichen Daseins in seinem Bezug zu Seiendem im Ganzen abzielt" (GA 9: 156 f.). Vor diesem Hintergrund ist es nicht überraschend, wenn er in seiner Vorlesung *Die Grundbegriffe der Metaphysik* im folgenden Wintersemester 1929/30 mit der vergleichenden Betrachtung von Pflanze, Tier und Mensch in Bezug auf Welt (GA 29/30) seine eigene Version einer „Stellung des Menschen im Kosmos" vorlegt.

Die metontologische Öffnung oder Erweiterung seiner Philosophie hat unabhängig von deren Verhältnis zur modernen philosophischen Anthropologie eine wichtige systematische Bedeutung für Heideggers eigenen Ansatz. Sie könnte dabei helfen, eine methodische Grundschwierigkeit von *Sein und Zeit* zu lösen. Der daseinsanalytische Ansatz der Ausarbeitung der Seinsfrage erfordert eine befriedigende Konzeption des Übergangs vom Verständnis des eigenen Seins zu dem des Seins überhaupt. Die von Heidegger in *Sein und Zeit* entwickelte Konzeption dieses Übergangs führt jedoch in ein Dilemma, für das der Weltbegriff verantwortlich ist (Kap. 1.1): Wird „Welt" als eine Seinsbestimmung des Daseins konzipiert, so bleibt der Übergang vom Verständnis des Seins in der Welt zum Verständnis des Seins überhaupt un-

ners Ansätze zu einer Philosophischen Anthropologie kenntlich machen und ausweisen.

einsichtig; wird „Welt" aber als Charakter alles Seienden konzipiert, so bliebe ein anderer Übergang uneinsichtig: wie mit dem Verständnis des eigenen Seins ein Verständnis des Seins in der Welt gegeben sein sollte. Beide Übergänge sind für den daseinsanalytischen Ansatz, die Seinsfrage auszuarbeiten, unverzichtbar; jeder von ihnen ist aber immer nur auf Kosten des jeweils anderen zu bewältigen. – Die Frage, ob sich das Dilemma vermeiden lässt, konnte von *Sein und Zeit* her nicht beantwortet werden. Um sie zu klären, bieten sich meines Erachtens zwei Wege an. (1) Es sollte überprüft werden, ob der daseinsanalytische Ansatz in der Ausarbeitung der Seinsfrage in der Zeit nach *Sein und Zeit* von Heidegger so modifiziert oder erweitert wird, dass sich das Dilemma umgehen lässt. (2) Man sollte untersuchen, in welcher Weise Heidegger den Weltbegriff, der ja für das Dilemma verantwortlich war, neu fasst, und überprüfen, ob sich das Dilemma dadurch beseitigen lässt. Ich werde beide Wege verfolgen. Der erste erweist sich als steinig; der zu betreibende Aufwand wird sich dann aber auch für den zweiten auszahlen.

(1) Die zentrale Gemeinsamkeit zwischen Heideggers Vorgehen in *Sein und Zeit* und seiner metaphysischen Periode (1927-1930) besteht in dem Ansatz am eigenen Sein. Das Scheitern von *Sein und Zeit*, wo das Seinsverhältnis des Seienden, dem es „in seinem Sein um *dieses* Sein selbst geht" den Ausgangspunkt bildet (SuZ 12; meine Hvh., M. W.), zieht zunächst nicht einen Wechsel der Vorgehensweise nach sich, sondern führt zu dem neuerlichen Anlauf einer „Theorie der Subjektivität".[240] Im Zentrum dieses Neuansatzes steht der Begriff der Transzendenz. „Transzendenz" bezeichnet dabei allgemein „die ursprüngliche Verfassung der Subjektivität eines Subjektes" und inhaltlich das Überschreiten des Seienden, sodass dieses dem Subjekt dann als Seiendes gegenüberstehen kann, wobei das, woraufhin überschritten wird, als Welt gilt.[241] Wird Transzendieren formal als dreistellige Relation verstanden: „*x* transzendiert *y* auf *z* hin", so steht „*x*" für das Dasein, „*y*" für alles Seiende und „*z*" für Welt. Der Bezug, in den sich das Dasein im Transzendieren zur Welt bringt, wird von Heidegger auf zweierlei Art konzipiert: als Entwurf und als Bindung.

Der Weltentwurf sei ein vorgängiger „Überwurf der entworfenen Welt über das Seiende", der es ermögliche, „daß Seiendes als solches sich offenbart" (GA 9: 158). Indem sich das Seiende *als solches* offenbart, erschließt sich sein Sein. Sein erschließt sich Heidegger zufolge aber nicht im Weltentwurf allein, sondern nur insofern, als mit diesem eine „ursprüngliche Bindung" einhergeht. Die Transzendenz mache das Dasein nicht nur zu einem weltentwerfenden, sondern gebe ihm zugleich „die Möglichkeit der

---

[240] Hackenesch 2001, 55.

[241] GA 26: 211-213, obiges Zitat ebd., 211; vgl. GA 9: 137-139; GA 27: 206 f. – Zu Heideggers Konzeption der Transzendenz siehe Görland 1981 und Hackenesch 2001, 55 ff.

Bindung" (GA 26: 247). Es gehöre zum Entwerfen von Welt, dass das Dasein darin einen „freie[n] Halt" findet, der es, „in allen seinen Dimensionen
der Transzendenz, in einen möglichen Spielraum der Wahl stellt. Diese Bindung hält sich die Freiheit selbst entgegen. Die Welt ist in der Freiheit wider
diese selbst gehalten" (ebd., 248). Welt, so daher Heideggers These, muss
nicht nur entworfen werden, sondern auch dem Dasein entgegengehalten
sein, wenn „Seiendes überhaupt als solches offenbar werden" soll (ebd.,
249). Weltentwurf und Weltgebundenheit zusammen ermöglichen demnach
das Verstehen von Sein überhaupt. Zusammengefasst ergibt sich also fol-
gender Gedankengang:

(i)   Das eigene Sein des Daseins ist Transzendenz.
(ii)   Transzendenz ist das Übersteigen alles Seienden auf Welt hin.
(iii)   Die Beziehung, in die sich das Dasein transzendierend zur Welt bringt,
        ist Entwurf und Bindung.
(iv)   Weltentwurf und Weltgebundenheit ermöglichen das Verstehen von
        Sein überhaupt.

Ebenso wie der systematisch korrelative Gedankengang in *Sein und Zeit* geht
diese Überlegung von einer Bestimmung des eigenen Seins zum Seinsverständnis über. In beiden Fällen spielt der Weltbegriff eine wichtige Rolle, er
verschiebt sich allerdings. Heidegger vertritt zwar auch in seiner metaphysischen Periode einen subjektiven Weltbegriff, versucht nun aber, sich deutlicher gegen einen Subjektivismus abzugrenzen (GA 26: 251 f.). Subjektiv
bleibt der Begriff darin, dass „Welt" die dritte Stelle der Relation der Transzendenz einnimmt und Transzendenz die Grundstruktur des Subjekts ist.
Daher besteht auch hier wieder die Gefahr, dass von einem derartigen
Weltbegriff kein Weg zum Sein überhaupt führt. Von seiner Leibniz-
Vorlesung her kann Heidegger jedoch zweierlei gegen eine subjektivistische
Lesart seiner Position ins Feld führen. Zum einen ist „Welt" nicht einfach
das von einem Individuum – und sei es noch so eigentlich – Entworfene.
Als Autor des Weltentwurfs muss das Dasein seinem gegen Ichsein, Dusein
und Geschlechtlichkeit „neutralen" Begriff nach gelten, wobei das Indivi-
duum die „metaphysische Neutralität" des Daseins in einem besonderen
„Einsatz" erst erringen muss.[242] Zum anderen geht mit dem Weltentwurf
Bindung einher. Heidegger neigt zwar dazu, die Bindung eher vom Entwurf
her bzw. als etwas zu denken, was mit entworfen wird; beispielsweise wenn
er sagt, im Weltentwurf „gibt sich das Dasein die ursprüngliche Bindung"
(GA 26: 247); doch es sollte nicht übersehen werden, dass es eine passive
Dimension von Bindung gibt. Mit dem Ausdruck „Weltgebundenheit"
möchte ich eben dies andeuten.

---

[242] GA 9: 157 f.; GA 26: 171-177, 241-243; GA 27: 146. – Ich verdanke den Hinweis auf diesen Punkt einem Gespräch mit Inga Römer.

Das Dasein gibt sich Bindung nicht nur, sie widerfährt ihm auch, und zwar notwendigerweise. Das lässt sich von dem her erläutern, was Heidegger in der Leibniz-Vorlesung die „metaphysische Ohnmacht des Daseins" nennt (GA 26: 279). Mit dem Terminus knüpft er meines Erachtens an Scheler an, nach dessen Auffassung der Geist in Bezug auf die kategoriale Struktur niederer Seinsschichten ohnmächtig ist (vgl. Kap. 2.2). Heidegger vertritt zwar kein Schichtenmodell, doch auch er hält das Dasein in seinem Weltentwurf in bestimmter Hinsicht für ohnmächtig. Der Weltentwurf ist einem „Widerstand" im Seienden ausgesetzt, wobei Widerständigkeit nicht mehr wie noch in *Sein und Zeit* bloß „das Sein des *innerweltlich* Seienden" charakterisiert,[243] sondern das Sein des Vorhandenen überhaupt. Der Widerstand, um den es Heidegger in der Leibniz-Vorlesung geht, ist derart, dass „das Seiende in dem Widerstand" als das erfahren wird, „wogegen das *transzendierende* Dasein ohnmächtig ist".[244] Da das transzendierende das weltentwerfende Dasein ist, besteht der systematische Ort der Widerständigkeit hier also darin, dass sie nicht einfach als Grenze für das Erschließen von Innerweltlichem, sondern als Grenze für das Entwerfen von Welt fungiert. Das Bestehen dieser Grenze weist auf „Welt" in einem anderen, und zwar kosmologischen Sinn hin.

Um das genuin kosmologische Element des Weltbegriffs in Heideggers metaphysischer Periode kenntlich zu machen, muss eine begriffliche Unterscheidung zwischen dem Innerweltlichen und dem Vorhandenen beachtet werden. Der Weltentwurf ermöglicht Heidegger zufolge Innerweltlichkeit, diese „gehört aber nicht zum Wesen des Vorhandenen als solchen" (GA 26: 251). Das Vorhandene kann, muss jedoch nicht Innerweltliches sein (GA 25: 19). Gemessen an dem Weltbegriff, der in der Rede vom Entwerfen der Welt im Spiel ist, kann das Vorhandene seinem Wesen nach ‚unweltlich' genannt werden. Gleichwohl gehört es offenbar ganz unabhängig von seinem eventuellen „Welteingang" (GA 26: 249-251) zu „Welt", wobei jedoch ein anderer Weltbegriff als Maßstab anzulegen wäre. Heidegger selbst zeigt, dass er einen solchen Weltbegriff vorsieht, wenn er in seiner Vorlesung vom Wintersemester 1927/28 von „Natur" bzw. von dem spricht, was „*von sich aus* vorhanden ist": „Die physische Natur kann nur innerweltlich vorkommen, wenn Welt, d. h. Dasein, existiert. Die Natur kann aber sehr wohl in ihrer eigenen Weise sein, ohne innerweltlich vorzukommen, ohne daß menschliches Dasein und damit eine Welt existiert" (GA 25: 19). Der Naturbegriff erhält damit eine im Vergleich zu *Sein und Zeit* neue Rolle,[245] die

---

[243] SuZ 210; meine Hvh., M. W.

[244] GA 26: 279; meine Hvh., M. W.

[245] In *Sein und Zeit* war der Naturbegriff dem Weltbegriff insofern nachgeordnet, als dem Naturerkennen der Charakter einer „Entweltlichung der Welt" zugesprochen wurde; zudem galt „‚Natur' als der Inbegriff von Seinsstrukturen eines bestimmten *innerweltlich* begegnenden Seienden" (SuZ 65; meine Hvh., M. W.).

Rolle eines kosmologischen Weltbegriffs. Genau dieser Weltbegriff liegt Heideggers schon mehrfach erwähnter These zugrunde, dass das Seinsverständnis „das faktische Vorhandensein der Natur" voraussetzt (GA 26: 199).

Auch in dem skizzierten kosmologischen Sinn gehört „Welt" auf eine bestimmte Weise zur Transzendenz – aber nicht zur dritten, sondern zur zweiten Stelle der Transzendenzrelation. Sie ist dabei nicht das, *woraufhin* überstiegen wird, sondern das, *was* überstiegen wird.[246] Genau darin stellt sie einen Widerstand für das transzendierende Dasein dar, das heißt eine Grenze für seinen Weltentwurf bzw. eine Beschränkung seiner Entwurfsmacht. Diese Grenze und Beschränkung liegt nicht im transzendierenden Dasein selbst; es gibt sie sich nicht selbst. Sie kommt aber in seinem Transzendieren zum Vorschein und macht damit kenntlich, wogegen es ohnmächtig und wodurch es gebunden ist. Entscheidend ist, dass diese Begrenztheit und Beschränktheit und die damit einhergehende Weltgebundenheit ebenso wesentlich zum Transzendieren gehören wie der Weltentwurf. Indem Heidegger „Welt" im kosmologischen Sinn der zweiten Stelle der Transzendenzrelation zuweist, versteht er sie als ein konstitutives Moment der Transzendenz selbst.

Weder der Weltentwurf noch die Weltgebundenheit werden dem Dasein in der Regel transparent genug sein, um schon ein ausdrückliches und entfaltetes Verstehen von Sein überhaupt zu verbürgen. Das ist auch nicht erforderlich. Für Heideggers Zwecke reicht es aus, dass der Weltentwurf und die Weltgebundenheit des transzendierenden Daseins ein vorontologisches Seinsverständnis ermöglichen. Denn es ging nur um die Rechtfertigung des methodischen Ansatzes, die Seinsfrage im Ausgang von einer Bestimmung des eigenen Seins auszuarbeiten. In *Sein und Zeit* scheiterte diese methodische Rechtfertigung an einem Dilemma, für das ein unzureichender Weltbegriff verantwortlich war. Über den dortigen subjektivistischen Ansatz gelangt Heidegger jedoch in seiner metaphysischen Periode hinaus. Mit seiner Konzeption der Transzendenz durchbricht er den Subjektivismus in zwei Punkten: durch die von mir nur angedeutete Konzeption der „metaphysischen Neutralität" des Daseins und durch die Einführung eines genuin kosmologischen Elements in den Weltbegriff. Diese beiden Punkte lassen sich der ersten und der zweiten Stelle der Transzendenzrelation zuordnen. Der Entwurf von „Welt", die der dritten Stelle der Relation zugeordnet ist, ist daher auf eine innere Weise, das heißt durch die Struktur der Transzendenz selbst, beschränkt. Im Rahmen einer um den Transzendenzbegriff

---

[246] Vor dem Hintergrund dieser Interpretation wäre es naheliegend zu sagen, dass nicht einfach das Seiende, sondern das *Seiende im Ganzen* transzendiert wird. Genau das macht Heidegger in seiner Vorlesung *Einleitung in die Philosophie*: „was überstiegen wird, ist das Seiende im Ganzen" (GA 27: 240). Auf diese Weise könnte man dann sagen, im Transzendieren wird das Seiende im Ganzen auf das ‚im Ganzen' hin überstiegen (vgl. ebd., 306 f.).

zentrierten Neukonzeption seines Ansatzes am eigenen Sein, das heißt im Kern durch den Gedankengang (i)-(iv), gelingt es Heidegger also, das Dilemma zu umgehen, in das die methodischen Überlegungen von *Sein und Zeit* führten.

(2) Wie gesehen hängt der erste Weg, auf dem Heidegger das Dilemma der Rechtfertigung des methodischen Ansatzes von *Sein und Zeit* vermeidet, nicht nur mit dem Begriff der Transzendenz, sondern auch mit dem der Welt eng zusammen. Da es sich dabei um einen gegenüber *Sein und Zeit* modifizierten Weltbegriff handelt,[247] lässt sich das Dilemma vielleicht *direkt* vermeiden, also nicht, indem man es umgeht, sondern indem man es beseitigt. Dieser Gedanke steht am Beginn des zweiten Wegs. Das Dilemma ergab sich, weil für die Verteidigung des Vorgehens von *Sein und Zeit* zwei Übergänge benötigt wurden – (a) der vom Verständnis des eigenen Seins zum Verständnis des Seins in der Welt und (b) der vom Verständnis des Seins in der Welt zum Verständnis des Seins überhaupt –, von denen einer jeweils nur auf Kosten des anderen nachvollziehbar war (Kap. 1.1). In Heideggers metaphysischer Periode erscheint das Problem in einem neuen Licht. Das Verständnis des eigenen Seins ist ein Verständnis der Grundstruktur des Subjekts, das heißt der Transzendenz. „Welt" gehört in einem doppelten Sinn zur Transzendenz: zur zweiten und zur dritten Stelle der Transzendenzrelation. Sie ist das, was *und* woraufhin überstiegen wird. (a) Ein Verständnis des eigenen Seins (Transzendenz) ist also ein Verständnis des Seins in der Welt – aber „Welt" ist dabei in einem existenzial-kosmologischen Doppelsinn zu nehmen. In seinem Aufsatz „Vom Wesen des Grundes" hat Heidegger sein doppeltes Weltkonzept einmal so formuliert: „Die Welt gehört mithin gerade dem menschlichen Dasein zu, obzwar sie alles Seiende, auch das Dasein mit in Ganzheit umgreift".[248] (b) Ein Verständnis des Seins in der (so verstandenen) Welt ergibt sich nicht nur aus dem Verständnis des als Transzendenz konzipierten eigenen Seins, sondern ermöglicht auch den Übergang zum Verständnis des Seins des Alls des Seienden und damit des Seins überhaupt. Der Übergang wird dabei vor allem durch den kosmologischen Aspekt des doppelten Weltbegriffs vermittelt, dem zufolge Welt „alles Seiende" inklusive des Daseins „in Ganzheit umgreift". – Als Zusammenfassung zu diesem Punkt halte ich fest, dass sich das Dilemma der Rechtfer-

---

[247] Romano Pocai hat Heideggers Analyse des Weltphänomens in *Sein und Zeit* meines Erachtens treffend dahingehend kritisiert, dass sie „zu einseitig am Entwurfscharakter des Daseins orientiert" sei und damit den Raum verstelle, „den Gedanken einer auch nicht-entworfenen Welt auszubuchstabieren" (Pocai 2001, 63, 64). In seiner metaphysischen Periode, die die Rede auch von Weltgebundenheit und einem kosmologischen Element von „Welt" gerechtfertigt erscheinen lässt, kommt jene Analyse in eine Balance. Dies zahlt sich, wie ich im Folgenden deutlichen machen werde, auch methodisch aus.

[248] GA 9: 143. Vgl. die Parallelstelle in GA 27: 241.

tigung des Vorgehens von *Sein und Zeit* aufgrund des existenzial-kosmologischen Doppelbegriffs der Welt beseitigen lässt. Heideggers Neuansatz einer Theorie der Subjektivität, dem sich der doppelte Weltbegriff verdankt, muss in dieser Hinsicht also als ein Fortschritt gelten.

Auf der Grundlage der Konzeption des doppelten Weltbegriffs wird nun auch deutlich, wie naheliegend Heideggers Rekurs auf Schelers Gedanken der Weltexzentrizität des Menschen in der Davoser Disputation war (Kap. 1.4). Schelers Gedanke war, dass sich der Mensch „aus der gesamten Natur herausgestellt" und damit „Weltoffenheit" gewonnen habe, dabei aber durch und durch Naturwesen bleibe. In der Davoser Disputation daran anknüpfend, nennt Heidegger den Menschen in ein und demselben Atemzug „transzendent" und „exzentrisch[]": Der Mensch, so seine Variante von Schelers Punkt, sei „offen zum Seienden im Ganzen und zu sich selbst" *und* „zugleich auch hineingestellt [...] in das Ganze des Seienden überhaupt" (GA 3: 291). Von Heideggers Transzendenzgedanken her argumentiert, ergibt sich ersteres aus dem Weltentwurf des Daseins und letzteres aus dessen Weltgebundenheit sowie dem kosmologischen Zug des Weltbegriffs.

Außer der sachlichen Nähe zwischen Scheler und Heidegger machen diese Überlegungen noch etwas anderes deutlich: Der doppelte Weltbegriff zieht einen doppelten Begriff des Daseins bzw. Menschen nach sich. Die weltdurchtränkte Weltexzentrizität ergibt sich aus dem doppelten Weltbegriff, ist aber ein Doppelcharakter des Menschen. Plessner hatte für diesen Doppelcharakter den Terminus „exzentrische Positionalität" geprägt. Auch dem nähert sich Heidegger in seiner metaphysischen Periode an. Denn *erstens* geht aus einer Reihe von Bemerkungen hervor, dass er seinen doppelten Weltbegriff zu einem entsprechenden doppelten Daseinsbegriff in Beziehung setzt. So schreibt er in „Vom Wesen des Grundes": „Obzwar inmitten des Seienden seiend und von ihm umfangen, hat das Dasein als existierendes die Natur immer schon überstiegen" (GA 9: 139). Mit der „Natur", von der das Dasein umfangen und durchdrungen ist, bringt Heidegger den kosmologischen Weltbegriff ins Spiel. Die Rede vom Übersteigen dagegen verweist auf Welt als vom Dasein entworfene. Dabei ist zu beachten, dass die kosmologische Umfangenheit durch den Überstieg auf Welt hin, den Weltentwurf, zwar aufgelockert, aber nicht überwunden wird; schon deshalb nicht, weil das Entwerfen von Welt selbst von ihr betroffen ist. In diesem Sinn hebt Heidegger an einer späteren Stelle hervor, dass „das entwerfende Dasein *als entwerfendes* auch schon *inmitten* von [...] Seienden" ist (GA 9: 166). Vor dem Hintergrund der Nähe solcher Formulierungen zu Plessners naturphilosophischem Gedanken der Exzentrizität ist es unmittelbar einsichtig, dass Heidegger sich *zweitens* auch terminologisch an Plessner anlehnt (ohne diesen allerdings zu nennen). In der Vorlesung zur *Einleitung in die*

Philosophie erklärt er, dass der Mensch „seinem Innersten nach ex-zentrisch ist".[249]

Über all diesen Gemeinsamkeiten dürfen allerdings die systematischen Differenzen zwischen dem anthropologischen Fragen nach dem Menschen und Heideggers Variante des nicht-anthropologischen Fragens nach dem Menschen nicht vergessen werden. Ich beginne nun damit, eine Gruppe solcher Differenzen herauszuarbeiten, indem ich das freilege, was man das anthropologische Defizit von Heideggers Metaphysik des Daseins nennen könnte.[250]

3.2 Das anthropologische Defizit der Metaphysik des Daseins

Schelers Aufsatz „Zur Idee des Menschen" kann wegen einer Reihe metaphysischer und theistischer Restbestände zwar nicht als das Gründungsdokument der modernen philosophischen Anthropologie gelten, doch gerade dieser Text bietet sich als Ausgangspunkt an, um die Differenzen zwischen Heideggers Metaphysik des Daseins und der Anthropologie herauszustellen. Denn Scheler bestimmt dort die Frage nach der Stellung des Menschen im Kosmos gleich im ersten Satz als die fundamentale Frage der Philosophie und formuliert sie auf folgende Weise: Was ist der Mensch und welche „metaphysische Stelle und Lage" nimmt er „innerhalb des Ganzen des Seins, der Welt und Gott" ein (GW 3: 173)? Mit dieser Frage sieht er drei weitere Fragen aufs engste verbunden, an denen sich meines Erachtens gut kenntlich machen lässt, worin das anthropologische Defizit von Heideggers Metaphysik des Daseins gesehen werden kann. – Zuerst wirft Scheler (1) die Frage auf, wie die Irreduzibilität unserer theoretischen, praktischen und ästhetischen Prinzipien auf die „Organisation der menschlichen Natur" sichergestellt werden kann. Dann fragt er (2), wie sich Naturgeschichte und Geschichte zueinander verhalten. Schließlich formuliert er (3) die Frage, wie sich die Einheit der Merkmale des „‚Menschen' als zoologischer Spezies" zu „der ideellen Einheit [verhält], als die der ‚Mensch' in den Geisteswissenschaften und der Philosophie figuriert".[251]

---

[249] GA 27: 11. Vgl. dazu „Vom Wesen des Grundes", GA 9: 162 Anm. 59. – Auch Annette Hilt identifiziert in ihrem Vergleich der von Plessner und Heidegger gegen Ende der 1920er Jahre vertretenen Ansätze eine Reihe von Gemeinsamkeiten (Hilt 2005); und Hermann Schmitz zufolge besteht zwischen beiden Ansätzen sogar eine sachliche Koinzidenz (Schmitz 1996, 374, 389, 471).

[250] Eine weitere Gruppe solcher Differenzen wird sich in Kap. 4.3 von Plessner her ergeben, wenn dessen in *Macht und menschliche Natur* entwickelte Position mit einbezogen wird.

[251] GW 3: 173-175; hier: 175.

(1) Dass unsere theoretischen, praktischen und ästhetischen Prinzipien nicht auf die Organisation der menschlichen Natur zurückgeführt werden können, ist eine von Heidegger und der Philosophischen Anthropologie geteilte Auffassung. Die Aufgabe ihrer Verteidigung scheint dringender zu werden in einer Epoche, in der mit Blick auf den Erfolg der Naturwissenschaften strikt naturalistische Ansprüche erhoben werden. Denn wenn etwa behauptet wird, dass sich alle Erkenntnisse in der Sprache der Naturwissenschaften (d. h. der Physik, eventuell im Verbund mit der Chemie bzw. zusätzlich der Biologie) formulieren lassen oder dass allein die Naturwissenschaften eine komplette Darstellung von dem liefern, was es gibt, dann wird offenbar ein gegenüber der herkömmlichen Philosophie konkurrierender Anspruch erhoben, die Frage nach dem „im Ganzen" zu beantworten. Sowohl Heidegger als auch die Philosophische Anthropologie versuchen, dieser Herausforderung gerecht zu werden, allerdings nicht so sehr durch eine direkte Auseinandersetzung mit dem skizzierten Naturalismus als vielmehr durch die Entwicklung einer eigenen Konzeption, die ihn auf Distanz hält, aber der Naturwissenschaft ausreichend Respekt zollt. Die Strategien weichen jedoch deutlich voneinander ab. Heidegger votiert für einen strikten Anti-Naturalismus, während die Philosophische Anthropologie für einen nicht-reduktiven Naturalismus plädiert.

Besonders ausführlich hat sich Heidegger in seiner im Wintersemester 1928/29 gehaltenen Vorlesung *Einleitung in die Philosophie* mit dem Verhältnis zwischen der Philosophie und den Wissenschaften auseinandergesetzt.[252] Mit dem Aufkommen der neuzeitlichen Naturwissenschaft und näherhin der mathematischen Physik, so seine These, wird das Seiende hinsichtlich seines Was- und Wie-seins neu bestimmt, und zwar als „Natur" im Sinne eines Zusammenhangs räumlich und zeitlich ausgedehnter, bewegter Körper. Natur und Naturdinge werden dabei „angesetzt als bestimmt und bestimmbar durch Quantitäten", wobei Heidegger hinzusetzt: „Quantum – extensio, Raum, Zeit, Bewegung, Kraft" (GA 27: 187). Bei dieser Neubestimmung handelt es sich seines Erachtens um einen Wandel des Seinsverständnisses insgesamt, einen Neuentwurf der Seinsverfassung des Seienden, der durch verschiedene Merkmale gekennzeichnet ist: Er geht allen einzelnen Beobachtungen und Erfahrungen des Seienden voraus, bleibt selbst unthematisch und ist „feldabsteckend" (ebd., 189, 195 f.). Das zuletzt genannte Merkmal ist im gegenwärtigen Kontext das wichtigste. Genauer – aber weiterhin metaphorisch – besagt es, „daß in und mit diesem Entwurf des Seins ein Feld des Seienden umgrenzt, abgesteckt wird" (ebd., 196). Eine solche Grenzziehung ist Heidegger zufolge für die Wissenschaft wesentlich, kann aber nicht durch diese selbst erfolgen. Sie geschieht, wie Heideg-

---

[252] Der komplette erste der beiden Abschnitte der vierstündigen Vorlesung ist – so die Überschrift – dem Thema „Philosophie und Wissenschaft" gewidmet (GA 27: 13-227).

ger mit einem Grundbegriff seiner Metaphysik des Daseins sagt, durch das „Transzendieren".

In Hinblick auf die Frage nach dem für die Wissenschaft konstitutiven „feldabsteckenden" Entwurf erläutert er: „Das Transzendieren ist das andere, dessen die Wissenschaft als solche nicht mächtig ist und dessen sie gerade bedarf, um zu sein, was sie sein kann. Das Transzendieren vollzieht die Begrenzung der Wissenschaft [...]" (GA 27: 212). Der für seine Konzeption des Verhältnisses zwischen der Philosophie und den Wissenschaften entscheidende Punkt ist dann: „Transzendieren ist Philosophieren, geschehe es unausdrücklich verborgen, oder werde es ausdrücklich ergriffen" (ebd., 214). Das „andere", was „jede Wissenschaft je auf ein Gebiet festlegt und einschränkt" und wodurch sie wesenhaft zur „Einzelwissenschaft" wird, ist demnach das Philosophieren. Im Vergleich mit der Philosophie, der es in ihrer fundamentalontologisch-metontologischen Doppeltheit erstens um das Seiende als solches, also das Sein, und zweitens um das Seiende im Ganzen geht, ist die Wissenschaft einerseits lediglich „Erkenntnis von Seiendem und nicht solche des Seins" und andererseits „je solche eines bestimmten Gebiets und nie vom Seienden im Ganzen" (ebd., 212).

Wenn diese Konzeption richtig ist, dann sind unsere praktischen, unsere ästhetischen sowie unsere außernaturwissenschaftlichen theoretischen Prinzipien *deshalb* nicht auf die Organisation der menschlichen Natur reduzierbar, weil die naturwissenschaftlichen (etwa in der Humanbiologie gewonnenen) Erkenntnisse über diese Organisation ein Gebiet betreffen, das von denjenigen Gebieten ganz verschieden ist, die durch die genannten Prinzipien strukturiert sind. Die Naturwissenschaften haben es gewissermaßen mit einem anderen Kontinent zu tun als andere Wissenschaften. Die Philosophie schließlich, die Heidegger nun konsequenterweise nicht mehr als Wissenschaft versteht (GA 27: 14), ist seines Erachtens schon deshalb nicht auf Erkenntnisse über die Organisation der menschlichen Natur reduzierbar, weil sie das Fundament der Wissenschaften legt, die solche Erkenntnisse erst hervorbringen. Als Transzendieren steckt sie den Wissenschaften ihr Feld ab und ermöglicht sie so erst (vgl. ebd., 219).

Die skizzierte Auffassung Heideggers ist nicht unproblematisch. Sie läuft Gefahr, einfach die traditionelle Sichtweise fortzuschreiben, die die Eigenständigkeit der Wissenschaften unterschätzt und der Philosophie in Bezug auf diese Wissenschaften einen epistemisch privilegierten Standpunkt zuschreibt. Es ist aber weder der Fall noch nötig oder auch nur wünschenswert, dass die Philosophie einer bestimmten Wissenschaft ein Gebiet oder Grenzen zuweist. Die Frage nach dem Gebiet und den Grenzen einer Wissenschaft ist keine außerwissenschaftliche Frage, da die Antwort auf sie von der wissenschaftlichen Arbeit selbst und den wissenschaftlichen Resultaten abhängt.[253] Ebenso wenig scheint mir Heideggers Auffassung haltbar, dass eine „Wissenschaft vom Seienden im Ganzen [...] wesenhaft unmöglich" ist (GA 27: 219). Ich habe auf die strikt naturalistischen Ansprüche hingewiesen, dass sich alle Erkenntnisse in der Sprache der Naturwissenschaften formulieren lassen oder dass die Naturwissenschaften alles, was es gibt, vollständig erfassen können. Aus der Sicht der Philosophischen Anthropologie muss man sich solchen Ansprüchen, die Frage nach dem „im Ganzen" zu beantworten, stellen. Dafür reicht es nicht, kontrastiv formuliert, mit Einhegungsstrategien zu reagieren, in denen ein Philosophieren, das sich den empirischen Wissenschaften gegenüber für vorgeordnet hält, Gebietsbeschränkungen und regionale Ontologien für diese verfügt.

Die Philosophische Anthropologie hält einen ebenso großen Abstand zu jeder Art des Szientismus wie Heidegger. Allerdings geht sie davon aus, dass die konkrete Auseinandersetzung mit den Wissenschaften Teil der Philosophie selbst ist. Das schlägt sich in ihrem kategorialanalytischen Verfahren und ihrer Stufenlehre nieder. Plessner etwa gewinnt in Auseinandersetzung mit der Biologie Lebensmerkmale, die einerseits mit Hilfe der naturphilosophisch gewonnenen Grenzhypothese daraufhin überprüft werden, ob sie genuine Vitalkategorien sind, und anhand derer andererseits die Grenzhypothese konkretisiert und erhärtet werden soll (Kap. 2.3). Im Zuge seiner Deduktion der Vitalkategorien entwickelt er zudem eine naturphilosophische Stufenlehre, die neben verschiedenen Organisationsformen des Lebendigen auch verschiedene Positionalitätsmodi kennt. Da sich Menschen *ihrer Organisationsform nach nicht* von einigen nicht-menschlichen Lebewesen (z. B. Schimpansen) unterscheiden, lassen sich die solchen Lebewesen fremden, spezifisch menschlichen Prinzipien theoretischer, praktischer und ästhetischer Art auch nicht auf die Organisation der menschlichen Natur zurückführen. Das ist eine Konsequenz der von Plessner entwickelten Stufenlehre. Bei dieser handelt es sich um einen nicht-reduktiven Naturalismus. Allgemein gesagt, können Stufenlehren der Auffassung Rechnung tragen, dass alles Natur ist und die Physik es in diesem Sinne mit dem Seienden im Ganzen zu tun hat, ohne die These preiszugeben, dass bestimmte Entitäten, die zu diesem Ganzen gehören, auch durch nicht-physikalische und nicht auf die Physik reduzierbare Prinzipien bestimmt sind. Denn unter der Annah-

---

[253] Auch wenn es für einige Philosophen unangenehm ist, scheinen die empirischen Wissenschaften – wie ihre tatsächliche Entwicklung zeigt – ganz auf eigenen Füßen stehen zu können. Heidegger scheut sich in seiner Vorlesung *Die Grundbegriffe der Metaphysik* von 1929/30 auch nicht, die Absurdität der Auffassung einzuräumen, „daß die Biologie gleichsam ihre positive Forschungsarbeit aussetzt, bis eine zureichende metaphysische Theorie des Lebens zur Verfügung steht" (GA 29/30, 279). Gleichwohl beharrt er auch dort auf seinem Gedanken, „es *kann* Wissenschaften geben, nur weil und nur wenn es Philosophie gibt" (ebd., 33).

me, dass die Wirklichkeit geschichtet ist, lassen sich solche Prinzipien verschiedenen Schichten zuordnen, um ihr Eigenrecht zu wahren.

In Bezug auf die Frage der Irreduzibilität bestimmter Prinzipien auf die Organisation der menschlichen Natur ist die Philosophische Anthropologie mit ihrem nicht-reduktiven Naturalismus daher ebenso leistungsfähig wie Heideggers Anti-Naturalismus. Doch anders als dieser ist sie zudem in der Lage, den Naturwissenschaften Eigenständigkeit und philosophische Relevanz einzuräumen. Dies ist meines Erachtens ein wichtiger Grund, aus dem auch Plessner seinen Ansatz gegenüber dem Heideggerschen für überlegen hält. „Bei ihm", so Plessner nach der Lektüre von *Sein und Zeit* in Bezug auf Heidegger, „erscheinen freilich die Strukturen, abgesehen von ihrer Trennung im hermeneutischen Prozeß, in Einer Schicht, während ich darin weiter zu sein glaube, indem sich die Strukturen auf verschiedene Schichten verteilen und der Mensch (Dasein) die Schichten in sich enthält – was Heidegger verborgen bleiben muß".[254] Dass Heideggers anti-naturalistischer Ansatz der Selbständigkeit und philosophischen Bedeutung der Naturwissenschaften nicht ausreichend Rechnung tragen kann, macht ein empfindliches Defizit insbesondere seines philosophischen Fragens nach dem Menschen offenbar. Denn dieses Fragen bleibt abgeschottet von dem, was uns die Naturwissenschaften über den Menschen sagen können, und das ist schon insofern misslich, als die Seinsart des Menschen für Heidegger zwar „primär Existenz" ist, es aber mehrere solcher Seinsweisen gibt, zu denen auch seines Erachtens „Leben" gehört.[255]

(2) Die Frage nach dem Verhältnis zwischen Naturgeschichte (im Darwinschen Sinne) und Geschichte lässt sich bündig behandeln, wenn berücksichtigt wird, dass sie sich auf drei verschiedene Weisen stellen lässt. (a) Wie entsteht im Laufe der Geschichte und näherhin der Wissenschaftsgeschichte die Perspektive auf so etwas wie Naturgeschichte? (b) Wie entstehen im Laufe der Naturgeschichte Populationen, die Geschichte haben bzw. deren Mitglieder geschichtlich sind? (c) Wie ist der Mensch als Wesen zu denken, das sowohl Produkt der Naturgeschichte als auch geschichtlich ist? – In einigen philosophischen Konzeptionen stellen sich Fragen, die (a) vergleichbar sind. So muss etwa Husserls idealistisch ausgerichtete Phänomenologie vom Standpunkt des Bewusstseins die Rede von einem Weltzustand einholen, in dem es noch kein Bewusstsein gab.[256] Da Heidegger in den 1920er Jahren dieser Tradition in gewissem Sinn noch zugeordnet werden kann, steht auch er vor diesem Problem. Dennoch handelt es sich bei (a) meines Erachtens weniger um eine philosophische als um eine empirische Frage, und zwar um eine Frage der Biologiegeschichte. Ich möchte sie daher beisei-

---

[254] Plessner, Brief an Josef König vom 22.02.1928, in: König/Plessner 1994, 181.
[255] Siehe GA 26: 171, GA 27: 71; vgl. Kap. 2.4.
[256] Husserl hat dieses Problem anerkannt und mit dem Gedanken einer rückläufigen Konstitution auch eine Lösung erprobt. Siehe dazu Tengelyi 2010.

te lassen.[257] – Die Frage (b), die die naturgeschichtliche Genese von Populationen mit Geschichte betrifft, zieht nicht allein empirischen, sondern auch philosophisch-begrifflichen Klärungsbedarf nach sich. Es ist erstaunlich, dass keiner der hier betrachteten Autoren ihr die erforderliche Beachtung schenkt. Sie wird nicht nur von Heidegger abgewiesen, sondern auch von Cassirer;[258] aber auch Plessner behandelt sie nur am Rande und Scheler kann ebenfalls zunächst nur wenig mit ihr anfangen.[259] In seiner Spätphase, zumindest ab 1925, hat Scheler allerdings die „philosophische Diskussion der Möglichkeiten des Ursprungs des Menschen", die seines Erachtens „im Zusammenhang mit der Philosophie der Evolutionstheorie" geführt werden muss, ausdrücklich als eine Aufgabe der philosophischen Anthropologie verstanden.[260] Das anthropologische Defizit, das Heideggers Ansatz in die-

[257] Siehe umfassend dazu Mayr 1984.

[258] Heidegger grenzt die Frage in *Sein und Zeit* mit einem terminologischen Schachzug aus. Er erklärt, die Natur sei geschichtlich, jedoch nur „als Landschaft, Ansiedlungs-, Ausbeutungsgebiet, als Schlachtfeld und Kultstätte" und „gerade *nicht*, sofern wir von ‚Naturgeschichte' sprechen" (SuZ, 388). – Cassirer schreibt in Bezug auf die verschiedenen geistigen Grundformen: „Keine Metaphysik und keine Empirie wird jemals im stande sein, uns den ‚Ursprung' dieser Gebilde in dem Sinne zu erhellen, daß sie uns in ihren zeitlichen Anfang zurückversetzt, daß sie uns unmittelbar ihre Entstehung belauschen lässt. Wir können niemals zu dem Punkte zurückdringen, an dem der erste Strahl des geistigen Bewusstseins aus der Welt des Lebens hervorbricht; wir können nicht den Finger auf die Stelle legen, an der die Sprache oder Mythos, die Kunst oder die Erkenntnis ‚wird'" (ECN 1: 36).

[259] Plessner meint zufolge einer Nachschrift seiner Vorlesung *Elemente der Metaphysik* (1931/32): „Man sieht, man kann eben das eigentlich Geistige nie aus dem Körperlichen ableiten und in seinem Entstehen begreifen. Hier kommt etwas vollkommen Neues hinzu, eine geistige Wesenheit, und diese schlägt gewissermaßen wie der Blitz an dieser Stelle ein. Warum wissen wir nicht. Durch diesen Einschlag des Geistigen wird der Mensch zum Menschen" (Plessner 2002, 182). – Scheler, der die Frage in „Zur Idee des Menschen" aufgeworfen hatte, konstatiert dort: „Faktisch führt kein noch so enger Steg und Weg vom ‚homo naturalis' und seiner hypothetisch konstruierten Vorgeschichte zum ‚Menschen' der Geschichte, den wir auf Grund von Sinn- und Verständnisgesetzen zu verstehen mögen" (GW 3: 174). Man kann Scheler ohne Weiteres zugeben, dass sich in diesem Fragekontext schwierige epistemologische Probleme stellen, doch „faktisch" ist die Differenz zwischen dem *homo naturalis* und dem „Menschen mit Geschichte" zweifellos überbrückt worden. Denn dieser existierte zu einem bestimmten Zeitpunkt in der jüngeren naturgeschichtlichen Vergangenheit noch nicht, während er heute den ganzen Planeten bevölkert.

[260] GW 12: 20. Dabei ging es Scheler, soweit ich sehe, einerseits um eine Kritik an bestimmten Thesen Darwins (z. B. Monophyletismus und Gradualismus) sowie andererseits um die Vereinbarkeit seiner Wesensontologie des Menschen mit den

sem Punkt aufweist, zeigt sich daher zumindest ansatzweise auch bei den damals konkurrierenden philosophischen Projekten, nach dem Menschen zu fragen. Heute stellt das Genesis-Problem unter dem Titel der „evolutionären Anthropologie" eines der interessantesten interdisziplinären Forschungsprojekte dar.[261] Meines Erachtens ist es eine wichtige Aufgabe für die Gegenwartsphilosophie, dieses Projekt kritisch zu begleiten.[262] – Aus der „Überschneidung" von Naturgeschichte und Geschichte im Menschen ergibt sich Frage (c), wie der Mensch als Wesen zu denken ist, das sowohl Produkt der Naturgeschichte als auch geschichtlich ist. Da sie mehr oder weniger eine Variante der Frage (3) ist, auf die ich nun zu sprechen komme, möchte ich sie zusammen mit dieser diskutieren.

(3) Wie, so lautete diese letzte Frage Schelers, verhält sich die Einheit der Merkmale des „„Menschen' als zoologischer Spezies" zu „der ideellen Einheit, als die der ‚Mensch' in den Geisteswissenschaften und der Philosophie figuriert"? (GW 3: 175) Um Heideggers Antwort darauf zu rekonstruieren, ist zunächst zu betonen, dass der Mensch zufolge der auf *Sein und Zeit* folgenden Vorlesungen kein außernatürliches Wesen ist. Zur Frage nach dem Verhältnis zwischen Dasein als Existenz und als Natur habe ich bereits auf Heideggers Auffassung in der Leibniz-Vorlesung hingewiesen, dass eine Voraussetzung der faktischen Existenz des Daseins in dem faktischen Vorhandensein der Natur besteht (GA 26: 199). Allerdings sagt Heidegger dort nicht, dass das Dasein *tout court*, sondern in seiner *faktischen* Existenz ein Naturwesen ist. Dieser Zusatz erweist sich an einer späteren Stelle der Vorlesung als eine wichtige Einschränkung. Denn vor dem Hintergrund von Heideggers Begriff der „Transzendenz" des Daseins, der „die ursprüngliche Verfassung der Subjektivität eines Subjektes" erfassen soll (ebd., 211), wird deutlich, dass es zu kurz greift, das Dasein bloß als faktisches in Betracht zu ziehen. Zur Transzendenz gehört, wie schon erläutert, ein Überschreiten alles Seienden auf Welt hin. Das Dasein überschreitet „gerade das Seiende, unter dem es qua faktisches Dasein auch ist" (ebd., 212). Es mag daher als „faktisches" und „durch seine Leiblichkeit ganz inmitten der Natur" sein, aber als transzendierendes ist es „über die Natur hinaus", sogar „der Natur etwas Fremdes" (ebd.).

Naturwissenschaften durch die Unterscheidung zwischen einem idealen Wesensbegriff des Menschen und einem Begriff des irdischen Menschen; vgl. ebd., 83 ff.

[261] Dieses Projekt wird gegenwärtig intensiv etwa am *Max-Planck-Institut für evolutionäre Anthropologie* in Leipzig verfolgt. Den Stand der Dinge fasst Tomasello 2009 zusammen.

[262] Siehe in dieser Richtung etwa den „Schwerpunkt: Natur und Kultur: Die Spezifikation menschlichen Verhaltens" in Heft 5, 2007, sowie Heft 3, 2008, der *Deutschen Zeitschrift für Philosophie*. Von Hans-Peter Krüger, der den Themenschwerpunkt betreut hat, siehe auch Krüger 2010, insbesondere das 3. Kapitel.

Ich halte diese Überlegungen Heideggers für problematisch, da unklar ist, wie sich verhindern lässt, dass sie in einer dualistischen Konzeption des Daseins münden. Der Begriff eines Daseins, das als faktisches ein Naturwesen ist und als transzendierendes jenseits der Natur, scheint in ontologischer Hinsicht dem häufig Kant zugeschriebenen Begriff eines Subjekts nahezukommen, das als phänomenales und als noumenales ein Bewohner zweier Welten ist. Heidegger beabsichtigt sicher nicht die Entwicklung einer solchen Zwei-Welten-Konzeption (und schon für Kant ist es fraglich). Doch dann lautet meines Erachtens die entscheidende Frage: Wie lässt sich der Mensch – wenn Natur nicht mehr als von uns hervorgebrachte Ordnung konzipiert wird – auf *einheitliche* Weise als Naturwesen *und* als über die Natur hinaus und damit als geistig-geschichtliches Wesen verstehen? Ich sehe nicht, dass Heidegger eine Antwort auf diese Frage nach der einheitlichen Untersuchung von Natur *und* Geschichte[263] vorzuschlagen hätte, und halte das für ein gravierendes anthropologisches Defizit seiner Metaphysik des Daseins.[264]

Die bisherigen Überlegungen zu Heidegger und der Philosophischen Anthropologie bündelnd und einige Konsequenzen ziehend, möchte ich Folgendes festhalten. Nach Heideggers Doppelbegriff der Metaphysik müsste sein philosophisches Fragen nach dem Menschen, das heißt seine Metaphysik des Daseins, nicht nur eine fundamentalontologische, sondern auch eine metontologische Dimension aufweisen. Da letztere im Kantbuch weitgehend fehlt, ist seine Metaphysik des Daseins dieser Zeit durch ein metontologisches Defizit gekennzeichnet. Vor dem Hintergrund ihrer Ausrichtung auf die Frage nach dem Seienden im Ganzen steht die Metontologie,

---

[263] Mit der Formulierung „Natur *und* Geschichte" mit kursiv gedrucktem „*und*" spiele ich natürlich auf den Titel von Mitscherlich 2007 an.

[264] Dass die Frage dagegen im Zentrum der Philosophischen Anthropologie Helmuth Plessners steht, markiert eine grundlegende Differenz zu Heidegger. Während Heidegger die Naturhaftigkeit unseres Seins innerhalb der Geschichtlichkeit der Existenz verortet, ohne der Bezogenheit dieser auf jene Rechnung zu tragen, kehrt Plessner das Verhältnis *nicht* um, sondern fragt – und dies ist die Hauptfrage der *Stufen des Organischen und der Mensch*: „[U]nter welchen Bedingungen läßt sich der Mensch als Subjekt geistig-geschichtlicher Wirklichkeit [...] *in eben derselben* Richtung betrachten, die durch seine physische Stammesgeschichte und seine Stellung im Naturganzen bestimmt" oder „festgelegt ist" (Stufen, 6 u. 12). Zu Plessners Ansatz vgl. Kap. 2.3. – Auch Karl Löwith bezweifelt, dass sein früherer Lehrer Heidegger Naturhaftigkeit und Transzendenz auf theoretisch-einheitliche Weise in den Griff bekommt. Auf Plessners Alternative zu Heidegger geht er zwar erst in seinem Beitrag zur Plessner-Festschrift von 1957 ein (Löwith 1957), doch schon 1930 kritisiert er, dass Heidegger von der wechselseitigen Verwiesenheit des naturnotwendigen und existenzialen Sterbens sowie überhaupt „des Menschseins und Daseins" und „des Lebens und Existierens" abstrahiere (Löwith 1930, 13 f.).

sofern sie nach dem Menschen fragt, in einem engen Zusammenhang zur Frage nach der Stellung des Menschen im Kosmos. Daher ließ sich das metontologische Defizit mit Blick auf die Näherbestimmung dieser Frage, wie sie in Schelers „Zur Idee des Menschen" durchgeführt wird, als ein anthropologisches kenntlich machen. Das anthropologische Defizit zeigte sich im Einzelnen darin, dass Heidegger sich erstens in seinem Fragen nach dem Menschen von den Naturwissenschaften abschottet, dass er zweitens die mit der naturgeschichtlichen Entstehung des Menschen verbundenen philosophischen Fragen abweist[265] und dass er drittens nicht klärt, wie sich der Mensch auf einheitliche Weise als Naturwesen und als geistig-geschichtliches Wesen denken lässt. Seiner Einschätzung im Kantbuch, dass die Metaphysik des Daseins in der Lage sei, die Frage nach dem Menschen zu übernehmen und damit die Philosophische Anthropologie zu ersetzen, kann daher nicht zugestimmt werden.

Die Philosophie des Menschen, die Heidegger „Metaphysik des Daseins" nennt, bedarf, wie sich aus der mit seinem Doppelbegriff der Metaphysik verbundenen Auffassung ergibt, einer Philosophie der „mögliche[n] Totalität von Seiendem" bzw. einer Philosophie des „faktische[n] Vorhandensein[s] der Natur" (GA 26: 199). Das Kantbuch löst diese Forderung jedoch nicht ein. Plessner dagegen stellt sie ganz unabhängig von Heidegger in den Mittelpunkt seines Ansatzes. So schreibt er in den *Stufen des Organischen* programmatisch: „Ohne Philosophie der Natur keine Philosophie des Menschen" (Stufen, 26). Auch aus dieser Perspektive – und das ist über die drei in diesem Abschnitt genannten Punkte hinaus ein vierter Punkt – entpuppt sich das metontologische Defizit von Heideggers Metaphysik des Daseins im Kantbuch als ein anthropologisches Defizit. Dabei kommt noch einmal der für die philosophische Anthropologie der 1920er Jahre entscheidende

---

[265] Auch Plessner ist für die mit der naturgeschichtlichen Entstehung des Menschen verbundenen philosophischen Fragen nicht besonders aufgeschlossen. Allerdings versucht er dem Umstand, dass sich Naturgeschichte und Geschichte im Menschen überschneiden, so Rechnung zu tragen, dass er sich dem Prinzip, durch das wir den Menschen als geistig-geschichtliches Wesen ansprechen, in einem naturphilosophischen Stufengang nähert. Dabei geht es zwar nicht um eine naturgeschichtliche Rekonstruktion der Menschwerdung, meines Erachtens ist dieser Stufengang aber auch für die evolutionäre Anthropologie von Bedeutung. Nur exzentrische Wesen können die Fähigkeit entwickeln, sich zu anderen als körperleiblichen Wesen (und damit als intentionalen Akteuren) zu verhalten; und nur exzentrische Wesen sind Mitglieder einer Wir-Sphäre und können daher geteilte bzw. kollektive Intentionalität ausbilden. Es ist daher kein Zufall, dass sich bei Michael Tomasello, obwohl er Plessner nirgends erwähnt, an einigen für seinen Gedankengang zentralen Stellen Kongruenzen mit dessen Begriff der exzentrischen Positionalität ergeben, etwa wenn er von einer „Vogelperspektive" auf Interaktionen spricht (Tomasello 2009, 193, 284).

naturphilosophische Ansatz zum Vorschein. Es ist erstaunlich, dass Heidegger in der Auseinandersetzung, die er im Kantbuch mit der „Idee der philosophischen Anthropologie" geführt hat (GA 3: 208 ff.), deren naturphilosophische Dimension gar nicht gesehen hat. Da er auf diese Weise übersieht, was ihm selbst im Kantbuch fehlt – eine naturphilosophische oder, vorsichtiger gesagt, metontologische Metaphysik des Daseins –, ist der Schaden ein doppelter: Seine Auseinandersetzung mit der philosophischen Anthropologie bleibt unterkomplex und seine eigene Metaphysik des Daseins lückenhaft.[266]

3.3 Anthropologische Philosophie und Anthropologie der Weltbildung bei Cassirer

Während Heidegger in seinem Kantbuch an systematisch zentraler Stelle eine ebenso entschiedene wie grundlegende Kritik der zeitgenössischen philosophischen Anthropologie formuliert, ist Cassirers Einschätzung der Anthropologie weniger einheitlich. Im vorigen Kapitel hat sich bereits gezeigt (Kap. 2.2), dass er Schelers Anthropologie in seinem Aufsatz „‚Geist' und ‚Leben' in der Philosophie der Gegenwart" (1930) kritisiert, seine späteren Überlegungen im *Essay on Man* (1944) aber auch Gemeinsamkeiten mit Schelers Ansatz (hinsichtlich des Projekts einer die Anthropologie einleitenden Geschichte von Grundtypen des menschlichen Selbstverständnisses) aufweisen. Ein Blick auf die Nachlasstexte zeigt überdies, dass Cassirer schon Ende der 1920er Jahre, vor seiner Davos-Reise, von der Affinität seines kulturphilosophischen Ansatzes zur Anthropologie überzeugt war. Für den dritten Band der *Philosophie der symbolischen Formen* hatte er zunächst einen „Zur Metaphysik der symbolischen Formen" betitelten Schlussabschnitt vorgesehen und auch ausgearbeitet,[267] der unter der Überschrift „Das Symbolproblem als Grundproblem der philosophischen Anthropologie" auch ein längeres Kapitel zur Anthropologie enthielt.[268] Letztlich ließ Cassirer den Text allerdings beiseite: Der ohnehin schon umfangreiche dritte Band sollte, wie die Vorrede erläutert, nicht noch voluminöser werden; außerdem befürchtete Cassirer, seine dortigen Überlegungen lägen doch zu weit abseits von dem Sachproblem des Bandes (ECW 13: XI).

Als Cassirer die Arbeit zum Grundproblem der philosophischen Anthropologie beendet, am 16. April 1928, lagen ihm bereits Schelers „Die Sonderstellung des Menschen" und Plessners *Stufen des Organischen* vor (vgl. ECN 1:

---

[266] Zur Frage, ob und inwieweit Heideggers auf die Fertigstellung des Kantbuchs folgende Vorlesung *Die Grundbegriffe der Metaphysik* dies kompensieren kann, siehe Kap. 4.1.

[267] Vgl. ECN 1: XI, 290 f., 297-300.

[268] Siehe ECN 1: 3 ff., insbesondere 32 ff.

36 Anm. 1). Aus seiner Sicht bestand zwischen deren Ansätzen und seinem eigenen Projekt einer Philosophie der symbolischen Formen eine über einzelne Punkte hinausgehende enge Beziehung: Die „Aufgabe der philosophischen Anthropologie", wie sie von Scheler und Plessner bestimmt werde, so Cassirer, ist „unserem eigenen Problem unmittelbar nahe gerückt" (ebd., 36). Cassirer schätzt den neuen anthropologischen Ansatz, für den er sich offenbar von Anfang an interessiert hat, demnach als seinem eigenen Ansatz verwandt ein. Die Begründung dieser Einschätzung wird, worauf ich im folgenden Abschnitt zurückkommen werde, zu prüfen sein, zumal Cassirer selbst in dem genannten, zwei Jahre später erschienenen Scheler-Aufsatz dann die Differenz zu dessen Anthropologie betont.

Nach dieser ersten Phase einer intensiven Beschäftigung mit der philosophischen Anthropologie führen die Schwierigkeiten des Exils und die Inanspruchnahme durch andere Projekte dazu, dass sich Cassirer dem Thema erst wieder Ende der 1930er Jahre intensiv zuwendet. Diese Beschäftigung gipfelt in der bereits erwähnten Monographie zur Anthropologie, dem 1944 im amerikanischen Exil veröffentlichten *Essay on Man*, der zugleich das letzte Werk Cassirers sein sollte, das zu seinen Lebzeiten erschien. Seit 2005 liegt eine Reihe weiterer Texte vor, die Cassirers anthropologische Spätphase dokumentieren: die in Göteborg (Schweden) 1939/40 gehaltene Vorlesung zur Geschichte der philosophischen Anthropologie, die systematisch ausgerichtete Vorlesung zur philosophischen Anthropologie von 1941/42 in New Haven (USA) sowie die ebenfalls dort wohl 1942/43 entstandene erste Fassung des *Essay on Man*.[269] – Im vorliegenden Abschnitt werde ich mich auf diese anthropologische Spätphase Cassirers konzentrieren. Dabei geht es mir weder um eine Überblicksdarstellung seiner Position noch um eine systematische Erörterung von Einzelproblemen. Vielmehr werde ich Cassirers Grundkonzeption einer ‚*anthropologischen Philosophie*' herausarbeiten.

Der späte Cassirer eignet sich den Terminus „philosophische Anthropologie" als Bezeichnung für seine eigenen Überlegungen an. Der Untertitel der Erstfassung des *Essay on Man* etwa lautet nicht wie der der später publizierten Version „An Introduction to a Philosophy of human Culture", sondern „A Philosophical Anthropology" (ECN 6: 345). Das darf jedoch nicht vorschnell so gewertet werden, als würde Cassirer damit einen dem von Scheler oder Plessner entsprechenden anthropologischen Ansatz verfolgen. Denn er gebraucht den Terminus nicht, um eine neue philosophische *Denkrichtung* zu bezeichnen. In der Ausgangsbestimmung, mit der er seine Göteborger Anthropologie-Vorlesung (1939/40) beginnt, weist Cassirer auf die Schwierigkeit hin, die Anthropologie ins „System der Philosophie" einzuordnen, lässt aber keinen Zweifel daran, dass sie eine philosophische *Diszip-*

---

[269] Siehe ECN 6 und die erste umfassende Auswertung und Interpretation dieser Texte bei Hartung 2003.

lin ist, und zwar diejenige, die sich mit der Frage nach dem Menschen beschäftigt.[270] Entsprechend schreibt er in der Erstfassung des *Essay on Man*:
„A philosophical anthropology is an attempt to give a theory of human nature, to answer the question: What is man?" (ECN 6: 572)

In Hinblick auf die Frage nach Cassirers Anthropologieverständnis ist es
systematisch aufschlussreich, dass der Ausdruck „philosophical anthropology", den Cassirer in den frühen 1940er Jahren sowohl im Rahmen der New
Havener Vorlesung als auch in der Erstfassung des *Essay on Man* verwendet
hat, in der publizierten Fassung des *Essay on Man* fehlt. Auch wenn die deutsche Übersetzung einen anderen Eindruck vermittelt, ist dort an keiner einzigen Stelle mehr von „philosophical anthropology" die Rede.[271] Die neue
Bezeichnung, die Cassirer nun für sein Projekt prägt, ist umgekehrt
„anthropological philosophy".[272] Damit bringt er meines Erachtens nicht
nur ein neues anthropologisches Selbstverständnis zum Ausdruck; er erhebt
zugleich den Anspruch, über eine Alternative sowohl zur traditionellen als
auch zur modernen philosophischen Anthropologie zu verfügen. Cassirer
setzt sich im *Essay on Man* zwar nicht kritisch mit den Ansätzen Schelers
oder Plessners auseinander; doch ebenso wie Heidegger sein Projekt einer
Metaphysik des Daseins scheint auch Cassirer seine anthropologische Philosophie an die Stelle der modernen philosophischen Anthropologie setzen zu
wollen.

Was ist anthropologische Philosophie? In einem ersten Schritt lässt sich
dies am besten anhand eines Aufsatzes des Dilthey-Schülers Bernhard
Groethuysen erläutern, der in der Festschrift für Ernst Cassirer von 1936
unter dem Titel „Towards an Anthropological Philosophy" publiziert wur-

---

[270] ECN 6: 3 f. Diese Überlegungen zusammenfassend (aber wegen der einseitig
auf die Philosophiegeschichte bezogenen Formulierung missverständlich) heißt es:
„‚Philosophische Anthropologie' heisst uns die Gesamtheit der Antworten, die die
Philosophie im gesamten Verlauf ihrer Geschichte auf die Frage zu geben versucht
hat: [/] Was ist der Mensch?" (ECN 6: 6) Dass Cassirer unter „philosophische
Anthropologie" eher eine philosophische Disziplin als eine Denkrichtung versteht,
war schon in der Auseinandersetzung mit seiner Davoser Heidegger-Vorlesung
deutlich geworden (Kap. 1.3).

[271] In der von Reinhard Kaiser angefertigten deutschen Übersetzung des *Essay on
Man* ist häufig von „philosophischer Anthropologie" die Rede (Cassirer 1996, 20,
26, 37, 39, 42, 58, 72, 74, 93, 108, 109), im Original allerdings nirgendwo von „philosophical anthropology", sondern durchgehend von „anthropological philosophy".

[272] Der Terminus „anthropological philosophy"/„anthropologische Philosophie"
findet sich in Cassirers gesamten in ECN 6 veröffentlichten Nachlasstexten zur
Anthropologie an keiner einzigen Stelle. Er ist, wie sich einem Hinweis der Herausgeber in ECN 6: 675 entnehmen lässt, erst in einem späten Überarbeitungsstadium
des *Essay on Man* ins Spiel gekommen.

de.[273] Für das Verständnis von Groethuysens Aufsatz ist es unumgänglich, zwei Begriffe von anthropologischer Philosophie zu unterscheiden. Anthropologische Philosophie ist *erstens* diejenige Philosophie, die auf die Erkenntnis des Menschen abzielt.[274] In diesem Sinn deckt sie sich mit dem, was traditionellerweise ,philosophische Anthropologie' heißt. Die Erkenntnis von uns als Menschen ist Groethuysen zufolge allerdings nur *eine* Form der Selbstreflexion. Neben der anthropologischen Philosophie, oder kurz: der Philosophie, müssen auch Kunst und Religion als solche Formen gelten.[275] All diese Formen sind dem historischen Wandel unterworfen; ihr relatives Gewicht zueinander ändert sich, aber keine von ihnen lässt sich auf eine der anderen oder eine dritte reduzieren. – Den für den *zweiten* Sinn von ,anthropologischer Philosophie' entscheidenden Gesichtspunkt bringt Groethuysen mit der Frage ins Spiel: „What is the attitude of the philosopher to these different forms of reflection on the self?"[276] Mit dieser Frage kommt es offenbar zu einer Verdopplung im Philosophiebegriff. Philosophie ist (a) eine der Weisen, uns selbst zu erfassen, und zwar diejenige, durch die wir uns als Menschen erkennen. Aus der zitierten Frage geht aber hervor, dass die Philosophie (b) auch auf die verschiedenen Formen der Selbstreflexion bezogen ist, von denen eine die Philosophie im Sinne von (a) ist. Für die Philosophie in dem höherstufigen Sinn (b) verwendet Groethuysen nun ebenfalls den Ausdruck „anthropological philosophy".

Mit der anthropologischen Philosophie in diesem ausgezeichneten Sinn ist nicht einfach eine bestimmte philosophische Disziplin, sondern eine neue Weise des Philosophierens gemeint. Diese Weise ist es, die Groethuysen mit seinem Aufsatz „Towards an Anthropological Philosophy" anvisiert und der er dort eine programmatische Gestalt gibt. Eine ihrer zentralen methodischen Aufgaben hat die anthropologische Philosophie in der Selbstaufklärung der Philosophie. Indem sie deutlich macht, dass nicht bloß „any particular piece of knowledge, but knowledge in general is one-sided, as contrasted with the comprehensiveness of the demands implied in reflection on the self", wird sie zu einem kritischen Unternehmen, zu einer „critical, anthropological philosophy".[277] Neben der Philosophie sind allerdings auch

---

[273] Groethuysen 1936. – Groethuysen hatte zuvor bereits einen Handbuch-Beitrag zur Geschichte der philosophischen Anthropologie verfasst, der den Zeitraum von Sokrates bis Montaigne umfasst (Groethuysen 1928). Cassirer erwähnt diesen Text, zu dem er auch eine knappe, wohlwollende Rezension verfasst hat (ECW 18: 458), zusammen mit dem oben genannten Aufsatz im *Essay on Man* (ECW 23: 10 Anm. 6).

[274] Groethuysen 1936, 77, 80.

[275] Ebd., 81.

[276] Ebd., 82.

[277] Ebd., 83. „Thus critical, anthropological philosophy leads to a critical reflection on philosophy itself in its relation to human life" (ebd.).

die anderen Formen des geistigen Lebens für sich genommen unzureichend, um die „demands of self-reflection" in vollem Umfang zu erfüllen. Daher ist ein Neuansatz angezeigt: Alle geistigen Formen sind als jeweils eigenständige Perspektiven des menschlichen Selbstverständnisses aufzufassen, deren Totalität es in einer umfassenden anthropologischen Philosophie zu begreifen gilt.[278] Diese „reflective, anthropological philosophy" setzt „all the different manifestations of human life" voraus und sieht ihre inhaltliche Hauptaufgabe darin, „to make man understand himself [...] through the medium of his creations".[279]

Dass Groethuysens Konzeption dem philosophischen Ansatz Cassirers nahe steht, ist unübersehbar. Sie ist sicher auch durch die Lektüre der *Philosophie der symbolischen Formen* angeregt. Im *Essay on Man* greift Cassirer nun seinerseits den Terminus „Anthropological Philosophy" auf. Wie schon bei Groethuysen wird er auch von Cassirer in einer doppelten Bedeutung gebraucht. Der *ersten* zufolge ist die anthropologische Philosophie eine „philosophy of man" (ECW 23: 21, 23), und zwar in dem Sinne, dass sie neben Logik, Metaphysik und Naturphilosophie zu den thematisch bestimmten „branches of philosophical investigation" gehört (ebd., 13). Dass ihr dabei aber eine Sonderrolle zukommen könnte, wird gleich im ersten Abschnitt des Buchs angekündigt. Dort schreibt Cassirer Sokrates eine „anthropologische Philosophie" zu, deren Grundidee (trotz des Festhaltens am Ideal einer absoluten Wahrheit) darin bestehe, dass das einzige bekannte und als Bezugspunkt aller Untersuchungen fungierende Universum das des Menschen sei (ebd., 8).

Was unter „anthropological philosophy" in der *zweiten*, aber systematisch primären Bedeutung zu verstehen ist, lässt sich mit Bezug auf das Kapitel zur „Definition of Man in Terms of Human Culture" des *Essay on Man* verdeutlichen. Dort kommt Cassirer nach einem kurzen kritischen Überblick zu einigen anthropologischen Vorgehensweisen auf die Frage nach „another approach to an anthropological philosophy" zu sprechen (ECW 23: 75). Sein Hinweis, dass sich ein solcher Ansatz von der *Philosophie der symbolischen Formen* her gewinnen lasse (ebd.), deutet an, dass es sich bei der gesuchten anthropologischen Philosophie nicht allein um eine durch ihr Thema bestimmte philosophische Disziplin, sondern um einen bestimmten Typ, eine bestimmte Richtung von Philosophie handeln soll. Die Aufgabe, vor der die

---

[278] Ebd., 86. Da diese Perspektiven wie das Bemühen um ihre „totality" geschichtlich sind, erweist sich das geistige Leben „as a never-to-be-completed whole" (ebd.); und methodisch ergibt sich das Erfordernis, „the historical course which reflection on the self has taken" in den Mittelpunkt zu stellen (ebd., 87); dabei wird deutlich, dass die Weisen der menschlichen Selbsterfassung jeweils mit „an activity by which man fashions his own being" einhergehen, also gestaltend und produktiv sind (ebd.).

[279] Ebd., 87.

anthropologische Philosophie nach ihrem im Kern Kantischen Grundgedanken steht, ist es, die Bedingungen der Möglichkeit geistig-kultureller Grundformen in einen systematischen Ansatz zu integrieren, der die menschlichen Leistungen in den Mittelpunkt stellt, die diese Formen bilden. Dabei geht es Cassirer darum, „insight into the fundamental structure of each of these human activities" zu gewinnen, letztlich mit dem Ziel, „to understand them as an organic whole" (ebd., 76). Die anthropologische Philosophie nimmt sich bildlich gesprochen vor, den „circle of ‚humanity'" zu vermessen, wobei „[l]anguage, myth, religion, art, science, history are [...] the various sectors of this circle" (ebd.).

Wie schon Groethuysens „reflective, anthropological philosophy" so greift auch Cassirers entsprechendes Vorhaben nicht auf das Konzept einer physischen oder metaphysischen Natur des Menschen zurück, sondern sucht den Menschen anhand seiner geistig-kulturellen Erzeugnisse zu verstehen. Doch anders als bei Groethuysen ist es in Cassirers anthropologischer Philosophie ein wesentlicher Teil des Programms, dass diese Arbeit in enger Beziehung zu den besonderen Wissenschaften, insbesondere den empirischen Anthropologien, durchzuführen ist.[280] Die Wissenschaften – Cassirer bezieht sich in diesem Kontext auf die Psychologie, Biologie, Soziologie, Ethnologie, Geschichtswissenschaft und Sprachwissenschaft (ECW 23: 76 f.) – entwickeln in ihrer theoretischen Arbeit bereits grundlegende Strukturkategorien und strukturelle Schemata. Diese seien für die anthropologische Philosophie einerseits unverzichtbare Anknüpfungspunkte (ebd., 79), andererseits aber noch nicht ausreichend; denn „[p]hilosophy [...] seeks a universal synthetic view which includes all individual forms [of human culture]" (ebd., 78). Zwar lasse sich die gesuchte philosophische Synthese nicht hinsichtlich der *Schöpfungen* menschlicher Kultur gewinnen – hier sei die Heterogenität unüberwindbar –, aber in Hinblick auf die „unity of the *creative process*" bzw. in Hinblick auf die „unity of a general function by which all these creations are held together" (ebd., 78, 79). Allgemeiner und in Anlehnung an die oben eingeführte Redeweise Cassirers formuliert, lautet die Frage also: Was hält die verschiedenen Sektoren des „circle of ‚humanity'" zusammen?

(1) Um die verschiedenen Nuancen vor Augen zu bekommen, in denen sich dieses Problem in Cassirers anthropologischer Philosophie stellt, ist zunächst deren idealistischer Hintergrund zu beleuchten. Er ist eine Erb-

---

[280] Zu diesem philosophischen Selbstverständnis Cassirers vgl. etwa die Schlussbemerkung seiner Göteborger Antrittsvorlesung zum Begriff der Philosophie (1935): „Ich weiß jetzt, daß ich in meiner Arbeit hier nicht allein stehen werde, und ich darf hoffen, sie so durchzuführen, wie jede philosophische Arbeit durchgeführt werden muss und wie sie allein durchgeführt werden kann: in engster Verbindung mit den besonderen Wissenschaften und in lebendiger Gemeinschaft, in naher persönlicher Fühlung mit ihren Vertretern" (ECN 9: 165).

schaft der *Philosophie der symbolischen Formen*. Der Idealismus ist, wie schon im ersten Kapitel erläutert (Kap. 1.2), in das Konzept der symbolischen Formen eingebaut: Diese zeichnen sich nicht bloß dadurch aus, dass „das Ganze der Erscheinung" durch sie „unter einen bestimmten geistigen Blickpunkt gestellt wird", sondern auch dadurch, dass es „von ihm aus gestaltet wird" (ECW 11: VII). Die „einzelnen symbolischen Formen" sind, wie es an anderer Stelle entsprechend heißt, „Momente des Aufbaus der geistigen Wirklichkeit" (ECN 1: 48).

Dieser in den 1920er Jahren formulierte Gedanke prägt auch die anthropologische Spätphase Cassirers. So wird in dem anthropologisch ausgerichteten *Seminar on Symbolism and Philosophy of Language* (New Haven 1941/42) betont, dass die symbolischen Formen „constantly build up [...] an artificial world" und dass in den korrelativen Tätigkeiten des Menschen „we are constructing artificial worlds" (ECN 6: 246, 260). Auch im *Essay on Man* endet das letzte Kapitel vor der Zusammenfassung mit der Einschätzung: „In language, in religion, in art, in science, man can do no more than to build up his own universe – a symbolic universe that enables him to understand and interpret, to articulate and organize, to synthesize and universalize his human experience" (ECW 23: 237). Meines Erachtens bietet es sich daher an, die von Cassirer in seiner anthropologischen Spätphase vertretene Position als eine *Anthropologie der Weltbildung* zu kennzeichnen. Aus Sicht dieser Position ist den verschiedenen Sektoren des „circle of ‚humanity'" gemein, dass sie Produkte weltbildender Aktivitäten sind, wobei ihr systematischer Zusammenhalt so gesichert wird, dass alle diese Aktivitäten in einen symbolphilosophischen Rahmen eingebettet und als Zeichenprozesse verstanden werden.

(2) Doch die Frage, was die verschiedenen Sektoren des „circle of ‚humanity'" zusammenhält, hat noch eine zweite Facette. Sie zeichnet sich ebenfalls vor dem idealistischen Hintergrund des Cassirerschen Ansatzes ab. Cassirer selbst hat seine Position in Anknüpfung an Kant mehrfach einen „kritischen Idealismus" genannt,[281] beispielsweise in dem programmatischen 1936 im Warburg-Institut (London) gehaltenen Vortrag „Critical Idealism as a Philosophy of Culture". Dort geht er der Frage nach, inwieweit sich im Anschluss an Kants kritischen Idealismus eine Philosophie der Kultur begründen lässt und erläutert in diesem Zuge wie schon in der *Philosophie der symbolischen Formen* seine Konzeption einer Ausweitung des Projekts der *Kri-*

---

[281] So bezeichnet er etwa in Davos seine eigenen Ansatz im Unterschied zu Heideggers „Phänomenologie" und Schelers „Metaphysik" als „kritischen Idealismus"; vgl. oben Kap. 1.3. Auch die Kritik, die Cassirer in dem *Die nachkantischen Systeme* betitelten dritten Band (1920) von *Das Erkenntnisproblem in der Philosophie und Wissenschaft der neueren Zeit* an Hegels „absoluten Idealismus" vorträgt, steht im Zeichen des von ihm mit Kant vertretenen „kritischen Idealismus" (ECW 4: 348 ff.). Siehe dazu Wunsch 2011a, 118-125.

tik der reinen Vernunft auf alle geistig-kulturellen Grundformen.[282] In einem weiteren Schritt, der für Cassirers gesamte Spätphilosophie charakteristisch ist, akzentuiert er dann einen neuen Anknüpfungspunkt an den kritischen Idealismus. „The philosophy of culture may be called a study of forms; but all these forms cannot be understood without relating them to a common goal. What means, at the end, this evolution of forms"? (ECN 7: 111) Ähnlich heißt es in Cassirers Göteborger Antrittsvorlesung von 1935, dass sich über das Problem der „Form und Struktur der einzelnen Kulturgebiete" hinaus „das Problem des Ganzen" stelle: „Was ist dieses Ganze der geistigen Kultur – welches ist sein Ende, sein Ziel, sein Sinn?"[283] Cassirer denkt Mitte der 1930er Jahre damit erneut über die Frage nach dem *terminus ad quem* seiner Philosophie nach; und er versteht sie nicht wie die Frage nach der systematischen Einheit der weltbildenden Aktivitäten in den verschiedenen Bereichen der Kultur als theoretische, sondern als eine praktische, als eine „ethical question" (ECN 7: 111). Sein Ziel in diesem Zusammenhang besteht in dem Nachweis, dass der Freiheitsbegriff für den der Kultur konstitutiv ist und dass die verschiedenen geistig-kulturellen Formen auf Freiheit als regulative Idee bezogen sind.[284]

Statt dieser Thematik im Einzelnen nachzugehen,[285] reicht es im vorliegenden Problemkontext herauszustellen, dass auch Cassirers anthropologische Spätphase von einem idealistischen Freiheitsideal geprägt ist. Im Schlusskapitel des *Essay on Man* wird die Frage nach dem Zusammenhalt der verschiedenen Sektoren des „circle of ‚humanity'" ethisch akzentuiert, und zwar als Frage nach der *Aufgabe*, die allen geistig-kulturellen Grundformen gemein sei: „The various forms of human culture are not held together by an identity in their nature but by a conformity in their fundamental task" (ECW 23: 239). Worin diese Grundaufgabe Cassirer zufolge besteht, wird in der den *Essay* abschließenden Bestimmung von Kultur deutlich: „Human culture taken as a whole may be described as the process of man's progressive self-liberation. Language, art, religion, science, are various phases in this process. In all of them man discovers and proves a new power – the power to build up a world of his own, an ‚ideal' world" (ebd., 244). Dass Cassirer mit dieser Teleologie der Freiheit eine Parallele zwischen seiner eigenen und der Hegelschen Philosophiekonzeption zieht, ist häufig bemerkt worden. Worauf es aber mindestens ebenso sehr ankommt, sind die Differenzen, die

---

[282] Cassirer, „Critical Idealism as a Philosophy of Culture", ECN 7: 93-119, hier: 100 u. 110 f.

[283] Cassirer, „Der Begriff der Philosophie als Problem der Philosophie", ECN 9: 141-165, hier: 151.

[284] Vgl. ECN 7: 112-118. Siehe in diesem Kontext auch Cassirer, „Naturalistische und humanistische Begründung der Kulturphilosophie" (1939), ECW 22: 140-166.

[285] Zur Interpretation der teleologischen Ausrichtung von Cassirers Philosophie siehe Wunsch 2011a, 131-135, und die dortigen Hinweise.

ich hier nur zusammenfassend nenne: Im Unterschied zu Hegel fasst Cassirer das Telos der Freiheit als regulative Idee; er betont (seit Mitte der 1930er Jahre), dass die Bewegung auf dieses Ziel hin nicht notwendig, sondern von Kontingenz durchzogen ist; und er legt das Hauptaugenmerk auf die Befreiung des endlichen Subjekts im Unterschied zum absoluten.[286]

(3) Dass Cassirer auch nach dem Abschluss der *Philosophie der symbolischen Formen* die Frage nach dem *terminus ad quem* seiner Philosophie wiederaufnimmt, mag die Hoffnung wecken, dass dies auch für die Frage nach dem *terminus a quo* gilt. Diese Frage war es, die in seinem Ansatz aus Heideggers Sicht eine empfindliche Lücke markierte. Versucht Cassirer diese Lücke in seiner anthropologischen Spätphase zu schließen? Wendet er sich, um in dem oben gebrauchten Bild zu bleiben, dem Problem des Zusammenhalts der verschiedenen Sektoren des „circle of ‚humanity'" noch auf eine dritte Weise zu, und zwar mit Blick auf den Punkt, von dem diese Sektoren ausgehen? Eine Passage des *Essay on Man* deutet an, dass genau dies ein wichtiges Anliegen von Cassirers anthropologischer Philosophie ist: Es gilt, „hinter den unzähligen Gestaltungen und Äußerungen von Sprache, Mythos, Religion, Kunst und Wissenschaft deren Grundfunktion zu suchen und diese letztendlich auf einen gemeinsamen Ursprung zurückzuverfolgen".[287] Als die Grundfunktion, nach der Cassirer fragt, kann, wie bereits gesehen, die Funktion der symbolischen Weltbildung gelten. Von der Frage nach ihr unterscheidet Cassirer hier die Frage nach dem *gemeinsamen Ursprung (common origin)* der spezifischen Ausprägungen dieser Funktion in Sprache, Mythos, Religion etc. Wenn in Cassirers anthropologischer Spätphase irgendetwas für den *terminus a quo* seiner Philosophie steht, nach dem Heidegger in Davos vergebens gefragt hatte, dann ist es dieser gemeinsame Ursprung. Worin besteht er? Die anthropologische Philosophie des *Essay on Man*, so der naheliegende Vorschlag, bezeichnet ihn mit ihrem Begriff des Menschen: Dieser sei als *„animal symbolicum"* zu definieren (ECW 23: 31). Demnach weist die Grundfunktion der symbolischen Weltbildung letztlich auf den Menschen als symbolschaffendes, -verwendendes und -verstehendes Wesen zurück. Weil und indem er dieses Wesen ist, gilt „der Mensch als Schöpfer geistiger Welten" (ECN 4: 89).

Wie überzeugend ist es, denjenigen Punkt in Cassirers Ansatz, von dem die Sektoren des „circle of ‚humanity'" ausgehen, durch das Konzept des *animal symbolicum* zu bestimmen? Es hat sicher eine gewisse Plausibilität, die Frage nach dem *terminus a quo* einer anthropologischen Philosophie, deren Zentrum in einer Konzeption symbolischer Weltbildung besteht, als die Frage nach dem Subjekt der Weltbildung zu verstehen. Allerdings ist zu berücksichtigen, dass Cassirers gesamtes Philosophieren dem Immanenzge-

---

[286] Vgl. noch einmal Wunsch 2011a.
[287] ECW 23: 76; meine Übersetzung, M. W.

danken verpflichtet ist, also einem Denken, das sich im Klaren darüber ist, dass uns als endlichen Wesen kein Standpunkt zur Verfügung steht, von dem aus bestimmt werden könnte, was etwa Materie, Raum, Geist etc. jenseits aller geistig-kulturellen Formen ist. Die Rede von all dem, so lässt sich dies auch ausdrücken, ist nur relativ zu einer Welt sinnvoll. In der Konsequenz des Immanenz-Ansatzes liegt dann aber nicht nur die Zurückweisung der Annahme einer weltlosen Materie etc.; auch die Annahme eines weltlosen Ich, das Subjekt aller Weltbildung wäre, ist zu verabschieden. Cassirer muss daher die Voraussetzung eines Ich, das dem Prozess der Weltbildung gegenüber extern wäre, ablehnen.

Wenn aber mit dem *animal symbolicum* nicht gleichsam durch die Hintertür doch ein Ich eingeführt werden soll, das Welten allererst gestaltet, selbst aber weltlos ist, dann wird man ihm nur den Status eines theoretischen Konstrukts innerhalb einer anthropologischen Philosophie zusprechen können, deren Aufgabe darin besteht, das zu fassen, was den endlichen Subjekten gemeinsam ist, die im Rahmen von ganz unterschiedlichen Formen zusammen an kulturellen Gestaltungen arbeiten. Für eine Antwort auf Heideggers Frage nach dem *terminus a quo* bei Cassirer scheint das aber nicht auszureichen. Denn selbst wenn der Begriff des *animal symbolicum* vor dem Hintergrund einer gut ausgearbeiteten Theorie der Symbolfunktionen eine wichtige Bedeutung für eine umfassende anthropologische Philosophie hätte, könnte er nur in einem bloß formalen, aber in keinerlei *inhaltlichem* oder *genetischem* Sinne für den Punkt stehen, von dem die Sektoren des „circle of ‚humanity‘" ausgehen. „*Animal symbolicum*" meint nicht ein Prinzip, aus dem das Ganze von Cassirers Philosophie entwickelt werden könnte, sondern einfach das anthropologische und um seine ethische Dimension verkürzte Korrelat dieses Ganzen. „*Animal symbolicum*" ist daher vielmehr der anthropologisch und theoretisch gewendete *terminus ad quem* von Cassirers Denken und nicht dessen *terminus a quo*. Entgegen dem ersten Anschein erweist sich Cassirers anthropologische Philosophie mit ihrem Grundbegriff des *animal symbolicum* für die Beantwortung der *terminus a quo*-Frage also als eine Sackgasse. Ob Cassirer noch über andere Theoriepotenziale verfügt, die für diese Frage fruchtbar gemacht werden können, wird noch zu prüfen sein.

Zunächst gilt es aber, Cassirers Konzeption anthropologischer Philosophie zu der der Philosophischen Anthropologie in Beziehung zu setzen. Der folgende Abschnitt wird sich dieser Aufgabe widmen. Zusammenfassend lässt sich hier noch einmal festhalten, dass Cassirers anthropologische Philosophie die Bedingungen der Möglichkeit geistig-kultureller Grundformen mit Blick auf die diese Formen bildenden Leistungen des Menschen in eine systematische Einheit zu bringen sucht. Diese Formen bilden die Sektoren des „circle of ‚humanity‘", deren Zusammenhalt auf drei Feldern systematisch erfasst wird: der Anthropologie der Weltbildung, der Teleologie der Freiheit und der Philosophie des *animal symbolicum*.

3.4 Cassirers Vereinnahmungsversuch
der Philosophischen Anthropologie

Auch Plessner verwendet den Ausdruck „anthropologische Philosophie", und zwar erstmals in seiner Groninger Antrittsvorlesung „Die Aufgabe der Philosophischen Anthropologie". Die entsprechende Publikation erscheint 1937, also ein Jahr nach Groethuysens Aufsatz „Towards an Anthropological Philosophy" in der Cassirer-Festschrift. Ob diese zeitliche Nähe mehr als zufällig ist, vermag ich nicht zu beurteilen.[288] Jedenfalls bringt Plessner den Terminus in seinem Text nicht explizit mit Groethuysen oder gar Cassirer in Verbindung. Daher ist es interessant, dass er ihn in seinem späteren Aufsatz „Immer noch Philosophische Anthropologie?" (1963) wieder aufgreift und dort, und zwar im Kontext einer kritischen Auseinandersetzung, direkt auf Cassirer bezieht (GS 8: 243). Bevor ich mich dieser späteren Cassirer-Kritik zuwende, möchte ich die frühen Etappen der Auseinandersetzung rekonstruieren. Sie sind sachlich von großer Wichtigkeit, weil dabei die bestehenden Differenzen im Philosophieverständnis im Einzelnen kenntlich werden.

Dafür ist die Groninger Antrittsvorlesung ein guter Startpunkt. Denn Plessner setzt dort den von ihm entwickelten und vertretenen Ansatz, die (von ihm hier groß geschriebene) „Philosophische Anthropologie", auf eine überraschende Weise zur Philosophie insgesamt in Beziehung. Während Scheler ja der Auffassung ist, dass sie die Reduktionsbasis für alle zentralen philosophischen Probleme ist (GW 3: 173), möchte Plessner ausdrücklich *nicht* behaupten, „daß sie das Herzstück der Philosophie oder gar ihr Fundament sei" (GS 8: 36). Diese Bemerkung wirft nicht nur Licht auf eine wichtige Differenz zwischen Scheler und Plessner, sondern strahlt auch auf die Beziehungen Plessners zu Heidegger und zu Cassirer aus. Hinsichtlich des Verhältnisses zu Heidegger scheint man sagen zu können, dass Plessner die Philosophische Anthropologie, indem er ihr keine fundamentale oder zentrale Rolle für die Philosophie zuspricht, als möglichen Gegenkandidaten zur Metaphysik des Daseins in der Grundlegung der Metaphysik bzw. Philosophie selbst aus dem Spiel nimmt.[289] Sie kann sich, so Plessner, „als periphere Disziplin verstehen, als Teil der umfassenden Philosophie wie als Teil der umfassenden Anthropologie, deren Kreise in ihr zu teilweiser Über-

---

[288] Plessner hat seine 1937 publizierte Groninger Antrittsvorlesung bereits im Januar 1936 gehalten (vgl. GS 8: 409). Ob sich der Ausdruck „anthropologische Philosophie" bereits im Redemanuskript findet und wann Plessner gegebenenfalls Kenntnis von Groethuysens Text erlangt hat, ist mir nicht bekannt.

[289] Der Hintergrund ist nicht, dass Plessner innerhalb dieses Spiels „passt", sondern es gar nicht für spielbar hält, also den Weg einer solchen Grundlegung gar nicht für gangbar hält – aus Gründen, die mit dem Sinn von „Philosophie" zusammenhängen und auf die ich hier im Zusammenhang mit Plessners Philosophiebegriff zu sprechen kommen werde.

schneidung gelangen. Machen wir aus ihr keine anthropologische Philosophie [...]".[290] Wen unter seinen Zeitgenossen er für einen Vertreter einer anthropologischen Philosophie hält, lässt Plessner hier offen. Doch den Gedanken, dass ein bestimmtes Fragen nach dem Menschen das Fundament oder Herzstück der Philosophie ist, trifft man – wenn auch in je verschiedenem systematischen Kontext – sowohl bei Heidegger als auch bei Cassirer an.[291] Heidegger gestaltet ihn, wie bereits gesehen (Kap. 3.1), in seiner Metaphysik des Daseins aus. Doch auch bei Cassirer spielt er eine wichtige Rolle.

Es war die *Philosophie der symbolischen Formen*, an die Groethuysen mit seinem programmatischen Begriff „Anthropological Philosophy" anknüpfte. Groethuysen beschreibt unter diesem Titel die Aufgaben, (a) alle geistigen Formen (inklusive der herkömmlichen Philosophie) als je eigenständige Perspektiven menschlicher Selbstreflexion aufzufassen und zu zeigen, dass jede für sich genommen zu eng ist, um die zur Selbstreflexion in ihrer ganzen Weite gehörenden Anforderungen zu erfüllen (*critical*, anthropological philosophy) sowie (b) die Totalität der verschiedenen Perspektiven der Selbstreflexion in einer umfassenden und einheitlichen philosophischen Konzeption zu begreifen (*reflective*, anthropological philosophy); – Aufgaben, um die es auch bei Cassirer geht. In dem Projekt, das Cassirer selbst im *Essay on Man* unter dem Titel „anthropological philosophy" verfolgt, geht es, wie schon erörtert (Kap. 3.3), um die Vermessung des „circle of ,humanity'", als dessen Sektoren Sprache, Mythos, Religion, Kunst, Wissenschaft, Geschichte etc. gelten (ECW 23: 76). In der für dieses Projekt zentralen Frage, was die verschiedenen Sektoren des Kreises philosophisch zusammenhält, rekurriert Cassirer unter anderem auf den gemeinsamen Ursprung der spezifischen Ausprägungen der Funktion symbolischer Weltbildung und identifiziert ihn im als *animal symbolicum* konzipierten Menschen. Das Fragen nach dem so verstandenen Menschen wird auf diese Weise zumindest zum Herzstück, vielleicht auch zum Fundament einer Philosophie, die zum einen Philosophie der Sprache, Philosophie der Kunst, Philosophie der Wissenschaft etc.

---

[290] „[...] etwa nach Feuerbachschem Beispiel" (GS 8: 36), setzt Plessner in Paranthese hinzu. Eine Anregung für Plessner, diese Verbindung herzustellen, könnte (selbstverständlich neben der eigenen Feuerbach-Lektüre) Karl Löwiths Auseinandersetzung mit „Feuerbachs Grundsätze[n] der Philosophie der Zukunft" im ersten Kapitel seiner Habilitationsschrift *Das Individuum in der Rolle des Mitmenschen* geliefert haben (Löwith 1928, 20-28).

[291] Auch Löwith, auf den ich hier nicht näher eingehen werde, ist in diesem Zusammenhang zu nennen. Er weist in der Vorbemerkung von *Das Individuum in der Rolle des Mitmenschen* dezidiert darauf hin, dass er seine Analysen als „anthropologisch" versteht, und formuliert sein Credo, dass „nur das anthropologische ,Fundament' der Philosophie als das wahrhaft glaubwürdige, als das fundierende oder grundlegende, verständliche und fragwürdige zu gelten hat" (Löwith 1928, 12 f.).

ist oder begründet und die zum anderen die Einheit dieser philosophischen Disziplinen verständlich macht.

Im Folgenden werde ich die sich abzeichnende Differenz zwischen der Philosophischen Anthropologie und einer anthropologischen Philosophie, deren Hauptthese es ist, dass das Fragen nach dem Menschen das Herzstück oder Fundament der Philosophie ist, durch die Rekonstruktion der Auseinandersetzung zwischen Plessner und Cassirer konkretisieren – Plessner statt Scheler, weil letzterer die genannte Hauptthese der anthropologischen Philosophie gar nicht bestreitet; und Cassirer statt anderer möglicher Kandidaten, weil dieser sein Projekt selbst als „anthropological philosophy" bestimmt und er von Plessner später ausdrücklich als Vertreter einer solchen Philosophie kritisiert wird.

Cassirer geht in seiner Auseinandersetzung mit der modernen philosophischen Anthropologie nicht auf Differenzen zwischen Scheler und Plessner ein und behandelt beide als Vertreter ein und desselben Ansatzes. Er hat Schelers „Die Sonderstellung des Menschen" (1927) und Plessners *Die Stufen des Organischen und der Mensch* (1928) bereits kurz nach dem Erscheinen zur Kenntnis genommen und zu seinem eigenen Projekt in Beziehung gesetzt. Seine diesbezüglichen Überlegungen sollten ein Kapitel des unter dem Titel „Zur Metaphysik der symbolischen Formen" ursprünglich geplanten, dann aber doch nicht aufgenommenen Schlussabschnitts des dritten Bandes der *Philosophie der symbolischen Formen* ausmachen.[292] Nimmt man die Kritik an Schelers Anthropologie zum Maßstab, die Cassirer später, in seinem 1930 publizierten Aufsatz „‚Geist' und ‚Leben' in der Philosophie der Gegenwart" formuliert hat (Kap. 2.2), dann ist es überraschend zu bemerken, dass diese erste Rezeption des neuen Denkansatzes vom Frühling 1928 sehr positiv ausfällt. Cassirer vertritt die Einschätzung, dass sich die Anthropologie „Schelers und der ihm nahe stehenden Denker", womit vor allem offenbar Plessner gemeint ist, „als ein notwendiger und integrierender Bestandteil nicht sowohl der empirischen Naturforschung als der reinen ‚Wesensforschung' zu begreifen" sucht (ECN 1: 35). Statt sich gegenüber dem Projekt einer solchen Wesensforschung skeptisch zu äußern, hebt Cassirer deren antipositivistische und antireduktionistische Stoßrichtung hervor und markiert so einen wichtigen Berührungspunkt zwischen seinen eigenen Interessen und denen der Philosophischen Anthropologie.

Der für Cassirer im Mittelpunkt stehende Bezugsautor der Philosophischen Anthropologie ist dann Plessner. Mit einem zielsicher ausgewählten Zitat aus den *Stufen des Organischen* wird direkt dessen Kernproblem wiedergegeben: Da die „Ebene geistigen Tuns" des Menschen „sich mit der Ebene seines leiblichen Daseins" in einer Weise „kreuzt", die für diesen einen wesentlichen „Existenzkonflikt" bedeutet, stelle sich einem philosophischen

---

[292] Siehe dazu bereits den Beginn von Kap. 3.3.

Denken, das dem Rechnung zu tragen sucht, die Aufgabe, „den Doppelaspekt" des menschlichen Daseins „aus *einer* Grundposition" zu begreifen (Stufen, 32). Cassirer sympathisiert mit dieser Fragestellung Plessners, der davon allerdings nie erfahren haben dürfte, weil der betreffende Text erst seit 1995 in der Cassirer-Nachlassausgabe allgemein zugänglich ist.[293] Der Fragekreis, der sich aus dem genannten Kernproblem von Plessners Anthropologie ergibt, so Cassirer weiter, ist „unserem eigenen Problem unmittelbar nahe gerückt" (ECN 1: 36). – Eine größere Fehleinschätzung als diese wird sich bei Cassirer kaum finden lassen. Um das verdeutlichen zu können, seien noch die diesem Zitat – im folgenden „Satz (i)" genannt – unmittelbar folgenden Sätze zitiert: „[ii] Ja es lässt sich nunmehr voraussagen, daß die prinzipielle Entscheidung über jenen ‚Wesensbegriff' vom Menschen, die hier gesucht wird, nirgend anders als von Seiten einer Philosophie der ‚symbolischen Formen' wird erfolgen können. [iii] Denn diese Formen sind es, die die Ebene des geistigen Tuns des Menschen vorzüglich bezeichnen und die gewissermaßen die allgemeinen Bestimmungselemente dieser Ebene in sich schließen" (ebd.).

Zunächst ist eine Verschiebung zu beobachten. Aus Cassirers Feststellung der Verwandtschaft oder unmittelbaren Nähe zwischen seinem eigenen Problem und dem Plessners in Satz (i) ergibt sich in Satz (ii) sein Gedanke, dass nur eine Philosophie der symbolischen Formen Plessners Kernproblem zu lösen vermag. Problematisch daran ist nicht einfach, dass die Verwandtschaftsbehauptung als rhetorischer Eröffnungszug einer Vereinnahmung erscheint, sondern der Gedanke, dass eine Philosophie der symbolischen Formen Plessners Kernproblem überhaupt zu lösen vermag. Das wird anhand der ‚Begründung' in Satz (iii) offenbar. Auch wenn man einräumt, dass Cassirers symbolische Formen „die Ebene des geistigen Tuns des Menschen vorzüglich bezeichnen", ergibt sich Plessners Kernproblem, wie von Cassirer selbst zitiert, doch erst daraus, dass sich diese Ebene mit der des „leiblichen Daseins" des Menschen kreuzt. Denn erst auf dieser Basis stellt sich die Frage, wie der Doppelaspekt des menschlichen Daseins aus einer Grundposition begreifbar ist. Eine Philosophie der symbolischen Formen dringt, selbst wenn sie die Ebene unseres geistigen Tuns auf vollkommene Weise beschreiben könnte, gar nicht zu dieser Frage vor, weil sie anders als Plessner mit seiner Naturphilosophie kein Instrument besitzt, auch die Ebene unseres leiblichen Daseins zu adressieren. In diesem Punkt kann von einer Problemverwandtschaft zwischen ihr und der Philosophischen Anthropologie daher keine Rede sein. Der Vorwurf, den Cassirer Heidegger in seiner Rezension von dessen Kantbuch gemacht hat (ECW 17: 240), muss an dieser Stelle auch gegen Cassirers Umgang mit Plessner erhoben werden:

---

[293] ECN 1. Ebenso wie Heidegger hat auch Cassirer Plessner in keiner einzigen Veröffentlichung erwähnt. Zu den Hintergründen vgl. Fischer 2008, 108-112.

Cassirer agiert hier weniger als Interpret, denn als Usurpator, der den Plessnerschen Ansatz seiner eigenen Problematik dienstbar macht.[294]

Aus der Sicht Plessners ist es nicht einfach so, dass Cassirer es versäumt, seinen kulturphilosophischen um einen naturphilosophischen Ansatz zu ergänzen, oder dass die Philosophische Anthropologie einen naturphilosophischen Akzent als passendes Korrelat zu Cassirers kulturphilosophischem Akzent setzen würde. Das stimmt zwar auch, aber die Hauptdifferenz ist anderer Art. Es liegt ein Missverständnis vor, wenn Cassirer meint, die Ergebnisse von Plessners Naturphilosophie könnten als „mittelbare Bestätigung" der *Philosophie der symbolischen Formen* gewertet werden (ECN 1: 60). Plessner wäre nicht mit der von Cassirer nahegelegten Auffassung einverstanden, dass hier zwei Arten von Philosophie im Spiel sind, die einander insofern ergänzen, als sie es mit verschiedenen, wenn auch komplementären Bereichen zu tun haben: eine Philosophie der Natur, die durch ihre schrittweise Entwicklung des Begriffs der exzentrischen Positionalität den Stab dorthin trägt, wo ihn eine Philosophie der Kultur, bestätigt durch das Theorem der natürlichen Künstlichkeit des Menschen, aufnehmen kann, um ihren eigenen Lauf wie gehabt fortzusetzen. Plessners Bild ist nicht das von Naturphilosophie und Kulturphilosophie als zwei Abschnitten eines Weges zur Entwicklung einer umfassenden Philosophie, sondern das von einer Naturphilosophie, die den Doppelaspekt des menschlichen Daseins, den Cassirers Kulturphilosophie nur einseitig in den Blick bekommt, von einer Grundposition aus begreift. Worum es Plessner in dieser Hinsicht geht, ist also nicht so sehr, die Kulturphilosophie mittelbar zu bestätigen, als vielmehr, sie zu fundieren.[295] Insgesamt und vor allem aber geht es ihm um nichts Geringeres als die „Neuschöpfung der Philosophie".

„[a] Der Zweck heißt: Neuschöpfung der Philosophie [b] unter dem Aspekt einer Begründung der Lebenserfahrung in Kulturwissenschaft und Weltgeschichte. [c] Die Etappen auf diesem Wege sind: Grundlegung der Geisteswissenschaften durch Hermeneutik, Konstituierung der Hermeneutik als philosophische Anthropologie, Durchführung der Anthropologie auf Grund einer Philosophie des lebendigen Daseins und seiner natürlichen Horizonte; [d] und ein wesentliches Mittel (nicht das einzige), auf ihm weiterzukommen, ist die phänomenologische Deskription" (Stufen, 30). – Diese für die Systematik der *Stufen des Organischen und der Mensch* zentrale Passage enthält mehr Hinweise, als ich an dieser Stelle aufnehmen kann. Mein Fokus ist das in ihr zum Ausdruck gebrachte Philosophieverständnis Plessners, von dem her sich dann die Differenz zu Cassirer besser konturieren lässt. –

---

[294] Hans-Peter Krüger kommt mit Blick auf eine andere Stelle von Cassirers früher Rezeption der Philosophischen Anthropologie (ECN 1: 60) zu demselben Ergebnis: dass hier ein „Übernahmeversuch", eine „Einverleibung" des Plessnerschen Ansatzes zu beobachten ist (Krüger 2009, 214 f.).

[295] So auch Schürmann 1997b, 146. Vgl. bei Plessner selbst: Stufen, 27 f.

Plessner unterscheidet in (a)-(c) Zweck, Aspekt und Weg seines Vorhabens. Diese Unterscheidungen werden von ihm durch eine Analogie zu Kant erläutert, für den „die Philosophie in ihrem Weltbegriff das Ziel seiner Arbeit, die Vernunftkritik den Weg zu diesem Ziel und der Ausgang von der naturwissenschaftlichen Erfahrung den Aspekt bildeten, unter dem der Weg wirklich beschritten wurde" (ebd., 30 f.). Eine wichtige Herausforderung für die Interpretation liegt nun darin, ein adäquates Verständnis des „Aspekts" zu gewinnen, unter dem die Neuschöpfung der Philosophie erfolgen soll. Da Plessner dies ähnlich sieht, warnt er vor einer möglichen Verwechslung von Zweck bzw. Ziel einerseits und Aspekt andererseits, die „nicht ein und dasselbe" seien (ebd., 30). So wenig bei Kant die Begründung der naturwissenschaftlichen Erfahrung das Ziel des kritischen Unternehmens ist, darf bei Plessner die Begründung der Lebenserfahrung in Kulturwissenschaft und Weltgeschichte als das Ziel gelten. Es handelt sich vielmehr um den „Aspekt".[296] Allerdings hat Plessner selbst dem Leser das Verständnis, was damit gemeint ist, erschwert, sodass ich die wenigen Hinweise, die er zum „Aspekt" gibt, kurz darlegen möchte.

Nach einer kurzen Erinnerung an die in [c] genannten Etappen des Weges zur Neuschöpfung der Philosophie schreibt Plessner: „Wo aber beginnen? Maßgebend ist dafür natürlich der Aspekt. [/] In seinem Mittelpunkt steht der Mensch. Nicht als Objekt einer Wissenschaft, nicht als Subjekt seines Bewusstseins, sondern als Objekt und Subjekt seines Lebens, d. h. so, wie er sich selbst Gegenstand und Zentrum ist" (Stufen, 31). Der Leser der *Stufen des Organischen*, der sich nach abgeschlossener Lektüre des Buchs diese Stelle erneut vornimmt, wird bemerken, dass der von Plessner beschriebene Modus, in dem der Mensch im Mittelpunkt des Aspekts steht, dessen *Exzentrizität* ist. Denn offenbar ist die exzentrische Position des Menschen die Weise, in der „er sich selbst Gegenstand und Zentrum ist". Damit wird nahegelegt, dass es sich bei dem Aspekt, unter dem die Neuschöpfung erfolgen soll, um die Exzentrizität des Menschen handelt. Ein zusätzlicher Beleg bestätigt dies. An einer späteren Stelle bringt Plessner die zuletzt zitierte Rede von Aspekt und Mensch mit der aus [b] bekannten Verbindung von Aspekt und Lebenserfahrung zusammen. In der Durchführung des Neuschöpfungsprojekts gelte es, dem „Grundaspekt der Lebenserfahrung" Rechnung zu tragen, „den der Mensch in seiner Existenz zu sich und zur Welt ein-

---

[296] Da dies ausdrücklich in [b] gesagt wird, stimme ich Hans-Peter Krüger, der ansonsten eine der aufschlussreichsten Interpretationen von Plessners „Neuschöpfungs"-Überlegungen vorgelegt hat, nicht zu, wenn er die Aspektrolle der phänomenologischen Deskription zuweist, also dem in [d] genannten „wesentlichen Mittel" des Vorankommens auf dem Weg zum anvisierten Ziel. Siehe Krüger 2001, 264: „[…] an die Stelle der naturwissenschaftlichen Erfahrung bei Kant tritt hier die phänomenologische Deskription"; vgl. auch ebd., 266, wo ebenfalls von der „Aspektrolle der phänomenologische Deskription" die Rede ist.

nimmt: naturgebunden und frei, gewachsen und gemacht, ursprünglich und künstlich zugleich" (ebd., 32). Auch hier spielt Plessner klarerweise auf die exzentrische Position des Menschen an. Demnach ist der Grundaspekt, den es in der Neuschöpfung der Philosophie zu wahren gilt und unter dem sie entsprechend steht, die Exzentrizität des Menschen.[297]

Oben habe ich gegen Cassirers Eingemeindung von Plessner herausgestellt, dass Exzentrizität nicht einfach eine Etappe auf dem Weg der Entwicklung einer umfassenden Philosophie ist. Nun ist deutlich geworden, dass sie vielmehr der Aspekt ist, unter dem insgesamt das Ziel der „Neuschöpfung der Philosophie" verfolgt wird. Damit wird auch der Sinn von Plessners Warnung davor, Ziel und Aspekt zu verwechseln, klarer. Mit Blick auf den Argumentationsgang der *Stufen des Organischen* stand zu befürchten – und die Rezeptionsgeschichte zeigt eine gewisse Berechtigung dieser Befürchtung –, dass die Interpreten in dem Herausstellen bzw. der Begründung von Exzentrizität einfach das Ziel von Plessners Unternehmen sehen würden. Dass Exzentrizität dagegen der Aspekt ist, unter dem die Neuschöpfung der Philosophie unternommen werden soll, ist ein folgenschwerer Gedanke. Denn bei diesem Unternehmen kann es sich dann nicht um eine Grundlegung der Philosophie, die deren Sinn unangetastet lässt, handeln. „Neuschöpfung" ist ein gut gewählter Ausdruck für Plessners Anliegen, weil seine Operation den Charakter von Philosophie selbst modifiziert. Entsprechend stellt Plessner im Zuge seiner Überlegungen zu dieser Neuschöpfung heraus, dass der den Menschen kennzeichnende und mit dem Begriff der Exzentrizität gefasste „Existenzkonflikt" neben seiner Relevanz für personale Lebewesen „von Bedeutung auch für die philosophische Methode [ist]: er weist an der Janushaftigkeit dieses Lebewesens die Notwendigkeit einer Erkenntnis auf, die den Doppelaspekt seines Daseins – nicht etwa aufhebt oder vermittelt, sondern aus *einer* Grundposition begreift" (Stufen, 32).

Cassirer hatte diese Passage in seiner oben erwähnten zustimmenden Bezugnahme auf Plessner sogar mitzitiert (ECN 1: 36). Allerdings ist er nicht auf ihre Konsequenz eingegangen: Die Philosophie wird – kennzeichnend für die Moderne – zu einem unterhintergehbar selbstreflexiven Unternehmen. Exzentrizität ist das Resultat eines naturphilosophisch-anthropologischen Stufengangs – und muss deshalb zugleich mehr sein. Denn indem man sie als dieses Resultat anerkennt, ist man gezwungen, sie zugleich als eine Bedingung zu begreifen, die dem Entwurf eines solchen Vorgehens in methodischer Hinsicht schon im Rücken liegt. Dies war Plessners eben zitierter Punkt: Der in sich brüchigen und konflikthaften, aber einheitlichen

---

[297] Der Grund dafür, dass Plessner den Begriff der Exzentrizität hier nicht explizit verwendet, besteht meines Erachtens darin, dass er ihn, insofern er die höchste Stufe darstellt, nicht vor dem Schlusskapitel der *Stufen des Organischen* ausdrücklich erläutern kann.

Position der Exzentrizität kann philosophisch nicht anders als durch eine Erkenntnis Rechnung getragen werden, die die Doppelaspektivität „aus *einer* Grundposition begreift". Das lässt sich verallgemeinern: Wo eine Aussage über den Menschen durch ein Verfahren erreicht wird, das in methodischer Hinsicht mit dem Aussageinhalt inkompatibel ist, ist etwas schief gelaufen – zumindest dann, wenn Aussage und Verfahren menschengemäß sein sollen.[298] Die Aussage oder das Verfahren konterkarieren dann die Reflexivität des eingenommenen philosophischen Standorts. Für Plessner ist dieser Gedanke so wichtig, dass er seine Absicht, ihn zu berücksichtigen, bereits im Vorwort der *Stufen des Organischen,* und zwar mit Bezug auf das Buch *Der Begriff der Intuition* seines Freundes Josef König, betont: „Diese Situation der Exzentrizität (wiewohl nicht in dieser Formulierung und nicht als Lebensform) als Boden und Medium der Philosophie zum ersten Male bestimmt zu haben, ist das Verdienst [...] von Josef König" (Stufen, VI). Wo, wie in den *Stufen des Organischen,* Exzentrizität philosophisch als Lebensform des Menschen erwiesen wird, muss dies Konsequenzen für alle (von Menschen betriebene) Philosophie haben: Exzentrizität ist dann nicht mehr nur ein Ergebnis der Philosophie, sondern zugleich ihr „Boden und Medium".

Es wäre nicht ohne Weiteres angemessen, wenn Cassirers Philosophie demgegenüber als irreflexiv bezeichnet wird.[299] Eine Inkompatibilität in dem soeben skizzierten Sinn wird man ihr nicht vorwerfen können. Gleichwohl bleibt ihre Reflexivität beschränkt. Eingangs des Abschnitts habe ich mit Groethuysens Termini einer „critical" sowie einer „reflective, anthropological philosophy" Aufgaben beschrieben, die auch für Cassirer maßgeblich sind: Die verschiedenen geistigen Formen sind Perspektiven unserer Selbstreflexion, die aber nicht die zur Selbstreflexion in ihrer ganzen Weite gehörenden Anforderungen erfüllen und daher in einer umfassenden philosophi-

---

[298] Die Inkompatibilität kann sich aus beiden Richtungen ergeben, von der Aussage über den Menschen oder vom Verfahren her. Letzteres ist etwa der Fall, wenn Aussagen über den Menschen von einem vermeintlichen Gottesgesichtspunkt aus getroffen werden, mögen diese Aussagen inhaltlich auch noch so plausibel sein. Ersteres ist beispielsweise bei denjenigen Aussagen einiger Neurophysiologen über den Menschen der Fall, deren Inhalt mit den „praktischen Präsuppositionen" unverträglich ist, die in die betreffenden Forschungsprozesse bereits eingegangen sind. Von dieser Seite hat Hans-Peter Krüger überzeugend vorgeführt, wie sich der kritische Impuls der Philosophischen Anthropologie auf gegenwärtige Debatten zum Neuroszientismus beziehen lässt (Krüger 2010, 2. Teil). Zu Krügers Idee, dass es in der „Philosophischen Anthropologie als Forschungsrahmen" nicht zuletzt um eine transzendentale Rekonstruktion derjenigen praktischen Präsuppositionen gehen müsste, die in empirischen und näherhin lebenswissenschaftlichen Forschungen in Anspruch genommen werden und diese ermöglichen, vgl. ebd., 19, 48.

[299] Eine gute Übersicht zur Frage nach Cassirers Philosophiebegriff liefert Pätzold 2003.

schen Konzeption begriffen werden müssen. Reinhard Mehring hat in seinen „Annäherungen an Cassirers Philosophiebegriff" zu Recht betont, dass Cassirers Philosophieren vom „Pathos" bzw. der „Absicht auf ‚Zusammenschau' eines ‚Bandes' der Welt" getragen ist und sich dies „in seinen beiden unvollendeten Großprojekten der *Philosophie der symbolischen Formen* und der Geschichte des *Erkenntnisproblems*" nachweisen lasse.[300] Cassirer hat sich allerdings bis hin zum *Essay on Man*, der auch noch von diesem synoptischen Interesse geprägt ist, nicht genügend um eine Selbstverständigung über den systematischen Ort bemüht, an dem dieses Interesse entspringt und von dem aus es verfolgt wird.

Beispielhaft wird dies etwa in dem Nachlasstext „Ziele und Wege der Wirklichkeitserkenntnis" (1936/7) deutlich. Dort geht Cassirer zu Beginn auf das Selbstverständnis und Vorgehen einer „Phaenomenologie der Erkenntnis" ein. Dass es damit auch um seinen Philosophiebegriff insgesamt geht, wird deutlich, wenn man sich vor Augen führt, dass dieser Ausdruck ursprünglich als Titel für das dann unter der Überschrift „Philosophie der symbolischen Formen" erschienene mehrbändige Werk vorgesehen war[301] und dass Cassirer die Philosophie der symbolischen Formen insgesamt auch Jahre später noch als eine „Phänomenologie der Erkenntnis" bezeichnet.[302] Eine „Phaenomenologie der Erkenntnis", so Cassirer nun in „Ziele und Wege der Wirklichkeitserkenntnis", „kann nicht von vornherein eine einzelne Form für absolut-gültig oder für die einzige Norm erklären, an der alles Wissen zu messen sei. […] Worauf es ankommt, ist die Weite und die Freiheit des Überblicks" (ECN 2: 12). Im Zuge dieser Überlegungen wird nicht nur das Cassirers Philosophie kennzeichnende „Pathos der Zusammenschau" (Mehring) exemplifiziert, sondern auch das Bestehen einer typischen Leerstelle: Das, „[w]orauf es ankommt", wird nur benannt, aber dessen Modus oder gar dessen Möglichkeitsbedingungen werden nicht erörtert. Cassirer meint, dass es die verschiedenen Maße des Wissens zu vereinen und auf eine „in sich zusammenhängende Erfahrung" sowie „auf *Eine* ‚Wirklichkeit'" zu beziehen gelte (ebd.). Im Vergleich mit den anderen Wissensweisen weist er der „Philosophie die Aufgabe der Synthese" zu, nach einer Einheit zu streben, die die „Differenzen" zwischen den anderen Wissensweisen „als solche kenntlich und verständlich machen" kann (ebd., 13). Doch von wo aus erfolgt die Synthese? Ist die Philosophie, mit Hegel gesprochen, „das begreifende Wissen" bzw. „der sich in Geistgestalt wissende Geist", also das „absolute Wissen"?[303] Dies ist die These von Donald Verene. Er meint, der Ort der philosophischen Erkenntnis bei Cassirer entspreche dem Ort, den

---

[300] Mehring 1999, hier: 74.
[301] Siehe dazu John Michael Krois' Ausführungen in ECN 1: 299 f.
[302] Siehe Cassirers „Zur Logik des Symbolbegriffs" (1938), ECW 22: 117.
[303] Hegel 1807, 582.

das absolute Wissen in Hegels *Phänomenologie des Geistes* einnehme.[304] Doch während der Geist bei Hegel im absoluten Wissen „die Bewegung seines Gestaltens beschlossen" und seine notwendige „letzte Gestalt" gewonnen hat,[305] lehnt Cassirer den Gedanken einer notwendigen Abschlussgestalt des Geistes ab. Wie ihm im Laufe der 1930er Jahre zunehmend klar wird, ist das Telos des Geistes allenfalls eine regulative Idee und sind die Prozesse geistiger Gestaltung von Kontingenz durchzogen.[306]

Auch wenn Cassirer Hegels Gedanken des absoluten Wissens skeptisch gegenübersteht, sieht er für die philosophische Erkenntnis dennoch eine Sonderrolle vor: „Das ist das Eigentümliche der philosophischen Erkenntnis als ‚Selbsterkenntnis der Vernunft': sie schafft nicht eine prinzipiell neue Symbolform, begründet in diesem Sinne keine neue schöpferische *Modalität* – aber sie *begreift* die früheren Modalitäten als das, was sie sind: als eigentümliche symbol[ische] Formen" (ECN 1: 264). Der Ort philosophischer Erkenntnis ist demnach dem aller anderen Wissensweisen dadurch enthoben, dass es an ihm um das Begreifen, Cassirer sagt auch, das „Durchschauen des symbol[ischen] Grundcharakters der Erk[enntnis] selbst" geht (ebd., 265). Statt wie in den anderen Erkenntnis- und Gestaltungsweisen seine „verschiedenen gegenständlichen ‚Intentionen'" zu verfolgen (ECN 2: 12), ist der Geist hier auf sich selbst gerichtet und um seine Selbsterkenntnis unter dem Aspekt der Symbolizität bemüht. Das Begreifen der schöpferischen Modalitäten, der grundlegenden Weisen geistigen Gestaltens als symbolische Formen besteht darin, sie in eine systematische Einheit zu integrieren. Da ich auf den Systemcharakter von Cassirers Philosophie, seinen Gedanken eines „komplexen Systems" bereits ausführlich eingegangen bin (Kap 1.2), kann ich mich in der Frage, was an dem Ort philosophischer Erkenntnis geschieht, darauf beschränken, an den entscheidenden Punkt zu erinnern: Es werden die kategorialen und symbolischen Signaturen geistiger Grundformen identifiziert, in ihren dynamischen Aspekten analysiert und aufeinander bezogen. Doch auch wenn sich klar machen lässt, was bei Cassirer am Ort der philosophischen Erkenntnis geschieht, so bleibt seine Reflexion auf dieses Geschehen bruchstückhaft; wichtiger noch ist jedoch, dass, soweit ich sehe, eine Reflexion auf die Prinzipien dieses Geschehens bei ihm einfach fehlt. Wer wie Cassirer die These vertritt, dass die philosophische Erkenntnis einen ganz eigenen Ort des Begreifens hat, von dem ausgehend es um die kategorialen und symbolischen Signaturen geistiger Grundformen geht, müsste sich über dieses Begreifen selbst, über seine eigenen Kategorien und Symbolisierungsweisen, Rechenschaft ablegen – auch, oder besser gesagt:

[304] Verene 1969, 42. Gegenwärtig scheint Guido Kreis diese Auffassung zu vertreten, wenn er die Philosophie (der symbolischen Formen) dem absoluten Geist zurechnet (Kreis 2010, 475).

[305] Hegel 1807, 588, 582.

[306] Vgl. dazu ausführlich Wunsch 2011a, 132-135.

gerade dann, wenn es anders als jene Grundformen keine symbolische Form ist.

Damit zeigt sich eine systematische Grenze von Cassirers anthropologischer Philosophie. Ihr „reflexiver" Aspekt, so lässt es sich unter Aufnahme des Terminus der „reflective, anthropological philosophy" (Groethuysen) formulieren, besteht darin, die Totalität der verschiedenen Perspektiven menschlicher Selbstreflexion in einer einheitlichen philosophischen Konzeption zu begreifen. Worin die Reflexivität von Cassirers Ansatz beschränkt bleibt, ist nun deutlich geworden. Denn es ist eine Sache, jede partielle Selbstreflexion des Geistes vermeiden und daher zu einer methodisch universalisierten, auf den menschlichen Geist insgesamt bezogenen Reflexion übergehen zu wollen;[307] und eine andere Sache, Grundlagen auch *dieser* Reflexion noch aufzuklären und den Modus der Bedingtheit auch der philosophischen Reflexion als „Boden und Medium" des eigenen Philosophierens zu reflektieren. Vor diesem Hintergrund ist *in puncto* Selbstreflexivität der Philosophie ein deutlicher Kontrast zwischen Cassirer und Plessner auszumachen.[308] Dass „die Philosophie der symbolischen Formen notorisch den Ort im Unklaren lässt, von dem aus sie selbst entworfen ist", so hat dies Volker Schürmann formuliert, „unterscheidet sie scharf von Plessners Entwurf der positionierten Exzentrizität".[309]

Zugespitzt kann man von einer unreflektierten Selbstreflexivität bei Cassirer im Unterschied zu einer reflektierten Selbstreflexivität bei Plessner sprechen. Cassirer sieht mit der philosophischen Erkenntnis zwar eine wichtige Form der Selbstreflexivität des menschlichen Geistes vor, diese Selbstreflexivität bleibt aber unreflektiert, weil das philosophische Begreifen selbst in seinen eigenen kategorialen und symbolischen Grundlagen unaufgeklärt bleibt. Plessner dagegen macht, indem er die Exzentrizität als den Aspekt auszeichnet, unter dem die „Neuschöpfung der Philosophie" erfolgen soll, die Selbstreflexivität des menschlichen Geistes zum Bestandteil der philosophischen Methode. Die reflektierte Selbstreflexivität ist schon ein Kennzeichen der *Stufen des Organischen*, wird von ihm in späteren Überlegungen aber noch stärker ausgeprägt. Neben *Macht und menschliche Natur* (1931), seinem zweiten anthropologischen Hauptwerk, auf das ich noch ausführlich eingehen werde (ab Kap. 4.2), muss in diesem Zusammenhang ein Brief Plessners an Josef König als Schlüsseltext gelten.

Der Brief stammt aus dem Februar 1928, also der Zeit (kurz nach) der Veröffentlichung der *Stufen des Organischen*. Er ist hier auch deshalb so wichtig, weil er ein frühes Zeugnis für diejenige von Plessner in seiner Groninger

---

[307] So beschreibt Guido Kreis die Selbstreflexivität des Cassirerschen „Geistes" (Kreis 2010, 474).

[308] In dem ansonsten aufschlussreichen Vergleichsartikel zu Cassirer und Plessner von Ernst Wolfgang Orth wird dieser Kontrast nicht sichtbar (Orth 2004).

[309] Schürmann 2005, 48.

Antrittsvorlesung (1936) formulierte Auffassung enthält, von der ich im vorliegenden Abschnitt ausgegangen bin: dass die Philosophische Anthropologie weder Herzstück noch Fundament der Philosophie sei (GS 8: 36). Plessner schreibt in dem Brief, Anthropologie könne zwar philosophisch sein, sei „aber nicht die Philosophie und nicht *die* Vorbereitung zur Philosophie".[310] Warum nicht, lässt sich im Ausgang von der Rede der reflektierten Selbstreflexivität verdeutlichen, mit der ich Plessner von Cassirer abgegrenzt habe. Dass die Selbstreflexivität bei Plessner reflektiert ist, bedeutet *nicht*, dass sie als solche noch einmal von einem Außenstandpunkt in den Blick käme. *Diese* Art der reflektierten Selbstreflexivität wäre etwa für den Historismus kennzeichnend, den Plessner hinter sich lassen möchte. In der „Exzentrizität", so Plessner, sei „die Überwindung des Historismus gegeben […], speziell auch des Historismus der Philosophiegeschichte".[311] Denn der Historismus ist in der Regel nicht radikal genug. Er nimmt seine eigene Idee – in Bezug auf die Philosophiegeschichte: die Geltungsrelativität jedes philosophischen Ansatzes auf die Zeit, in der er formuliert wurde – nicht ernst genug. Denn sonst müsste er sich selbst als eine theoretische Position begreifen, die auf eine bestimmte Zeit relativ ist, also für diese statt schlechthin gültig ist.

Dass eine philosophische Anthropologie unter dem Zeichen oder dem Aspekt der Exzentrizität keinen Außenstandpunkt für sich reklamieren kann, von dem aus sie die für die Philosophie kennzeichnende Selbstreflexivität als solche noch einmal begreifen könnte, bedeutet Plessner zufolge positiv, dass die „Anthropologie der Weltanschauungen oder Philosophien grundsätzlich die Entwertung, welche in jedem Aufweis der psychischen, sozialen, historischen oder naturhaften Bedingtheit des Geistes liegt, der Möglichkeit nach liegt, aufhebt, indem sie das zur Vergänglichkeit des Geistigen und damit zu ihrer eigenen Vergänglichkeit […] kovariante Bezugssystem bildet […]".[312] Die vermeintliche Entwertung ergibt sich aus einem schlechten (d. h. irreflexiven) Relativismus wie dem Historismus. Wird etwa alles Geistige auf seine geschichtlichen Bedingungen relativiert, so scheint es entwertet zu werden. Ein theoretischer Standort, von dem aus dieser Prozess *als Entwertung* verständlich wäre, ist Plessner zufolge jedoch nicht zu haben. Denn er müsste zu einer Ordnung gehören, die ein absolutes Maß vorsieht, gemessen an dem geschichtliche Relativierung Entwertung bedeutet. Solche Ordnungen könnten jedoch, da sie selbst geistiger Art sind, eben dieser Relativierung nicht enthoben sein. Anders gesagt, die These der historischen Relativität aller geistigen Gehalte kann von dieser Relativität nicht ausgenommen sein. In diesem Sinne „hebt" eine philosophische Anthropologie, die sich unter den Aspekt der Exzentrizität begreift, die Entwertung

---

[310] Plessner an König (22.02.1928), in: König/Plessner 1994, 172-182; hier: 176.
[311] König/Plessner 1994, 176.
[312] Ebd.

aller geistigen Inhalte „auf". Das bedeutet nicht, dass sie damit einige von ihnen in ihr vermeintlich absolutes Recht setzt, und ebenso wenig, dass sie damit endlich den Königsweg zur Philosophie freilegt. Beide Ansprüche liefen nur darauf hinaus, eine vor-exzentrische Ordnung zu restaurieren.

In der reflektierten Selbstreflexivität, die eine philosophische Anthropologie unter dem Aspekt der Exzentrizität kennzeichnet, gilt es vielmehr, so Plessner, „die Faktizität des eigenen Philosophierens, die intelligible Zufälligkeit zu sehen, ohne sie zur Notwendigkeit werden zu lassen".[313] – Während ich Plessners Gedanken der reflektierten Selbstreflexivität des menschlichen Geistes im Kontrast zu Cassirers Philosophieverständnis eingeführt und konturiert habe, profiliert Plessner selbst ihn gegen Heidegger, den er angesichts der außerordentlichen Wirkung von *Sein und Zeit* (auch auf seinen Briefpartner Josef König) für den wichtigeren Widerpart hielt. Für sein entscheidendes Argument müssen die Fäden nur noch zusammengeführt werden: Da nur ein reflektiert selbstreflexives Fragen nach dem Menschen akzeptabel ist, die entsprechende „Anthropologie" aber „das zur Vergänglichkeit des Geistigen und damit zu ihrer eigenen Vergänglichkeit [...] kovariante Bezugssystem bildet", kann sie nicht „die Philosophie und nicht *die* Vorbereitung zur Philosophie" sein. Sie ist, so Plessner nun Heidegger ins Visier nehmend, „überhaupt nicht ausgezeichnet dem Range nach oder der einzig legitime Ansatz zur Philosophie, auch sie selbst erfährt an sich das Schicksal der Exzentrizität. Hier finde ich den eigentlich schwachen Punkt Heideggers, der noch an einen ausgezeichneten Weg (der Ontologie) glaubt in der Rückinterpretation der Frage auf [...] den Fragenden".[314] Wenn Plessner dagegen hervorhebt, man könne die ontologische Frage statt vom Dasein auch vom Sein her – als die „an das Sein gestellte[] Frage" – aufrollen, dann möchte er keine konträre Gegenposition zu Heidegger einnehmen, sondern die „in und mit der Exzentrizität gegebene Irrelevanz des Ansatzes und der Untersuchungsrichtung" betonen.[315] Die Situation der Exzentrizität verträgt sich nicht mit dem Gedanken, dass *ein* Weg zur Philosophie der allen anderen gegenüber ausgezeichnete ist. Sie impliziert vielmehr die erwähnte „intelligible Zufälligkeit" des eigenen Philosophierens, die sich nicht mehr in eine höhere Notwendigkeit transformieren lässt.

Plessner hat damit ein meines Erachtens überzeugendes Argument gegen die These formuliert, dass es mit dem Fragen nach dem Menschen, das Heidegger „Daseinsanalytik" nennt, einen Königsweg zu einer allgemeinen Ontologie bzw. zur Philosophie gibt. Konsequenterweise stellt er auch den eigenen Denkansatz, seine Philosophische Anthropologie, in den Geltungsbereich des Arguments, dass das Fragen nach dem Menschen oder die Anthropologie zwar philosophisch, aber nicht „die Philosophie", „dem Ran-

---

[313] Ebd., 179.
[314] Ebd., 176.
[315] Ebd., 176 f.

ge nach" ausgezeichnet oder „der einzig legitime Ansatz zur Philosophie" sein könne. Genau *dies ist der Grund*, aus dem er es in seiner Groninger Antrittsvorlesung ablehnt, die Philosophische Anthropologie als Herzstück oder gar Fundament der Philosophie und in diesem Sinne als anthropologische Philosophie zu konzipieren.[316]

Später, in seinem Aufsatz „Immer noch Philosophische Anthropologie?" (1963), ist Plessner noch einmal auf den Terminus „anthropologische Philosophie" zurückgekommen, und zwar im Zuge einer ausdrücklichen und entschiedenen Cassirer-Kritik. Von dieser möchte ich zwei Punkte hervorheben. Der erste wird von Plessner nur angedeutet: Bei Cassirer sei an „die Stelle der Fragen, von deren Beantwortung meine humane Existenz abhängt, [...] die Untersuchung der Formen getreten, in denen sich der Mensch spezifisch äußert" (GS 8: 243). In dem Entwurf einer anthropologischen Philosophie, den Groethuysen vorgelegt hat, so ließe sich meines Erachtens erläuternd und ergänzend hinzufügen, ist beides noch in der Ba-

---

[316] An dieser Stelle bietet es sich an, zumindest einen Seitenblick auf ein weiteres terminologisches Motiv werfen, das in der jüngeren Plessner-Forschung diskutiert wird: Anthropologie als *prima philosophia*. So wie sich Joachim Fischer für die Unterscheidung zwischen philosophischer Anthropologie (mit kleinem „p") als Disziplin der Philosophie und Philosophischer Anthropologie (mit großem „P") als in den 1920er Jahren begründetem Denkansatz eingesetzt hat (vgl. vor allem Fischer 2008; siehe dazu vom Verf., Wunsch 2010a) und Hans-Peter Krüger über diese (bei ihm etwas anders gelagerte) Unterscheidung hinaus Plessners Begriff der anthropologischen Philosophie aufgenommen hat (siehe Krüger 2006, 17 f., Krüger 2009, 55 f., 106 ff., 209, 243-245), hat Volker Schürmann nun einen Fokus auf die Frage nach der Anthropologie als *prima philosophia* gelegt. Er meint, dass Plessner die philosophische Anthropologie in seiner Philosophischen Anthropologie, wenn auch nicht im Sinne einer anthropologischen Philosophie, so doch als *prima philosophia* konzipiert (Schürmann 2012, 208 f.; vgl. schon Krüger 2009, 146). Der Rückgriff auf diesen Terminus weist offenbar zugleich einen Rückbezug auf Jürgen Habermas' einflussreiches Verdikt aus den 1950er Jahren auf, die Philosophische Anthropologie treibe „nicht mehr das Geschäft der *prima philosophia*", sondern als bloß „reaktive" Disziplin nur das der philosophischen Deutung des „Material[s] der Wissenschaften" (Habermas 1958, 20, 35). Zwar dürfte inzwischen außer Zweifel stehen, dass Plessners Philosophische Anthropologie keine bloß reaktive Disziplin ist – es geht ihr ja dezidiert um eine „Neuschöpfung der Philosophie". Ob sie dies aber, wie Schürmann nahelegt, zur *prima philosophia* qualifiziert, halte ich umgekehrt für zweifelhaft. Plessners Neuschöpfung steht unter dem Aspekt der Exzentrizität. Das bedeutet, dass die Anthropologie wie jeder andere philosophische Ansatz auch „an sich das Schicksal der Exzentrizität" erfährt (König/Plessner 1994, 176). Man kann daher zugespitzt sagen, der Sinn der Neuschöpfung besteht darin, die philosophischen Konsequenzen aus einer Absage an jedwede *prima philosophia* zu ziehen. Die Frage, ob nicht gerade dies als Erneuerung des Projekts einer *prima philosophia* gelten soll, ist meines Erachtens eine Frage nach der richtigen begriffspolitischen Strategie.

lance. Groethuysen meint, alle anthropologische Philosophie gehe von der antiken Maxime „Erkenne Dich selbst!" aus. Wissenschaftliche und philosophische Erkenntnis ist seines Erachtens für die damit geforderte Selbstreflexion zwar wichtig, kann diese aber nicht erschöpfen. Daher führt Groethuysen in seinem Entwurf einer anthropologischen Philosophie durchgängig eine individuelle und auch existentielle Dimension mit.[317] Cassirer hat verglichen mit Groethuysen von dieser Dimension im *Essay on Man* ganz abgesehen. Sie ist bei ihm durch die Berufung auf die Wissenschaften ersetzt worden, die den verschiedenen Bereichen und Formen der Selbstreflexion des Menschen entsprechen (ECW 23: 76). Plessner, der Exzentrizität nicht zuletzt als „Existenzkonflikt"[318] versteht, diagnostiziert dies mit unverhüllter Kritik: „Der positivistische Charakter des Spätidealismus bestimmt das Vorgehen" (GS 8: 243).

Plessners zweiter Kritikpunkt besteht darin, Cassirer ein naturphilosophisches Defizit vorzuwerfen. Er kritisiert, dass dessen „anthropologische Philosophie", indem sie sich „in ihrem Ansatz auf Kultur als Leistung" bzw. als geistiges Wirken einschränke, nicht den „Funktionssinn" der menschlichen Ausdrucksformen problematisieren könne, „weil man nicht weiß, für wen sie funktionieren" (GS 8: 243). Die Rede davon, dass es der Mensch sei, der sich durch diese Formen artikuliere, bleibe unaufgeklärt, weil er „nur wieder durch sie bestimmbar ist" und „nur als das Ensemble von Leistungen" in den Blick kommt (ebd.). In Bezug auf Cassirers Bestimmung des Menschen als *animal symbolicum* spitzt Plessner diese Kritik naturphilosophisch zu: „Cassirer weiß zwar auch, daß der Mensch ein Lebewesen ist, aber er macht philosophisch davon keinen Gebrauch" (ebd.). Nicht dass er „die Verklammerung menschlicher Leistungen mit dem menschlichen Organismus" leugnen würde, sie bleibe für ihn aber nichts „als ein empirisches Faktum" – und das bedeutet, kein Gegenstand der Philosophie.[319] Im Hintergrund dieser

---

[317] Groethuysen 1936, 77-79, 84.

[318] Stufen, 32. Vgl. auch Plessners Ausführung in dem Abschnitt zur „natürlichen Künstlichkeit" des Menschen in den *Stufen des Organischen*: „Der Mensch lebt [...] nur, wenn er ein Leben führt. So bricht ihm immer wieder unter den Händen das Leben seiner eigenen Existenz in Natur und Geist, in Gebundenheit und Freiheit, in Sein und Sollen auseinander. Dieser Gegensatz besteht. Naturgesetz tritt gegen Sittengesetz, Pflicht kämpft mit Neigung, der Konflikt ist die Mitte seiner Existenz, wie sie sich dem Menschen unter dem Aspekt seines Lebens [d. h. dem exzentrischen, M. W.] notwendig darstellt" (Stufen, 316 f.).

[319] Mit Bezug auf Cassirer, aber auch auf Dilthey, fügt Plessner daher hinzu: „Wo die körperliche Dimension beginnt, hört für sie die Philosophie auf" (GS 8: 243). Um die trennscharfe Abgrenzung, die Plessner hier anstrebt, noch weiter zu verdeutlichen, mag die Ergänzung hilfreich sein, dass Plessner diesen Vorwurf auch noch einer postheideggerschen „Phänomenologie der Existenz" à la Merleau-Ponty macht, die die Leiblichkeit als ein zentrales Strukturmerkmal menschlichen Existie-

Kritik steht Plessners Einsicht, dass diese Verklammerung und damit der Doppelaspekt menschlichen Daseins aus *einer* Richtung bzw. von *einer* Grundposition her in den Blick genommen werden muss. Da Plessner genau dies für die Aufgabe der Naturphilosophie hält, wird an dieser Stelle klar, dass er mit dem naturphilosophischen Defizit bei Cassirer nicht einfach das Fehlen der Kehrseite der Kulturphilosophie beklagt, sondern den grundlegenderen Einwand erhebt, bei Cassirer fehle insgesamt ein philosophischer Zugang, der dem Doppelaspekt menschlichen Daseins entspricht. In *diesem* Sinn bedarf die Kulturphilosophie einer naturphilosophischen Fundierung.

3.5 Zur Untergrenze der Kulturphilosophie: Anthropologie des Ausdrucks

Auch wenn man aufgrund der Plessnerschen Argumente sagen muss, dass das Fragen nach dem Menschen nicht mit der Philosophie zusammenfällt oder als der Königsweg zu ihr gelten kann, kommt Cassirers Projekt einer Vermessung des „circle of ‚humanity'" zweifellos eine grundlegende philosophische Bedeutung zu. Was Plessner unter dem Stichwort „anthropologische Philosophie" kritisiert, macht Cassirers unter diesem Titel verfolgtes Projekt keineswegs überflüssig. Mehr noch: Es ist auch nicht von vornherein aussichtslos, dieses einerseits auf eine reflektiert selbstreflexive Weise zu erneuern und andererseits auf den gegen es erhobenen Vorwurf eines naturphilosophischen Defizits zu reagieren. Ersteres wäre die Aufgabe einer Cassirer-Forschung, die, wo es sachlich erforderlich ist, bereit wäre, Ergänzungen und Modifikationen von Cassirers Ansatz vorzunehmen und auszuarbeiten.[320] Dabei hielte ich es für viel versprechend, Plessners Idee einer

---

rens konzipiert. Sie verfüge zwar über ein reicheres Bild der menschlichen Art zu sein als etwa Cassirer, trage aber der unübersehbaren Verklammerung dieser Art zu sein mit dem menschlichen Organismus ebenso wenig Rechnung: „Die Leiblichkeit als ein Strukturmoment der konkreten Existenz […] wird nicht als Körper zum Problem. Das überläßt man der Biologie und den organischen Naturwissenschaften" (GS 8: 244).

[320] Beispielhaft für eine solche sachlich-systematisch orientierte Cassirer-Forschung ist meines Erachtens Kreis 2010, wenn auch das erwähnte Defizit der Selbstreflexivität des Cassirerschen Geistes meines Erachtens nicht deutlich genug gesehen wird. – Sebastian Ullrich hat das Problem der Selbstreflexivität deutlich vor Augen und macht die Beseitigung des betreffenden Defizits zu einem Hauptthema seiner Cassirer-Monographie „Symbolischer Idealismus" (Ullrich 2010). Seine These ist, dass die von Cassirer in nachgelassenen Texten angedeutete, aber nicht ausgearbeitete „Metaphysik des Symbolischen" (vgl. ECN 1: 261 ff.) „eine Reflexion der philosophischen Reflexion leisten soll" (Ullrich 2010, 29). Ullrichs Ausarbeitung

reflektiv selbstreflexiven Neuschöpfung der Philosophie zu berücksichtigen. Letzteres, d. h. eine Entgegnung auf den Vorwurf des naturphilosophischen Defizits, lässt sich, wie ich im Folgenden näher ausführen werde, auf der Grundlage von Cassirers eigenen Überlegungen gewinnen.

Der Weg, den ich dazu einschlagen möchte, lässt sich schematisch so umreißen, dass das naturphilosophische Defizit sich durch Reflexion auf die Untergrenze von Cassirers Kulturphilosophie abschwächen oder beseitigen lässt, wobei diese Untergrenze durch das Ausdrucksphänomen markiert wird.[321] Auf diese Weise eröffnet sich auch eine neue Perspektive, das *terminus a quo*-Problem in Angriff zu nehmen, vor dem Cassirers Philosophie, wie Heidegger in Davos zu Recht herausgestellt hatte, steht.[322] Es gibt eine Reihe von Hinweisen dafür, dass der *terminus a quo* der Cassirerschen Philosophie im Ausdrucksphänomen bestehen könnte. Heideggers Einwand besagte, dass Cassirer von einem ungeklärten *terminus a quo* aus versuche, den *terminus ad quem* der Philosophie, das heißt eine umfassende Kulturphilosophie, zu entwickeln, während es doch umgekehrt darum gehen müsse, vom *terminus ad quem* her, also in Heideggers Fall von der Frage, was überhaupt Sein heißt, her, in den *terminus a quo* hineinzufragen (GA 3: 288). Man kann nun sagen, dass Cassirer diesen Einwand beherzigt, wenn er im Horizont seiner Kulturphilosophie deren Untergrenze im Ausdrucksphänomen identifizieren möchte. Der maßgebliche Text Cassirers in diesem Zusammenhang ist der dritte Band seiner *Philosophie der symbolischen Formen*, die *Phänomenologie der Erkenntnis* (1929).

Im ersten Teil der *Phänomenologie der Erkenntnis*, „Ausdrucksfunktion und Ausdruckswelt", stellt Cassirer der systematischen Untersuchung des Ausdrucksphänomens eine Art Methodenkapitel voran. Er überschreibt es mit „Subjektive und objektive Analyse" (ECW 13: 49). Misslich ist, dass diese Begriffe nirgends im Kapitel ausdrücklich auftauchen. Gleichwohl gibt es dort eine Reihe von Passagen, aus denen sie und ihr Verhältnis zueinander sich rekonstruieren lassen. Cassirer erläutert den Unterschied zwischen der

---

dieser Metaphysik involviert eine Konzeption der philosophischen Erkenntnis „als zeichenlose Erkenntnis" und insbesondere „reiner Anschauungsvollzug" (ebd., 35; vgl. 20, 145, 161, 173). Ob sich eine solche Konzeption, wenn Cassirer sie ausgearbeitet hätte, unter metaphysikkritischen Gesichtspunkten als eine attraktive Option erwiesen hätte, erscheint mir allerdings zweifelhaft.

[321] Zu dieser Idee vgl. bereits die Bemerkung Norbert Meuters: „Cassirer verfolgt die kulturelle Existenz des Menschen gewissermaßen bis an die ‚Ränder' dieser Existenz zurück – und an diesen Rändern stößt er auf das Ausdrucksphänomen" (Meuter 2006, 132).

[322] Ich habe das *terminus a quo*-Problem oben in Kap. 1.3 eingeführt und in Kap. 1.4 näher erläutert. In der Folge hat sich dann gezeigt, dass der *terminus a quo* bei Cassirer weder in seinem Begriff der Einbildungskraft (Kap. 1.5) noch in dem des *animal symbolicum* (Kap. 3.3) liegen kann.

subjektiven und der objektiven Analyse vor dem Hintergrund von Paul Natorps Buch *Allgemeine Psychologie nach kritischer Methode* (1912). Bei Natorp gehöre die allgemeine oder philosophische Psychologie nicht in eine Reihe mit denjenigen philosophischen Disziplinen, in denen es wie in der Logik, Ethik oder Ästhetik um Fragen der *Objektivierung* geht und die ein Reich von Gegenständen, Werten, Gesetzen oder Normen begründen. Sie bilde vielmehr einen „Gegenpol" zu diesen, indem sie frage, was deren „Bestimmung[en] als Ansatz voraus und zugrunde liegt" (ECW 13: 56 f.). Sie stellt zur Natur, zur Sittenwelt, zur Welt der Kunst oder der der Religion, kurz und mit Natorp selbst gesagt, „zur Objektsetzung jeder Art und Stufe, gleichsam die Gegenseite, eben die Innenwendung, nämlich die letzte Konzentration ihrer aller auf das erlebende Bewußtsein dar. Diese letzte Konzentration ist es, die der Begriff des Psychischen [...] aufzustellen und zu entwickeln hat".[323] Natorp möchte mit seiner allgemeinen Psychologie also nicht eine weitere objektivierende Disziplin etablieren, sondern – und dies ist nun Cassirers aufschlussreiche Formulierung – dem „Prozeß der Objektivation [...] dadurch eine neue Seite und einen neuen Sinn abgewinnen, daß er in einer doppelten Richtung: vom *terminus a quo* zum *terminus ad quem*, und von diesem wieder zurück zu jenem, durchschritten wird" (ECW 13: 58 f.). Die *Psychologie* bewegt sich in der Richtung vom *terminus ad quem* zum *terminus a quo*. Ihr Verfahren wird von Natorp als ‚subjektivierend' bezeichnet.[324] Die Subjektivierung ist das genaue Korrelat der Objektivierung. Allerdings komme der Objektivierung dabei insofern der „grundlegende Charakter" zu, als die Psychologie „auf die vorausgegangene Leistung der objektivierenden Erkenntnis jeder Art und Stufe für jeden einzelnen ihrer Schritte angewiesen ist".[325] Wir haben es daher nicht mit einer, wie man sagen könnte, ‚generativen', sondern mit einer objektivierende Leistungen *rekonstruierenden* Psychologie zu tun. Entsprechend trägt das Methodenkapitel von Natorps Buch den Titel „Die Methode der Rekonstruktion". Durch Rekonstruktion soll das „Unmittelbare[] im Bewußtsein aus dem [wieder gewonnen werden], was daraus gestaltet worden" (also etwa aus der Wissenschaft oder dem Alltagsverständnis).[326]

Damit sind die Elemente beisammen, um Cassirers Konzepte der objektiven und der subjektiven Analyse klären zu können. Unter ‚objektiver Analyse' versteht Cassirer die Untersuchung der *Bedeutung* und *Struktur* der kulturellen Grundformen (ECW 13: 54). Diesem Vorhaben, das Cassirer, anknüpfend an Kants Deduktionsbegriff in den *Prolegomena*, einmal so beschreibt, dass es dabei um eine Bestandsanalyse der kulturellen Formen ge-

---

[323] Natorp 1912, 20; vgl. Cassirer, ECW 13: 57.

[324] Das heißt, sie unterscheidet sich von jeder Art erklärender oder deskriptiver Psychologie; denn deren Verfahren ist objektivierend.

[325] Natorp 1912, 200.

[326] Ebd., 192.

he, um das, *was ihnen liegt*,[327] widmet sich der Großteil der *Philosophie der symbolischen Formen*. Mehr Aufmerksamkeit in dem gegenwärtig von mir verfolgten Problemzusammenhang verdient allerdings Cassirers Begriff der subjektiven Analyse. Er erschließt sich vor dem Hintergrund von Natorps psychologischem Verfahren: Eine subjektive Analyse besteht für Cassirer in der Rekonstruktion der subjektiven Voraussetzungen und Möglichkeitsbedingungen der verschiedenen kulturellen Formen (Gestalten des ‚objektiven Geistes‘) bzw. im Rückgang „zu den primären subjektiven ‚Quellen‘, zu den ursprünglichen Verhaltungsweisen und Gestaltungsweisen des Bewußtseins".[328]

Wenn die subjektive Analyse sich durch ihre Untersuchungsrichtung auszeichnet, die von den kulturellen Formen in deren subjektive Quellen läuft, dann liegt es auf der Hand, dass hier ein Methodenkonzept vorliegt, das für das *terminus a quo*-Problem von Cassirers Philosophie direkt relevant ist. Um das diesbezügliche Potential des Konzepts ausloten zu können, ist dieses aber zunächst noch zu schärfen. Dafür ist der Blick auf die Unterschiede zu Natorps psychologischem Verfahren hilfreich. Natorp verwendet für die objektivierende Erkenntnis aller Art einerseits und den für die Psychologie kennzeichnenden subjektivierenden Rückbezug auf den Ursprung andererseits das Bild der „Plus- und Minusrichtung" bzw. des „Plus- und Minussinn[s] des Erkenntnisweges".[329] Die Metapher deutet an, dass Natorp den Prozess der Objektivierung nur in *einer* Dimension, als einfaches Plus fasst. Cassirer kritisiert entsprechend, dass für Natorp die „Richtung auf das ‚Objektive‘ [...] mit der auf das ‚Notwendige‘ und ‚Allgemeingültige‘" und diese selbst mit der „auf das ‚Gesetzliche‘" zusammenfällt (ECW 13: 61). Von der *Philosophie der symbolischen Formen* her erweist sich dies als zu eng. Sie unterscheidet zwischen ganz heterogenen Richtungen auf Objektives und argumentiert für eine Mehrdimensionalität von Objektivierungsprozessen.[330] Entsprechend kann sie auch die subjektive Analyse nicht als eindimensionalen Rückgang konzipieren. Wenn die Annahme eines *terminus a quo* von Cassirers Philosophie überhaupt aussichtsreich sein soll, muss die subjektive Analyse als multidimensionaler Rückgang zu einer gemeinsamen Quelle, also bildlich gesprochen: als ‚Sternmarsch‘, konzipierbar sein. Ein weiterer wich-

---

[327] ECW 13: 54. – Vgl. Kant, *Prolegomena*, AA 4: 303.

[328] Cassirer, ECW 13: 63. In Anknüpfung an Natorps Methodenbegriff der Rekonstruktion nennt Cassirer die subjektive Analyse auch „rekonstruktive Analyse" (ebd.).

[329] Natorp 1912, 71 u. 200.

[330] Dass Cassirer sich dabei teilweise auch auf Natorp stützen kann (vgl. Natorp 1912, 112 f.), erwähnt er in der *Philosophie der symbolischen Formen* nicht, obwohl es ihm aber, wie sein Nachruf auf Natorp zeigt, selbstverständlich vertraut ist. Siehe Cassirer, „Paul Natorp. 24. Januar 1854 – 17. August 1924", in ECW 16: 197-226, hier: 213.

tiger Unterschied zwischen der subjektiven Analyse Cassirers und Natorps psychologischem Verfahren ergibt sich aus den unterschiedlichen systematischen Kontexten beider Ansätze. Während Natorps Rekonstruktion im Horizont der Psychologie steht und daher auf das „Unmittelbare *im Bewußtsein"* abzielt, erfolgt Cassirers subjektive Analyse in einem symbol- und kulturphilosophischen Horizont. Was sie anvisiert, kann als ein in *symbol- oder kulturtheoretischer* Hinsicht Unmittelbares bezeichnet werden.

Meine These ist: Das in symboltheoretischer Hinsicht Unmittelbare ist für Cassirer die Ausdruckswahrnehmung und das in kulturtheoretischer Hinsicht Unmittelbare der Mythos. Wegen der symboltheoretischen Anlage von Cassirers Kulturphilosophie hängt beides direkt miteinander zusammen. Entsprechend führt Cassirer die Ausdruckswahrnehmung zwar inhaltlich im Kontrast zu zwei anderen Konzepten der Wahrnehmung ein, aber methodisch im Ausgang vom Mythos.

Cassirer unterscheidet zunächst zwischen „Wahrnehmung", wie sie innerhalb eines bestimmten wissenschaftlichen Weltbildes thematisiert wird (psychologischer Gesichtspunkt), und „Wahrnehmung" als einem konstitutiven Moment der Gegenstandserkenntnis (erkenntniskritischer Gesichtspunkt). Wer eine Konzeption von Wahrnehmung hat, würde im ersten Fall die physischen und psychischen Entstehungsbedingungen der Wahrnehmung kennen und im zweiten Fall die Wahrnehmung „als besonderes Glied im Aufbau der Wirklichkeitserkenntnis begreifen" (ECW 13: 66). In beiden Fällen ist die *theoretische Erkenntnis* der Bezugspunkt, in deren Horizont oder als deren Fundament die Wahrnehmung in Betracht kommt. Eine Beschränkung auf diesen Bezugspunkt würde aus Sicht der *Philosophie der symbolischen Formen* jedoch eine einseitige Orientierung darstellen. Die theoretische Erkenntnis entspricht nur *einer* der symbolischen Formen. Diese Einsicht öffnet den Blick für alternative Bezugspunkte. Von zentraler Bedeutung für Cassirer ist in diesem Zusammenhang der Mythos. Die Reflexion auf die mythische Lebensform, so seine These, kann auf eine Art oder Dimension der Wahrnehmung aufmerksam machen, die wegen der Inkommensurabilität von Mythos und theoretischer Erkenntnis weder vom psychologischen noch vom erkenntniskritischen Gesichtspunkt aus erfasst wird: die Ausdruckswahrnehmung.

Der Mythos hat für Cassirer in diesem Zusammenhang eine methodische Funktion. Er stellt den Anknüpfungspunkt dar, von dem aus der Begriff der Ausdruckswahrnehmung gewonnen und ausgewiesen wird. Anders gesagt: Cassirer rechtfertigt die Annahme dieses besonderen Typs der Wahrnehmung durch eine subjektive Analyse des Mythos. Wenn er das Konzept dieser Analyse nach dem Methodenkapitel im Kapitel zum Ausdrucksphänomen durch die Erklärung aufgreift, dass er vorhabe, „durch rückschließende und ‚rekonstruktive' Betrachtung, den Zugang zum Bereich der ‚Subjektivität' zu gewinnen" (ECW 13: 74), dann ist der Rückgang, der in diesem Kontext im Mittelpunkt steht, der vom Mythos zu den Ausdruckserlebnissen. Die Welt des Mythos, dies ist der Ausgangspunkt von Cassirers subjektiver Analyse, sei zwar nicht strukturlos und undifferenziert; sie sei aber auch nicht durch eine Konstanz von Arten gekennzeichnet; vielmehr wiesen ihre Gestaltungen „eine eigentümliche ‚Flüssigkeit' auf" (ebd., 67). Es bestehe hier keine strikte Trennung zwischen einer ‚eigentlichen' Wahrnehmung und der mythischen Phantasie (ebd., 68), zwischen ‚Wirklichkeit' und ‚Schein', sowie ‚Realem' und ‚Irrealem' (ebd., 75). Das bedeutet aber keineswegs, so Cassirer weiter, dass wir den Mythos angemessen beschrieben, wenn wir sagten, er verstoße „auf Schritt und Tritt [...] gegen die elementaren ‚Tatsachen der Wahrnehmung'" (ebd., 67). Richtiger, weil weniger äußerlich, wäre eine Charakterisierung, der zufolge hier „*Inhalt* der Wahrnehmung" und „*Form* des Mythos [...] völlig ineinanderwachsen".[331] Der entscheidende Punkt von Cassirers subjektiver Analyse ist dann: „Ein solches Ineinander läßt sich nur dann verstehen, wenn die Wahrnehmung selber bestimmte ursprüngliche Wesenszüge aufweist, in denen sie der Weise und Richtung des Mythischen entspricht und gewissermaßen entgegenkommt" (ebd., 67 f.). Unter der Prämisse der Verständlichkeit des Mythos[332] muss also etwas *an* der Wahrnehmung sein, das sich, wenn die theoretische Erkenntnis der Bezugspunkt ist, allenfalls rudimentär zeigt oder ganz übersprungen wird – das aber eine Grundlage des Mythos darstellt. Dazu im Folgenden nur zwei Hinweise:

(a) Das mythische Bewusstsein schließt nicht von der *Erscheinung* auf ein *Wesen*. Es besitzt vielmehr in der Erscheinung das Wesen. Das jeweils gegebene Phänomen hat demnach keine Stellvertreterfunktion, sondern den Charakter echter Präsenz. Statt dass die Erscheinung dem mythischen Bewusstsein die Erscheinung einer zugrundeliegenden Substanz ist, verkörpert oder manifestiert sich in ihr das Wesen vollständig und ungeteilt (ECW 13: 75). Entsprechend handelt es sich bei den durch die mythische Wahrnehmung präsentierten Erscheinungen nicht um Gegenstände, die erst theoretisch gedeutet werden müssten, sondern um Inkarnationen von Sinn.

(b) Im mythischen Bewusstsein ist *alles belebt*. Die dämonischen Kräfte, die es erlebt, sind anfangs noch nicht einzelnen, klar unterscheidbaren Geis-

---

[331] ECW 13: 67 f. Ich sage „weniger äußerlich", weil die Wahrnehmung im Mythos zwar nicht mehr am Maßstab der theoretischen Erkenntnis beurteilt wird, gleichwohl aber die getroffene Unterscheidung zwischen Inhalt der Wahrnehmung und mythischer Form dem Mythos selbst äußerlich bleibt. Cassirers Gedanke ist, dass dieser Inhalt selbst durch Momente konstituiert ist, die mit dem Wahrnehmungsbegriff postmythischer Weltentwürfe unvereinbar sind.

[332] Die Legitimität dieser Prämisse stellt ein Problem dar, das Cassirer hier nicht thematisiert. Da der Mythos die einzige symbolische Form ist, die kein „Faktum" (mehr) darstellt, stellt uns seine subjektive Analyse vor besondere Verständnisprobleme.

tern und Göttern zugeordnet. Cassirer: „„Es eignet sich, es zeigt sich, es warnt' – ohne daß hinter dem allen notwendig ein persönliches Subjekt, ohne daß hinter der Warnung [...] ein Warner stehen müsste. Das Ganze der Wirklichkeit [...] bildet vielmehr dieses Subjekt" (ECW 13: 80). Die mythische Wahrnehmung erfasst diese ganzheitlichen Ausdruckswerte, für die Cassirer etwa den Charakter des Lockenden oder Drohenden, des Düsteren oder Heiteren, des Vertrauten und Unheimlichen als Beispiele nennt (ebd., 74 u. 80).

Doch so aufschlussreich Cassirers Überlegungen zu einer ‚Deduktion' der Ausdruckswahrnehmung aus dem Mythos auch sein mögen, es mag der Verdacht aufkommen, dass sich ihre philosophische Relevanz darin erschöpft, dass Möglichkeitsbedingungen einer zwar bedeutsamen, aber letztlich versunkenen Gestalt der Kulturgeschichte identifiziert werden. Da die Identität des Phänomens der Ausdruckswahrnehmung, soweit sie von der subjektiven Analyse des Mythos her bestimmt wird, vom Bestehen eines internen Zusammenhangs zwischen Wahrnehmungsinhalt und Form des mythischen Bewusstseins abhängt, könnte der Eindruck entstehen, dass mit dem Untergang der Welt des Mythos auch das Phänomen der Ausdruckswahrnehmung versinkt.

Cassirer macht jedoch deutlich, dass das Feld, auf dem das Ausdrucksphänomen von Bedeutung ist, keineswegs auf die Welt des Mythos eingeschränkt ist. Der kulturgeschichtliche Schritt, der über die mythische Welt hinausführt, lösche die symbolische Form bzw. geistige Stufe des Mythos nicht aus.[333] Das „theoretische Weltbild" modifiziere zwar die Grundlage, die die mythische Weltansicht in der Ausdruckswahrnehmung hat, bringe „sie aber keineswegs völlig zum Verschwinden" (ECW 13: 68). „Der Untergang der Inhalte des mythischen Bewußtseins bedeutet keineswegs notwendig zugleich den Untergang der geistigen Funktion, der sie entstammen" (ebd., 87 f.). Das liegt daran, dass die Symbolfunktion des Ausdrucks über den Mythos nicht nur als historische Gestalt, sondern auch als symbolische Form hinausreicht. Sie kommt zwar auf eine besonders reine Weise im Mythos zum Zuge, erschöpft sich aber nicht in dieser symbolischen Form. Das bedeutet, der Ausdruck gehört zur symbolischen Signatur auch der anderen Formen. Das gilt, wenn auch mit geringem Gewicht, sogar für die theoretische bzw. wissenschaftliche Erkenntnis. Cassirer meint, „daß die ‚Ausdrucksfunktion' ein echtes Urphänomen ist, das auch im Aufbau des theoretischen Bewußtseins und der theoretischen ‚Wirklichkeit' sich in seiner Ursprünglichkeit und in seiner unvertauschbaren Eigenheit behauptet" (ebd., 98).

---

[333] Daher können auch im Verlauf der Kulturgeschichte Elemente des Mythos eine neue Aktualität gewinnen. Vgl. dazu Cassirers *The Myth of the State* (1946) (ECW 25).

Wenn das Ausdrucksphänomen sich nicht im Mythos erschöpft und auch in den anderen symbolischen Formen eine Rolle spielt, dann muss es Gegenstand einer vom Mythos unabhängigen Beschreibung sein können und auch in unserem heutigen alltäglichen Weltverständnis aufzuweisen sein. In Hinblick auf eine solche Beschreibung lassen sich in der *Philosophie der symbolischen Formen* eine Gruppe von negativen und eine von positiven Kennzeichnungen des Phänomens ausmachen. Als Wahrnehmung sei die Ausdruckswahrnehmung „eine Art von Wirklichkeitserfahrung", und zwar, negativ gesagt, eine solche, „die sich noch ganz außerhalb der Form der naturwissenschaftlichen Erklärung und Deutung hält" (ECW 13: 69). Sie offenbart Ausdruckscharaktere, die in der Erscheinung „rein als solcher und unabhängig von ihrer gegenständlichen Deutung" liegen (ebd., 74). Dem Ausdrucksphänomen entspricht eine Weise des ‚Verstehens', die „nicht an die Bedingung der begrifflichen Interpretation geknüpft ist" (ebd., 105). Die Kennzeichnungen dieser ersten Gruppe zusammenfassend, lässt sich die Ausdruckswahrnehmung als eine Wirklichkeitserfahrung bestimmen, die nicht nur außerwissenschaftlich, sondern überhaupt von gegenständlichen und begrifflichen Deutungen unabhängig ist. Dem steht nun eine Gruppe von positiven Kennzeichnungen gegenüber. Die Ausdruckswahrnehmung erfasse die „Art" einer „Gesamterscheinung", den in dieser liegenden „Ausdruckston" oder -charakter (ebd., 74). „Der Ausdruckssinn haftet [...] an der Wahrnehmung selbst; er wird in ihr erfaßt und unmittelbar ‚erfahren'" (ebd., 76). „Wo der ‚Sinn' der Welt [...] als reiner Ausdruckssinn genommen wird, da weist jede Erscheinung in sich selbst einen bestimmten ‚Charakter' auf, der [...] ihr unmittelbar zukommt" (ebd., 80). Zum „reinen Phänomen des Ausdrucks" gehöre die „Tatsache, daß eine bestimmte Erscheinung in ihrer einfachen ‚Gegebenheit' und Sichtbarkeit sich zugleich als ein innerlich Beseeltes zu erkennen gibt" (ebd., 104). In Zusammenfassung der Kennzeichnungen dieser zweiten Gruppe lässt sich die Ausdruckswahrnehmung als das Erfassen eines Sinns bestimmen, der ihr immanent ist, bereits zu ihrer Gegebenheit gehört und ihr also unmittelbar zugehört.

Mit dem letzten Hinweis, dass eine Erscheinung sich in der Ausdruckswahrnehmung „als ein innerlich Beseeltes zu erkennen gibt", lässt sich die Brücke vom allbelebenden Mythos zu unserem empirischen Weltbild schlagen. Cassirer zufolge liegt die Ausdruckswahrnehmung in unserem alltäglichen Weltverständnis etwa „überall dort vor, wo das ‚Sein', das in der Wahrnehmung erfaßt wird, nicht sowohl ein Sein von Dingen als bloßen Objekten ist, sondern wo es uns in der Art des Daseins lebendiger Subjekte entgegentritt", also dort, wo es um die „Wahrnehmung des Lebens", die „Erfahrung von fremden Subjekten" bzw. „vom ‚Du'" geht (ECW 13: 69). Solche Wahrnehmungen und Erfahrungen sind Cassirer zufolge weder auf Dingwahrnehmungen reduzierbar noch durch diese vermittelt (ebd.). Wir nehmen also nicht in einem ersten Schritt ein Ding wahr, das wir dann in einem zweiten Schritt als lebendiges Ding oder als eine Person deuten. Die Fremdwahrnehmung ist vielmehr eine unmittelbare Erfahrung, die in Ausdruckserlebnissen besteht.[334] In diesem Zusammenhang ist die Ausdruckswahrnehmung im Vergleich mit der Dingwahrnehmung Cassirer zufolge sowohl das „psychologisch Frühere" als auch das der Sache nach Erste („πρότερον τῇ φύσει") (ebd., 89). Außer der Fremdwahrnehmung spielt das Ausdrucksphänomen auch eine maßgebliche Rolle für die Bewegungswahrnehmung. In diesem Punkt auf Ludwig Klages zurückgreifend meint Cassirer, dass Bewegungen als Ausdruckscharaktere erlebt werden noch bevor sie gegenständlich beurteilt werden. Das werde etwa in den Bezeichnungen „Wucht", „Hast", „Gehemmtheit", „Umständlichkeit" und „Übertriebenheit" angezeigt, die „ebensosehr Namen für Lebenszustände wie für Bewegungsweisen" sind.[335]

Vor diesem Hintergrund komme ich auf die Frage nach dem *terminus a quo* von Cassirers Denken zurück. Die ausgezeichnete Stellung des Mythos im Projekt einer Philosophie der symbolischen Formen erweist sich dafür als bedeutsam. Denn der Mythos stellt diejenige kulturelle oder symbolische Form dar, den „gemeinsamen Mutterboden", wie Cassirer sagt, von dem sich alle anderen solcher Formen erst allmählich ablösen.[336] Ich habe dies oben dadurch zum Ausdruck gebracht, dass ich den Mythos als das in kulturtheoretischer Hinsicht ‚Unmittelbare' bezeichnet habe. Aus Cassirers Sicht müsste eine angemessene „Phänomenologie des Geistes", die die Entwicklung geistiger Gestalten von ihrem Ursprung her entfalten möchte, daher nicht wie die Hegelsche bei der sinnlichen Gewissheit, sondern beim mythischen Bewusstsein beginnen: „[D]er eigentliche Ausgangspunkt für alles Werden der Wissenschaft, ihr Anfang im Unmittelbaren, liegt nicht sowohl in der Sphäre des Sinnlichen als in der der mythischen Anschauung".[337] Ich schlage vor, dass vor dem Hintergrund dieser Sonderstellung des Mythos das Resultat von dessen subjektiver Analyse als Antwort auf die Frage nach dem *terminus a quo* von Cassirers *Philosophie der symbolischen Formen*

---

[334] ECW 13: 72. – Der wichtigste philosophische Bezugspunkt für Cassirers Entwicklung seiner Theorie des Ausdrucks war Schelers Untersuchung *Wesen und Formen der Sympathie* (1923), vor allem der dortige Schlussteil „Vom fremden Ich" (GW 7: 209 ff.). Siehe dazu bei Cassirer: ECW 13: 96 ff. Sowohl Scheler als auch Cassirer kritisieren von der Ursprünglichkeit der Ausdruckswahrnehmung her die Analogieschluss- und Einfühlungs-Theorien der Fremdwahrnehmung. Zu Schelers eigener Theorie siehe Schloßberger 2005, 148 ff.

[335] Es handelt sich hier um eine Passage von Klages' *Ausdrucksbewegung und Gestaltungskraft* (Klages 1923, 18), die von Cassirer zitiert wird (ECW 13: 90).

[336] Cassirer, „Sprache und Mythos. Ein Beitrag zum Problem der Götternamen" (1925), ECW 16: 266. Vgl. dazu auch das Vorwort des Mythos-Bandes der *Philosophie der symbolischen Formen*, ECW 12: XI.

[337] ECW 12: XIII. Cassirer bezieht sich dort auf Hegel 1807, 31.

insgesamt verstanden werden sollte. Es ist die Ausdruckswahrnehmung, die den sachlichen Ausgangspunkt und zugleich die Untergrenze seiner Kulturphilosophie bildet. Dies lässt sich auf verschiedenen Argumentationsebenen zeigen. Bei der ersten handelt es sich um eine genetische, für die drei verschiedene Aspekte relevant sind.

Der Ausdruckswahrnehmung kommt erstens ein *kulturgeschichtlicher Primat* gegenüber anderen geistigen Fähigkeiten zu. Denn der „Primat der Ausdruckswahrnehmung vor der Dingwahrnehmung ist das, was die mythische Weltansicht charakterisiert",[338] und der Mythos ist die kulturgeschichtlich erste Weltansicht, in Bezug auf die sich andere Weltansichten erst bilden. Der in der Ausdruckswahrnehmung begründete Mythos ist also gewissermaßen der menschheitsgeschichtliche Nullpunkt der Kultur.

Zweitens kommt der Ausdruckswahrnehmung auch ein *ontogenetischer Primat* zu. Cassirer erläutert diesen Punkt anhand von entwicklungspsychologischen Untersuchungen bezüglich der Wahrnehmung von Gesichtern, wobei Kurt Koffka, Karl Bühler und William Stern seine Gewährsleute sind. Menschliche Säuglinge erkennen demnach schon im zweiten Lebensmonat das Gesicht der Bezugsperson und reagieren bereits um die Mitte des ersten Lebensjahres anders auf einen freundlichen als auf einen unfreundlichen Gesichtsausdruck (ECW 13: 71 f.). Der springende Punkt für Cassirer ist dabei der Vorrang der Ausdruckswahrnehmung vor der Erfassung objektivdinglicher Qualitäten: „Phänomene wie ‚Freundlichkeit' oder ‚Unfreundlichkeit'", so zitiert Cassirer Koffka, sind „primitiver als etwa die eines blauen Flecks" (ebd., 72). Heute lässt sich die These des ontogenetischen Primats auf einer viel breiteren empirischen Basis bestätigen.[339] Welche philosophische Kategorisierung von Aspekten oder Stufen menschlicher Expressivität vor dem Hintergrund wissenschaftlicher und symbolphilosophischer Überlegungen angemessen ist, ist meines Erachtens eine Kernfrage für eine gegenwärtige philosophische „Anthropologie des Ausdrucks".[340]

Schließlich konzediert Cassirer der Ausdruckswahrnehmung drittens auch einen *phylogenetischen Primat*. Er kann dabei an Charles Darwins *The Expression of Emotion in Man and Animals* (1872) anknüpfen. Darwin habe dort mit dem

---

[338] Cassirer, „Dingwahrnehmung und Ausdruckswahrnehmung" (1942), ECW 24: 397.

[339] Siehe dazu die von Norbert Meuter gegebenen Hinweise in Meuter 2006, 256-260. Meuter kommt zu dem Schluss, dass die Resultate der „empirischen Emotions- und Entwicklungspsychologie" die These bestätigen, dass Kleinkinder zunächst ganz „in einer Welt der primären Expressivität" leben (ebd., 259): „Sie nehmen noch keine Gegenstände im eigentlichen Sinne wahr, sondern ihre Wahrnehmung ist vollständig bestimmt von Ausdrucksmustern [...]" (ebd., 32).

[340] Bisher am weitesten fortgeschritten in dieser Richtung scheinen mir die Überlegungen von Norbert Meuter zu sein; siehe seine Übersicht über fünf Formen bzw. Aspekte der Expressivität ebd., 32 f. u. 219-221.

Ausdrucksphänomen „genau den Punkt erfasst, an dem die Welt des ‚natür-lichen' Seins in die des ‚geistigen' Seins überzugehen, und an dem daher, wenn überhaupt, das Verhältnis der Kontinuität, das zwischen beiden be-steht, unmittelbar aufweisbar zu werden scheint. Denn die Erscheinung des Ausdrucks scheint ein echtes Urphaenomen des Lebens zu sein, das bis in seine untersten Grade und Schichten herabreicht" (ECN 1: 37). Es ist daher nicht überraschend, dass Cassirer das Ausdrucksphänomen auch im Zu-sammenhang mit dem Bewusstsein von Tieren diskutiert und betont, „wie sehr in der Wahrnehmungswelt des Tiers die reinen Ausdruckscharaktere überwiegen und wie sie, gegenüber der ‚objektiven', der Ding-Eigenschafts-Wahrnehmung durchaus den Vorrang behaupten" (ECW 13: 85). Dass eine auf die Dingerfahrung bezogene Sinneswahrnehmung gegenüber der Aus-druckswahrnehmung nachrangig ist, zeige entsprechend „sowohl die Onto-genese wie die Phylogenese" (ECW 24: 402). Präzisierend ist allerdings hin-zufügen, dass Cassirer, obwohl er meint, der Ausdruckswahrnehmung komme ein phylogenetischer Primat zu, eine methodisch-monistische Erklä-rungsweise ablehnt, in der reine Sinngehalte aus natürlichen, im Sinne von: bedeutungsfreien, Elementen abgeleitet werden. Diese geistigen Gehalte und ihr Werden gehören einer kategorialen Dimension an, die von der „der reinen Geschehensebene" zu unterscheiden sei – und Kontinuität in dieser schließt Diskontinuität in jener Dimension „keineswegs aus".[341] Da Cassirer an dieser Diskontinuität festhalten möchte, ist die Unterscheidung zwischen tierischem und menschlichem Ausdruck für ihn, trotz phylogenetischer Kontinuität, eine kategoriale Differenz.

Nimmt man die vorigen Punkte zusammen, so kann man Cassirer die These eines dreifachen Primats der Ausdruckwahrnehmung zuschreiben. Sie bildet die Grundlage, um auf einer genetischen Ebene dafür zu argumentie-ren, dass die Ausdruckswahrnehmung die Untergrenze seiner Kulturphilo-sophie ist. Verwendet man das Bild eines genetischen Aufstiegs, so müsste man sagen, der Aufstieg verläuft über die Ausdruckswahrnehmung und die-se begrenzt die Kulturphilosophie nach unten hin, und zwar in kulturhistori-scher, ontogenetischer und phylogenetischer Hinsicht. Für die Untersu-chung der Genese ist dem Ausdrucksphänomen in allen drei Hinsichten der Vorrang gegenüber anderen geistigen Leistungen einzuräumen. Da Kultur-philosophie sich jedoch bei Cassirer nicht in der Reflexion auf die Kulturge-nese erschöpft (so facettenreich diese auch sein mag), gibt es noch eine zweite Argumentationsebene, auf der sich die Frage stellt, ob und inwiefern die Ausdruckswahrnehmung als *terminus a quo* und Untergrenze seiner Kul-turphilosophie gelten kann.

Um das zu zeigen, gehe ich nun vom Feld der kulturgenetischen auf das der symboltheoretischen Betrachtung über. Hier gilt es, die bereits genannte

---

[341] Siehe ECN 1: 38 f. Vgl. dazu auch Möckel 2005, 204.

These zu verdeutlichen, dass die Ausdruckswahrnehmung für Cassirer das in symboltheoretischer Hinsicht Unmittelbare ist. Dazu möchte ich auf drei Punkte aufmerksam machen. Der erste ergibt sich im Rekurs auf die im dritten Band der *Philosophie der symbolischen Formen* eingeführte „geistige Trias" von Symbolfunktionen (ECW 13: 114). Cassirer unterscheidet dort zwischen Ausdrucks-, Darstellungs- und Bedeutungsfunktion.[342] Der Ausdrucksfunktion kommt dabei insofern eine Sonderrolle zu, als sie durch keine der beiden anderen Symbolfunktionen vermittelt ist, während die Darstellungsfunktion durch die Ausdrucksfunktion und die Bedeutungsfunktion durch die Darstellungsfunktion vermittelt ist.[343] Cassirers eigener Formulierung dieses Aspekts der These der symboltheoretischen Unmittelbarkeit der Ausdruckswahrnehmung zufolge liegt die „einfachste und die im gewissen Sinne ursprünglichste und urtümlichste Art" der Symbolbeziehung dort vor, „wo irgendein sinnliches Erlebnis sich für uns dadurch mit einem bestimmten Sinngehalt erfüllt, daß an ihm ein charakteristischer Ausdruckswert haftet, mit dem es gleichsam gesättigt erscheint" (ECW 17: 261 ff.). Dies ist offenbar bei der Ausdruckswahrnehmung der Fall.

Ein zweiter Anhaltspunkt dafür, dass die Ausdruckswahrnehmung das in symboltheoretischer Hinsicht Unmittelbare bei Cassirer ist, ergibt sich in einem erneuten Blick auf ihr Verhältnis zum Mythos. Oben ist deutlich geworden, dass der Mythos in der *Philosophie der symbolischen Formen* der Erkenntnisgrund der Ausdruckswahrnehmung ist. Es lässt sich jedoch auch umgekehrt feststellen, dass die Ausdruckswahrnehmung bei Cassirer gewissermaßen der Seinsgrund des Mythos ist. Denn die Form des Mythos, so Cassirer, „spiegelt nur wider und sie stellt nur in gegenständlicher Form vor uns hin, was in einer ganz konkreten Weise des Wahrnehmens enthalten und gegründet ist" (ECW 13: 82). Mit dieser Wahrnehmungsweise ist offenbar die der Ausdruckswahrnehmung gemeint.[344] Zieht man zu dieser These von der Ausdruckswahrnehmung als ‚Seinsgrund' des Mythos die vom Mythos als „Mutterboden" der anderen kulturellen oder symbolischen Formen hinzu, so wirft dies ein ganz neues Licht auf ein Problem, das sich oben mit Blick auf den *Essay on Man* stellte (Kap. 3.3); dort formulierte Cassirer die Aufgabe, „hinter den unzähligen Gestaltungen und Äußerungen von Sprache, Mythos, Religion, Kunst und Wissenschaft deren Grundfunktion zu suchen und diese letztendlich auf einen gemeinsamen Ursprung *[common origin]* zurückzuverfolgen".[345] Denn der gemeinsame Ursprung dieser Grundfunktion scheint nach dem Vorigen nur die Ausdruckswahrnehmung

---

[342] Siehe dazu bereits oben, Kap. 1.2.

[343] Vgl. ECW 13: 115 f., 120-122, 519 f.

[344] Siehe auch Cassirers Bemerkung, dass der Rekurs auf die „Schicht des Ausdrucks [...] den Grund und Boden erreichen soll, aus dem der Mythos erwächst" (ECW 13: 69).

[345] ECW 23: 76; meine Übersetzung, M. W.

sein zu können. Diese erweist sich damit in symboltheoretischer Hinsicht als der bislang beste Kandidat für den *terminus a quo* von Cassirers Philosophie. Da es sich bei der im Zitat genannten „Grundfunktion" der einzelnen Formen um die Funktion der symbolischen Weltbildung handelt (siehe Kap. 3.3), ist dann außerdem festzuhalten, dass Cassirers Anthropologie der Weltbildung ihr systematisches Gegenstück in einer Anthropologie des Ausdrucks findet.[346]

Es gibt noch einen dritten Anhaltspunkt für die symboltheoretische Unmittelbarkeit der Ausdruckswahrnehmung. Er ist mit dem vorigen eng verknüpft. In einer für seinen gesamten Ansatz fundamentalen Passage schreibt Cassirer, dass die Ausdrucksfunktion, „als eine wahrhaft allgemeine und gewissermaßen weltumspannende Funktion, der Differenzierung in die verschiedenen Sinngebiete, dem Auseinandertreten von Mythos und Theorie, von logischer Betrachtung und ästhetischer Anschauung vorausliegt. Ihre Sicherheit und ihre ‚Wahrheit' ist sozusagen eine noch vormythische, vorlogische und vorästhetische; bildet sie doch den gemeinsamen Boden, dem alle jene Gestaltungen in irgendeiner Weise entsprossen sind und dem sie verhaftet bleiben" (ECW 13: 91). Es ist also nicht nur so, dass die Ausdruckswahrnehmung wegen ihrer innigen Beziehung zum Mythos der Differenzierung der *anderen* Sinngebiete vorausliegt. Ihre „Sicherheit und ‚Wahrheit'" ist nicht nur vorsprachlich, vorwissenschaftlich, vorästhetisch etc., sondern sogar *vormythisch*. Entschiedener lässt sich ihre symboltheoretische Unmittelbarkeit und ihr Status als Untergrenze der Kulturphilosophie nicht formulieren.

Doch entschiedene Formulierungen sind nicht unbedingt deutliche. Wichtige Fragen bleiben offen. Liegt die Untergrenze der Kulturphilosophie jenseits der symbolischen Formen und insgesamt jenseits der Kultur? Stoßen wir mit der für die Ausdruckswahrnehmung charakteristischen symboltheoretischen Unmittelbarkeit auf einen Bereich des Natürlichen, der Cassirers Kulturphilosophie von innen sprengt? – Um mich Antworten auf diese Fragen anzunähern, möchte ich mit der Beobachtung beginnen, dass die Ausdruckswahrnehmung *nicht* in dem Sinne durch symboltheoretische Unmittelbarkeit gekennzeichnet ist, dass sie *vorsymbolisch* wäre. Zwar ist die Unterscheidung zwischen „Bild" und Sache hier noch nicht vollzogen; doch um die Ausdruckswahrnehmung als symbolisch zu qualifizieren, ist dies auch nicht erforderlich. Denn Cassirers Symbolbegriff beansprucht, „das Ganze jener Phänomene zu umfassen, in denen überhaupt eine wie immer geartete ‚Sinnerfüllung' des Sinnlichen sich darstellt – in denen ein Sinnliches, in der Art seines Daseins und Soseins, sich zugleich als Besonderung

---

[346] Das systematische Verhältnis zwischen der Anthropologie der Weltbildung und der Anthropologie des Ausdrucks entspricht dabei dem eingangs des vorliegenden Abschnitts erläuterten Verhältnis zwischen objektiver und subjektiver Analyse.

und Verkörperung, als Manifestation und Inkarnation eines Sinnes darstellt. Hierzu bedarf es nicht, daß beide Momente als solche schon scharf auseinandergetreten sind, daß sie in ihrer Andersheit und Gegensätzlichkeit gewußt werden" (ECW 13: 105). Die Ausdruckswahrnehmung ist demnach symbolisch. Bei ihr hat die Sinnerfüllung des Sinnlichen allerdings Präsentations- und nicht Repräsentationscharakter; das Sinnliche verkörpert hier den Sinn, statt bloß auf ihn zu verweisen.

Darin dass die Ausdruckswahrnehmung eine vorlogische, vorästhetische und auch vormythische, aber keine vorsymbolische Rolle spielt, deutet sich eine fundamentale systematische Differenz an, die Cassirer in der generellen Einführung in die *Philosophie der symbolischen Formen* als die Differenz zwischen künstlicher und natürlicher Symbolik beschreibt: „Auf die ‚natürliche‘ Symbolik […] müssen wir zurückgehen, wenn wir die künstliche Symbolik, wenn wir die ‚willkürlichen‘ Zeichen begreifen wollen, die sich das Bewußtsein in der Sprache, in der Kunst, im Mythos erschafft" (ECW 11: 39). *Wenn es einen Punkt gibt*, der Cassirers Kulturphilosophie von innen sprengt, dann wäre er in dieser als „natürlich" bezeichneten Symbolik zu suchen. In dem zuletzt genannten Zitat weisen die Auslassungszeichen auf eine Bemerkung hin, die helfen kann, das Konzept der natürlichen Symbolik aufzuklären. Cassirer verknüpft es dort mit dem Gedanken der „Darstellung des Bewußtseinsganzen, die schon in jedem einzelnen Moment und Fragment des Bewußtseins notwendig enthalten oder mindestens angelegt ist" (ebd.). Was er damit anspricht, ist die *repräsentationale* Grundstruktur unseres Bewusstseins. „Repräsentation" darf dabei aber nicht in dem sonst üblichen Sinn verstanden werden.[347] Das bedeutet, es geht Cassirer dabei nicht um die Beziehung zwischen einem Zeichen und dem, worauf es verweist – sein *terminus technicus* dafür wäre „Darstellung" –, sondern eher um die Beziehung zwischen einem Zeichen und der *geordneten Gesamtheit*, zu der es gehört.

Cassirer hält es für eine Bedingung der Möglichkeit der symbolischen Bestimmtheit eines Vorgestellten und der Sinnhaftigkeit eines Sinnlichen, dass dieses „zugleich in durchgängiger Einheit mit anderen und in durchgängiger Sonderung gegen andere erfaßt wird. Die Funktion dieser Einheit und dieser Sonderung ist von dem Inhalte des Bewußtseins nicht ablösbar, sondern stellt eine seiner wesentlichen Bedingungen dar. Es gibt demnach kein ‚Etwas‘ im Bewußtsein, ohne daß damit *eo ipso* und ohne weitere Vermittlung ein ‚Anderes‘ und eine Reihe von anderen gesetzt würde. Denn jedes einzelne Sein des Bewußtseins hat eben nur dadurch seine Bestimmtheit, daß in ihm zugleich das Bewußtseinsganze in irgendeiner Form mitgesetzt und repräsentiert wird. Nur in dieser *Repräsentation* und durch sie wird auch dasjeni-

---

[347] Das deutet sich bereits an der ersten Stelle überhaupt an, an der der Repräsentationsbegriff in der *Philosophie der symbolischen Formen* erwähnt wird: Das Zeichen „steht als Repräsentant für eine Gesamtheit, einen Inbegriff möglicher Inhalte" (ECW 11: 20).

ge möglich, was wir die Gegebenheit und ‚*Präsenz*' des Inhalts nennen"
(ECW 11: 30 f.). Meines Erachtens impliziert diese Stelle aus dem ersten
Band der *Philosophie der symbolischen Formen*, dass die so gefasste „Urfunktion
der Repräsentation" (ebd., 32) noch basaler ist als die Mitglieder der im dritten Band eingeführten Trias der Symbolfunktionen, selbst als die Ausdrucksfunktion.[348] Denn nicht einmal die Ausdruckswahrnehmung könnte
einen Inhalt präsentieren, einen Sinn inkarnieren, wenn das Bewusstsein
nicht in der beschriebenen Weise repräsentational strukturiert wäre. Ihre
symboltheoretische Unmittelbarkeit erweist sich auf diese Weise als vermittelt, und zwar durch die repräsentationale Bewusstseinsfunktion.[349]

Damit ist zugleich der Kern von Cassirers Konzept der natürlichen Symbolik identifiziert. Sie ist „im Grundcharakter des Bewußtseins selbst angelegt";[350] ihre Natürlichkeit besteht darin, dass die im Wesen unseres Bewusstseins verwurzelte Grundfunktion der Repräsentation „selbst schon vor
der Setzung des einzelnen Zeichens vorhanden und wirksam ist, so daß sie
in dieser Setzung nicht erst geschaffen, sondern nur fixiert, nur auf einen
Einzelfall angewandt wird" (ECW 11: 40). Der Schritt zur Etablierung dieser Grundfunktion ist also der Schritt, mit dem sich das Gebiet der künstlichen Symbolik eröffnet, in der diese Grundfunktion so oder so fixiert und
angewandt wird und die das Thema der *Philosophie der symbolischen Formen* ist.
Damit ist der systematische Nullpunkt von Cassirers Kulturphilosophie benannt, ein Punkt, der jenseits der symbolischen Formen liegt und als vorkul-
turell gelten kann, ohne dass dies bedeuten würde, dass er sich von einem
Jenseits des Sinns aus, z. B. sensualistisch oder assoziationspsychologisch,
einholen ließe.[351] Die natürliche Symbolik sprengt Cassirers Kulturphiloso-

---

[348] Vgl. dazu Pätzold 2003, 61-64.

[349] Eine Ausdruckswahrnehmung gibt nur dann etwas zu verstehen, hat nur dann
einen Ausdruckswert, wenn dieser zu einer geordneten Gesamtheit solcher Werte
gehört, die ebenfalls erfahren werden können. Vor diesem Hintergrund ist es aufschlussreich, wenn Cassirer in einer Aufzählung von Beispielen für Ausdruckscharaktere immer *Alternativen* nennt und vom „Charakter des Lockenden *oder* Drohenden, des Vertrauten *oder* Unheimlichen, des Besänftigenden *oder* Furchterregenden"
spricht (ECW 13: 74; Hvh. v. mir, M. W.).

[350] ECW 11: 40. Siehe auch Cassirers Bemerkung: „In dieser ‚natürlichen' Symbolik war es immer ein gewisser Teilbestand des Bewußtseins, der, aus dem Ganzen
herausgehoben, dennoch die Kraft behielt, ebendieses Ganze zu vertreten und es
durch diese Vertretung im gewissen Sinne wiederherzustellen" (ebd.).

[351] Der meines Erachtens wichtigste Aufsatz zur „natürlichen Symbolik" bei Cassirer ist Dominic Kaegis „Jenseits der symbolischen Formen" (Kaegi 1995). In einem Punkt erscheinen mir Kaegis Bestimmungen allerdings problematisch. Wenn
er meint, „für Cassirer *gibt* es ein ‚ambivalentes und neutrales Etwas', eine uninter-
pretierte Wirklichkeit ‚unterhalb' der symbolischen Formen" (ebd., 74), einen „‚gemeinsamen Stoff'", an dem die symbolischen Formen ansetzen (ebd., 77), dann
klingt das sehr nach der von ihm selbst kritisierten Rede „von einer identischen

phie also nicht, sondern markiert den tiefsten Punkt ihrer subjektiven Analyse: die Urfunktion der Repräsentation. Da er noch vor der Ausdruckswahrnehmung liegt, kann er mit noch größerem Recht als der *terminus a quo* von Cassirers Philosophie gelten als diese. Die im Verhältnis zur Darstellungs- und Bedeutungsfunktion durch symboltheoretische Unmittelbarkeit gekennzeichnete Ausdrucksfunktion ist selbst durch die Grundfunktion der Repräsentation vermittelt. Doch während die Vermittlung der Bedeutungs- durch die Darstellungsfunktion oder dieser durch die Ausdrucksfunktion auch einen kulturgeschichtlichen Prozess bedeutet, ist mit der Etablierung der Repräsentationsfunktion zugleich mindestens das Ausdrucksphänomen gegeben. Der systematische Nullpunkt von Cassirers Kulturphilosophie ist also keine schon für sich bestehende Größe, an die erst nachträglich durch Elemente der Trias der Symbolfunktionen oder in einer symbolischen Form angeknüpft wird. Ihr phänomenaler Bestand ist vielmehr an eine bestimmte Realisierung gebunden; und die Form ihrer minimalen Realisierung ist die Ausdruckswahrnehmung.

‚Materie' der Wahrnehmung [...], die verschieden ‚aufgefaßt' werden könne" (ebd., 79). Was durch die einzelnen symbolischen Formen in der künstlichen Symbolik „fixiert" wird, darf jedoch nicht reifizierend gedacht werden, wenn der Sensualismus vermieden werden soll. „Stoff" und „Form" sind für Cassirer Kantisch gesprochen Reflexionsbegriffe. Ihre Unterscheidung ist seines Erachtens erforderlich, um ein *Phänomen* verständlich zu machen: Wir machen (indem wir etwa Cassirers Linienbeispiel nachvollziehen, ECW 13: 228 ff., ECW 17: 256 ff., ECW 22: 120 f.) die *Erfahrung*, dass die Sinn-Modalität unserer Wahrnehmung an ein und demselben Gegenstand variieren kann. Was zu der „abstraktiven Trennung" von Stoff und Form berechtigt, ist Cassirer zufolge daher „der Umstand, daß beide, wenngleich niemals im absoluten Sinne voneinander trennbar, so doch in weitem Ausmaß voneinander unabhängig variabel sind. Immer muß freilich der ‚Stoff' in irgendeiner Form stehen: Aber er ist an keine einzelne Art der Sinngebung gebunden, sondern kann von einer in die andere übergehen und gewissermaßen ‚umschlagen'" (ECW 13: 228).

4 NATURPHILOSOPHISCH-ANTHROPOLOGISCHES FRAGEN NACH DEM MENSCHEN IM ZEICHEN SEINER UNERGRÜNDLICHKEIT

4.1 Heideggers Philosophie des Organischen und die Anthropologie

Sowohl Heidegger mit seiner Metaphysik des Daseins als auch Cassirer mit seiner anthropologischen Philosophie wollten das eigene Projekt gegenüber der modernen philosophischen Anthropologie als fundamentaler erweisen. Beide sind darin letztlich gescheitert. Doch trotz des negativen Ergebnisses des dritten Kapitels sind Cassirers und Heideggers Projekte nicht obsolet. Cassirers Versuch einer symboltheoretischen Konzeption des „circle of humanity" bleibt ein sinnvolles und bedeutendes philosophisches Unternehmen,[352] das darüber hinaus auch in der Kulturanthropologie eine orientierende Funktion hat.[353] Außerdem ließ sich an der Untergrenze von Cassirers Kulturphilosophie eine Linie von Überlegungen ausmachen, die von grundlegender Bedeutung für eine zeitgenössische Anthropologie des Ausdrucks sind.[354] – Für Heideggers Projektidee einer Metaphysik des Daseins spricht vor aller inhaltlichen Ausführung, dass sie an grundlegende Überlegungen zum Verhältnis zwischen dem Fragen nach dem Menschen und der Philosophie zurückgebunden ist. Eine solche Rückbindung fehlt im Falle Schelers, der seine Behauptung, dass „sich alle zentralen Probleme der Philosophie auf die Frage zurückführen [lassen], was der Mensch sei" (GW 3: 210), nicht (oder wegen seines frühen Todes: nicht mehr) einholen konnte. Während demnach die Denkrichtung der Philosophischen Anthropologie an dieser Stelle scheinbar eine offene Flanke hat, scheint umgekehrt Heidegger seinem eigenen Anspruch nicht gerecht zu werden, das Fragen nach dem Menschen aus dem Wesen der Philosophie zu begründen. Denn seine Metaphysik des Daseins wird im Kantbuch zwar in fundamentalontologischer Hinsicht ausgearbeitet, aber weder dort noch zuvor in metontologischer Hinsicht (Kap. 3.1).

Ein positives Ergebnis des dritten Kapitels war die Verdeutlichung der philosophischen Konsequenzen von Plessners moderner Anthropologie in

---

[352] Das wird besonders deutlich bei Kreis 2010.

[353] Vgl. etwa Girtler 1979, 258 f. Auch die Vertreter der „symbolic anthropology", etwa Victor Turner oder Clifford Geertz, gelten in ihren theoretischen Ansätzen direkt oder vermittelt als „Kinder von Ernst Cassirer" (Fröhlich/ Mörth 1998, 11).

[354] Siehe insgesamt Meuter 2006 und insbesondere zu Cassirer ebd., 127-172.

den *Stufen des Organischen und der Mensch.* Es ließ sich zeigen, dass das Projekt in einer „Neuschöpfung der Philosophie" mündet (Stufen, 30), die, da sie unter dem Aspekt der Exzentrizität erfolgt, die Philosophie zu einem in ihrer Selbstreflexivität reflektierten Unternehmen macht. Aus einer Plessnerschen Perspektive bleibt das Philosophieverständnis sowohl von Cassirer als auch von Heidegger dahinter zurück (Kap. 3.4). Da Plessner seine Position in den *Stufen des Organischen* also durchaus auf der Folie grundlegender Überlegungen zum Verhältnis zwischen dem Fragen nach dem Menschen und der Philosophie entwickelt, bietet von den Begründern der modernen philosophischen Anthropologie nur Scheler die erwähnte offene Flanke. Plessner würde jedoch im Gegenzug zu Heidegger, mit dem er die Auffassung teilt, dass das Fragen nach dem Menschen grundlegende Bedeutung für die Philosophie hat, das von diesem im Kantbuch dafür aufgestellte Kriterium zurückweisen, dass sich die Idee eines solchen Fragens explizit aus dem Wesen der Philosophie begründen lassen muss (Kap 2.5). Den *Stufen des Organischen* zufolge ist es vielmehr dieses Fragen selbst, genauer gesagt, eine Anthropologie der Exzentrizität, die (ganz unabhängig vom aristotelischen Doppelbegriff der Metaphysik) dieses Wesen selbst mitbestimmt.

Das vorliegende Kapitel wird Plessners reflektiert selbstreflexive Konzeption noch vertiefen und auf ein neues Feld, das der Geschichte, ausweiten. Im Mittelpunkt wird dabei sein zweites anthropologisches Hauptwerk – *Macht und menschliche Natur* (1931) – stehen, in dem insbesondere die Auseinandersetzung mit Heidegger eine wichtige Rolle spielt. Zuvor und gewissermaßen als Auftakt möchte ich jedoch noch einmal auf Heidegger selbst zurückkommen. Dieser hat seine Position kurz nach der Fertigstellung des Kantbuchs noch einmal deutlich weiterentwickelt. Das maßgebliche Zeugnis dafür ist die Vorlesung *Die Grundbegriffe der Metaphysik* vom Wintersemester 1929/30. Was Heideggers dortige Konzeption für mein Projekt besonders interessant macht, ist, dass sie eine große Nähe zur Philosophischen Anthropologie aufweist.[355] Ich möchte hier zunächst nur auf zwei Indizien für Heideggers überraschende Annäherung an die Anthropologie aufmerksam machen, bevor ich dann überprüfe, ob in der genannten Vorlesung das anthropologische Defizit abgebaut wird, das für das Kantbuch kennzeichnend war: Erstens bemüht sich Heidegger in den *Grundbegriffen der Metaphysik* darum, eine eigene Position zum Mensch-Tier-Vergleich zu gewinnen und zweitens um Klarheit über die Stellung des Menschen im Kosmos.

Der Grundgedanke von Cassirers Kritik an *Sein und Zeit* in Davos war, dass Heideggers Konzeption des Menschen deutlich unterbestimmt bleibt. Dessen existenziale Analyse versehe das „Dasein" in vielerlei Hinsicht nur mit dem, was schon für Tiere charakteristisch sei.[356] Da Heidegger an einer

---

[355] Ich habe das ausführlich in Wunsch 2010b gezeigt.

[356] Siehe die Einzelheiten in Kap. 1.3. Vgl. auch Ernst Tugendhats Hinweis auf die Unterbestimmung schon des Begriffs des Daseins selbst: Dass „der Mensch ein

Verwischung des Unterschieds zwischen Menschen und Tieren jedoch keinerlei Interesse hatte, sah er sich mit der Aufgabe konfrontiert, diese „anthropologische Differenz" genauer zu fassen.[357] Diese Herausforderung ergab sich ihm vermutlich nicht allein aus der Kritik Cassirers, sondern mehr noch aus den systematischen Gründen für seine zunehmende Nähe zu Scheler,[358] das heißt vor allem durch seine Hinwendung zu metontologischen Fragen. Die Metontologie betrifft nicht das Seiende als solches – darum geht es in der Fundamentalontologie –, sondern das Seiende im Ganzen (Kap. 3.1). Ihr Thema ist, grob gesagt, nicht das Sein, sondern die Welt. Da es unter allem Seienden der Mensch ist, der Heidegger am meisten interessiert und der in der Zeit nach *Sein und Zeit* häufig auch als „Mensch" (nicht mehr nur als „Dasein") bezeichnet wird,[359] markiert die Schelersche Frage nach der „Stellung des Menschen im Kosmos" nun auch für Heidegger ein zentrales, und zwar metontologisches Problem seines eigenen Philosophierens.

In den Texten von *Sein und Zeit* an bis einschließlich zum Kantbuch spielt die anthropologische Differenz eine ganz untergeordnete Rolle.[360] Das liegt vor allem an Heideggers Privationsthese: der Auffassung, dass „Leben" qua ontologische Grundverfassung der Tiere (und der Pflanzen, aber nicht der Menschen) „nur auf dem Wege reduktiver Privation aus der Ontologie des Daseins" aufzuklären ist (SuZ 194). Der Privationsthese zufolge kann die anthropologische Differenz erst nach Abschluss der Daseinsontologie erörtert werden. Sie wird damit zu einem nachgeordneten Problem, das zudem in dem Sinne nachrangig ist, dass die Daseinsanalytik von Heidegger nicht in den Dienst der Klärung der anthropologischen Differenz, sondern der Ausarbeitung der Seinsfrage gestellt wird (vgl. SuZ 17).

Im Kantbuch ist darüber hinaus ein weitgehendes Fehlen der in der Leibniz-Vorlesung eingeführten metontologischen Dimension von Heideggers

---

Wesen ist, dem es ‚um sein Sein' geht (SuZ, S. 12)", könne „man schließlich auch von anderen Tieren sagen" (Tugendhat 1999, 141). Ich stimme dem der Sache nach zu, verwende den Ausdruck „Tier" oben und im Folgenden aber anders als Tugendhat in einer Weise, die Menschen nicht einbegreift. Auf die Frage nach diesen verschiedenen Verwendungsweisen komme ich in Kap. 5.3 zurück.

[357] Die Bezeichnung „anthropologische Differenz" für den Mensch-Tier-Unterschied übernehme ich von Markus Wild; siehe Wild 2006.

[358] Wie sich das Verhältnis zwischen Heidegger und Scheler gewandelt hat, wird gut und materialreich bei Pöggeler 1999, 116-137, herausgearbeitet.

[359] Siehe dazu ausführlich Muñoz Pérez 2008.

[360] Siehe die Hinweise in Kap. 1.1 und 2.4. Günther Anders hat entsprechend von Heideggers „Scheu, den Menschen mit dem Tiere zu vergleichen", gesprochen und ihm attestiert, er mache „aus dieser Scheu eine ganze Metaphysik" (Anders 2001, 254). – Heideggers wichtigste Überlegungen zur anthropologischen Differenz *vor Sein und Zeit* finden sich in der Vorlesung *Grundbegriffe der aristotelischen Philosophie* vom Sommersemester 1924 (GA 18). Siehe dazu Kessel 2011, 129-137.

Philosophieren zu bemerken. Ich hatte das metontologische Defizit des Kantbuchs im vorigen Kapitel als ein anthropologisches Defizit identifiziert, das sich in drei Punkten zeigte, zu denen ein vierter kam (Kap. 3.2). Zu Darstellungszwecken ändere ich hier die Reihenfolge: (1) Heidegger klärt nicht, wie sich der Mensch auf einheitliche Weise als Naturwesen und geistig-geschichtliches Wesen denken lässt. (2) Seine „Metaphysik des Daseins" genannte Philosophie des Menschen bedarf dem fundamentalontologisch-metontologischen Doppelbegriff der Metaphysik zufolge insbesondere einer Philosophie des „faktische[n] Vorhandensein[s] der Natur" (GA 26: 199). Da dergleichen im Kantbuch fehlt, während mit Plessner als ein anthropologischer Grundsatz festzuhalten ist, dass es ohne „Philosophie der Natur keine Philosophie des Menschen" geben kann, lässt sich auch dieses Manko des Kantbuchs als anthropologisches Defizit markieren. (3) Heidegger schottet sich in seinem „Metaphysik des Daseins" genannten Fragen nach dem Menschen von den Naturwissenschaften ab. (4) Er weist auch die mit der naturgeschichtlichen Entstehung des Menschen verbundenen philosophischen Fragen ab.

Damit stellt sich die Frage, ob Heidegger sich nach dem Davoser Treffen mit Cassirer und nach der Fertigstellung des Kantbuchs der anthropologischen Differenz einerseits und des Problems des anthropologischen Defizits andererseits annimmt. Für beides spricht einiges. Er beginnt noch 1929, sich ausführlich der Aufgabe einer genauen Fassung der anthropologischen Differenz zu widmen. Während des Wintersemesters 1929/30 trägt er vierstündig über *Die Grundbegriffe der Metaphysik. Welt – Endlichkeit – Einsamkeit* vor. Die Erläuterung zweier Thesen, die die anthropologische Differenz zum Ausdruck bringen, „Das Tier ist weltarm" und „Der Mensch ist weltbildend", nimmt die gesamte zweite Hälfte der Vorlesung ein. Auffällig ist, dass in beiden Thesen von „Welt" die Rede ist. Das gilt auch für die weitere These, „Der Stein ist weltlos", die in Heideggers Aufzählung den beiden erstgenannten vorangeht (GA 29/30: 263). Dass die anthropologische Differenz in Hinblick auf den Weltbegriff verhandelt wird, ist ein Hinweis auf das Bestehen einer metontologischen Orientierung der Vorlesung; denn das „im Ganzen", nach dem die Metontologie fragt, ist ein Index auf den Weltbegriff.[361] Heidegger möchte die Weisen vergleichen, in denen Seiendes ver-

---

[361] GA 29/30: 8. – Axel Beelmann verkennt die metontologische Orientierung von Heideggers *Die Grundbegriffe der Metaphysik*. Er meint die dortige Interpretation des ‚Lebens' behandele nur „eine bestimmte ‚Weise zu sein', also regionalisiertes Sein mit einem aus der Totalität von Seiendem ausgegrenzten Sachgebiet" und sei daher „nicht mehr eigentlich metontologisch zu nennen" (Beelmann 1994, 180). Meines Erachtens geht es Heidegger, wenn er den Stein, das Tier und den Menschen in den Blick nimmt, nicht einfach um die Etablierung verschiedener Regionalontologien. Vielmehr versucht er auf dem Wege einer vergleichenden Betrachtung dieser drei, das „‚im Ganzen' und seine Gänze" aufzuklären (GA 29/30: 8)

schiedener Art – Steine, Tiere und Menschen – in Beziehung zu Welt steht, um Aufschluss über den Weltbegriff zu gewinnen;[362] und in diesem Vergleich findet zugleich eine detaillierte Bestimmung der anthropologischen Differenz statt.[363]

Der Gedanke, die anthropologische Differenz durch Unterschiede in der Weltbezogenheit zu bestimmen, war Heidegger von Schelers *Die Stellung des Menschen im Kosmos* her vertraut. Dieser hatte „Weltoffenheit" als ein Charakteristikum des Menschen gefasst und von der Umweltgebundenheit der Tiere abgegrenzt.[364] Auch Schelers Idee des „weltexzentrisch gewordenen Seinskernes" des Menschen (GW 9: 69), dem zufolge der Mensch Teil der Welt ist, sich aber zugleich „aus der gesamten Natur herausgestellt und sie zu seinem ‚Gegenstande' gemacht" hat (ebd., 67 f.), findet sich in Heideggers Vorlesung von 1929/30 wieder,[365] und zwar in der Konzeption der „Doppelstellung des Menschen zur Welt": „Der Mensch ist 1. ein Stück der Welt. 2. Als dieses Stück ist er zugleich Herr und Knecht der Welt" (GA 29/30: 262). Besonders beachtenswert an dieser Formulierung des Gedankens der Weltexzentrizität ist die Betonung, dass der Mensch ‚als ein Stück der Welt' weltexzentrisch ist und nicht deshalb, weil er in irgendeinem Sinn ‚nicht von dieser Welt' wäre. Diese Parallelen zwischen Scheler und Heidegger legen die These nahe, dass letzterer sich hier dem Projekt der Philosophischen Anthropologie annähert.

Entsprechend ist zu überprüfen, ob sich Heidegger in *Die Grundbegriffe der Metaphysik* nicht nur der anthropologischen Differenz, sondern auch dem Problem des anthropologischen Defizits seiner Metaphysik des Daseins widmet. Auch dafür scheint es einige wichtige Anhaltspunkte zu geben. Einen ersten habe ich schon angedeutet. Mit Blick auf die Leibniz-Vorlesung vom Sommer 1928 mag der Eindruck entstehen, dass Heidegger seine Daseinsontologie dualistisch konzipiert, indem er erklärt, das Dasein sei als

---

bzw. „das Wesen der Welt selbst aufzulockern" (ebd., 263). Die Untersuchung ist damit auf ein Verständnis derjenigen Totalität von Seiendem ausgerichtet, die das Thema der Metontologie ist (GA 26: 199 f.).

[362] GA 29/30: 263. Heidegger grenzt dieses Vorgehen einer „vergleichenden Betrachtung" von dem „historischen Weg" – Wie hat sich der Weltbegriff geschichtlich entwickelt? – und dem Vorgehen von *Sein und Zeit* ab – Wie bewegen „wir uns zunächst und zumeist alltäglich in unserer Welt"? (Ebd., 262)

[363] Ich will nicht verhehlen, dass ich Heideggers Bestimmung der anthropologischen Differenz anhand der Thesen „Das Tier ist weltarm" und „Der Mensch ist weltbildend" nicht für erfolgreich halte. Der entscheidende Grund dafür sind die mit der Weltarmutsthese verbundenen Probleme. Siehe dazu ausführlich vom Verf., Wunsch 2012b.

[364] GW 9: 32-34. Es ist nicht überraschend, dass Heidegger den Terminus „Weltoffenheit" in der genannten Vorlesung ausdrücklich aufgreift (GA 29/30: 498).

[365] Heidegger hatte den Gedanken bereits in Davos aufgegriffen; siehe Kap. 1.4.

„faktisches" und „durch seine Leiblichkeit ganz inmitten der Natur", aber als transzendierendes „über die Natur hinaus", sogar „der Natur etwas Fremdes" (GA 26: 212). Dieser Eindruck wird in den *Grundbegriffen der Metaphysik* völlig zerstreut. Bereits in der Vorlesung *Einleitung in die Philosophie* vom Winter 1928/29 findet sich der wichtige Hinweis, das Dasein „ist Natur qua transzendierendes" (GA 27: 328). Das Transzendieren übersteigt zwar alles Seiende und entsprechend auch die Natur auf Welt hin, ist aber selbst nichts Außernatürliches. Das Dasein ist demnach nicht nur als faktisches, sondern anders als in einer dualistischen Ontologie auch als transzendierendes ein Naturwesen.[366] Darauf legt sich Heidegger dann vor allem in den *Grundbegriffen der Metaphysik* fest. So erklärt er in dem Schlusskapitel, das die These erörtert, dass der Mensch weltbildend ist: „Der Mensch existiert in eigentümlicher Weise *inmitten* des Seienden. Inmitten des Seienden heißt: Die lebendige Natur hält uns selbst als Menschen in einer ganz spezifischen Weise gefangen" (GA 29/30: 403 f.). Der Mensch ist demnach sowohl als faktisches als auch als transzendierendes oder weltbildendes Wesen – und in diesem Sinne: durch und durch – ein Naturwesen.

(1) Diese Überlegungen lassen sich dahingehend einordnen, dass Heidegger auf dem Weg ist, das erste der oben genannten anthropologischen Defizite zu beseitigen, sich also darum bemüht, den Menschen auf einheitliche Weise als Naturwesen und geistig-geschichtliches Wesen zu denken. – Der entscheidende Schritt bleibt allerdings aus. Denn Heidegger erkennt zwar an, *dass* der Mensch als weltbildendes oder transzendierendes Wesen Distanz zur Natur hat und zugleich durch und durch Naturwesen ist, aber er lässt offen, *wie* dies zu denken ist. Genau darin, dass dies nicht geklärt wird, bestand aber im Kern das erste anthropologische Defizit.

(2) Ein Weg, auf dem der fehlende Schritt erfolgen könnte, wäre der einer Naturphilosophie – zumindest, wenn zu deren Zielen der Nachweis gehört, dass es prinzipiell mehr über die Natur zu wissen gibt, als uns die Naturwissenschaften verständlich machen können. Dass bei Heidegger bis einschließlich zum Kantbuch eine Philosophie des faktischen Vorhandenseins der Natur fehlt, war das zweite anthropologische Defizit. Hier scheint die Vorlesung *Die Grundbegriffe der Metaphysik* weiterzuführen.

Zum einen versucht Heidegger dort, einen Naturbegriff verständlich zu machen, der über den der Naturwissenschaften hinausreicht. Sein Ausgangspunkt ist dabei die Übersetzung von „φύσις" durch „das sich selbst bildende Walten des Seienden im Ganzen" (GA 29/30: 38). Dieses Walten lasse sich, insofern wir selbst von ihm ‚durchwaltet' und seiner nie mächtig sind, nicht mit naturwissenschaftlichen Mitteln erfassen, sondern nur an uns

---

[366] Auch in „Vom Wesen des Grundes" (1929) findet sich diese Position. An einer Stelle, an der es um den Weltentwurf des transzendierenden Daseins geht, bemerkt Heidegger dort, dass „das entwerfende Dasein *als entwerfendes* auch schon *inmitten*" von Seiendem sei (GW 9: 166; Hvh. im Orig.).

erfahren: „Die Geschehnisse, die der Mensch an sich erfährt, Zeugung, Geburt, Kindheit, Reifen, Altern, Tod, sind keine Geschehnisse in einem heutigen und engen Sinne des spezifisch biologischen Naturvorganges, sondern gehören in das allgemeine Walten des Seienden" (ebd., 39). Wenngleich Heidegger nicht erläutert, was das positiv bedeutet, ist zumindest negativ klar, dass „Natur" im Sinne des beschriebenen „Waltens" für eine Prozesshaftigkeit stehen soll, die sich durch Naturgesetze nicht vollständig erfassen lässt.

Zum anderen bemüht sich Heidegger in *Die Grundbegriffe der Metaphysik* ausführlich um eine Wesensbestimmung des Organismus und näherhin des Tiers (GA 29/30: 295 ff.). Dabei lässt er die methodische Orientierung an der Privationsthese aus *Sein und Zeit* fallen. Statt die Wesensaufklärung des Tiers im Umweg über die des Menschen zu verfolgen, spricht er sich für die direkte „Aufhellung der Tierheit selbst", die „ureigene[] Charakteristik der Tierheit" aus.[367] Das Resultat, zu dem er gelangt, besagt, dass sich das „Grundwesen des Organismus" als „Benommenheit" fassen lässt (ebd., 376). Im Hintergrund von Heideggers Wahl dieses Terminus steht seine Auffassung, dass Tiere „eine ganz ureigene Art des Bewegens" aufweisen, die er „Sichbenehmen" nennt. Sie lässt sich seines Erachtens weder mechanistisch verständlich machen noch darf sie mit dem für Menschen charakteristischen „Sichverhalten" verwechselt werden (ebd., 345 f.). Anders als dem Sichverhalten liegt dem Sichbenehmen nicht die Möglichkeit der Distanznahme und des Feststellens von etwas zugrunde; es ist vielmehr ein „Treiben". Solches Treiben – Sehen, Greifen, Jagen, Fressen, Nestbau, Fortpflanzung etc. – ist bereits intentional, aber nicht in der Weise des menschlichen Handelns, sondern nur in dem rudimentären Sinn, dass es von dem, worauf es bezogen ist, „hingenommen" oder „benommen" ist.[368] Da Benommenheit nicht ein phasenweiser oder dauerhafter Zustand, sondern eine Wesensbestimmung ist, hört ein Treiben wie das einer Biene, die an einer Blüte saugt, sobald es gehemmt oder abgebrochen wird, nicht einfach auf. Vielmehr kann das Benommensein durch Duft und Honig prinzipiell nur durch ein neues Benommensein ersetzt werden. Die Getriebenheit wird in einen anderen Trieb umgesteuert, etwa das Zurückfliegen in den Bienenstock (ebd., 353 f.). Heidegger meint daher, „jeder Trieb ist in sich bestimmt

---

[367] GA 29/30: 310. Dafür, dass Heidegger in den *Grundbegriffen der Metaphysik* die in *Sein und Zeit* geforderte privative Methode fallen lässt, habe ich ausführlich in Wunsch 2012b, 393 ff., argumentiert. Zum oben Folgenden vgl. auch ebd., 400.

[368] GA 29/30: 352-354. Wo ich oben von „Intentionalität" spreche, spricht Heidegger von der „Bezogenheit-auf des tierischen Benehmens" und „des menschlichen Handelns" (ebd., 349). Als eine wichtige Anregung für die oben dargelegten Überlegungen Heideggers kann meines Erachtens die von Plessner und Buytendijk in „Die Deutung des mimischen Ausdrucks" 1925 vorgelegte Konzeption der „Umweltintentionalität des Leibes" gelten (GS 7: 79).

durch eine Zugetriebenheit zu den anderen. Die Getriebenheit als Zugetriebenheit von Trieb zu Trieb hält und treibt das Tier in einen Ring, über
den es nicht hinausspringt, innerhalb dessen etwas für das Tier offen ist"
(ebd., 363). Heidegger konzipiert die Offenheit innerhalb dieses Rings als
Offenheit „für Veranlassungen, für Anlässe, für solches, was das Fähigsein
zu … je so und so anlässt, d. h. enthemmt" (ebd., 369). Daher spezifiziert er
den Ring der Zugetriebenheit der Triebe als „Enthemmungsring" (ebd., 370
f.). Dieser gehört seines Erachtens „zur innersten Organisation des Tieres"
und legt „eine ganz bestimmte Umringung möglicher Reizbarkeit" fest
(ebd., 371, 374).

Heideggers Überlegungen zur Wesensbestimmung des Organismus und
insbesondere des Tiers sind auf diese Weise nur bruchstückhaft dargestellt
worden.[369] Es dürfte aber deutlich sein, dass sie als wichtiger Bestandteil
einer Naturphilosophie gewertet werden können. Doch trotz dieser reich-
haltigen naturphilosophischen Überlegungen zur Tierheit des Tiers überwindet Heidegger auch in den *Grundbegriffen der Metaphysik* nicht das zweite
anthropologische Defizit. Der Grund dafür ist, dass er keine auch nur annä-
hernd vergleichbare naturphilosophische Untersuchung bezüglich des Menschen durchführt. Das ist nicht deshalb problematisch, weil seine Naturphilosophie auf diese Weise unvollständig bleibt, sondern weil das Fehlen ihrer
Bezogenheit auf den Menschen genau das ist, was mit der Rede vom zweiten anthropologischen Defizit moniert wird. Dieses ergab sich, genau genommen, ja daraus, dass es Heideggers Philosophie des Menschen bzw. Metaphysik des Daseins selbst ist, die zufolge des fundamentalontologisch-
metontologischen Doppelbegriffs der Metaphysik eine Naturphilosophie
erfordert. Beim Übergang von der These, dass das Tier weltarm ist, zur
These, dass der Mensch weltbildend ist, lässt Heidegger die naturphilosophische Ausrichtung jedoch fallen. Dass auch der Mensch ein Lebendiges ist,
wird in den *Grundbegriffen der Metaphysik* zwar abstrakt anerkannt, in der Erörterung der These, dass der Mensch weltbildend ist, aber komplett ausge-
blendet und bleibt damit ohne philosophische Relevanz.[370]

---

[369] Siehe ausführlich dazu Beelmann 1994 und Kessel 2011.

[370] Das Gegenmodell dazu ist das Plessnersche. Die Konzeption der (geschlosse-
nen) Positionalität aus den *Stufen des Organischen* ist das systematische Äquivalent zu
Heideggers Konzeption der Benommenheit. Doch Plessner entwickelt sie naturphilosophisch weiter und gelangt so zu seinem Begriff der exzentrischen Positionalität.
Bei Heidegger dagegen, der zwar auch anerkennt, dass der Mensch ein Naturwesen
ist, bleibt dessen Weltbildungskompetenz ohne Beziehung zur Benommenheit als
Wesensbestimmung des Organismus. – Zur Frage des Verhältnisses zwischen
Plessners Anthropologie und Heideggers Auseinandersetzung mit dem Naturbegriff
nach 1930, vor allem in „Vom Wesen und Begriff der Φύσις" (1939), siehe Ebke
2008.

(3) In Bezug auf das dritte anthropologische Defizit – Heideggers Abschottung seines Fragens nach dem Menschen, seiner Metaphysik des Daseins, von den Naturwissenschaften – ist das gleiche Muster zu beobachten. In den *Grundbegriffen der Metaphysik* bezieht Heidegger zwar in seine Untersuchungen zur Wesensaufklärung der Tierheit auch Ergebnisse der Biologie und Zoologie mit ein,[371] doch in seinem philosophischen Fragen nach dem Menschen unterbleibt der Rekurs auf empirische Forschungen.

Hinsichtlich der Tiere ist Heidegger um Ausgewogenheit zwischen Naturphilosophie auf der einen und Biologie sowie Zoologie auf der anderen Seite bemüht. „Benommenheit" ist für ihn einerseits eine genuin philosophische Kategorie. Sie bereitet seines Erachtens sogar den Grund, auf dem „sich erst jede konkrete biologische Frage ansiedeln kann" (GA 29/30: 377). Doch andererseits gewinnt Heidegger seine philosophische Charakteristik des Benehmens der Tiere in Auseinandersetzung mit den Ergebnissen der damals zeitgenössischen Bienenforschung (ebd., 350 ff.) und bindet seine tierphilosophischen Überlegungen auch an die Konzeptionen zweier Protagonisten der damaligen Biologie, Hans Driesch und Jakob von Uexküll, zurück (ebd., 379 ff.). Er entwickelt seine Naturphilosophie in den *Grundbegriffen der Metaphysik* also vor dem Hintergrund und in Auseinandersetzung mit der Biologie und Zoologie seiner Zeit und erhebt zugleich den Anspruch auf die Bildung genuin philosophischer Kategorien und deren Rückwirkung auf die empirische Forschung.[372]

Anders als im Fall des Tiers spielen die Naturwissenschaften für das philosophische Fragen nach dem Menschen in den *Grundbegriffen der Metaphysik* keine Rolle. Es ist aber aufschlussreich, dass Heidegger an einer Stelle seiner Vorlesung immerhin die Alternative erwägt, auch in dieses Fragen empirische Forschungen einzubeziehen: „So, wie wir nach der Tierheit fragten, fragen wir jetzt nach der Menschheit und ihrem Wesen, und so, wie wir dort Biologie und Zoologie zu Rate zogen, so jetzt hier die Anthropologie" (GA 29/30: 406). Aus der Parallelisierung der Anthropologie mit Biologie und Zoologie geht meines Erachtens hervor, dass es Heidegger hier um die *empirische* Anthropologie geht. Er entscheidet sich allerdings dagegen, auf sie zurückzugreifen, und macht dafür zwei Gründe geltend.

Der eine Grund ist, dass die empirische Anthropologie nicht genügend berücksichtige, dass wir, „wenn wir nach dem Wesen des Menschen fragen, [...] nach uns selbst", also „nach einem Seienden fragen, das zu sein uns selbst aufgegeben ist" (GA 29/30: 407). Heidegger bringt damit zweifellos einen wichtigen Gedanken ins Spiel. In der Tat muss unser philosophisches Nachdenken über den Menschen berücksichtigen, dass wir nicht nur Ob-

---

[371] Unmittelbar vor dem Paragraphen „Beginn einer Wesenaufklärung des Organismus" schreibt Heidegger, dass wir „die Grundthesen der Zoologie über Tierheit und Leben überhaupt zu Rate ziehen" müssen (GA 29/30: 310).

[372] Zu dieser Einschätzung siehe schon vom Verf., Wunsch 2010b, 555.

jekt, sondern auch Subjekt dieses Nachdenkens sind, dass dieses Nachdenken also „eine Sache der jeweiligen Existenz des Menschen ist" (ebd.). Die empirische Anthropologie kann dieser Perspektive der ersten Person weder als somatische, biologische oder psychische Anthropologie noch als Ethnologie[373] ausreichend Rechnung tragen. Sie untersucht den Menschen vor allem aus der Perspektive der dritten Person. – Daraus lässt sich allerdings nicht folgern, dass ihre Erkenntnisse für das philosophische Fragen nach dem Menschen irrelevant sind. Eine philosophische Untersuchung, die wie die Heideggersche auf Strukturen des Menschseins abzielt, ist auf die empirische Anthropologie angewiesen. Denn der ihr inhärente Allgemeinheitsanspruch muss durch die empirische Anthropologie, also mit Blick auf wirkliche Menschen überprüft werden. Auf diesem Wege lassen sich gegebenenfalls Engführungen, Ausblendungen, Verabsolutierungen sowie andere Einseitigkeiten und Fehler vermeiden oder korrigieren.[374] Dass die Erste-Person- oder Existenz-Perspektive von besonderer Bedeutung für die philosophische Untersuchung des Menschen ist, bedeutet daher nicht, dass diese Untersuchung von der empirischen Anthropologie abgeschottet werden darf.

Das andere von Heidegger genannte Argument gegen die Einbeziehung der empirischen Anthropologie in sein philosophisches Fragen nach dem Menschen scheint weiter zu reichen. Er besagt, dass „Anthropologie, Psychologie, Charakterologie und dergleichen" gar nicht geeignet seien, die Frage nach dem Menschen zu beantworten, weil das relevante Wissen dafür vielmehr „in der ganzen Geschichte des Menschen" niedergelegt sei, „in jener ursprünglichen Überlieferung, die in jedem menschlichen Handeln als solchem liegt" (GA 29/30: 407). Demnach ist es die Dimension der Geschichte, die den Menschen fundamental bestimmt. Aus diesem Grund erweise sich die empirische Anthropologie mit ihrem Primat der natürlichen Dimension menschlichen Lebens für das philosophische Fragen nach dem Menschen schlicht als die falsche Adresse. – Doch auch dieses Argument vermag meines Erachtens nicht zu überzeugen. Ihm scheint erstens zugrunde zu liegen, dass das philosophische Fragen nach dem Menschen vor der exklusiven Alternative „Geschichte oder Natur" steht, und dass in dieser Alternative zweitens für die Geschichte zu optieren wäre. Um dieser Strategie der Abschottung gegenüber einer an der natürlichen Dimension menschlichen Lebens orientierten empirischen Anthropologie entgegenzutreten, ist

---

[373] Eine Übersicht über das, was er zur empirischen Anthropologie rechnet, gibt Heidegger in seiner Vorlesung *Der deutsche Idealismus (Fichte, Schelling, Hegel) und die philosophische Problemlage der Gegenwart* vom Sommersemester 1929; siehe dort GA 28: 10-14.

[374] Ähnlich argumentiert übrigens Ernst Tugendhat (2007, 45 f.) in seinen allgemeinen (an dieser Stelle nicht auf Heidegger bezogenen) Überlegungen zum Verhältnis zwischen philosophischer und empirischer Anthropologie.

es nicht erforderlich oder auch nur ratsam, gegen die Formel „Geschichte *statt* Natur" das Gegenstück „Natur *statt* Geschichte" stark zu machen. Beides sind nur inverse Einseitigkeiten. Eigentlich problematisch ist die ihnen zugrunde liegende Prämisse. Denn wenn wir philosophisch nach dem Menschen fragen, dann sind wir nicht gezwungen, uns auf eine Seite der Alternative „Natur *oder* Geschichte" zu schlagen. Die Aufgabe besteht vielmehr darin, eine Konzeption zu entwickeln, die es erlaubt, beides zusammenzudenken: „Natur *und* Geschichte". Dass Heidegger dies nicht in Erwägung zieht, hilft selbstverständlich nicht dabei, die Ungeeignetheit der empirischen Anthropologie für das philosophische Fragen nach dem Menschen zu begründen, sondern verdeutlicht gerade das auch in den *Grundbegriffen der Metaphysik* fortbestehende erste anthropologische Defizit seiner Konzeption.

(4) Diese Überlegungen scheinen schließlich auch das vierte anthropologische Defizit – dass Heidegger die mit der naturgeschichtlichen Entstehung des Menschen verbundenen philosophischen Fragen abweist – zu betreffen und darauf hinzudeuten, dass es in den *Grundbegriffen der Metaphysik* ebenfalls nicht beseitigt wird. Denn für ein philosophisches Fragen nach dem Menschen, das sich an der Formel „Geschichte statt Natur" ausrichtet, kann die Naturgeschichte im Darwinschen Sinne kein Thema sein. „Natur", so hatte Heidegger sich in *Sein und Zeit* festgelegt, ist geschichtlich allenfalls „als Landschaft, Ansiedlungs-, Ausbeutungsgebiet, als Schlachtfeld und Kultstätte" (SuZ 388). Doch terminologische Entscheidungen zum Begriff der Naturgeschichte können philosophische Probleme, die sich um ihn gruppieren, zwar unkenntlich machen, aber nicht zum Verschwinden bringen. Phylogenetisch betrachtet ist der Mensch Produkt eines biologischen Artbildungsprozesses. Inwiefern bringt die Artbildung in seinem Fall zugleich eine neue Seinsart hervor? Wie ist der Übergang von der Seinsart des Lebens zur Seinsart der Existenz zu denken? Vollzieht sich ein solcher Übergang auch ontogenetisch in jedem einzelnen Menschen?

Inzwischen ist bekannt, dass sich Heidegger schon 1911, und zwar aus einem religiös-apologetischen Interesse, kritisch mit deszendenztheoretischen Fragen beschäftigte.[375] In den *Grundbegriffen der Metaphysik*, also 1929/30, verhält er sich zu solchen Fragen ausweichend bis abweisend. Beim Problem des Mensch-Tier-Verhältnisses, so Heidegger, kann es sich „nicht darum handeln, zu entscheiden, ob der Mensch vom Affen abstammt oder nicht" (GA 29/30: 265). Denn die Beantwortung dieser Frage setze schon ein Verständnis des „Wesen[s] der Tierheit des Tieres und [...] der Menschheit des Menschen" voraus (ebd.). Meines Erachtens wird aber nicht ganz klar, welche Konsequenzen das hat, da Heidegger ausdrücklich nicht verlangt, „daß die Biologie gleichsam ihre positive Forschungsarbeit aussetzt, bis eine zureichende metaphysische Theorie des Lebens zur Verfü-

---

[375] Denker/ Büchin 2005, 68 f., 73-79; siehe dazu Kessel 2011, 73-87.

gung steht" (ebd., 279). Zudem ist problematisch, dass die von Heidegger tatsächlich entwickelte Theorie des Lebens sich von vornherein auf die Thematik des Organismus und seiner Beziehung zur Umgebung beschränkt. Damit kommen zwar die für den Begriff des Lebens grundlegenden Prinzipien der Organisation und der Regulation in den Blick; doch es fehlt die Auseinandersetzung mit einem weiteren grundlegenden Prinzip, dem der Evolution.[376]

Vom „Darwinismus" ist in den *Grundbegriffen der Metaphysik* entsprechend nur in einer eingeschränkten Weise die Rede. Es wird kritisiert, dieser habe keine überzeugende Konzeption des Verhältnisses des Tiers zu seiner Umgebung. Er könne dieses nur als „Anpassung" begreifen, womit vorausgesetzt werde, „dass der Organismus etwas Vorhandenes ist und außerdem noch in Beziehung steht zur Umgebung" (GA 29/30: 384, 382). Heidegger setzt dem vor dem Hintergrund der Umweltlehre von Uexkülls entgegen: „Der Organismus ist nicht etwas für sich und passt sich dann noch an, sondern umgekehrt, der Organismus passt sich jeweils eine bestimmte Umgebung *ein*".[377] Ich lasse die Frage der Triftigkeit dieser Kritik am Darwinismus dahingestellt, da es mir hier nur auf den einen Punkt ankommt, dass es zu kurz greift, wenn man wie Heidegger den Darwinismus vom Begriff der Anpassung her versteht (und kritisiert).[378] Der darwinistische Begriff der Anpassung lässt sich nur vor dem Hintergrund der Theorie der natürlichen Selektion verständlich machen; und diese ist eine von fünf weitgehend voneinander unabhängigen Theorien, die Darwin in seinem Buch *Über die Entstehung der Arten* (1859) entwickelt hat: die Theorie der Veränderlichkeit der

---

[376] Zur systematischen Konzeption des Lebensbegriffs anhand dieser drei Prinzipien siehe Toepfer 2005, 166-170. Toepfers Definitionsvorschlag lautet in aller Kürze: „Leben ist eine Seinsweise von (Natur-)Gegenständen, die sich durch Organisation, Regulation und Evolution auszeichnet" (ebd., 169).

[377] GA 29/30: 384. Zur Uexküllschen Differenzierung zwischen „Anpassung" und „Einpassung" vgl. von Uexküll 1928, 259, 317 ff.

[378] Heidegger versteht den Darwinismus so, „dass eben die einzelnen Tiere und Tierarten an dieses an sich vorhandene Seiende und für alle in eins damit für alle Menschen in gleicher Weise Vorhandene sich in verschiedener Weise anpassen, so daß aufgrund dieser verschiedenen Anpassung aller Tiere zu einem und demselben Seienden sich nun Variationen der Tiere und Tierarten ergeben. Was sich am besten anpaßt, überlebt die anderen. Bei dieser Anpassung entwickelt sich dann die Organisation des Tieres je nach der Verschiedenartigkeit des Seienden verschieden (Variation). Diese Variation führt dann im Zusammenhang mit dem Überleben des am besten Angepaßten zur wachsenden Vervollkommnung. So hat sich aus dem Urschleim der Reichtum der höheren Tierarten entwickelt" (GA 29/30: 402). Meines Erachtens ist Brett Buchanan, der in seinem Buch den Uexküllschen Hintergrund von Heideggers Theorie des Lebens offen gelegt hat, zuzustimmen, wenn er dazu neigt, die zitierte Passage für „a caricature of Darwin's theory" zu halten (Buchanan 2008, 48).

Arten, die Theorie der Abstammung aller Lebewesen von gemeinsamen Vorfahren, die Theorie der Allmählichkeit der Evolution (Gradualismus), die Theorie der Artbildung als Populationsphänomen und, wie gesagt, die Theorie der natürlichen Selektion.[379] Keine dieser Theorien wird in Heideggers *Grundbegriffen der Metaphysik* philosophisch reflektiert oder spielt dort irgendeine nennenswerte Rolle.

Da Heidegger sich also nicht mit der Frage der Evolution des Lebens beschäftigt und den Darwinismus nur in einer ganz eingeschränkten Perspektive in den Blick nimmt, können die mit der naturgeschichtlichen Entstehung des Menschen verbundenen philosophischen Probleme auch in den *Grundbegriffen der Metaphysik* keine Rolle spielen. Das vierte anthropologische Defizit bleibt tatsächlich also auch hier bestehen. – In der Forschungsliteratur zu Heideggers Vorlesung wird die Position vertreten, dass Heidegger in diesem Punkt jedoch kein Versäumnis vorzuwerfen ist. Axel Beelmann, der eine ausführliche Analyse zu den *Grundbegriffen der Metaphysik* vorgelegt hat, schreibt, es sei unangemessen, eine genetische Bestimmung des Zusammenhangs der Seinsart des Lebens und der Seinsart der Existenz einzufordern. Denn damit werde die ontologische mit der ontischen Ebene vermischt. Zwar gehöre es zu den Aufgaben der positiven Wissenschaften, „die real-ontische Abhängigkeit ihrer einzelnen Sachgebiete untereinander zu behandeln", etwa „die Sachgebundenheit des Menschen an die Evolution […]. Für die ontologische Fragestellung ist diese real-ontische Dependenz jedoch irrelevant, da es um Weisen zu sein geht und nicht um das Problem, wie man wurde, was man ist".[380] Meines Erachtens ist diese Einschätzung nicht überzeugend. Dass die real-ontische Verwandtschaft der Menschen mit gewissen Hominiden für die ontologische Fragestellung irrelevant ist, halte ich für unzutreffend. Es ist vielmehr ein Erfolgskriterium einer ontologischen Untersuchung, dass es ihr gelingt, auch real-ontische Dependenzen strukturell zu reflektieren und kategorial zu erfassen. Was für synchrone ökologische Beziehungen gilt, die von Heidegger selbst vor dem Hintergrund der Uexküllschen Umweltlehre ontologisch ausgewertet werden, muss auch für diachrone Abstammungsbeziehungen gelten.

Heidegger selbst räumt übrigens am Ende seiner ontologischen Analyse des Organismus deren „Unvollständigkeit" ein und benennt, was ihr fehlt: „Alles Leben ist nicht nur Organismus, sondern gleich wesentlich Prozeß, formal also Bewegung" (GA 29/30: 385). Das Sein des Tieres sei außer durch Benommenheit auch wesentlich durch eine spezifische „Bewegtheit" bestimmt. Dazu gehören nicht nur die Aspekte der Geburt, des Wachstum, Alterns und des Todes, sondern auch „die Grundtatsache der Vererbung" (ebd., 386). Heidegger verlässt damit für einen Moment seine sonst vorherr-

---

[379] Siehe dazu Mayr 1984, 404 f.
[380] Beelmann 1994, 184 f.

schende Orientierung am Einzelorganismus und fragt in diesem Zuge sogar nach der „Geschichte" der Art und des ganzen Tierreichs (ebd.). Doch all dies wird am Ende seiner Analyse, wie gesagt, bloß als Kennzeichen von deren Unvollständigkeit erwähnt und nicht weiter ausgeführt. Was dabei aber entgegen der Einschätzung Beelmanns deutlich wird, ist, dass Heidegger selbst die individual- und gattungsgeschichtliche Thematik keineswegs für ontologisch irrelevant hält.[381] Dies kann als eine weitere und hier abschließende Bestätigung dafür gewertet werden, dass Heidegger auch in den *Grundbegriffen der Metaphysik* nicht ausgleicht, was ich als das vierte anthropologische Defizit bezeichnet habe: Die mit der naturgeschichtlichen Entstehung des Menschen verbundenen philosophischen Probleme spielen dort keine Rolle.

4.2 Plessners Neuansatz einer universalen Anthropologie

Den anthropologischen Defiziten bei Heidegger liegen metontologische Defizite zugrunde. Das Bestehen dieser Defizite weist jeweils auf etwas hin, das in Heideggers Philosophieren auch nach seinen eigenen Maßstäben nicht fehlen dürfte: (1) die Entwicklung einer philosophischen Konzeption, die den Menschen auf einheitliche Weise als Naturwesen und transzendierendes Wesen erfasst; das Einbeziehen (2) naturphilosophischer Überlegungen und (3) wissenschaftlicher Ergebnisse nicht nur für das Nachdenken über die Tiere, sondern auch für das über den Menschen; (4) die philosophische Berücksichtigung der evolutionären „Bewegtheit". – Im Rückblick auf die im vorigen Abschnitt geführte Untersuchung ist festzustellen, dass die Diskussion zu einem der Punkte über die Identifizierung des entsprechenden Defizits hinausging. Die unter Punkt (3) geführte Auseinandersetzung mit Heideggers Gründen, im philosophischen Fragen nach dem Menschen nicht auf die empirische Anthropologie zurückzugreifen, hat zwei Aspekte ins Spiel gebracht hat, die seines Erachtens für dieses Fragen besondere Beachtung verdienen: die Erste-Person- bzw. Existenz-Perspektive und die Dimension der Geschichte. Ich denke, dass Heidegger zwar irrt, wenn er meint, das philosophische Fragen nach dem Menschen könne wegen der zentralen Bedeutung dieser Aspekte nicht auf die Erkenntnisse der naturwissenschaftlichen Anthropologie zurückgreifen. Richtig ist aber, dass sich dieses Fragen wegen der genannten Aspekte nicht in einer naturwissen-

---

[381] Wenn ich richtig sehe, korrigiert Beelmann seine Einschätzung auch an einer späteren Stelle seines Buchs: Dass Heideggers „Interpretation, soweit sie sich um empirische Anbindung bemüht, dem Erklärungswert der modernen Theorien keine umfangsgleiche ontologische Erklärung zur Seite stellen kann, liegt nicht zuletzt an der Ausklammerung der evolutionären Bewegtheit" (Beelmann 1994, 217). Vgl. auch ebd., 247.

schaftlichen Anthropologie *erschöpfen* lässt; und richtig ist auch, dass diese Aspekte für dieses Fragen tatsächlich von zentraler Bedeutung sind.

Kann die Philosophische Anthropologie, insbesondere in ihrer avanciertesten Form bei Plessner, dem Rechnung tragen? Dass sich das philosophische Fragen nach dem Menschen nicht in einer naturwissenschaftlichen Anthropologie erschöpfen lässt, ist für Plessner selbstverständlich und kommt in seinem Ansatz einer natur*philosophischen* Anthropologie in den *Stufen des Organischen und der Mensch* zum Ausdruck. Mit diesem Ansatz kann Plessner auch dem ersten der beiden genannten Aspekte, der Erste-Person- bzw. Existenz-Perspektive, gerecht werden, und zwar mit Hilfe des vielschichtigen Begriffs der Exzentrizität. Wie bisher deutlich geworden ist,[382] markiert der Begriff nicht nur das Resultat eines Stufengangs, in dem es um ein Verständnis der spezifisch menschlichen Lebensform geht, sondern er ist wegen der inhärenten Nichtidentität in der durch ihn erfassten Einheit zugleich Ausdruck für einen „Existenzkonflikt", der „eine Bedeutung auch für die philosophische Methode" hat (Stufen, 32). Der Mensch ist also nicht nur außer Objekt auch Subjekt des philosophischen Fragens nach dem Menschen, sondern seine exzentrische Form affiziert auch die Art und Weise des Fragens selbst: Die Frage nach dem Menschen ist so zu stellen, dass die Untersuchung die Doppeltheit des Menschen – „naturgebunden und frei, gewachsen und gemacht, ursprünglich und künstlich zugleich" – „nicht etwa aufhebt oder vermittelt, sondern aus einer Grundposition begreift" (ebd.).

Kann Plessners Ansatz aber auch dem zweiten der beiden von Heidegger ins Spiel gebrachten Aspekte, und zwar der Dimension der Geschichte, gerecht werden? Von den *Stufen des Organischen* her betrachtet, scheinen die Aussichten dafür nicht günstig zu sein. Denn auf den ersten Blick schließt ein naturphilosophischer Ansatz eine angemessene Berücksichtigung der Geschichtlichkeit aus. Was er als Wesen des Menschen bestimmt, scheint entweder von so großer Allgemeinheit sein zu müssen, dass es nicht mehr informativ ist, oder zwar informativ zu sein, aber dann zu starr, um die historische und kulturelle Variabilität menschlichen Lebens einfangen zu können. Steht das philosophische Fragen nach dem Menschen also doch vor der exklusiven Alternative „Natur *oder* Geschichte", mit der Heidegger in den *Grundbegriffen der Metaphysik* operiert? Ich denke, dies ist nicht der Fall, und habe dagegen bereits im vorigen Abschnitt hervorgehoben, dass es die Aufgabe der Philosophischen Anthropologie wäre, Natur und Geschichte zusammenzudenken. Die Frage, wie das möglich ist, ist eine systematische Leitfrage in Plessners zweitem anthropologischen Hauptwerk *Macht und menschliche Natur* (1931). Sie wird dort unter dem Stichwort einer „universa-

---

[382] Siehe die letzten Absätze von Kap. 2.3, außerdem Kap. 2.4, Punkt (4), und schließlich die Rekonstruktion von Plessners Überlegungen zur „Neuschöpfung der Philosophie" in Kap. 3.4.

len Anthropologie" diskutiert. „Als Lehre vom Wesen des Menschen im ausdrücklichen Hinblick auf alle Seinsweisen und Darstellungsformen" soll diese Anthropologie neben dem Biologischen „das Psychische ebenso wie das Geistige, das Individuelle ebenso wie das Kollektive, das in einem beliebigen Zeitquerschnitt Koexistierende ebenso wie das Geschichtliche" umfassen (GS 5: 147).

So wie die *Stufen des Organischen und der Mensch* an der Natur orientiert sind, ist *Macht und menschliche Natur*, wie bereits der Untertitel des Werks „Ein Versuch zur Anthropologie der geschichtlichen Weltansicht" anzeigt, an der Geschichte orientiert. Es wird ausführlich zu untersuchen sein, in welcher Weise sich Plessners Fragen nach dem Menschen durch diese neue Orientierung erweitert. Dabei wird auch das Problem der Einheitlichkeit seiner Anthropologie virulent werden. In welchem systematischen Verhältnis stehen die an der Natur und die an der Geschichte orientierten Anthropologiekonzeptionen Plessners? Die Frage lässt sich erst angehen, wenn deutlich wird, wie Plessner seine „Anthropologie der geschichtlichen Weltansicht" auf die Bahn bringt (Kap. 4.2), gegen konkurrierende Modelle abgrenzt (Kap. 4.3) und im Einzelnen ausführt (Kap. 4.4), das heißt ich werde erst im Schlussabschnitt dieses Kapitels darauf zurückkommen (Kap. 4.5).

Orientiert sich das Fragen nach dem Menschen an der Geschichte statt an der Natur, so scheint es sich bei dem Projekt einer *universalen* Anthropologie von vornherein um ein hoffnungsloses Unterfangen zu handeln. Plessners Idee ist jedoch, dass sich gerade dann eine Anleitung zu einer universalen Anthropologie gewinnen lässt, wenn die geschichtliche Weltauffassung zu Ende gedacht wird und auf ihre Präsuppositionen hin befragt wird. Die Grundidee dabei ist, den Menschen in allen Dimensionen seines Lebens, „auch den außerempirischen Dimensionen des rein Geistigen als Zurechnungssubjekt seiner Welt, als die Stelle des Hervorgangs aller überzeitlichen Systeme" zu begreifen (GS 5: 148). Was Menschen trotz aller kulturellen und historischen Variabilität eint, ist demnach zunächst nur oder immerhin dies, dass sie es selbst sind, die diese Vielfalt von Kulturen und Welten hervorbringen. Ich möchte diesen Punkt für die folgenden Überlegungen festhalten:

(S) Jede Menschen orientierende Sinnsphäre, auch und gerade eine solche, die ihnen als kulturübergreifend oder überhistorisch gilt, ist das Produkt von kulturell und historisch situierten Menschen.

Menschen, die ihre Kultur und Welt hervorbringen, sind die „Zurechnungssubjekte" ihrer Kultur und Welt. Plessner exemplifiziert diesen Gedanken im Zuge seiner Rede von uns „im Unterschied zu den außer- und vorchristlichen Völkern" und von unserer Kultur und Welt im Unterschied zu anderen: Wir haben „es zum Begriff ‚des Menschen' als einer gegen religiöse und rassenmäßige Unterschiede indifferenten weltbildenden Wirklichkeit gebracht" (GS 5: 148). Plessners Punkt ist aber nicht einfach, dass dieser Begriff ‚des Menschen' ein Beispiel für eine der in (S) genannten als kultur-übergreifend oder überhistorisch geltenden Sinnsphären darstellt, sondern auch, dass durch genau diese Sinnsphäre das Prinzip (S) selbst unterstützt wird. Denn wenn der Umstand, dass Menschen bei allen kulturellen und historischen Differenzen dies gemeinsam ist, dass sie eine „weltbildende[] Wirklichkeit" sind, und ihre Weltbildungen als orientierungsstiftende Sinn-sphären gelten können, dann sind diese Sinnsphären offenbar Produkte von kulturell und historisch situierten Menschen. Soll dieses Argument (S) unter-stützen, also dabei helfen, „das Prinzip der Relativierung aller außerzeitli-chen Sinnsphären einer Kultur auf den Menschen als ihre Quelle im Hori-zont der Geschichte" verständlich zu machen (ebd., 149), so ist allerdings noch einsichtig zu machen, dass es keine anderen Menschen orientierenden Sinnsphären als diejenigen gibt, die der Mensch als „weltbildende[] Wirk-lichkeit" hervorbringt.

Plessner stellt sich dieser Herausforderung: Warum jedwede Sinndimen-sion in „den Machtbereich menschlicher Subjektivität" stellen und nicht auch die Option eines Sinnsphären-Realismus wahren? Warum sollten selbst die als apriorisch geltenden Sinnsphären sich allein der „Schöpfermacht" des Subjekts verdanken, statt einfach seinem „Finderblick" überlassen zu sein (GS 5: 149)? Wer so argumentiert, dies ist die Antwort Plessners, denke die geschichtliche Weltauffassung nicht zu Ende; begreife nicht „die Tiefe der Geistesgeschichte", die ebenso „den Hervorgang der überzeitlichen Werte und Kategorien aus dem Leben" einsichtig macht wie „die geschichtlich-soziale Bedingtheit" der Finderblick-These freilegt. Die Auffassung, dass ein schlechthin apriorischer gegebener Sinnraum besteht – Plessner denkt hier etwa an Schelers absolutes Ideen- und Wertreich oberhalb aller faktischen bisherigen Wertsysteme – laufe nicht nur auf „eine säkularisierte Vergottung des Menschen" hinaus, sondern ist „der Gefahr der letzten Selbstrelativie-rung nicht gewachsen" (ebd., 150). Als Menschen verfügen wir nicht über einen aller historischen und kulturellen Vermitteltheit enthobenen externen Standpunkt, von dem aus uns etwa das Verhältnis zwischen unserem eige-nen Werthorizont und einem überlebendigen, absoluten in den Blick kom-men könnte. Anders als seines Erachtens Scheler kann Plessner für sich selbst in Anspruch nehmen, dass er seine eigene Position von vornherein der Selbstrelativierung aussetzt. Dass das Prinzip (S) auch die Sinnsphäre betrifft, die es selbst mitkonstituiert, es also nicht aus einer Gottesperspekti-ve formuliert oder begründet werden kann, ist für ihn unhintergehbar. – Auf der Grundlage seiner Abwehr der erörterten Herausforderung kann Plessner dann festhalten:

(M) Es gehört „zum Sinn des Begriffes ‚Mensch'", dass jede diesen orien-tierende Sinndimensionen bzw. „die ihn bindende Welt auf sein natür-lich-geschichtlich je verschieden geartetes Menschentum relativ ist" (GS 5: 151).

Um verfolgen zu können, in welcher Richtung Plessner den neuen Typ universaler Anthropologie ausarbeitet, ist noch einmal deren Grundidee aufzugreifen, den Menschen als Zurechnungssubjekt seiner Welt zu begreifen. Da das Subjekt, dem etwas zugerechnet wird, dafür auch verantwortlich ist, schreibt Plessner: Der Mensch ist „verantwortlich für die Welt, in der er lebt" (GS 5 148). Etwas ausführlicher gesagt:

(Z)   Menschen sind als Zurechnungssubjekte ihrer Welten und der sie orientierenden Sinnsphären für diese Welten und Sinnsphären (bzw. ihre Kernbestandteile) verantwortlich, ihnen gegenüber verpflichtet.

Wir, so lautet Plessners bereits genannte Überlegung, haben „es zum Begriff ‚des Menschen' als einer gegen religiöse und rassenmäßige Unterschiede indifferenten weltbildenden Wirklichkeit gebracht" (GS 5: 148). Da wir den Begriff bzw. die mit ihm einhergehende Konzeption des Menschen hervorgebracht haben, sie uns also zuzurechnen ist, lässt sich mit (Z) argumentieren, dass wir ihr gegenüber auch verpflichtet sind. Diese Verpflichtung bedeutet offenbar nicht, dass dieser Begriff des Menschen unrevidierbar wäre – was schon daran deutlich wird, dass Plessner seinen Text 1931, also zwei Jahre bevor die Revision des Begriffs in Deutschland zur Staatsdoktrin wird, verfasst hat. Mit dem Hinweis auf die Verpflichtung gegenüber diesem Begriff lässt sich auch nicht leugnen, dass unsere Kultur und Welt andere Begriffe hervorgebracht hat, die gegenläufige Verpflichtungen mitbringen.[383] Plessners Annahme kann es also nur sein, dass der „Begriff ‚des Menschen' [...] als einer weltbildenden Wirklichkeit" in unserer Kultur und Welt eine ausschlaggebende Bedeutung hat und sich gegen den Verpflichtungscharakter etwaiger Alternativen als überlegen verteidigen lässt.

Ich möchte Plessner diese Annahme zugestehen, um zu fragen, worin die Verpflichtung dem genannten Begriff gegenüber genau besteht. Einer ihrer zentralen Aspekte liegt darin, die Weltbildungskompetenz von Menschen in anderen kulturellen und historischen Kontexten anzuerkennen. Aus dieser Anerkennung ergibt sich Plessner zufolge aber das Erfordernis der Relativierung „unsere[r] Kultur und Welt gegen die anderen Kulturen und Wel-

---

[383] Plessner weist beispielsweise darauf hin, dass der christliche Aspekt unserer Kultur nicht nur ein Ursprung des genannten Begriffs des Menschen ist, sondern diesen durch die Annahme der Pflicht zur Missionierung zugleich konterkariert. Denn die Verpflichtung, „unsere Kultur als absolutum den ‚Heiden' zu bringen", womöglich mit dem Schwert, kann deren eigene Weltbildungskompetenz letztlich nicht mehr gelten lassen, muss sie als weltbildende Wirklichkeiten negieren. Zugleich weist Plessner aber darauf hin, dass unsere Kultur sich der Tendenz nach in eine Richtung entwickelt hat, in der *dieser* Konflikt zugunsten des genannten Begriffs des Menschen entschieden wurde: „[...] so liegt doch in der Missionspflicht zugleich das Anerkenntnis einer natürlichen Gemeinsamkeit der Heiden mit den Christen, das längst seinen theologisch-bekenntnishaften Sinn verloren hat und eine Lebenswurzel unserer gemeinsamen Bewußtseinsstellung geworden ist" (GS 5: 148).

ten"; oder zugespitzt formuliert: „Bejahung unserer Kultur und Religion bedeutet also den Verzicht auf ihre Verabsolutierung" (GS 5: 148). Wenn wir den Menschen als weltbildende Wirklichkeit begreifen, dürfen unsere sinnstiftenden Weltbildungen nicht so konzipiert sein, dass sie die Weltbildungskompetenz anderer Kulturen oder Zeiten leugnet. Der Verzicht auf die Verabsolutierung unserer Kultur und Religion bedeutet also nicht die Preisgabe der für diese charakteristischen Konzeption *des* Menschen, sondern umgekehrt: In der Durchführung dieses Verzichts bzw. der entsprechenden Selbstrelativierung kommt Plessner zufolge erst „der Grund, auf dem sie beruht: Gleichheit alles dessen, was Menschenantlitz trägt, vor Gott, selber als Prinzip zum Vorschein" (ebd., 149).

Das Bisherige zusammenfassend zeichnet sich ab, wie Plessner die im Untertitel von *Macht und menschliche Natur* genannte *„Anthropologie der geschichtlichen Weltansicht"* in Gang bringt: Begreifen wir den Menschen „als Schöpfer, der freilich an seine eigenen Kreaturen gebunden ist und ihnen untertan wird, dann bahnen wir im Blick auf diese in der Linie geschichtlicher Weltauffassung liegende Möglichkeit den Weg zur universalen Wesenslehre des Menschen oder der philosophischen Anthropologie" (GS 5: 151). Der Mensch als Schöpfermacht, als Sinn- und Weltbildner – dies scheint hier der Grundgedanke von Plessners Entwurf einer philosophischen Anthropologie zu sein. Dass der Entwurf von Beginn an unter einer Spannung steht, ist offensichtlich, visiert er doch eine Anthropologie der *geschichtlichen* Weltansicht an und zugleich, wie sich im zuletzt angegebenen Zitat zeigt, eine *universale Wesens*lehre des Menschen. Plessner zufolge gehört diese Spannung zur Idee philosophischer Anthropologie selbst.[384] Entsprechend wird sie in *Macht und menschliche Natur* zum Gegenstand einer ausführlichen methodischen Reflexion.

Die Ausgangsfrage ist die nach der Verfahrensweise der philosophischen Anthropologie. Plessner sieht sich dabei mit einem Dilemma konfrontiert: Bei der anvisierten universalen Wesenslehre des Menschen scheint es sich weder um eine empirische noch um eine apriorische Disziplin handeln zu können. Denn da sie von Präsuppositionen der „Erfahrung vom Menschen und ihrer Auswertung" handelt, kann sie nicht in solcher Erfahrung aufgehen und in diesem Sinne nicht empirisch sein (GS 5: 151). Apriorisch aber scheint sie schon aus dem Grund nicht sein zu können, weil sich die etwaigen „zeitlosen, apriorischen Wahrheiten und Verbindlichkeiten", die eine universale Wesenslehre des Menschen ausmachen würden, nicht mit Blick

---

[384] Das zeigt, dass Plessner Odo Marquards einflussreiches (geschichtsphilosophisches) Schema „Anthropologie oder Geschichtsphilosophie" sprengt. Vgl. Marquard 1973. Bevor Marquard seinen Aufsatz schrieb, hatte Michael Landmann übrigens schon überzeugend deutlich gemacht, dass die Geschichtsphilosophie und die Anthropologie, statt in Opposition zu stehen, vielmehr „wie zwei Hände ineinander[greifen]" (Landmann 1961, 27).

auf das „Leben im Horizont der Geschichte und ihrer Erfahrung" begreif-
lich machen lassen (ebd.). – So ist es jedoch zu einfach gedacht. Denn das
geschichtliche Leben und die Geschichtserfahrung könnten doch selbst
überhistorischen Prinzipien unterstehen, die sich erkenntnistheoretisch oder
geschichtsphilosophisch ausweisen lassen. Solche Prinzipien könnten, wenn
es sie gäbe, eine veritable Grundlage für die „zeitlosen, apriorischen Wahrheiten und Verbindlichkeiten" der anvisierten universalen Wesenslehre des
Menschen abgeben und würden dieser Wesenslehre ohne Weiteres einen
apriorischen Status verschaffen.[385]

Es ist auch erst eine andere Überlegung, durch die Plessner ausschließt,
dass einer universalen Wesenslehre des Menschen ein apriorischer Status
zukommt. Sie lässt sich auf folgende Weise argumentativ rekonstruieren:

(i) Der Mensch ist „Ursprung der für ihn gültigen und unvordenklichen
Bedingungen seines Wissens, Wollens, Fühlens und Glaubens" (GS 5:
151). (Prämisse)

(ii) Der Mensch ist Ursprung des Inhalts jedes in Frage kommenden Prinzips des geschichtlichen Lebens und der Geschichtserfahrung. (Folgt
aus (i))

(iii) Wovon der Mensch Ursprung und damit Zurechnungssubjekt ist, daran ist er gebunden. (Prämisse)

(iv) Es gehört „zum Sinn des Begriffes ‚Mensch'", dass alle ihn bindenden
Sinndimensionen bzw. „die ihn bindende Welt auf sein natürlich-
geschichtlich je verschieden geartetes Menschentum relativ ist" (GS 5:
151). (Prämisse)

(v) Also ist auch der Inhalt eventueller Prinzipien des geschichtlichen Lebens und der Geschichtserfahrung durch diese geschichtliche Relativität gekennzeichnet. (Folgt aus (ii), (iii), und (iv))

(vi) Solche Prinzipien können daher nicht die Basis für „zeitlose[], apriorische[] Wahrheiten und Verbindlichkeiten" einer universalen Anthropologie abgeben. (Folgt aus (v))

Die Prämisse (iii) bleibt an dieser Stelle von Plessners eigener Überlegung
(GS 5: 151) implizit, entspricht jedoch dem obigen Satz (Z) und kann meines Erachtens als unproblematisch gelten. Ausdrücklich beruft sich Plessner
hier dagegen auf die Prämissen (i) und (iv). Erstere klingt nach dem anthropologischen Pendant zu Kants subjektbezogener These, dass die Bedingun-

---

[385] Plessner scheint diese Position mit der von Rickerts Kulturphilosophie zu verbinden (GS 5: 170). Dilthey war Plessner zufolge der erste, der gesehen hat, dass es
mit „einer gebietsmäßig neben die Transzendentallogik der Natur tretenden Transzendentallogik der Geschichte" (ebd.), mit „einem Erweiterungsbau der kritischen
Philosophie" nicht getan ist, „weil die Entdeckung der geschichtlichen Welt den
Boden selbst in Bewegung zeigte, auf dem ihn [sc. den Bau der kritischen Philoso-
phie] das 18. Jahrhundert errichtet hatte" (ebd., 171).

gen der Möglichkeit der Erfahrung ihren Ursprung im Subjekt haben. Sie wäre für das Argument verzichtbar, wenn man den schwächeren Satz (ii) als Prämisse akzeptiert. Die Herausforderung, der sich dieser Satz ausgesetzt sieht, ist derjenigen strukturell analog, die oben in Zusammenhang mit Satz (S) diskutiert wurde. Wie dort gesehen, ist Plessner dieser Herausforderung begegnet, indem er verdeutlicht hat, dass der Mensch nicht über einen aller historischen und kulturellen Vermitteltheit enthobenen Standpunkt verfügt, von dem aus ihm für sich bestehende überhistorische oder kulturübergreifende Inhalte zugänglich wären. Sofern ihm Inhalte als überhistorisch oder kulturübergreifend gelten, muss daher er selbst ihr Ursprung sein. Dieser Gedanke ist oben in Satz (M) festgehalten worden – in einem Satz, der innerhalb des rekonstruierten Arguments mit der in Satz (iv) formulierten Prämisse deckungsgleich ist. Meines Erachtens lässt sich daher resümieren, dass es Plessner weitgehend gelingt, die Prämissen einzuholen – und zwar die Sätze (ii), (iii) und (iv) –, die hinreichen, um die Konklusion, Satz (vi), durch einen gültigen Schluss zu erreichen. Ich möchte auch dies noch einmal separat festhalten:

(G) Es gibt keine Prinzipien des geschichtlichen Lebens und der Geschichtserfahrung, die die Basis für eine zeitlose, apriorische universale Anthropologie abgeben könnten.

Selbst Plessners „Prinzip der Selbstrelativierung aller außerzeitlichen Sinnsphären einer Kultur auf den Menschen als ihre Quelle im Horizont der Geschichte" kann kein zeitloses, apriorisches Prinzip des Lebens im Horizont der Geschichte sein. Denn weil dieses Prinzip selbstanwendbar sein müsste, relativiert es nicht nur die alten apriorischen Fundamentaldimensionen, sondern kann es selbst auch keine neue eröffnen.

Ist eine universale Wesenslehre des Menschen also gar nicht möglich, wenn sie nach dem Vorigen weder eine empirische noch eine apriorische Disziplin sein kann? Plessner meint, dies sei noch nicht ausgemacht. Denn womöglich lässt sich die Relativität jeder uns orientierenden Sinndimension auf ein jeweils kulturell und historisch bestimmtes Menschentum mit dem Gedanken einer apriorischen Wesenslehre des Menschen doch in Einklang bringen, *sofern* deren apriorischer Status sich *nicht* ihrer Zeit- oder Geschichtslosigkeit verdankt. Um diesen Weg freizulegen, unterscheidet Plessner zwei Wesenskonzeptionen: Mit dem „Wesen einer Sache" kann erstens „das gegen ihre nur erfahrungsmäßigen Abwandlungen Konstante" gemeint sein, also etwa die „begriffliche[] Allgemeinheit" oder „ideelle[] Gestalteinheit" (GS 5: 152). Terminologisch wird dies mit Hilfe des Begriffs der Ansprechbarkeit festgehalten: „Wesen einer Sache deckt sich dann mit dem, woraufhin sie als eine solche ansprechbar ist" (ebd.). Zweitens lässt sich das Wesen auch „als die tragende Substanz oder Kraft, als das eigentlich Bedeutsame" der Sache verstehen (ebd.). Das so verstandene Wesen einer Sache ist dann dies, was sie allererst zu dieser Sache macht bzw. auf dessen Grund sie erst diese Sache ist, die sie ist (vgl. ebd., 154).

Im Licht der Differenzierung zweier Wesenskonzeptionen müssen die Chancen für eine universale Wesenslehre des Menschen neu ausgelotet werden, und zwar für jede dieser Konzeptionen einzeln. Ich möchte zuerst den aus Plessners Sicht aussichtsreichen, am Konzept der Ansprechbarkeit orientierten Weg für eine solche Anthropologie nachzeichnen; vorher aber betonen, dass dies zunächst nur eine Skizze ergeben kann. Ihre Ausführung wird erst vor dem Hintergrund einer Kritik des anderen, aus Plessners Sicht aussichtslosen Weges für eine solche Anthropologie möglich sein. Diese Kritik werde ich im folgenden Abschnitt erörtern.

Versteht man die Frage „Was ist der Mensch?" entlang der ersten Konzeption von „Wesen", so wird ihr „die ausdrückliche Richtung auf diejenigen Bedingungen gegeben [...], denen die jeweilige Sache [in diesem Fall: der Mensch; M. W], so wie sie *angesprochen* ist, offenbar ‚gehorcht', *indem* sie so angesprochen wird", also als Mensch (GS 5: 152). Die „so vollklingende Frage nach dem Wesen des Menschen" erfordert hier also die „Freilegung der zuvor in den Blick gefassten Bedingungen der Ansprechbarkeit von etwas als Mensch" (ebd., 153). Damit bewegt sich Plessner auf Apriorität in einem neuen Sinn zu. Allgemeine Bedingungen der Möglichkeit, etwas als P anzusprechen, können im Vergleich zu konkreten Klassifikationen von etwas als P, als apriorisch gelten. Sie gehen den einzelnen gelungenen Klassifikationen von etwas als P, die empirisch sind, voraus. Es besteht aber nicht die Gefahr, ihre Apriorität mit Zeitlosigkeit zu verwechseln, was im Falle des Grundbegriffs der Anthropologie, dem des Menschen, besonders deutlich ist. Schon ein oberflächlicher Blick in die Geschichte zeigt, dass die Bedingungen der Ansprechbarkeit von etwas als Mensch veränderbar sind.[386] Vor diesem Hintergrund hat die Wesenslehre des Menschen, wie Volker Schürmann zu Recht herausstellt, die Aufgabe, ein Prinzip herauszustellen, „das immer schon in Gebrauch ist, wenn man den Menschen wohlbestimmt als Menschen anspricht" und das er „*Prinzip der Ansprechbarkeit*" nennt.[387]

Dem kann ein anderer Typ von Prinzip gegenübergestellt werden, der auf der zweiten Konzeption von „Wesen" basiert. Ein solches Prinzip würde, bezogen auf den Menschen, bestimmen, was den Menschen allererst zum Menschen macht. Ich möchte es als *Konstitutionsprinzip* bezeichnen. Während ein Prinzip der Ansprechbarkeit von etwas als P in allen erfolgreichen Klas-

---

[386] Die Frage, wer ein Mensch ist, ist weitestgehend entschieden, *bleibt aber mit offenem Ausgang umkämpft.* Die Kampfzonen sind hier und heute die Phasen des Beginns und des Endes menschlichen Lebens; und andernorts oder früher außerdem die Verhinderung von Völkermord sowie von Verbrechen gegen die Menschheit.

[387] Schürmann 1997a, 348. Schürmanns Text muss nach wie vor als der in der Plessnerforschung wegweisende Aufsatz zum Verständnis von *Macht und menschliche Natur* gelten. Siehe inzwischen auch die neuere Monographie Schürmann 2011.

sifikationen von etwas als *P* in Gebrauch ist, gilt ein Prinzip der Konstitution von etwas als *P* als Kriterium dafür bzw. entscheidet allererst darüber, dass/ob etwas tatsächlich ein *P* ist.

Zunächst hatte es den Anschein, als könne es keine universale Wesenslehre des Menschen mit apriorischem Status geben. Nun hat sich gezeigt, dass dies doch nicht ausgeschlossen ist – zumindest dann nicht, wenn das Wesen des Menschen von einem Prinzip der Ansprechbarkeit her konzipiert wird. Ob sich dies ebenso in dem Fall behaupten lässt, in dem es von einem Konstitutionsprinzip her begriffen wird, ist nun zu prüfen. Wie schon angedeutet, beurteilt Plessner diese zweite Option im Unterschied zur ersten skeptisch. Er hält sie sogar für aussichtslos. Der Grund hierfür scheint naheliegend. Denn dass es nicht weiterhilft, das Wesen des Menschen durch ein Konstitutionsprinzip *inhaltlich* zu bestimmen – etwa indem gesagt wird: „der Dichter ist der wahre Mensch, das Griechentum ist das wahre Menschentum, Christus ist allein wahrhaft Mensch gewesen, Philosophie ist eigentliches Menschsein" (GS 5: 154) –, ist angesichts der Nicht-Universalität solcher Bestimmungen offensichtlich: Es wird „von vornherein auf die [...] Offenheit gegen Möglichkeiten anderen Menschentums verzichtet" (ebd.). Doch Konstitutionsprinzipien könnten sich darauf beschränken, das Wesen des Menschen auf *formale* Weise, mit Hilfe von Strukturbegriffen zu bestimmen. Diese Möglichkeit gilt es nun zu untersuchen.

4.3 Kritik formal-apriorischer Wesensanthropologien am Beispiel Heideggers

Eine Bestimmung des Wesens des Menschen durch ein formales im Unterschied zu einem inhaltlichen Konstitutionsprinzip oder Kriterium des Menschseins – im Folgenden „formal-apriorische Wesensbestimmung des Menschen" genannt – verspricht den Vorteil, der Variabilität menschlichen Lebens in verschiedenen Epochen und Kulturen gerecht werden zu können. Anzugeben dafür wäre Plessner zufolge eine „Struktur [...], die formal und dynamisch genug sein muß, um die in der ganzen Breite ethnologischer und historischer Erfahrung ausgelegte Mannigfaltigkeit als mögliche Modi des Faktisch-werdens dieser Struktur sichtbar zu machen" (GS 5: 155). Plessner ist der Auffassung, dass das Fragen nach dem Menschen bei Scheler und Heidegger durch die Suche nach einer solchen formal-apriorischen Wesensbestimmung des Menschen gekennzeichnet ist.[388] Er geht in *Macht und menschliche Natur* aber nur auf Heidegger näher ein, dessen Werk ihm „(ob-

---

[388] Vgl.: „Auf eine solche Strukturformel gehen Scheler und, in der speziellen Methodik ihm allerdings entgegengesetzt, Heidegger" (GS 5: 155).

wohl es auf anderes zielt) als Beispiel der apriorischen Anthropologie dienen soll" (ebd.).[389]

Heidegger setze das Wesen des Menschen, darin besteht das Formale seiner Bestimmung, in eine „Art, zu sein". Er selbst nennt diese Seinsart bekanntlich „Existenz" (SuZ 12, 42). Indem Plessner darauf hinweist, dass Existenz von Heidegger „als eine ‚geschehende Grundverfassung' konzipiert wird" (GS 5: 155), greift er ein zentrales Moment von *Sein und Zeit* heraus, die Geschichtlichkeit des Daseins. Schon lange bevor Heidegger den Begriff in den dortigen §§ 73-74 eingehend erörtert, schreibt er: „Geschichtlichkeit meint die Seinsverfassung des ‚Geschehens' des Daseins als solchen, auf dessen Grunde allererst so etwas möglich ist wie ‚Weltgeschichte' und geschichtlich zur Weltgeschichte gehören" (SuZ 20; vgl. 381 f.). Es sind also Wesensmomente des Daseins, so formuliert Plessner diesen Gedanken Heideggers, die „Geschichte allererst möglich" machen (GS 5: 155). Das bedeutet, dass Geschichte ein abgeleitetes bzw. kein ursprüngliches Phänomen ist. An dieser Stelle zeigt sich eine erste wichtige Differenz zu Plessners „Anthropologie der geschichtlichen Weltansicht"[390]: Aus deren Sicht wäre nicht nur das Dasein, sondern wären auch seine Existenziale sowie der Zusammenhang ihrer Strukturen und damit die Existenzialität geschichtlich.

Geschichtlichkeit, lautet die implizite Kritik an Heidegger, reicht bei diesem nicht tief genug, weil er in *Sein und Zeit* sachlich nicht berücksichtigt, dass die Geschichte nicht nur das Dasein, sondern auch dessen Seinsstruktur durchgreift. Zwar spielen Zeitlichkeit und Geschichtlichkeit eine entscheidende Rolle für seinen Begriff der Existenzialität, diese selbst wird aber als zeit- und geschichtslos konzipiert.[391] Das hat zur Folge, dass sich der apriorische Status von Heideggers formaler Wesensbestimmung des Menschen – vielleicht nicht ausschließlich, zumindest aber: auch – ihrer Zeit- und Geschichtslosigkeit verdankt. Eine Wesenslehre des Menschen, die in diesem Sinne apriorisch ist, lässt sich jedoch nicht mit der Einsicht in die Relativität jeder uns orientierenden Sinndimension auf ein jeweils kulturell und historisch bestimmtes Menschentum vereinbaren, es sei denn, sie allein soll von dieser Relativität ausgenommen sein.

Dass Heidegger dazu neigt, im Falle der eigenen Daseinsanalytik eine Ausnahme von der ansonsten auch von ihm akzeptierten Regel der Relativität jeder Sinndimension und damit auch jedes menschlichen Selbstverständnisses zu machen, lässt sich in Bezug auf seine Rezension des Mythos-Bandes von Cassirers *Philosophie der symbolischen Formen* beobachten. Es ist kein Zufall, dass Plessner in seiner Auseinandersetzung mit Heidegger zu-

---

[389] Zur Heidegger-Kritik in *Macht und menschliche Natur* siehe auch Krüger 1996a.

[390] „Ein Versuch zur Anthropologie der geschichtlichen Weltansicht" ist, wie schon erwähnt, der Untertitel von Plessners *Macht und menschliche Natur*.

[391] Vgl. zu dieser Kritik an Heideggers Konzeption der Geschichtlichkeit auch Landmann 1961, 86.

erst gerade diesen Text ausdrücklich erwähnt (GS 5: 155 Anm. 8). Heidegger formuliert in der Rezension den Anspruch, die Grundzüge selbst noch der mythischen Lebensform von den Ergebnissen der Daseinsanalytik aus *Sein und Zeit* her einfangen zu können.[392] Ich möchte diesen Anspruch, zu dem ich bereits kritisch Stellung bezogen habe (Kap. 1.3), hier nicht weiter problematisieren, sondern zunächst nur den Umstand, dass Heidegger ihn erhebt, als Beleg dafür festhalten, dass er seiner Daseinsanalytik in der Tat zumutet, was Plessner ihr zuschreibt: Sie soll eine überzeitliche Struktur des Menschseins identifizieren und als Rahmen dafür fungieren, jede konkrete menschliche Lebensweise, die die Ethnologie und die Geschichtswissenschaften zugänglich machen, als Instanz oder Modell dieser Struktur auszuweisen (vgl. GS 5: 155).

Die fehlende Selbstrelativierung in Heideggers Wesenslehre des Menschen ist für Plessner aber nicht nur deshalb problematisch, weil sie gegen das von ihm herausgestellte „Prinzip der Relativierung aller außerzeitlichen Sinnsphären auf den Menschen als ihre Quelle im Horizont der Geschichte" verstößt (GS 5: 149), sondern auch wegen ihrer problematischen Konsequenzen. Wenn ein Ansatz, wie der Heideggersche, den Maßstab des Menschseins bereitstellen soll, konkretes Menschsein also mit einer Weise des Faktisch-werdens derjenigen Struktur verknüpft ist, die das Wesen des Menschen ausmacht, dann ergeben sich eine Reihe von irritierenden Fragen. Was ist, wenn Lebensformen, die unabhängig von dieser Wesenslehre als menschliche gelten, der vermeintlichen Wesensstruktur des Menschen nicht entsprechen? Soll man dann sagen, das notwendig-*mögliche* Aufbrechen zum in Wahrheit Menschlichen sei bereits hinreichend für Menschsein? Oder sollen diese Lebensformen aus dem Kreis des Menschseins ausgeschlossen werden? (Vgl. ebd., 156 f.) Ergeben sich, wo das Aufbrechen zum in Wahrheit Menschlichen potentiell bleibt oder nur in eingeschränktem Maße wirklich erfolgt ist, Abstufungen des Menschseins? Wie soll mit dem umgekehrten Fall umgegangen werden, in dem Lebensformen, die unabhängig von der Wesenslehre als nicht-menschliche gelten, der vermeintlichen Wesensstruktur teilweise oder ganz entsprechen?[393]

Vorhaben, das Wesen des Menschen formal-apriorisch zu bestimmen, sind aber nicht allein deshalb problematisch, weil sie kaum zu beantwortende Abgrenzungsfragen provozieren. Sie stehen darüber hinaus vor einer prinzipiellen Schwierigkeit. Heidegger räumt ein, dass einigen Zügen seiner Existenzialanalyse in *Sein und Zeit* zunächst noch eine gewisse Vorläufigkeit zukommt. Diese ist zum einen dem Umstand geschuldet, dass der Ausgangspunkt der Analyse, die durchschnittliche Alltäglichkeit, noch sehr mit

---

[392] Siehe Heidegger 1928, 1009 f. (GA 3: 267).

[393] Darin dass einige Ergebnisse der Daseinsanalytik von *Sein und Zeit* tatsächlich zu diesem Problem führen, besteht ein wichtiger Kritikpunkt Cassirers an Heidegger. Siehe dazu Kap. 1.3.

den konkreten Umständen unseres historisch, kulturell sowie im Zeitgeist situierten Existierens durchtränkt ist, und zum anderen dem, dass die Analyse auf die Seinsfrage hin ausgerichtet ist, von deren durchgeführter Ausarbeitung her die Existenzialanalyse noch einmal zu vertiefen wäre. Dennoch liegt Plessner meines Erachtens richtig, wenn er meint, bei Heidegger herrsche trotzdem die Grundüberzeugung vor, dass die Existenzanalyse so weit vorangetrieben werden kann (Stichwort: „existenziale Anthropologie"), dass die „Abzweigungsstellen" offenbar werden, „wo aus der Grundwurzel der Menschlichkeit (Daseinheit = Wesen des Daseins) die Möglichkeiten sich ergeben, in andere Auslegungsformen der Existenz als die eigene Form, welche für die gewählte Methode maßgebend war, zu geraten" (GS 5: 157). Plessner zufolge steht Heideggers Position in Bezug auf die genannten anderen Auslegungsformen jedoch vor einem unlösbaren Dilemma: Diese können mit der eigenen Form weder als gleichberechtigt noch als nicht gleichberechtigt gelten. Denn die Gleichberechtigung zu bestreiten, impliziert eine Sicht, in der die Träger der entsprechenden Kulturen denjenigen Standard der Realisierung des Wesens des Daseins unterbieten, der sich von der eigenen Daseinsauslegung her als maßgeblich erweist. Sie wären dann, so Plessner, „keine Menschen oder Menschen nur im Latenzzustand", „günstigstenfalls in einem Zustand natürlicher Unerlöstheit" (ebd., 158). Doch die Gleichberechtigung der anderen Auslegungsformen zuzugestehen, impliziert umgekehrt die Aufhebung des „Universalitätsanspruch[s] der eigenen Daseinsauslegung"; dann aber, so Plessner weiter, „ist es *unser* Wesen, hier und heute, was die Existenzialanalyse in der Ausrichtung auf das Eigentlich-Menschliche wahrhaft nur in den Blick bekommt" (ebd., 158). – Im ersten Fall scheitert die formal-apriorische Wesensbestimmung des Menschen daran, andere Auslegungsformen (wo sie die Träger der entsprechenden Kulturen aus dem Kreis der Menschen nicht gleich völlig ausschließt) in ihrem eigenen Lebenssinn zu erfassen; und im zweiten Fall beschränkt sie ihren Anspruch auf eine Weise selbst, die ihrer Selbstaufgabe gleichkommt.

Das Projekt einer formal-apriorischen Wesensbestimmung des Menschen lässt sich also aus grundsätzlichen Erwägungen nicht aufrechterhalten. Angesichts dieser von Plessner herausgearbeiteten Problemlage könnten aus der Perspektive Heideggers zwei Entgegnungen formuliert werden. Die erste bestünde einfach darin, den Einwand an die Adresse Plessners zurückzugeben. Dem läge bildlich gesprochen folgende Überlegung zugrunde: Mit dem kenternden Boot, in dem ich (Deines Erachtens) sitze, gingen wir beide unter. Denn wenn die existenziale Struktur, die die Analytik und Metaphysik des Daseins identifizieren, eine formal-apriorische Wesensbestimmung des Menschen ist und als solche zum Scheitern verurteilt ist, gilt ebendies auch für die Struktur, die „exzentrische Positionalität" heißt. Diese erste Entgegnung wäre eher passiver Art. Sie stellt keine wirkliche Verteidigung der eigenen Position dar – anders als die zweite, die darin bestünde, aus einer Heideggerschen Perspektive zu bestreiten, dass es sich bei der existenzialen Struktur, die die Daseinsanalytik und -metaphysik herausstellen, überhaupt um eine formal-apriorische Wesensbestimmung des Menschen in dem von Plessner gemeinten Sinn handelt. Bildlich gesprochen, säße Heidegger demzufolge gar nicht in dem Boot, das der Einwand Plessners zum Kentern bringt (allenfalls dieser selbst). Der zweiten Entgegnung kommt insofern ein größeres sachliches Gewicht zu, als sie die an Heidegger vorgebrachte Kritik entkräften würde. Ich werde sie daher zuerst prüfen.

Ist die von Heidegger in seiner Daseinsanalytik und -metaphysik herausgestellte existenziale Struktur überhaupt eine formal-apriorische Wesensbestimmung des Menschen? Zur Beantwortung dieser Frage ist zunächst an die eingangs des vorliegenden Abschnitts gegebene Worterklärung zu erinnern, der zufolge es in einer solchen Bestimmung darum geht, das Wesen des Menschen durch ein formales Konstitutionsprinzip des Menschseins zu bestimmen. Ein solches Prinzip wäre ein formales Kriterium dafür bzw. würde allererst darüber entscheiden, ob etwas tatsächlich ein Mensch ist. Die Frage ist daher, ob Heidegger mit einem solchen formalen Konstitutionsprinzip des Menschseins operiert. Blickt man auf sein 1929 erschienenes Buch *Kant und das Problem der Metaphysik* – und diesen Text hat Plessner in seiner Heidegger-Kritik von 1931 vor allem vor Augen –, so drängt sich genau dieser Eindruck auf.

Im Kantbuch spielt anders als noch in *Sein und Zeit* der Begriff des Menschen eine wichtige Rolle.[394] Es geht dabei aber nicht um den Menschen als solchen, sondern um das Dasein in ihm.[395] Plessner beschreibt dies so, dass Heidegger danach frage, was „früher ist als der Mensch" (GS 5: 155); und das passt gut zu Heideggers eigener Rede von dem, was „[u]rsprünglicher als der Mensch" ist (GA 3: 229). Von entscheidender Bedeutung ist nun eine Passage des Kantbuchs, die nicht nur deutlich macht, dass Heidegger, was im gegenwärtigen Kontext am meisten interessiert, tatsächlich ein formales Konstitutionsprinzip des Menschseins annimmt, sondern auch, dass er seinen eigenen Ansatz auf genau dieser Basis jedem anthropologischen Ansatz gegenüber für überlegen hält: „Wenn der Mensch nur Mensch ist *auf dem Grunde des Daseins in ihm,* dann kann die Frage nach dem, was ursprünglicher ist als der Mensch grundsätzlich keine anthropologische sein. Alle Anthropologie, auch die philosophische hat den Menschen schon als Menschen gesetzt" (ebd., 229 f.). Heidegger formuliert mit dem Antecedens des Konditionalsatzes seine eigene These: Der Mensch ist allererst aufgrund des Daseins in ihm ein Mensch. Es geht ihm, wie er auch in seiner Vorlesung vom Sommersemester 1929 schreibt, um „das ursprüngliche Wesen, auf dem das

---

[394] Zu den Hintergründen siehe Muñoz Pérez 2008.
[395] Vom „Dasein im Menschen" ist beispielsweise in der Überschrift von § 41 des Kantbuchs die Rede (GA 3: 226).

Menschsein als solches gründet" – und bei diesem Wesen handele es sich um das „Da-sein im Menschen".[396]

Damit zeigt sich in aller Deutlichkeit, dass Heidegger Anhänger eines formalen Konstitutionsprinzips des Menschseins ist und sein Fragen nach dem Menschen an das Projekt einer formal-apriorischen Wesensbestimmung des Menschen bindet. Da aber bereits deutlich geworden ist, dass ein solches Projekt grundsätzlich nicht zu überzeugen vermag, lässt sich auch eine auf diesem Projektgedanken basierende Ablehnung der Anthropologie nicht aufrecht erhalten. Es mag zwar richtig sein, dass die philosophische Anthropologie nach dem Menschen als solchen fragt, und dies ein Sinn ist, in dem sie ihn als Menschen setzt. Womöglich steht dieses Programm auch vor Schwierigkeiten eigener Art; doch lässt sich zu ihm wegen der vorgebrachten prinzipiellen Bedenken keineswegs dadurch eine aussichtsreiche Alternative gewinnen, dass man bei dem ansetzt, was den Menschen allererst zum Menschen macht, also nach einer formal-apriorischen Wesensbestimmung des Menschen sucht.

Das bedeutet aber noch nicht umgekehrt – und dies bringt mich zu der ersten Entgegnung zurück –, dass die philosophische Anthropologie eine aussichtsreiche Alternative zu Heideggers Programm ist. Denn mit Blick auf Plessners Konzeption aus den *Stufen des Organischen und der Mensch* mag nach den vorigen Überlegungen der Gedanke aufkommen, ob sie sich nicht in demselben Boot befindet wie die Konzeption Heideggers.[397] Es ist also entsprechend zu fragen, ob nicht auch „exzentrische Positionalität" eine formal-apriorische Wesensbestimmung des Menschen ist. Um es gleich klar zu sagen: Meines Erachtens ist dies nicht der Fall. Der Hauptgrund dafür ist, dass Exzentrizität in den *Stufen* nicht als Konstitutionsprinzip, sondern als Prinzip der Ansprechbarkeit fungiert. – Bei der Lektüre von *Macht und menschliche Natur* kann der Eindruck entstehen, als müsse eine apriorische Wesenslehre des Menschen, deren apriorischer Status nicht an ihrer Zeit- oder Geschichtslosigkeit hängt, völlig neu entwickelt werden. Doch dieser Eindruck – der vermutlich dadurch erweckt wird, dass sich Plessner dort zu

---

[396] GA 28: 235. Vgl. dazu auch Heideggers Bemerkung in der Leibniz-Vorlesung, dass die metaphysische, geschlechtslose „Neutralität" des Daseins „nicht die Nichtigkeit einer Abstraktion, sondern gerade die Mächtigkeit des Ursprungs [ist], der in sich die innere Möglichkeit eines jeden konkreten faktischen Menschentums trägt" (GA 26: 172).

[397] Mit dieser Frage sieht sich Plessner übrigens schon kurz nach Erscheinen der *Stufen*, durch einen Brief Josef Königs vom 20.02.1928, konfrontiert. König fragt dort: „[F]inden Sie nicht, daß das, was Sie Exzentrizität nennen, auch bei ihm [Heidegger, M. W.] da ist? Ist sein ‚geworfener Entwurf' etwas anderes? Der formalkategorialen Lage nach besteht m. E. nach größte Ähnlichkeit – ja Koinzidenz" (König/Plessner 1994, 170).

wenig auf die *Stufen des Organischen* bezieht[398] – täuscht. Denn mit der in seinem ersten anthropologischen Hauptwerk entwickelten Konzeption der exzentrischen Positionalität liegt eine solche Wesenslehre des Menschen bereits vor.

Es besteht eine nicht zu unterschätzende Gefahr, dies zu übersehen. Denn war exzentrische Positionalität in den *Stufen des Organischen* nicht das Resultat eines naturphilosophischen Stufengangs, in dem „von unten auf" und frei von kulturspezifischen und historischen Einflüssen ein Kriterium dafür entwickelt wird, was den Menschen allererst zum Menschen macht? Wer die *Stufen* so liest, übersieht in der Regel, wie Plessner gerade sein naturphilosophisches Vorgehen und näherhin den Ansatz am Lebensbegriff buchstäblich von Beginn an an die eigene historische Situation zurückbindet. Die ersten beiden Sätze der *Stufen* lauten: „Jede Zeit findet ihr erlösendes Wort. Die Terminologie des achtzehnten Jahrhunderts kulminiert in dem Begriff der Vernunft, die des neunzehnten im Begriff der Entwicklung, die gegenwärtige im Begriff des Lebens" (Stufen, 3). Bevor Plessner seinen „Arbeitsplan für die Grundlegung der Philosophie des Menschen" (ebd., 26 ff.) formuliert, folgt daher eine sorgfältige Anknüpfung an die zeitgenössische Lebensphilosophie verschiedener Spielarten (Bergson, Spengler, Dilthey, Misch). Exzentrizität – als der theoretische Kulminationspunkt der *Stufen* – wird gerade nicht deshalb vom Lebens- bzw. Naturbegriff her entwickelt, weil dies die Zeitlosigkeit des eigenen Ansatzes und Resultats gewährleisten würde, sondern weil sich auf diese Weise am besten an die eigene Zeit anschließen und zu ihr durchdringen lässt.[399]

Doch so nachvollziehbar Plessners beschriebene Selbstsituierung in seiner Zeit auch sein mag, führt sie für sich genommen noch nicht zu der behaupteten Abgrenzung. Denn dass die *Entwicklung* der Konzeption der exzentrischen Positionalität nicht frei von kulturspezifischen und historischen Einflüssen ist, schließt noch nicht aus, dass der *Gehalt* dieser Konzeption in einem Kriterium besteht, das von diesen Einflüssen frei ist und in diesem Sinne a priori festlegt, was den Menschen allererst zum Menschen macht. Ausgeschlossen wird diese Möglichkeit jedoch durch Überlegungen von *Macht und menschliche Natur*, die bereits weiter oben rekonstruiert worden sind (Kap. 4.2). Dort hat sich gezeigt (S), dass jede Menschen orientierende Sinnsphäre, insbesondere eine solche, die ihnen als kulturübergreifend und überhistorisch gilt, das Produkt von kulturell und historisch situierten Menschen ist. Auch die durch die Konzeption der exzentrischen Positionalität

---

[398] Die einzige ausdrückliche Bezugnahme auf die *Stufen* erfolgt erst am Ende von *Macht und menschliche Natur*, GS 5: 230.

[399] Vgl. dazu: „Eine Philosophie des Lebens entstand, ursprünglich dazu bestimmt, die neue Generation zu bannen, wie noch jede Generation von einer Philosophie im Bann einer Vision gehalten worden ist –, nunmehr dazu berufen, sie zur Erkenntnis zu führen und damit aus der Verzauberung zu befreien" (Stufen, 4).

aufgespannte und in den „drei anthropologischen Grundgesetzen" (Stufen, 309 ff.) in grundsätzlicher Hinsicht artikulierte Sinnsphäre ist also als Produkt eines bestimmten Menschentums zu werten. Wir – und dies heißt nicht: wir Menschen, sondern wir „im Unterschied zu den außer- und vorchristlichen Völkern" – haben „es zum Begriff ‚des Menschen' als einer gegen religiöse und rassenmäßige Unterschiede indifferenten weltbildenden Wirklichkeit gebracht" und begreifen dadurch „den Menschen auch in den außerempirischen Dimensionen des rein Geistigen als Zurechnungssubjekt seiner Welt, als die ‚Stelle' des Hervorgangs aller überzeitlichen Systeme" (GS 5: 148). Das ist keineswegs alternativlos: „Wir müssen ihn nicht so verstehen, aber wir *können* es" (ebd.).

In den *Stufen des Organischen* findet sich dieser Gedanke des Menschen „als einer gegen religiöse und rassenmäßige Unterschiede indifferenten weltbildenden Wirklichkeit" und als „Zurechnungssubjekt" aller ihn orientierenden Sinnsphären in der Idee des ersten anthropologischen Grundgesetzes – dem „Gesetz der natürlichen Künstlichkeit" – wieder. Da dort aber die natürliche Künstlichkeit ein Wesenskorrelat der exzentrischen Lebensstruktur ist (Stufen, 316), kann auch das Verständnis des Menschen entlang des Begriffs der exzentrischen Positionalität nicht als unumstößlich gelten: Wir verstehen ihn als exzentrisch positioniertes Wesen, aber wir müssen es nicht. Dass wir es nicht müssen, d. h. hier keine metaphysische Notwendigkeit besteht, bedeutet jedoch nicht, dass es uns ins Belieben gestellt wäre. Der begriffliche Raum zwischen der metaphysischen Notwendigkeit, die der Vertreter eines Konstitutionsprinzips des Menschseins erfolglos für sich zu beanspruchen sucht, und einem Relativismus der Optierbarkeit oder einem Dezisionismus in der Bestimmung des Menschen ist groß genug für eine philosophische Anthropologie, ja für den Unterschied zwischen schlechter und guter bzw. besserer philosophischer Anthropologie. Mit der Aussage, dass wir den Menschen nicht als exzentrisch positioniertes Wesen verstehen müssen, aber so verstehen können, wird nicht die Beliebigkeit einer Bestimmung des Menschen behauptet, sondern reflektiert, dass die Entscheidung, den Menschen so zu verstehen, zwar historisch und insofern metaphysisch kontingent ist, aber im Horizont der geschichtlichen Sinnsphäre, in der wir stehen, auf diese Weise bereits getroffen wurde und von uns durch gute Gründe intern (hier: naturphilosophisch) einholbar ist.

Eine apriorische Wesenslehre des Menschen, deren apriorischer Status nicht an ihrer Zeit- oder Geschichtslosigkeit hängt, kann Plessner zufolge mit Hilfe eines Prinzips der Ansprechbarkeit des Menschen formuliert werden (vgl. GS 5: 152 f.). Tückisch ist allerdings, dass der Satz, der dieses Prinzip artikuliert – „Der Mensch ist ein exzentrisch positioniertes Wesen" –, auch ein Konstitutionsprinzip meinen könnte. Um welchen Typ von Prinzip es sich handelt, sieht man ihm selbst nicht an. Umso wichtiger ist es, die beiden Lesarten klar zu trennen. Dabei kann ein Beispiel aus einem anderen

Bereich helfen. Der Satz „Rot ist Licht von der Wellenlänge x"[400] kann auf (mindestens) zwei Weisen verwendet werden: als eine Definition von „rot" in dem Sinne, dass durch ihn die Wellenlänge x als dasjenige bestimmt wird, was Licht allererst zu einem Fall von rotem Licht macht (Konstitutionsprinzip), oder als eine Explikation dessen, was wir meinen, wenn wir von „rot" sprechen, im Horizont der Physik (Prinzip der Ansprechbarkeit). Wenn es die Wellenlänge x ist, aufgrund derer Licht allererst rot ist, dann *müssen* wir, dass Licht rot ist, auch so verstehen – ein anderes Verständnis wäre ontisch inadäquat. Dies ist aber nicht der Fokus, wenn wir verdeutlichen wollen, was wir mit unserer Rede von „rot" meinen. In diesem Fall müssen wir rotes Licht nicht entlang von „Rot ist Licht von der Wellenlänge x" verstehen. Denn unsere Verdeutlichung dessen, was wir meinen, wenn wir von „rot" reden, kann, aber muss nicht im Horizont der Physik erfolgen. Kindern gegenüber, die sprechen lernen, erfolgt unsere Explikation beispielsweise nicht in diesem Horizont. Nicht jeder Horizont ist in jedem Zusammenhang gleich gut geeignet. Ebenso wie Konstitutionsprinzipien beanspruchen auch Prinzipien der Ansprechbarkeit einen grundlegenden Status, aber in einem anderen Sinn. Sie haben nicht die Funktion von ontischen, sondern eher von „transzendentalen" Adäquatheitsbedingungen. Das bedeutet mit Blick auf das Beispiel, dass bereits in der *Frage* nach dem, was Licht allererst zu rotem macht, irgendein Prinzip der Ansprechbarkeit von Rot präsupponiert ist. Solche Präsuppositionen stehen nicht absolut fest. In dem Sinne aber, in dem auch die empirischen Wissenschaften sie schon voraussetzen, indem sie ein vortheoretisches und vorwissenschaftliches Verständnis davon in Anschlag bringen, dass es Rot ist oder Lebewesen sind, was untersucht werden soll (vgl. Stufen, 235), sind sie a priori.

Damit kann ich nun den Schritt zu der Wesensaussage „Der Mensch ist ein exzentrisch-positioniertes Wesen" machen. Ich werde hier nicht noch einmal auf Plessners stufentheoretische Entwicklung der Aussage eingehen (Kap. 2.3), sondern die Frage stellen, warum es sich bei ihr statt um ein Konstitutionsprinzip um ein Prinzip der Ansprechbarkeit des Menschen handelt. Ein Grund ist schon skizziert worden: Der apriorische Status der Aussage verdankt sich nicht einer vermeintlichen Zeit- und Geschichtslosigkeit; sie beansprucht keine metaphysische Notwendigkeit. Dass der Mensch ein exzentrisch positioniertes Wesen ist, ist eine Präsupposition, die in den empirischen Wissenschaften vom Menschen insofern schon vorausgesetzt ist, als diese als solche die Abständigkeit des Menschen von sich geradezu exemplifizieren. Ein weiterer Grund ergibt sich, wenn sich zeigen lässt, dass die an ein Prinzip der Ansprechbarkeit des Menschen zu stellenden Anforderungen durch den begrifflichen Gehalt von „exzentrische Positionalität" erfüllt werden. Dazu ist zu berücksichtigen, dass ein grundsätzli-

---

[400] Ich übernehme dieses Beispiel von Schürmann 2011, 197.

cher Unterschied zwischen Prinzipien der Ansprechbarkeit von etwas als Tisch und von etwas als Mensch besteht: In letzterem Fall sind wir nicht nur die Ansprechenden, sondern auch die Angesprochenen. Entsprechend können wir zuerst fragen, welches Prinzip denn immer schon im Gebrauch ist, wenn und indem wir uns selbst wohlbestimmt als Menschen ansprechen? Dem Lebensparadigma des 20. Jahrhunderts zufolge, das auch heute noch, sogar auf eine in Zeiten von Biotechnologie und Synthetischer Biologie verstärkte Weise, wirkmächtig ist, handelt es sich um ein Prinzip, mit dem wir uns als Lebewesen, präziser und in Plessners Terminologie gesagt, als körper-leibliche Wesen ansprechen. Weiterhin könnten wir uns offenbar überhaupt nicht als *F* ansprechen, wenn wir uns selbst gegenüber keine Distanz einnähmen. Von daher lässt sich das Prinzip, das immer schon im Gebrauch ist, wenn und indem wir uns selbst wohlbestimmt als Menschen ansprechen, als ein Prinzip bestimmen, mit dem wir uns als körper-leibliche Wesen, deren Einheit durch einen Abstand zu sich selbst gekennzeichnet ist – anders gesagt: als exzentrisch-positionierte Wesen – ansprechen. Der Begriff „exzentrische Positionalität" erfüllt also die Anforderung an ein Prinzip der Ansprechbarkeit des Menschen, weil er all unserem Fragen nach dem Menschen präsupponiert ist.

Der Startpunkt unserer Überlegungen zu der Frage, ob der begriffliche Gehalt von „exzentrische Positionalität" den Anforderungen gerecht wird, die an ein Prinzip der Ansprechbarkeit des Menschen zu stellen sind, bestand in dem Gedanken, dass wir anders als bei Überlegungen zu anderen solchen Prinzipien auch die mit dem Prinzip Angesprochenen sind. Er verlangt nun eine Ausweitung: Wenn es sich um ein Prinzip der Ansprechbarkeit *des Menschen* handeln soll, dann sind nicht nur wir (nach diesem Prinzip Fragenden) die von ihm Angesprochenen, sondern auch andere. Es stellt sich daher die Frage, welche Entitäten (noch) alles wohlbestimmt so angesprochen werden können, wie wir uns selbst ansprechen. – An dieser Stelle droht erneut die schon bekannte Gefahr: aus der Konzeption der exzentrischen Positionalität eine formal-apriorische Wesensbestimmung zu machen, das heißt eine Eigenschaft, die Wesen haben müssen, um überhaupt in den Kreis derjenigen Wesen aufgenommen werden zu können, die wohlbestimmt als Menschen angesprochen werden.[401] Exzentrische Positionalität soll jedoch nur als Prinzip der Ansprechbarkeit des Menschen und nicht außerdem oder vordem noch als Konstitutionsprinzip und damit als eine Art Aufnahmeprüfung für das Menschsein fungieren.

Eine wichtige Konsequenz daraus ist, dass die Frage, welche Entitäten wohlbestimmt so angesprochen werden können, wie wir uns selbst anspre-

---

[401] Plessner zufolge ist eine solche unzulässige Transformation bei Heidegger zu beobachten: „Die Bedingungen der Möglichkeit, Existenz als Existenz anzusprechen, *haben* [bei diesem] *zugleich* den Sinn, Bedingungen der ‚Möglichkeit' zu sein, Existenz als Existenz zu führen." (GS 5: 158)

chen, wenn und indem wir uns als exzentrisch-positionierte Wesen ansprechen, keine theoretische Frage ist. Ihr Thema ist nicht die Subsumierbarkeit unter einen ontologischen Strukturbegriff. Vielmehr handelt es sich bei ihr – wie etwa deutlich wird, wenn die Grenzen kontrovers werden, an denen Zugehörigkeit nicht bzw. noch nicht oder nicht mehr besteht – um eine normative Frage. Sie ist damit in dem Medium verortet, das von Plessner als „Mitwelt" oder „Welt des Geistes" bezeichnet wird (Stufen, 303). Mitwelt, so Plessner, „ist die vom Menschen als Sphäre anderer Menschen erfaßte Form der eigenen Position" (ebd., 302). Mit dieser Bestimmung wird nicht einem methodischen Solipsismus das Wort geredet, für den die exzentrische Form der eigenen Position als eine Art Urbild fungiert, das dann auf andere Körper projiziert oder übertragen wird, wodurch schließlich die Sphäre anderer Menschen konstituiert wird. Denn die „*Existenz* dieser Sphäre" ist bereits „die *Voraussetzung* für das Erfassen der eigenen Position überhaupt und für das Erfassen gerade dieser Positionsform als einer Sphäre"; daher fügt Plessner in aller Deutlichkeit hinzu: „Die Existenz der Mitwelt ist die Bedingung der Möglichkeit, daß ein Lebewesen sich in seiner Stellung erfassen kann, nämlich als ein Glied dieser Mitwelt" (ebd., 302 f.).

Exzentrisch positionierte Wesen kann es demnach nur vor dem Hintergrund einer Mitwelt und des Bestehens von Fremdpersonalität geben. Diese Einsicht ist im vorliegenden Kontext deshalb wichtig, weil an ein Prinzip der Ansprechbarkeit des Menschen auch Anforderungen gestellt sind, die sich aus der Praxis des Ansprechens von etwas als Mensch ergeben. Diese Praxis und damit jedes Prinzip der Ansprechbarkeit des Menschen setzen einen bestehenden Horizont von Fremdpersonalität und Mitweltlichkeit voraus. Diese Präsuppositionen können vom Gedanken der exzentrischen Positionalität gut eingeholt werden, da Mitweltlichkeit und Fremdpersonalität in ihm inbegriffen und durch ihn mitgesetzt sind. Beides „gehört zu den Vorbedingungen menschlicher Existenz" (Stufen, 301) und stellt eine „transzendentale" Adäquatheitsbedingung für all unser Reden vom Menschen dar.

Ein weiteres Argument dafür, exzentrische Positionalität als ein Prinzip der Ansprechbarkeit des Menschen zu verstehen, ergibt sich aus Plessners Vorgehen in den *Stufen des Organischen*. Der gesamte Stufenbau orientiert sich an den *Erscheinungsweisen* von Dingen und ihren Differenzen:[402] Es geht zunächst um den „Doppelaspekt in der Erscheinungsweise des Wahrnehmungsdinges" (Stufen, 81), dann um den „in der Erscheinung" des „belebten Wahrnehmungsdinges" (ebd., 89). Einige Dinge „erscheinen" bloß „kraft des Doppelaspekts", andere auch „im Doppelaspekt" (ebd.). Letztere „haben eine erscheinende, anschauliche Grenze" (ebd., 100); dass sie den Übergang zum anstoßenden Medium vollziehen, ist der „Grund [...] der

---

[402] Diesen Punkt akzentuiert auch Lindemann 2002, 27.

Lebenserscheinungen" (ebd., 106). Auch in der Abgrenzung der Menschen von anderen Lebewesen greift Plessner auf Erscheinungsbegriffe zurück und erklärt etwa, dass „die Schicht der Lebendigkeit" beim Menschen anders als bei Pflanze und Tier, wo sie ein „unselbständiges Moment des Seins, seine Eigenschaft bleibt", „als quasi selbständige Sphäre erscheint" (ebd., 310). Denn der Mensch lebt nicht nur, sondern lebt nur, indem er sein Leben führt. – In einem „Nachtrag" (1966) zu den *Stufen des Organischen* schreibt Plessner zu seiner Verwendung des Erscheinungsbegriffs: „Erscheinung" stehe für „das Phänomen als solches", wobei weder das Bewusstsein als Horizont seiner transzendentalen Konstitution gilt noch auf ein transphänomenales „Sein" zurückgegriffen wird (Stufen, 351). Das bedeutet nicht, dass „Erscheinung" mit „bloße Erscheinung" zusammenfällt, also einen Kontrast zu „Wirklichkeit" bildet oder eine Wirklichkeit niederen Grades meint. Es ist vielmehr zu betonen, so Plessner schon in den *Stufen*, dass an Erscheinungen bereits „unmittelbar das Übergewicht des An sich Seins, des Mehr als Erscheinung Seins ‚zur' Erscheinung kommt" (ebd., 327; vgl. 329). Wo es also darum geht, Lebenserscheinungen transparent zu machen, geht es, anders gesagt, um eine Verdeutlichung dessen, was wir meinen, wenn wir von „Leben" sprechen, und das heißt um Prinzipien der Ansprechbarkeit. Wenn Plessner in dem genannten „Nachtrag" mit Blick auf die *Stufen* insgesamt schreibt: „Worauf es der Untersuchung ankommt, ist die Darstellung der Bedingungen, unter welchen Leben als Erscheinung möglich wird" (ebd., 351), so kann dies demnach als Projekt gelesen werden, die Prinzipien der Ansprechbarkeit des Lebens, in seinen verschiedenen Formen darzulegen. Wo es dann näherhin um den Menschen geht, ist Plessners These entsprechend so zu verstehen, dass exzentrische Positionalität das Prinzip seiner Ansprechbarkeit ist.

Die Überlegungen dieses Abschnitts führen also zu folgendem Stand der Dinge. Formal-apriorische Wesensbestimmungen des Menschen, so zeigte sich zu Beginn, sind grundsätzlich zum Scheitern verurteilt. Das spricht gegen Heidegger, der genau mit einer solchen Bestimmung operiert – anders als Plessner, dessen Schlüsselbegriff „exzentrische Positionalität", im Vokabular von *Macht und menschliche Natur* gesprochen, zu einem Prinzip der Ansprechbarkeit des Menschen gehört. – Vor diesem Hintergrund ergibt sich nun eine Plessnersche Antwort auf einen von Heidegger in seinem Kantbuch formulierten Kritikpunkt an der „Idee einer philosophischen Anthropologie" (Kap. 2.5). Heidegger meinte, dass die philosophische Anthropologie, sofern sie durch die Methode der Wesensbetrachtung charakterisiert werde, auf eine regionale Ontologie des Menschen hinauslaufe, also auf eine Spartendisziplin, die anderen solchen Disziplinen neben-, einer Fundamentalontologie aber nachgeordnet sein müsste (GA 3: 210 f.). Von *Macht und menschliche Natur* her wäre nun zu replizieren: Nicht jede Wesensbetrachtung muss in Ontologie münden. Wird das Wesen *F* eines Dinges von einem

Prinzip der Konstitution her konzipiert, dann wird die Wesensbetrachtung zur Wesensontologie, da es ihr dann um das Kriterium dafür geht, was etwas allererst zu einem *F* macht, um das Kriterium, das darüber entscheidet, dass etwas tatsächlich ein *F ist*. Doch abgesehen davon, dass Wesenontologien starken Vorbehalten ausgesetzt sind, kann die Wesensbetrachtung bzw. das Wesen von etwas Plessner zufolge auch anders konzipiert werden, und zwar von einem Prinzip der Ansprechbarkeit her. Und im Falle des Wesens des Menschen ist genau dies Plessners Strategie.

4.4 Das Prinzip der Verbindlichkeit der Unergründlichkeit des Menschen

Bisher sind bezüglich des Menschen zwei Arten von Prinzipien unterschieden worden: Prinzipien der Ansprechbarkeit und Prinzipien der Konstitution. Plessner hatte Heideggers Fragen nach dem Menschen in der Hauptsache darin kritisiert, dass es mit einem Konstitutionsprinzip des Menschseins operiert. Er grenzt seinen eigenen Ansatz davon ab, indem er die exzentrische Positionalität nicht als eine formal-apriorische Wesensbestimmung des Menschseins konzipiert, sondern als das, woraufhin Menschen wohlbestimmt als solche ansprechbar sind. „Exzentrische Positionalität" steht daher nicht für ein Konstitutionsprinzip, sondern für ein Prinzip der Ansprechbarkeit.

In *Macht und menschliche Natur* bringt Plessner ein Prinzip ins Spiel, das zu einer dritten Art gehört. Es ergibt sich in direkter Konsequenz aus seiner Kritik an Konstitutionsprinzipien des Menschseins und stellt eine wesentliche Ergänzung seines eigenen Prinzips der Ansprechbarkeit dar. Konstitutionsprinzipien des Menschseins sind insbesondere deshalb abzulehnen, (a) weil mit ihrer Akzeptanz die Relativität jeder uns orientierenden Sinndimension auf ein jeweils kulturell und historisch bestimmtes Menschentum aus den Augen verloren wird, (b) weil ihre Annahme hinsichtlich von Lebensformen, die unabhängig von einem Konstitutionsprinzip als menschliche (resp. nicht-menschliche) gelten, aber der darin implizierten formal-apriorischen Wesensbestimmung nicht entsprechen (resp. entsprechen), massive Probleme der Grenzziehung oder der Graduierung des Menschseins aufwirft und (c) weil sie in ein Dilemma hinsichtlich der Gleichberechtigung anderer Auslegungsformen des menschlichen Seins im Vergleich zur eigenen Auslegungsform führen (vgl. Kap 4.3).

Diese im vierten Abschnitt von *Macht und menschliche Natur* vorgebrachten Gründe gegen die Annahme von Konstitutionsprinzipien des Menschseins bilden im fünften Abschnitt den argumentativen Hintergrund für die Einführung desjenigen Prinzips, das Plessner in der Abschnittüberschrift das „Prinzip der Unergründlichkeit des Menschen" nennt: „Es muss *offen*bleiben, um der Universalität des Blickes willen auf das menschliche Leben in der Breite aller Kulturen und Epochen, wessen der Mensch fähig ist. Darum rückt in den Mittelpunkt der Anthropologie die Unergründlichkeit des Menschen [...]" (GS 5: 161). Plessners erste Formulierung des Unergründlichkeitsprinzips besagt also, dass offenbleiben muss, wozu der Mensch fähig ist. Zugleich wird ein erstes Argument für es skizziert: Eine Bestimmung des Menschseins, in der das Unergründlichkeitsprinzip nicht anerkannt wird, muss die Gestalt eines Konstitutionsprinzips annehmen. Damit wird aber die „Universalität des Blickes auf das menschliche Leben" aufgegeben. Doch diese Universalität aufgeben hieße zugleich den Begriff preisgeben, der uns zu ihr verpflichtet: den „Begriff ‚des Menschen' als einer gegen religiöse und rassenmäßige Unterschiede indifferenten weltbildenden Wirklichkeit" (GS 5: 148). Wie bereits erwähnt, hält Plessner diesen Begriff für eine Errungenschaft einer bestimmten, und zwar unserer Kultur. Die Anerkennung des Unergründlichkeitsprinzips ist daher insoweit ein Eintreten für diese Kultur.[403]

Dass das Unergründlichkeitsprinzip argumentativ an die Universalität des Blickes auf das menschliche Leben und den Begriff des Menschen als Weltbildner und Schöpfer einer Kultur zurückgebunden ist, erlaubt weitere Formulierungen des Prinzips: In ihm „faßt sich der Mensch als Macht und entdeckt sich für sein Leben, theoretisch und praktisch, als offene Frage" (GS 5: 188). Beide Bestimmungen, der Mensch als Macht und als offene Frage, hängen darin zusammen, dass der Mensch, indem gesagt wird, es bleibe offen, wessen er fähig, „als Macht zu ..., als Können" gefasst wird (ebd., 189). Plessner ist sich im Klaren darüber, dass solche Bestimmungen Gefahr laufen, verabsolutiert zu werden. Schon bei der Einführung des Unergründlichkeitsprinzips weist er daher darauf hin, dass dessen Annahme die Ablehnung von Konstitutionsprinzipien des Menschseins nicht nur voraussetzt, sondern auch impliziert: „[...] die Möglichkeit zum Menschsein, in der beschlossen liegt, was den Menschen allererst zum Menschen macht, jenes menschliche Radikal, muß nach Maßgabe der Unergründlichkeit fallen" (GS 5: 161). Das „in den Mittelpunkt" (ebd.) von Plessners Anthropologie rückende Unergründlichkeitsprinzip gewinnt für diese eine grundlegende Rolle. Zugespitzt gesagt nimmt es in Plessners Anthropologie genau den systematischen Ort ein, den Konstitutionsprinzipien in traditionellen Anthropologien einnehmen – aber nicht als Konstitutionsprinzip. Denn der Geltungsanspruch jedes solchen Prinzips ist, sofern er erhoben wird, schon durch das Unergründlichkeitsprinzip relativiert. Von diesem kann, wie Olivia Mitscherlich schreibt, entsprechend nicht behauptet werden, dass es „eine positive Grundschicht menschlichen Seins ausmache".[404] Das Uner-

---

[403] Diese Zusammenhänge habe ich bereits in Kap. 4.2 genauer erläutert.
[404] Mitscherlich 2008, 104.

gründlichkeitsprinzip ist, anders gesagt, kein wesensontologisches Prinzip. Wenn man vor Augen hat, dass Plessner den Begriff der Unergründlichkeit aus der Dilthey-Misch-Tradition aufnimmt, wird man es ebenso wenig für ein erkenntnistheoretisches Prinzip halten können. Otto Bollnow etwa, der sich selbst auch in diese Tradition stellt, weist darauf hin, dass „Unergründlichkeit" bei Misch nicht einfach bedeute, „daß das Denken mit seinen unzulänglichen begrifflichen Mitteln nicht imstande ist, dem Leben auf den Grund zu kommen. Misch faßt vielmehr diesen allgemeinen lebensphilosophischen Gedanken tiefer in dem Sinn, daß das Leben überhaupt keinen festen ‚Grund' hat, auf dem man dann aufbauen könnte, daß man die ‚Dynamik des Lebens' vielmehr in ihrer Lebendigkeit erfassen müsse".[405] Das Unergründlichkeitsprinzip läuft nicht einfach darauf hinaus, den Menschen in dem Sinne für unergründlich zu halten, dass er noch nicht ergründet sei, wir uns dem aber annähern (oder durch irgendeine Tendenz immer wieder auf einen Abweg geraten).

Damit stellt sich die Frage, welcher Art das Unergründlichkeitsprinzip dann ist, wenn es weder ein wesensontologisches noch ein erkenntnistheoretisches Prinzip ist. Zu sagen, es handele sich um ein lebensphilosophisches Prinzip, hilft nur bedingt weiter. Denn damit ist mehr das Paradigma oder der philosophische Denkansatz bezeichnet, dem es entstammt, als sein inhaltlicher Bezugsrahmen. Ein genauer Blick in den Text von *Macht und menschliche Natur* zeigt, dass die von Plessner in der Überschrift des fünften Abschnitts verwendete Formulierung „Prinzip der Unergründlichkeit des Menschen" (GS 5: 160) als Ausnahme gelten muss. In einer präziseren und vollständigen Fassung müsste das Prinzip als das „Prinzip *der Verbindlichkeit* der Unergründlichkeit" bezeichnet werden. Eine Übersicht über die wichtigsten Stellen kann das belegen: Plessner spricht mehrfach von der „Anerkennung der Verbindlichkeit des Unergründlichen" (ebd., 181 f.), dann von „dem verbindlich Nehmen des Unergründlichen" (ebd., 182), dem „Prinzip der Verbindlichkeit des Unergründlichen" (ebd., 184, 217, 229), dem „Prinzip, die Unergründlichkeit für das Wissen vom Leben des Menschen verbindlich zu nehmen" (ebd., 186, vgl. 191), der „Verbindlichkeitserklärung der Unergründlichkeit" (ebd., 200) sowie dem „Prinzip der verbindlichen Unergründlichkeit" (ebd., 216, 222). Auf den Begriff der Verbindlichkeit hinzuweisen, ist deshalb so wichtig, weil sich auf diese Weise der Charakter des Unergründlichkeitsprinzips und dessen zentrale Differenz zu den beiden anderen Arten von Prinzipien – Prinzipien der Ansprechbarkeit und Konsti-

---

[405] Bollnow 1983, 34, mit Bezug auf Misch 1930, 100. Vgl. auch Bollnow 1982, 328. Im Kontext seiner Erörterung von Mischs Begriff der Unergründlichkeit weist Bollnow auch darauf hin, dass Plessner in *Macht und menschliche Natur* an Mischs Konzeption ansetzt, Bollnow 1983, 35, vgl. 23 f., 101. Eine aktuelle und umfassende Studie zum Unergründlichkeitsprinzip, die neben Misch auch König und Plessner ausführlich einbezieht, ist Schürmann 2011.

tutionsprinzipien – verdeutlichen lässt. Bei diesen beiden handelt es sich um theoretische Prinzipien; das Prinzip, die Unergründlichkeit des Menschen verbindlich zu nehmen, dagegen ist, so mein Vorschlag, ein ethisches Prinzip, oder anders gesagt, das Prinzip einer bestimmten Haltung.

Gegen die Interpretation, dass das Unergründlichkeitsprinzip[406] ethischer Natur ist, liegt ein Einwand nahe: Da sich das Prinzip aus der Kritik an Konstitutionsprinzipien des Menschseins ergeben hat, diese Prinzipien aber theoretischer Natur sind, könne das Unergründlichkeitsprinzip nicht als ethisches Prinzip verstanden werden, wenn ein naturalistischer Fehlschluss vermieden werden soll. Aus der Negation von theoretischen Prinzipien, so der Einwand, lässt sich kein ethisches Prinzip gewinnen. – Ich halte den Einwand nicht für stichhaltig. Denn Konstitutionsprinzipien des Menschseins mögen zwar theoretische Prinzipien sein, der Fehler, den sie begehen, ist aber nicht einfach ein theoretischer Fehler, sondern praktisch relevant. Die von ihnen aufgeworfenen Probleme der Grenzziehung und Graduierung des Menschseins sowie der Gleichberechtigung anderer Auslegungsformen des Menschseins haben soziale, moralische, rechtliche und politische Konsequenzen. Dies ist der Grund, aus dem Plessner in *Macht und menschliche Natur* mit Überlegungen zum Begriff einer politischen Anthropologie beginnt und diesen für ebenso grundlegend wie den einer philosophischen Anthropologie hält. Politisch wird eine Anthropologie Plessner zufolge nicht erst durch die Anwendung ihrer vermeintlich an sich politisch neutralen Erkenntnisse auf die Sphäre des Politischen, sondern jedes philosophische Fragen nach dem Menschen, das Konstitutionsprinzipien des Menschseins verteidigt oder kritisiert, steht als solches schon in dieser Sphäre (GS 5: 140, 201). Plessner spricht daher von der „Möglichkeit eines politischen Apriori in der Wurzel philosophischer Überlegung" (ebd., 142). Hinsichtlich des philosophischen Nachdenkens über den Menschen ist diese Möglichkeit zugleich eine Wirklichkeit. Der Horizont, in dem Plessners Negierung von Konstitutionsprinzipien des Menschseins erfolgt, ist daher, obwohl diese Prinzipien selbst theoretischer Art sind, nicht allein ein theoretischer, sondern zugleich ein praktischer.[407] Dass das Prinzip, zu dem Überlegungen in

[406] Vor dem Hintergrund der Überlegungen des vorigen Absatzes ist der Ausdruck „Unergründlichkeitsprinzip" als Abkürzung für „Prinzip der Verbindlichkeit der Unergründlichkeit" zu verstehen.

[407] Plessner zufolge besteht allerdings kein Primat von Politik über Anthropologie oder Philosophie. Seines Erachtens sind sie vielmehr alle drei auf der Basis des Unergründlichkeitsprinzips zusammengehörig und gleichrangig (GS 5: 202). Dass keine der drei den Primat vor den anderen hat (ebd., 218), hindert Plessner aber nicht daran, die Politik für „ein Organon der Philosophie" und „der Anthropologie" zu erklären (ebd., 220). Damit soll allerdings, worauf Plessner hinweist, nicht einem „Primat der politischen Absicht und Rücksicht in der Problemstellung der Philosophie und Anthropologie" das Wort geredet werden (ebd.). Denn „Politik" ist dabei

diesem Horizont führen, ein ethisches Prinzip ist, kann daher als unproblematisch gelten.

Der ethische Charakter des Prinzips der Verbindlichkeit der Unergründlichkeit des Menschen hat zwei Aspekte. Zum einen hat das Prinzip einen präskriptiven Zug, einen Geboten vergleichbaren Status: Gehe davon aus, dass der Mensch als solcher unergründlich ist![408] Die Verbindlichkeitserklärung weist der Unergründlichkeit des Menschen eine nicht-hypothetische Geltung zu. Wozu der Mensch fähig ist, was Menschsein ist, muss offenbleiben. Wer so spricht, erhebt die Unergründlichkeit des Menschen zu einer universellen Kategorie – einer Kategorie, die jedes Menschentum als solches kennzeichnet –, im Wissen darum, dass sie durch ein geschichtlich situiertes Menschentum hervorgebracht wurde.[409] Die Verbindlichkeitserklärung der Unergründlichkeit des Menschen fordert dazu auf, für diese historisch entstandene universelle Kategorie auch zukünftig einzutreten.

Zum anderen entspricht das Prinzip der Verbindlichkeit der Unergründlichkeit des Menschen einer bestimmten Haltung. Plessner erläutert sie von Dilthey her, der das Prinzip „in seiner theoretischen Funktion bewußt zum ersten Male angewandt" habe, und spricht in diesem Kontext von Diltheys „Ethos der Unvorhersehbarkeit als des Prinzips, das vergangene und das eigene Leben in seiner Schöpfermacht und zugleich seiner Zerbrechlichkeit von dem dunklen Horizont her zu sehen, aus dem es kommt und in den es geht" (GS 5: 184). Für die „dem neuen Lebensethos entsprechende Grundhaltung zum Leben" zeigt der Ausdruck „Unergründlichkeit" nicht eine Aufgabe asymptotischer Annäherung oder unabschließbarer Deutung an,

nicht im Sinne „eines bloßen Betätigungsfeldes und technischen Berufes" gemeint (ebd.), sondern als „der Zustand des menschlichen Lebens, in dem es sich nicht nur äußerlich und juristisch, sondern von Grund und Wesen aus seine Verfassung gibt und sich gegen und in der Welt behauptet" (ebd., 201), „als selbstmächtige Gestaltung und Behauptung menschlicher Macht" (ebd., 218). Plessners Rede von Politik als Organon hat einen methodischen Sinn: Die Philosophie soll die wie skizziert gefasste Politik „zu ihrem Organon" machen, und zwar in derselben Weise wie ihr dies im Falle von „Kunst, Wissenschaft und Religion" bereits gelungen ist, die „zu Medien der Welterkenntnis geworden sind" (ebd., 142). Die Politik zu einem solchen Organon zu machen, hieße dann anzuerkennen, dass sich in der für die Politik (als „Kunst des rechten Augenblicks") kennzeichnenden „Besorgtheit um die Bezwingung der konkreten Situation [...] allgemein schon der Primat des selbstmächtigen Lebens und der offenen Frage, [...] die Übernahme der Bodenlosigkeit in das Prinzip der Lebensführung [bekunde], die ebenso elementar die Problematik der Philosophie und die Problematik des zur Philosophie mächtigen Menschen erzeugt als sie entdeckt" (ebd. 219 f.).

[408] Schürmann 1997a, 352, stellt diesen Punkt heraus.

[409] „In der Anerkennung der Verbindlichkeit des Unergründlichen wird also der zeitliche Hervorgang des Un- und Überzeitlichen, des Geistes, entdeckt [...]" (ebd., 182).

sondern hat einen positiven Sinn. Plessner nennt diese Grundhaltung daher eine „positive Haltung im Leben zum Leben, die um seiner selbst willen die Unbestimmtheitsrelation zu sich einnimmt" (ebd., 188). Ihr Positives besteht darin, dass sich das menschliche Leben, indem es sich als unbestimmt und als offene Frage behandelt, als Macht und das heißt nicht zuletzt als „geschichtsbedingend" versteht (ebd., 188-190). In diesem positiven Verständnis des Menschen von sich wird aber kein neues Absolutum gesetzt: „Denken wir das ‚offene Frage Sein‘, die Macht als eine *Essenz* im Menschen, dann kann ihre Wahrheit nur durch die Geschichte selbst erhärtet werden. Dann gilt der Diltheysche Satz, daß der Mensch das, was er ist, nur durch die Geschichte erfahren könne, auch im praktischen Sinne" (ebd., 191). Die Erhärtung der Wahrheit der so verstandenen „Essenz" durch die Geschichte hat daher, sofern sie theoretisch behauptet wird, auch eine praktische Dimension: „*Solange* er [der Mensch; M. W.] an dieser Konzeption seines Wesens als Macht festhält, hat er Macht und gibt es Entwicklung" (GS 5: 190).

Die Überlegungen Plessners zu der Lebenshaltung, die dem Unergründlichkeitsprinzip entspricht, und dem Zusammenhang zum Machtbegriff sind in hohem Maße erläuterungsbedürftig. Ich beschränke mich hier nur auf einige grundlegende Punkte, kann dabei aber an Arbeiten Hans-Peter Krügers anknüpfen, der diesbezüglich die meines Erachtens avancierteste Interpretation entwickelt hat.[410] Plessners Machtkonzeption betrifft Krüger zufolge nicht die Möglichkeiten des Bestimmens von anderen und einem selbst, sondern die Frage nach der Relation zur eigenen Unbestimmtheit.[411] „Macht" steht hier gewissermaßen zwischen „Geschichtlichkeit" und „Politik": Wird „unter dem Geschichtlichen eine nach keinem positiv bestimmten Forschungsverfahren vorhersagbare Herausforderung verstanden, die gleichwohl hier und heute durch Politisches beantwortet werden muss, wofür wiederum nicht nur bereits Bestimmtes in Anspruch genommen werden kann", so stellt sich die „Machtfrage" neu: Es gilt, „aus der eigenen Unbestimmtheit etwas Neues zu machen; und je besser dies gelingt, „desto weniger wird man von der Geschichte bedingt und desto mehr macht man selbst Geschichte".[412] Eine dem Unergründlichkeitsprinzip korrelative „Lebenshaltung" wäre der so verstandenen Machtfrage gewachsen und würde befähigen, „den Wagnischarakter der geschichtlichen Herausforderung an[zunehmen]"; dies kann einerseits in „Leichtsinn, Spontaneismus und ein Verspielen der Situation durch Überschätzung der Möglichkeiten zur

---

[410] Ein Ausgangspunkt für Krüger scheinen die seines Erachtens den politischen Plessner deformierenden Interpretationen von Rüdiger Kramme und Stephan Pietrowicz gewesen zu sein (Kramme 1989, Pietrowicz 1992, insbes. 487); siehe dazu Krüger 1996b, 272 f., 290.

[411] Krüger 1999, 252, 256 f.

[412] Krüger 2001, 272 f.

Selbstveränderung" münden, andererseits aber auch durch „Öffnung des Selbstverhältnisses zur eigenen Unbestimmtheit" zum Erspielen einer Selbstveränderung führen, die „auch empirisch neue Könnensarten entdecken und erfinden lässt".[413]

Plessner beschreibt drei für den europäischen Geist spezifische geschichtliche Ausprägungen des Sich-Verhaltens zur Machtfrage: „[i] Eine Haltung, die an einer bestimmten Tradition des vom Griechentum und Christentum, von Humanismus und Reformation Geschaffenen orientiert ist und die Werte der Selbständigkeit, der erkämpften Einsicht, der Entwicklung zu immer höherer Souveränität über das Dasein, der Bereitschaft, immer auch wieder von vorn anzufangen, in freier Übernahme für verbindlich erklärt. [ii] Eine Haltung, welche um die Gefährlichkeit dieser vie expérimentale, um die Zerbrechlichkeit ihrer sozialen, ethnischen, ökonomischen Basis weiß, die sich nicht von selbst in die Zukunft erstrecken wird, wenn ihr nicht die einzelnen Menschen durch Erziehung und ständige schöpferische Arbeit an den für wichtig genommenen Problemen vorausgehen" (GS 5: 219). Dann folgt ein Satz Plessners, in Bezug auf den Axel Honneth wohl zu Recht schreibt, er enthalte „in sich so viele, sprachliche nicht weniger als moralische Abgründe", dass „wohl kaum ein heutiger Leser ihn ohne ein Gefühl wachsender Beklemmung bis zum Ende wird lesen können"[414]: „[iii] Eine Haltung von politischer Entschlossenheit, welche die Abhängigkeit ihrer selbst von der Sprache und ihrer Weltgeltung, von einem bestimmten Wohlstand der sie weitertragenden Schichten, von der ganzen Lage ihres Volkes, das zu dieser Tradition als *seiner* Vergangenheit bluthafte Affinität besitzt, ständig im Auge behält und darum entschlossen ist, das Dasein ihrer Nation im geistig-werktätigen, im wirtschaftlichen, im boden- und siedlungspolitischen Vorgriff mit allen geeigneten Mitteln zu verteidigen" (ebd.). – Die Beklemmung stellt sich in der Tat ein; worin Honneth meines Erachtens aber fehlgeht, ist die Einschätzung, dass der Interpret nur die Wahl hat, entweder den in Satz (iii) enthaltenen „machtpolitischen Rassismus" als die „Quintessenz" von Plessners politischer Theorie jener Zeit zu lesen oder den Satz als „sperrigen Fremdkörper" in seinem Werk zu depontenzieren, um dieses gegen Plessner selbst zu verteidigen.[415] Da Honneths Einschätzung von der Voraussetzung ausgeht, es handele sich bei dem Satz um eine Äußerung von Plessners eigener Position, bleibt eine dritte Interpretationsmöglichkeit außen vor: dass Plessner hier die Lebenshaltung *beschreibt*, die mit der Selbstermächtigung Europas einhergeht, um diese dann immanent *kritisieren* zu können.

---

[413] Ebd., 274.
[414] Honneth 1991, 27.
[415] Ebd., 27 f.

Für genau diese Lesart tritt Hans-Peter Krüger ein,[416] den ich hier ausführlich zitieren möchte: „Wie gelingt es nun aber Plessner eine sowohl immanente als auch konsequente Kritik dieser Art von Selbstermächtigung vorstellig zu machen? – Indem er diejenigen Grundorientierungen in dem westlich widerspruchsvollen Gemisch an griechisch-antiken und christlichen Lebenshaltungen beim Worte nimmt, die dieses habituell-mentale Gemisch in die *Selbstlosigkeit* treiben, also den absolutistischen Kurzschluss verhindern könnten, der die modernen Experimente mit der Spezies Mensch in die Luft zu jagen vermag. Dabei handelt es sich um die christlichen Orientierungen auf die *Gleichheit* der Menschen vor Gott, auf den *universellen* Charakter der eigenen Lebensform und auf eine Offenbarung Gottes, in der er sich in der geschichtlichen Vermittlung nicht preisgibt, sondern als *verborgener Gott* erhält, mithin sich in seiner Unbegreiflichkeit als Hoffnung zu erkennen gibt. Die Begrenzung der Offenbarung, einer Offenbarung, die säkular gedeutet zu einem Profanisierungsschub führt, durch den verborgenen Gott *(deus absconditus)* hat in der griechisch-antiken Tradition Parallelen im Hinblick auf die Begrenzung menschlicher Handlungsmacht vor Maßlosigkeit in der Hybris. Es ist nun Plessners These, im Anschluss an Georg Mischs Interpretation von Wilhelm Diltheys Lebensphilosophie, dass die Säkularisierung der christlichen Forderungen nach Gleichheit und Universalität die Anerkennung der Unergründlichkeit des Menschen *(homo absconditus)* zur Konsequenz haben muss. Die Anerkennung menschlicher Lebewesen als gleicher in der lebendigen Natur und die geschichtlich vermittelte Verwirklichung einer Lebensform, die universelle Geltung beanspruchen darf, erfordern den Verzicht auf die eigene Vormachtstellung, mithin eine nurmehr negative Fassung des Absolutums Mensch, die die positiven Selbstermächtigungen von Menschen begrenzt".[417]

Das entscheidende Stichwort ist hier das des *„homo absconditus"*. Obwohl Plessner es der Sache nach schon in *Macht und menschliche Natur* kennt, führt er es explizit erst später ein. In dem Aufsatz „Über einige Motive der Philosophischen Anthropologie" (1956) wird es mit dem Ausdruck „Unergründlichkeit" in einem Atemzug genannt: „Der homo absconditus, der unergründliche Mensch, ist die ständig jeder theoretischen Festlegung sich entziehende Macht seiner Freiheit, die alle Fesseln sprengt, die Einseitigkeiten der Spezialwissenschaft ebenso wie die Einseitigkeiten der Gesellschaft".[418] Die von Plessner anvisierte, dem Unergründlichkeitsprinzip entsprechende Lebenshaltung ist nicht nur überhaupt der Machtfrage gewachsen, sondern

[416] Krüger 2001, 282 f. Entsprechend hatte Krüger auch Honneths Diagnose eines „Selbstwiderspruchs" bei Plessner in einem früheren Text kritisch aufgenommen (Krüger 1996b, 273 Anm 6).

[417] Krüger 2001, 286. Vgl. ebd., 108 f.

[418] GS 8: 134. Siehe dazu auch Plessners Aufsatz „Homo absconditus" (1969), in: GS 8: 353-366.

ist zugleich diejenige, für die der Mensch *homo absconditus* ist. In dieser Haltung gilt, was der Mensch als solcher ist, sein Wesen, als unergründlich.[419] Dagegen gibt die im obigen Zitat unter (iii) beschriebene Haltung genau dies preis. Sie begründet zwar auch ein für den europäischen Geist – so bitter dies auch ist – spezifisches Verhalten zur Machtfrage, ist ihr aber insofern nicht gewachsen, als sie in einer Weise auf sie antwortet, die das Unergründlichkeitsprinzip aufgibt. Die diesem Prinzip korrelative Lebenshaltung steht daher einer Haltung diametral entgegen, die mit dem Gedanken irgendeiner „bluthaften Affinität" operiert bzw. national, rassistisch oder wie auch immer motivierte „Weltanschauungskriege" verteidigt.

Das Unergründlichkeitsprinzip hat, wie gesehen, in dem Sinne einen ethischen Charakter, dass es einen präskriptiven Zug aufweist und dass ihm eine bestimmte Haltung entspricht. Wenngleich sich daraus kein positives Moralsystem ableiten lässt, ist es doch nicht überraschend, dass in der Plessner-Forschung, etwa bei Gerhard Gamm, die Frage nach einer vom Unergründlichkeitsprinzip ausgehenden „Ethik", nach dessen „normativen Implikationen" aufgekommen ist.[420] Gamm zufolge hat die Annahme der Verbindlichkeit der Unergründlichkeit in ethischer Hinsicht eine doppelte Bedeutung: einen „konstitutionstheoretischen Sinn", in dem sie die „Quelle des Normativen" ist, und einen „kriterialen Sinn", der „imperativisch alle Möglichkeiten ab[weist], unter denen das paradoxe Selbstverhältnis exzentrischer Akteure – einer Selbstgegebenheit qua Selbstdistanz – entparadoxiert werden könnte".[421] Während ich einerseits in Bezug auf den konstitutionstheoretischen Sinn skeptisch bin, weil die Rede von einer Quelle *des* Normativen suggeriert, diese Quelle sei selbst außer-normativ, und meines Erachtens von außen kein Weg in das Reich des Normativen führt, halte ich andererseits den kriterialen Sinn der Annahme der Verbindlichkeit der Unergründlichkeit für überzeugend. Er führt bei Gamm konkret dazu, dass eine „Totalisierung des (wissenschaftlich) objektivierenden Zugriffs auf den Menschen [...] vor diesem Kriterium seiner Unbestimmbarkeit so wenig bestehen [kann] wie seine (teleologische) Bestimmung über einen (propositionalisierbaren) Kanon irreduzibler Eigenschaften; auch ein Rückzug nach innen, welcher auf eine Unmittelbarkeit der Selbsterfahrung im leiblichen

---

[419] Das steht selbstverständlich nicht der Möglichkeit empirischer Forschung über den Menschen entgegen. Das Wesen des Menschen ist jedoch von jeder Art erfahrungswissenschaftlicher Bestimmung freizuhalten; dies jedoch nicht nur und auch nicht zuerst wegen theoretischer Schwierigkeiten, die das mit sich bringt, sondern weil die Subsumierung des menschlichen Individuums unter eine positive Wesensbestimmung, die „zu revidieren der Betroffene keine Chance mehr hätte", mit der Bewahrung seiner Würde unverträglich ist. Siehe dazu Krüger 2003, hier: 64, und die oben folgenden Hinweise.

[420] Gamm 2005, 198. Siehe auch Kämpf 2005.

[421] Ebd., 206, 209 f.

Sinn hofft, verschließt den durch jenen Begriff eröffneten praktischen Sinn".[422]

Nachdem hinreichend geklärt ist, was das Unergründlichkeitsprinzip besagt und welcher Art es ist, möchte ich mich nun der Frage zuwenden, was für seine Annahme spricht. Dabei werde ich drei Argumente für das Unergründlichkeitsprinzip vorstellen. Ein erstes Argument, das ich das *„Universalitätsargument"* nennen möchte, habe ich zu Beginn des Abschnitts bereits angedeutet. Etwas ausführlicher und leicht abgewandelt kann es so formuliert werden: Für jede Menschen orientierende Sinnsphäre gilt, dass sie das Produkt eines kulturell und historisch situierten Menschentums ist und dass dieses Menschentum ihr gegenüber verpflichtet ist.[423] Auch die innerhalb eines bestimmten, und zwar unseres Menschentums aufgekommene Rede von *dem* Menschen zeigt eine solche Sinnsphäre an. Dass wir gegenüber dieser Sinnsphäre verpflichtet sind, bedeutet, dass unser Blick auf das menschliche Leben universal sein muss, also indifferent gegenüber allen einzelnen Kulturen und Epochen. Ein entscheidendes Element dieser Sinnsphäre ist der Gedanke des Menschen als weltbildende Wirklichkeit. Dass wir uns und vor dem Hintergrund des Begriffs *des* Menschen die Menschen aller Kulturen und Epochen als weltbildend begreifen, ist keine formal-apriorische Wesensbestimmung des Menschen. Plessners Gedanke, dass der Mensch weltbildend ist, stellt kein Kriterium dafür dar, dass oder in welchem Maße etwas ein Mensch ist, sondern vielmehr den Verzicht auf Verabsolutierung. Denn *den* Menschen als weltbildende Wirklichkeit zu begreifen und demgegenüber verpflichtet zu sein, erfordert, die eigenen sinnstiftenden Weltbildungen nicht so zu konzipieren, dass sie die Weltbildungskompetenz anderer Kulturen und Epochen leugnen. Indem dieser Verabsolutierungsverzicht real wird, kommt Plessner zufolge der Grund, auf dem er beruht, zum Vorschein: „Gleichheit alles dessen, was Menschenantlitz trägt", und das Verständnis vom Menschen als „produktive ‚Stelle' des Hervorgangs einer Kultur" (GS 5: 149). Durch den Gedanken des Menschen als weltbildende Wirklichkeit darf – „um der Universalität des Blickes willen auf das menschliche Leben in der Breite aller Kulturen und Epochen" – allerdings nicht schon festgelegt sein, wozu der Mensch fähig ist; anders gesagt: Es muss offenbleiben, „wessen der Mensch fähig ist" (ebd., 161).

Ein zweites Argument für das Unergründlichkeitsprinzip, das ich als das *„Geschichtlichkeitsargument"* bezeichnen möchte, lässt sich ebenfalls im Rückgriff auf oben bereits dargelegte Überlegungen formulieren. Plessner möchte mit seiner „Anthropologie der geschichtlichen Weltansicht" der Einsicht in die Geschichtlichkeit menschlichen Lebens gerecht werden. In diesem Zusammenhang weist er nach, dass menschliches Leben nicht bloß in einem

---

[422] Ebd., 210 f. Vgl. dazu auch Hans-Peter Krügers Bemerkung, der „*homo absconditus* könnte als *minima moralia* gelten" (Krüger 1999, 266).
[423] Vgl. die Sätze (S) und (Z) in Kap 4.2.

Modus geschichtlich ist, der mit vermeintlich übergeschichtlichen Prinzipien der Geschichte oder der Geschichtserfahrung kompatibel ist, sondern in dem radikalen Modus, in dem die Geschichtlichkeit auch solcher Prinzipien unhintergehbar ist.[424] Wenn das menschliche Leben aber in einer derart tiefsitzenden Weise geschichtlich ist, so das Argument, dann muss offenbleiben, wessen es fähig ist. Diese Einsicht selbst darf Plessner zufolge jedoch nicht verabsolutiert werden: „Vor dem Standort, von dem aus kraft freier Anerkennung der Verbindlichkeit des Unergründlichen diese Sicht auf geschichtliche Wirklichkeit zum Durchbruch kommt, macht sie nicht halt, sondern baut ihn auf das Gesichtete selber ab und nimmt ihm in dieser Relativierung das Gewicht eines *absoluten* Standpunkts, Prinzips oder Fundaments" (GS 5: 182).

Über die genannten hinaus gibt es noch ein drittes Argument für das Unergründlichkeitsprinzip. Obwohl Plessner es mit großem Aufwand entwickelt, ist es in der bisherigen Forschung, soweit ich sehe, nirgendwo deutlich gesehen worden. Es ist komplexer als die beiden ersten Argumente und anders als diese nicht schon in den bisher dargelegten Überlegungen präformiert. Gleichwohl bietet es sich an, seiner Erläuterung eine Beobachtung voranzustellen, die an das Vorige anknüpft, und zwar an die These radikaler Geschichtlichkeit: Plessner zieht vor dem Hintergrund dieser These Konsequenzen auch für die Philosophie. Sein Gewährsmann dafür ist Dilthey. Dieser habe erkannt, dass den Forderungen, die sich aus dem Phänomen der Geschichtlichkeit für die philosophische Theorie ergeben, nicht im Rahmen „einer gebietsmäßig neben die Transzendentallogik der Natur tretenden Transzendentallogik der Geschichte" beizukommen ist: „Durch einen Erweiterungsbau der kritischen Philosophie war hier nichts zu gewinnen, weil die Entdeckung der geschichtlichen Welt den Boden selbst in Bewegung zeigte, auf dem ihn das 18. Jahrhundert errichtet hatte" (GS 5: 170 f.). Zwar, so lässt sich hinzufügen, weisen Diltheys Überlegungen tatsächlich eine Parallele zu denen Kants auf, aber sie ist subtiler als gemeinhin angenommen. Ich werde diese Parallele im Folgenden mit Plessner rekonstruieren, weil ich dies für den Weg halte, auf dem sich das dritte Argument für das Unergründlichkeitsprinzip, das ich das *„lebensphilosophische Argument"* nenne, am besten rekonstruieren lässt.[425]

Die angesprochene Parallele entspricht nicht der Gemeinsamkeit eines Erweiterungsbaus mit dem ursprünglichen Bau, sondern betrifft, um im Bild zu bleiben, das Vorgehen beim Bauen. Plessner kennzeichnet „das Methodenprinzip" von Kants Philosophie durch „die bewußte Indirektheit ihres Frageverfahrens"; statt sich ihren Gegenständen direkt zuzuwenden, ohne ihre Fähigkeit dazu auf den Prüfstand zu stellen, muss die Philosophie zu-

---

[424] Vgl. Satz (G) und die diesem vorausgehende Argumentation in Kap 4.2.

[425] Ich habe diese Rekonstruktion bereits in Wunsch (i. Ersch., a) durchgeführt und übernehme sie hier weitgehend wörtlich.

erst ein „Bewußtsein ihrer Fragemöglichkeit" gewinnen (GS 5: 176). Diese „Pflicht" ist konditionaler Art. Sie steht unter der Bedingung, dass Philosophie ein wissenschaftliches Unternehmen ist; vor allem aber unter der Bedingung unseres Autonomiestrebens: Einer reinen Vernunftwissenschaft, die die Frage ihrer „Grenzen" ignoriert, begegnete das, „worin sie endet, [...] als bloße Schranke, an der sie sich stößt, als hemmende Gewalt, der sie unterliegt. Ein derart unbesonnenes Geradezu-Philosophieren ist unwürdig, weil es dem Prinzip der Moralität, der Selbstbestimmung eines freien Willens widerspricht" (ebd., 178). Philosophie, die sich nicht um ein „Bewußtsein ihrer Fragemöglichkeit, d. h. ihrer Grenzen" bemüht (ebd.), ist heteronom und dogmenanfällig. Ich möchte diesen Punkt als ersten Schritt des angekündigten Arguments für die Anerkennung der Unergründlichkeitsthese festhalten:

(1)   Die Philosophie kann ihre geistige Autonomie nur dann gewinnen und aufrechterhalten, wenn sie ein Bewusstsein ihrer Fragemöglichkeit bzw. Grenzen entwickelt und wachhält.

Auch der zweite Schritt des Arguments wird Kantischer Art sein und damit die von Plessner zwischen Kant und Dilthey gezogene Parallele verlängern. Die Etablierung des genannten Bewusstseins setzt, in Kants Worten, eine „veränderte Methode der Denkungsart"[426] voraus. Als Erfolgsmodell für diese Veränderung stand Kant selbst diejenige „Revolution der Denkart" vor Augen, aus der die neuzeitliche Physik hervorgegangen ist.[427] Die Naturforscher, so Kant, haben damals „begriffen, daß die Vernunft nur das einsieht, was sie selbst nach ihrem Entwurfe hervorbringt, daß sie mit Prinzipien ihrer Urteile nach beständigen Gesetzen vorangehen und die Natur nötigen müsse, auf ihre Fragen zu antworten, nicht aber sich von ihr allein am Leitbande gängeln lassen müsse".[428] Die Philosophie kann diese Einsicht für sich selbst in Form des methodischen Prinzips adaptieren, dass wir „von den Dingen nur das a priori erkennen, was wir selbst in sie legen".[429] Es ist dieses Prinzip, das sie zu einem Unternehmen einer selbstbestimmten Vernunft macht. In Hinblick auf das angekündigte Argument lässt sich dies folgendermaßen zusammenfassen.

(2)   Ein Bewusstsein ihrer Fragemöglichkeit bzw. Grenzen kann die Philosophie nur dann gewinnen und wachhalten, wenn sie vorkritisches Philosophieren dahingehend überwindet, dass sie methodisch davon ausgeht, dass wir „von den Dingen nur das a priori erkennen, was wir selbst in sie legen".

---

[426] Kant, *Kritik der reinen Vernunft*, B XVIII.

[427] Ebd., B XII f., BXVI.

[428] Ebd., B XIII.

[429] Ebd., B XVIII.

Orientiert man sich an Kants eigenem Vorbild bei der Modifikation der Denkungsart, und zwar der neuzeitlichen Naturwissenschaft, so kann das, was wir selbst in die Dinge legen, mit einem Wort als „Gesetzlichkeit" bezeichnet werden. Diese Orientierung darf jedoch nicht absolut gesetzt werden, insbesondere nicht nach dem Auftreten der Geisteswissenschaften. Wenn die Philosophie das Bewusstsein ihrer Fragemöglichkeit wachhalten will, dann gilt es, so Plessner, „eine Fruktifizierung der empirischen Geisteswissenschaften [...] für die Philosophie" herbeizuführen (GS 5: 179). Dafür ist der Unterschied zwischen naturwissenschaftlicher Erklärung und dem „von einem anderen Prinzip getragene[n] Verstehen" zu berücksichtigen (ebd.). In beiden Wissenschaftstypen, so Plessner, werden die Fragen nach einem vorher entworfenen Plan, nach einer „problementwerfenden Antizipation" gestellt, doch „das im Problementwurf in die Dinge gelegte Apriori hat für die Erkenntnis von Naturobjekten als Erscheinungen eine konstitutive Bedeutung, während es für die Erkenntnis von geistigen Objekten nur eine regulative Bedeutung besitzt" (ebd., 180). Wenn „Gesetzlichkeit" das konstitutive Apriori naturwissenschaftlicher Erkenntnis ist, worin besteht dann das regulative Apriori geisteswissenschaftlicher Erkenntnis? In den Geisteswissenschaften, so Plessner, stellt sich „die geistige Welt als eine bis in unsere lebendige Gegenwart hinein unabgeschlossene", „als eine nie ausschöpfbare und doch faßliche, d. h. immer neu zu sehende, weil beständig sich in anderem Sinne erneuernde Lebenswirklichkeit" dar (ebd., 182 u. 181). Das regulative Apriori der Geisteswissenschaften besteht demnach darin, dass ihre Objekte „im Sinne des Verstehens als prinzipiell unergründbar in Frage gestellt [sind]. Sie sind offene Fragen".[430]

Die Unerschöpflichkeit bzw. Unergründlichkeit des Gegenstandes beruht jedoch nicht einfach „auf seiner materialen Beschaffenheit, als ob seine Lebendigkeit und Geistigkeit unserer Begriffe spottete. Eine solche Begründung der Offenheit geisteswissenschaftlicher Problematik wäre einfacher Rückfall in eine (im Kantischen Sinne) vorkritische Denkweise, für welche in dem Verhältnis von Fragen und Gegenstand der Gegenstand die Führung hat [...]. Vielmehr beruht die Unergründlichkeit der geistigen Welt auf dem methodischen Prinzip der ins Verständnis zielenden Frage" (GS 5: 181). Anders gesagt: Um in der durch das Auftreten der Geisteswissenschaften entstandenen Situation den Rückfall in eine vorkritische Denkweise zu vermeiden, gilt es, sich in der philosophischen Reflexion auf diese Situation zu verdeutlichen, dass sich das, was wir in die Dinge legen, mit „Unerschöpflichkeit" bzw. „Unergründlichkeit" signifikant erweitert hat. Auch dieser (nicht der Sache, aber dem Geiste nach Kantische) Punkt sei noch einmal eigens festgehalten:

---

[430] GS 5: 181. Zu Plessners Unterscheidung zwischen den Prinzipien geschlossenen und offenen Fragens vgl. Lindemann 2008a.

(3)   Vorkritisches Philosophieren kann nach dem Entstehen der Geistes-
       wissenschaften nur dann weiterhin als überwunden gelten, wenn in der
       Philosophie die Unergründlichkeit dessen anerkannt wird, womit es die
       Geisteswissenschaften zu tun haben, das heißt die Unergründlichkeit
       des menschlichen Lebens.

Mit den aus der Rekonstruktion von Plessners Überlegungen zur Parallele
zwischen Kant und Dilthey gewonnenen Sätzen (1)-(3) hat nun auch das
wichtigste Argument für die Anerkennung der Unergründlichkeit des
menschlichen Lebens seine Gestalt gewonnen. Denn aus (1)-(3) folgt:

(4)   Die Philosophie kann ihre geistige Autonomie nur dann aufrechterhal-
       ten, wenn sie die Unergründlichkeit des menschlichen Lebens aner-
       kennt.

Damit hat sich nun, meines Erachtens deutlicher als bei Plessner selbst, gezeigt, dass es nicht zuletzt die Aufrechterhaltung der geistigen Autonomie
der Philosophie ist, durch die die Annahme der Unergründlichkeit des
menschlichen Lebens erforderlich wird. Von daher fällt auch Licht auf
Plessners Rede von der „freien Anerkennung der Verbindlichkeit des Unergründlichen" (GS 5: 181 u. 182). Diese Anerkennung wird nicht deshalb
„frei" genannt, weil es der Philosophie ins Belieben gestellt wäre, sie zu zol-
len (oder zu verweigern), sondern in dem Sinne, dass sich die geistige Autonomie der Philosophie ohne diese Anerkennung nicht aufrecht erhalten ließe.

Das lebensphilosophische Argument für das Unergründlichkeitprinzip il-
lustriert mit Blick auf die Entwicklung der Philosophie, dass die Konzeption
des Menschen als offene Frage ein geschichtliches Produkt, ein „„Ausdruck'
der europäischen Geistigkeit" ist (GS 5: 189). Denn es rechtfertigt diese
Konzeption im Rekurs auf eine geistes- und wissenschaftsgeschichtliche
Situation in Europa, in der sich die empirischen Geisteswissenschaften herausgebildet haben und in der der Anspruch der Philosophie fragwürdig
geworden ist, eine überzeitliche Hintergrundtheorie oder Basis dieser Wissenschaften zu begründen. In dieser Situation, so kann man es mit Plessner
sagen, ist die Frage nach der „Fruktifizierung" der empirischen Geisteswissenschaften für die Philosophie möglich geworden (ebd., 179). Das lebensphilosophische Argument für das Unergründlichkeitprinzip schöpft genau
diese Möglichkeit aus.

Die Überlegungen dieses Abschnitts lassen sich so zusammenfassen. Zunächst wurde das in *Macht und menschliche Natur* im Mittelpunkt stehende Unergründlichkeitprinzip des Menschen kenntlich gemacht, und zwar als ein
Prinzip, das, weil ihm eine bestimmte Haltung entspricht, als ein primär
ethisches gelten kann. Anschließend wurden mit dem Universalitäts-, dem
Geschichtlichkeitsargument sowie dem lebensphilosophischen Argument
drei Argumente für das Unergründlichkeitprinzip dargelegt.

4.5 Naturphilosophie und Unergründlichkeit

Die systematische Lage in Plessners *Macht und menschliche Natur* (1931) ist offenbar mindestens ebenso komplex wie die der *Stufen des Organischen* (1928). Einerseits begreift der spätere Text die in dem früheren eingeführte exzentrische Positionalität als Prinzip der Ansprechbarkeit des Menschen, andererseits führt er mit dem Prinzip der Verbindlichkeit der Unergründlichkeit des Menschen ein neues Prinzip ein. Zugleich werden beide Prinzipien gegen einen dritten Prinzipientyp abgegrenzt, und zwar gegen Konstitutionsprinzipien des Menschseins, wie sie aus Plessners Sicht Heidegger und Scheler vertreten. Vor dem Hintergrund dieses gemeinsamen Kontrasts stellt sich die Frage, wie sich Plessners Prinzip der Ansprechbarkeit und sein Prinzip der Verbindlichkeit der Unergründlichkeit des Menschen zueinander verhalten. Diese Frage betrifft zugleich die in der Plessner-Forschung vieldiskutierte Frage nach dem systematischen Verhältnis zwischen den *Stufen des Organischen* und *Macht und menschliche Natur* und damit die Einheit von Plessners Philosophiekonzeption.[431]

Das in den *Stufen des Organischen* entwickelte Prinzip der exzentrischen Positionalität wird in *Macht und menschliche Natur* nicht einfach durch das Unergründlichkeitsprinzip abgelöst, sondern bleibt auch dort eine positive Bezugsgröße.[432] Aus dem Umstand, dass es als ein Prinzip der Ansprechbarkeit des Menschen fungieren soll, ergeben sich zwei Fragen, die in Hinblick auf Plessners Philosophieverständnis von großer Bedeutung sind. Sie lassen sich anhand des oben eingeführten Rot-Beispiels identifizieren (Kap. 4.3). Durch den Satz „Rot ist Licht der Wellenlänge x" könnte sowohl ein Konstitutionsprinzip als auch ein Prinzip der Ansprechbarkeit formuliert werden. In letzterem Fall, auf den es an dieser Stelle allein ankommt, handelte es sich bei dem Satz um eine Explikation dessen, was wir meinen, wenn wir von „rot" sprechen, im Horizont der Physik, wobei dieser Horizont je nach Kontext besser oder schlechter geeignet sein kann. Da der Satz „Der

---

[431] Thomas Bek bringt die bisherigen Antworten der Forschung in folgende Übersicht: *Macht und menschliche Natur* werde „verstanden 1. als (wie auch immer) für die Philosophische Anthropologie weitgehend zu vernachlässigen [...]; 2. als Neueinsatz und Bruch mit den *Stufen* [...]; 3. als Weiterführung der *Stufen* zu einer politischen Anthropologie [...]; 4. als methodische Weiterentwicklung und Diskussion der Fundierung der *Stufen* [...]; 5. hier [...] auch als Perspektivenwechsel, als zweiter Zugang und damit erst als Klärung der Intention der *Stufen*" (Bek 2011, 192). Ich halte diese Übersicht für hilfreich, Beks Zuordnung von Plessner-Forschern zu diesen Punkten in einigen Fällen allerdings für problematisch (so kann, um nur ein Beispiel zu nennen, die Position Hans-Peter Krügers sicher nicht unter Punkt 1 rubriziert werden).

[432] Vgl. Plessners ausdrückliche Bezugnahme auf die „Exzentrizität" bzw. die „exzentrische Position" in *Macht und menschliche Natur*, GS 5: 230 f.

Mensch ist ein exzentrisch-positioniertes Wesen" bei Plessner ein Prinzip der Ansprechbarkeit zum Ausdruck bringen soll, stellen sich demnach die beiden Fragen, erstens in welchem Horizont seine Explikation dessen steht, was wir meinen, wenn wir vom Menschen sprechen, und zweitens inwiefern dieser Horizont für das Fragen nach dem Menschen als besonders gut geeignet gelten kann.

Die Antwort auf die erste Frage ist relativ leicht zu geben. Der Horizont der Verdeutlichung der exzentrischen Positionalität als Prinzip der Ansprechbarkeit des Menschen ist in den *Stufen des Organischen* die Naturphilosophie.[433] Wie dies näher zu verstehen ist, bedarf jedoch der Erläuterung. Dabei kann ich weitgehend an frühere Überlegungen anknüpfen. In der Rekonstruktion von Plessners Auseinandersetzung mit Cassirer zeigte sich, dass seine Naturphilosophie nicht einfach das gleichwertige Ergänzungsstück einer Kulturphilosophie sein soll, sondern eher deren Grundlage (Kap. 3.4). Ihre Aufgabe ist es, die einheitliche Grundposition zu artikulieren, von der aus sich der geistig-natürliche Doppelaspekt des menschlichen Daseins in den Blick nehmen lässt. Diese Lesart entspricht ganz der Linie, die ich in dem einführenden Abschnitt zu Plessners *Stufen des Organischen* in den Mittelpunkt gestellt habe und hier noch einmal zusammenfasse (vgl. Kap. 2.3):

(1)   Die naturphilosophische Anthropologie entwickelt im Aufstieg einer Folge von Positionalitätsstufen eine Erkenntnis des menschlichen Lebens, die dessen Doppelaspekt aus einer Grundposition begreift. Inhaltlich konzipiert diese Erkenntnis das menschliche Leben als exzentrisches (bzw. personales) Leben.

Würde man *allein* diese Linie der *Stufen des Organischen* betonen, bliebe allerdings der reflexive Charakter des dort von Plessner entwickelten Philosophie-Ansatzes verborgen. Die Einsicht in die Exzentrizität der menschlichen Situation hat methodische Konsequenzen für ein Philosophieren, das an diese Situation gebunden bleibt (vgl. schon 2.5). Plessner hat daher in den *Stufen des Organischen* eine „Neuschöpfung" der Philosophie unter dem Aspekt der Exzentrizität anvisiert (siehe Kap. 3.4). Auch den Gedanken der methodischen Relevanz der Exzentrizität möchte ich noch einmal eigens festhalten.

(2)   Die in dem Aufstieg der Positionalitätsstufen entwickelte philosophische Erkenntnis von dem menschlichen als einem exzentrischen Leben ist für diese Entwicklung selbst, allgemeiner gesagt, für die philosophische Methode von Bedeutung.

An dieser Stelle stellt sich die Frage nach der „Rückwirkung" der Exzentrizität auf das Vorgehen in der philosophischen Entwicklung ihres Begriffs.

---

[433] Vgl. dazu noch einmal Plessners Diktum: „Ohne Philosophie der Natur keine Philosophie des Menschen" (Stufen, 26, vgl. 24).

Welche methodische Verbindlichkeit ist der Naturphilosophie zuzumessen, in deren Rahmen dieser Begriff gewonnen wurde?

Damit bin ich bei der zweiten der beiden genannten Fragen. Sie lautete, inwiefern der Horizont, in dem Plessners Verdeutlichung dessen steht, was wir meinen, wenn wir vom Menschen sprechen, das heißt der naturphilosophische Horizont, für das Fragen nach dem Menschen als besonders gut geeignet gelten kann. Diese Frage ist schwieriger als die erste. In den *Stufen des Organischen* wird sie meines Erachtens nicht ausdrücklich genug problematisiert. Allerdings findet sich dort im „Vorwort" zumindest ein Hinweis, von dem die weiteren Überlegungen ausgehen können: Die exzentrische Position, so Plessner, sei die „Legitimation" seines „naturphilosophischen Ansatzes" (Stufen, V). Er thematisiert damit die „Rückwirkung" der Exzentrizität auf das philosophische Vorgehen und insbesondere das Vorgehen in der philosophischen Entwicklung des Begriffs der Exzentrizität noch bevor er diese (so stellt es sich aus der Perspektive des Lesers dar) selbst vollführt.

Josef König, der einer der ersten sorgfältigen Leser der *Stufen des Organischen* war, schreibt Plessner noch im Januar 1928: „Was den Inhalt angeht, so stehe ich, glaube ich ganz positiv dazu. Mein Hauptinteresse konzentriert sich auf die Form und in eins damit auf den naturphilosophischen Ansatz".[434] Vor dem Hintergrund dieses Interesses schreibt König dann in direktem Bezug auf die zitierte Stelle aus dem „Vorwort" der *Stufen*, er sei „der Ansicht, daß in philosophia das Subjekt, der Mensch auch der Form nach ‚übergreifen' muß. Ich glaube nicht, wie Sie sagen, daß die Exzentrizität *eo ipso* die Legitimation für einen naturphilosophischen Ansatz ist".[435] – Plessner reagiert auf den Einwand Königs mit einer Selbstkorrektur. Sie besteht jedoch nicht darin, den im Vorwort behaupteten methodischen Zusammenhang zwischen Exzentrizität und naturphilosophischem Ansatz zu lockern, sondern darin, ihn noch enger zu fassen. In seinem Antwortbrief vom Februar 1928 schreibt Plessner, er möchte „begründen, daß die exzentrische

---

[434] Königs Brief an Plessner vom 28.01.1928, in: König/Plessner 1994, 165-169, hier: 166.

[435] Ebd., 167. Das Pikante an Königs Kritik an Plessner ist, dass sie im Kontext eines begeisterten Berichts über seine Lektüre von Heideggers *Sein und Zeit* steht: Ich „finde Heidegger überraschend gut! *Das* habe ich doch nicht erwartet" (ebd., 166). König vergleicht die Ansätze Plessners und Heideggers in einem Folgebrief vom 20.02.1928 ganz direkt: „[F]inden Sie nicht, daß, was Sie Exzentrizität nennen, auch bei ihm da ist? Ist sein ‚geworfener Entwurf' etwas anderes? Der formal-kategorialen Lage nach besteht m. E. nach größte Ähnlichkeit – ja Koinzidenz. *Daher* finde ich, daß ‚Exzentrizität' nicht eo ipso – wie Sie es im Vorwort sagen – Legitimation eines naturphilosophischen Ansatzes ist" (König/Plessner 1994, 169-172, hier: 170). Königs Punkt ist, dass sich bei Heidegger eine mit „Exzentrizität" koinzidente „Kategorie" findet, die in *Sein und Zeit* offenbar nicht der Legitimation eines naturphilosophischen Ansatzes dient.

Position die Legitimation (nicht *auch* eines naturphilosophischen Ansatzes ist, wie ich es bei der Niederschrift des Buches und der Einleitung noch glaubte, sondern) *nur* eines naturphilosophischen Ansatzes ist".[436]

Um die Begründung, die Plessner dafür gibt, verstehen zu können, ist es hilfreich, auf ein Resultat zurückzugreifen, das sich weiter oben in der ersten ausführlichen Auseinandersetzung mit dem genannten Brief Plessners ergeben hat (Kap 3.4). Ein philosophischer Ansatz, der unter dem Aspekt der Exzentrizität verfolgt wird, komme nicht umhin, die „intelligible Zufälligkeit" des eigenen Ansatzes anzuerkennen, ohne dem – irreflexiv – die Weihen einer höheren Notwendigkeit zu verleihen.[437] Wo das Philosophieren der Situation der Exzentrizität nicht entspricht, fällt es ihr zum Opfer. Plessner erhebt diesen Vorwurf ausdrücklich gegen Heidegger, der mit seiner Daseinsanalytik noch an den einen „ausgezeichneten Weg" zur Philosophie glaube.[438] Sein Hauptpunkt gegen Heidegger ist also *nicht*, dass umge-

---

[436] Plessners Brief an König vom 22.02.1928, in: König/Plessner 1994, 172-182, hier: 175.

[437] Ebd., 179.

[438] Vgl. ebd., 176. Siehe auch Plessners stark zugespitzte Kritik, dass Heideggers Frageansatz in *Sein und Zeit* „die Hilflosigkeit des den Exzentrizitätscharakter seiner Position nicht voll verstehenden, ihm *nur* zum Opfer fallenden Menschen ist" (ebd., 179). – In diesem Diskussionszusammenhang ist es wichtig zu sehen, dass Heidegger später, in seinem Aufsatz „Vom Wesen des Grundes" (1929), diejenigen seiner Kritiker, die *Sein und Zeit* einen „anthropozentrischen Standpunkt" vorwerfen, unter Adaptierung vermutlich des Plessnerschen Begriffs der Exzentrizität fragt: „Welche Gefahren birgt denn ein ‚anthropozentrischer Standpunkt‘ in sich, der gerade *alle* Bemühung *einzig* darauf legt, zu zeigen, daß das *Wesen* des Daseins, das da ‚im Zentrum‘ steht, ekstatisch, d. h. ‚*exzentrisch*‘ ist und daß deshalb auch die vermeintliche Standpunktfreiheit wider allen Sinn des Philosophierens als einer wesenhaft *endlichen* Möglichkeit der Existenz ein Wahn bleibt?" (GA 9: 162 Anm. 59) Heidegger scheint damit erstens Plessners Forderung nach Anerkennung der Exzentrizität als Form der Philosophie zu teilen und zweitens *Sein und Zeit* selbst so zu verstehen, dass es dieser Forderung genügt. Sachlich gesehen liegt an dieser Stelle also eine bemerkenswerte Übereinstimmung beider Denker vor. Offen bleibt jedoch die Interpretationsfrage, ob Plessners vorherige Kritik auf einer Fehldeutung von *Sein und Zeit* beruht oder ob Heidegger sich durch die Kritik zu einer Selbstkorrektur veranlasst sah, deren Resultat er dann *ex post* als eine Position schon von *Sein und Zeit* ausgibt. Heidegger stellt es so dar, als sei eine Selbstkorrektur unnötig; Plessner dürfte dies anders gesehen haben. Sofern er die eben zitierte Anmerkung aus „Vom Wesen des Grundes" kannte, wird er außerdem zu der Überzeugung gelangt sein, dass Heideggers dortige Anerkennung der Exzentrizität als Form der Philosophie ein Lippenbekenntnis ist, da sie konsequenzenlos bleibt. Denn wie in Kap. 4.3 gesehen, meint Plessner gute Gründe für seine Einschätzung zu haben, dass diese Anerkennung in Heideggers ‚Kantbuch‘ gerade verweigert wird. Er beansprucht, in *Macht und menschliche Natur* gezeigt zu haben, dass Heidegger noch im Kantbuch nach einer formal-

kehrt als bei diesem das Ontische den Primat vor dem Ontologischen, eine „äußere[] ‚Natur'anschauung" den Primat vor dem „sich vorgelagerten Existenzsubjekt[]" oder die Vorhandenheit den Primat vor der Zuhandenheit haben sollte.[439] Es geht Plessner nicht einfach um die Etablierung von im Vergleich zu Heidegger konträren Primatsetzungen, sondern um die sich aus der Exzentrizität ergebende Einsicht in die „Primatlosigkeit" der Setzungen.[440]

Genau diese Einsicht in die Primatlosigkeit, in die Gleichgültigkeit des Ansatzes – das ist der entscheidende Punkt – macht den naturphilosophischen Ansatz im Sinne Plessners aus. Die „ganze Weite dessen, was hier [sc. in den *Stufen des Organischen*] Natur bedeutet und naturphilosophischer Ansatz", erfordere ein theoretisches Erfassen der „*Gewachsenheit* (Geworfenheit *und* Geborgenheit) des Menschen"[441]; dabei bezeichnet „Gewachsenheit" einen Naturbegriff (lat. nasci: geboren werden, wachsen), von dessen Doppeltheit her – hier angesprochen mit „Geworfenheit" und „Geborgenheit" – es nicht darauf ankommt, von welchem der Pole eine Untersuchungsrichtung ihren Weg nimmt. Pointiert formuliert, ist der Gedanke der Gleichgültigkeit des Ansatzes und der Untersuchungsrichtung demnach ein naturphilosophischer Gedanke. Vor diesem Hintergrund wird auch nachvollziehbar, wie Plessner begründet, warum „die exzentrische Position die Legitimation […] *nur* eines naturphilosophischen Ansatzes ist": Der naturphilosophische Ansatz ist der einzige, in dem wir gleichermaßen im Zentrum und außerhalb stehen.[442] Genauer gesagt: Nur ein Unternehmen, das „diejenigen sphärischen Strukturen" betrifft, die „auch die Zonen äußerer Anschauung beherrschend, gegen den Gegensatz von Existenz und Sein, Zuhandenheit und Vorhandenheit, Subjekt und Objekt, Innen und Außen gleichgültig den Sinn dessen erfüllen, was ohne wissenschaftliche Restriktion von uns *natura sive mundus* genannt wird",[443] trägt der Gleichwertigkeit der genannten Momente und damit demjenigen Aspekt Rechnung, unter dem die „Neuschöpfung" der Philosophie stehen soll, das heißt der Exzentrizität. Das einzige Unternehmen dieser Art ist Plessner zufolge die von ihm anvisierte Naturphilosophie oder naturphilosophische Anthropologie. Denn erst sie setzt die

---

apriorischen Wesensbestimmung des Menschen sucht – eine Suche, auf die sich nur machen kann, wer den philosophischen Tiefensitz der Exzentrizität nicht erfasst hat.

[439] König/Plessner 1994, 176 f.

[440] Ebd., 177.

[441] Ebd.

[442] Vor diesem Hintergrund kann ich der Einschätzung Olivia Mitscherlichs nicht zustimmen, dass Plessner in dem diskutierten Brief an König die Exzentrizität nicht auf den eigenen Ansatz anwende und damit in einen Selbstwiderspruch gerate (Mitscherlich 2007, 264 f.).

[443] Plessners Brief an König vom 22.02.1928, in König/Plessner 1994, 177.

Welt in ihre Rechte ein – „die Welt als das in Elektronen, Zwischenräumen, Farben, Gewittern, Blumen, Tieren und Menschen – wirklich: *auch* Menschen – Manifeste, das als solches nicht untergehen kann, weil es weder lebt noch west noch ist; das also nicht geschaffen ist, in keinem Sinne. Darin sehe ich mein eigentliches philosophisches Ziel: Ersetzung des apokalyptischen Weltbegriffs, d. h. desjenigen Begriffs, der Welt als der Möglichkeit nach ens creatum fasst [...]“.[444]

Die Rekonstruktion der besonderen Beziehung zwischen exzentrischer Position und Naturphilosophie anhand von Plessners Brief an König vom Februar 1928 hat gezeigt, inwiefern der naturphilosophische Horizont für das theoretische Fragen nach dem Menschen besonders geeignet ist. Auch in diesem Fall sei der Kern der Überlegung noch einmal hervorgehoben.

(3)   Die exzentrische Position erfordert einen Typ von philosophischer Erkenntnis des menschlichen Lebens, durch den dessen Doppelaspekt aus einer Grundposition begriffen wird. Bei diesem Erkenntnistyp handelt es sich um keinen anderen als den der Naturphilosophie.

Die Sätze (1)-(3) bilden eine für das Plessnersche Vorgehen aufschlussreiche Schleife. Während sich zunächst zeigte, wie die naturphilosophische Anthropologie zum Verständnis des menschlichen Lebens als exzentrischem führt (1), und dann deutlich geworden ist, dass Exzentrizität für diese Entwicklung selbst und die philosophische Methode insgesamt relevant ist (2), stellte sich schließlich heraus, dass es sich bei dieser Methode um die der Naturphilosophie handeln muss (3). Damit schließt sich die von der Naturphilosophie zur Exzentrizität und zurück laufende inhaltlich-methodische Linie. Man kann ihr aber noch einen stärker systematisch-methodologischen Aspekt abgewinnen. Dass Plessners philosophische Anthropologie in einem naturphilosophischen Aufstieg „Exzentrizität" als Grundkategorie des menschlichen Lebens entwickelt (1), lässt sich so verstehen, dass Exzentrizität in dem Sinne ihr „Gegenstand" ist, dass wir uns ihr „von außen" (bzw. unten) annähern. Aufgrund ihrer Methodenrelevanz ist Exzentrizität aber zugleich kennzeichnend für die philosophisch-anthropologische Unternehmung selbst (2) und kann daher als das Medium gelten, in dem wir, die genannte Annäherung vorantreibend, stehen. In methodologischer Hinsicht nimmt Plessners philosophische Anthropologie damit eine doppelte Stellung zur Exzentrizität ein: außerhalb ihrer und in ihr stehend;[445] anders gesagt, ihr Verhältnis zur Exzentrizität ist exzentrisch. Diese, wie ich es oben ausgedrückt habe (vgl. Kap. 3.4), reflektierte Selbstreflexivität des Plessnerschen Ansatzes wird in dem dargelegten Begriff seiner Naturphilosophie deutlich (3).

---

[444] Ebd., 177-179.
[445] Vgl. ebd., 176: „Exzentrische Mitte einnehmen heißt eben: ihr entgleiten *und* in ihr drinstehen [...]“.

Bereits in den *Stufen des Organischen* konzipiert Plessner die Exzentrizität als den Aspekt, unter dem die Neuschöpfung der Philosophie erfolgen muss, weil seine schon unter diesem Aspekt stehende Grundlegung der philosophischen Anthropologie im Begriff der exzentrischen Positionalität kulminiert und die Philosophie eine von exzentrischen Lebewesen, Menschen, betriebene Unternehmung ist. Plessners Anthropologie- und Philosophieverständnis ist daher bereits in den *Stufen des Organischen* durch reflektierte Selbstreflexivität gekennzeichnet. Dieser Punkt, den der diskutierte Brief an König deutlich herausarbeitet, wird in *Macht und menschliche Natur* noch einmal vertieft und erweitert. Der in dem Brief im Mittelpunkt stehende Begriff „Naturphilosophie" wird dabei durch den Begriff „Lebensphilosophie" ersetzt. Dieser war zwar bereits in den *Stufen des Organischen* ein wichtiger Bezugspunkt;[446] im Vergleich zu den *Stufen* aber ist neu, dass der dort ebenfalls zentrale Begriff der Naturphilosophie in *Macht und menschliche Natur* ganz in den Hintergrund tritt. In diesen terminologischen Verschiebungen kündigt sich nicht die Preisgabe des reflektiert selbstreflexiven Ansatzes an,[447] sondern seine Etablierung auf einem neuen Feld, und zwar auf dem der Geschichte.

Einerseits macht der Mensch die Philosophie. Daher ist, dass seine Lebensform die Exzentrizität ist, für die philosophische Methode relevant. Dieser reflexiv-methodologische Gedanke, den ich oben mit Satz (2) wiedergegeben habe, findet sich schon in den *Stufen des Organischen*. Andererseits – und darauf reflektiert erst *Macht und menschliche Natur* – ist nicht nur der Mensch „das die Philosophie machende Subjekt", sondern ist es die Philosophie, „die ihn zum ‚Menschen' macht" (GS 5: 224). Damit ist nicht gemeint, dass wir erst durch das Philosophieren in einem vollen Sinne „Menschen" werden,[448] sondern dass die Philosophie die Sinnsphäre „Mensch" hervorgebracht hat. Diese Sinnsphäre mag uns in ihrer Universalität natürlich und zwingend erscheinen; ihre Natürlichkeit und Notwendigkeit ist allerdings problematisch, „weil nur *innerhalb* dieser errungenen philosophischen Betrachtungsart […] die Lebensnotwendigkeit der Wendung ‚zu sich' besteht und sich mit Gründen verteidigen läßt" (ebd., 222). Die Entdeckung dieser Immanenz ist die Entdeckung des historischen Charakters der Wendung des Menschen zum „Menschen". Sie ist Plessner zufolge „mit der Einsicht in die Unmöglichkeit [verknüpft], die Frage, was und wer ‚sich' da gewendet hat, direkt und außerhalb der geschichtlichen Erfahrung und ihrer

---

[446] Siehe Stufen, 4, 14, 21, 37 u. ö.

[447] Mit den Worten der *Stufen des Organischen* gesagt, bleibt in *Macht und menschliche Natur* die Stellung der Lebensphilosophie exzentrisch. Dort heißt es entsprechend: „Innerhalb ihrer Perspektive steht Lebensphilosophie außerhalb ihrer Perspektive" (GS 5: 222).

[448] Heidegger scheint, etwa in seiner Vorlesung über die „Grundbegriffe der Metaphysik" von 1929/30, einer solchen Auffassung zuzuneigen (GA 29/30).

philosophischen Perspektive zu beantworten" und damit „gehalten […]
durch das Prinzip der verbindlichen Unergründlichkeit dieses Was und
Wer" (ebd.). Dies ist im Kern der Grund dafür, aus dem Plessners naturphilosophische Anthropologie sich zu einer „Anthropologie der geschichtlichen Weltansicht" weiterentwickelt, in der die reflektiert selbstreflexive Verfassung des Ansatzes beibehalten und in eine die Naturphilosophie um eine
geschichtliche Dimension ergänzende neue Lebensphilosophie eingelassen
wird.

Von „Geschichte" ist auch in den *Stufen des Organischen* schon die Rede.
Als ihr Fundament wird dort die Expressivität des Menschen bestimmt (Stufen, 338 f.), die wiederum an die Exzentrizität zurückgebunden wird (ebd.,
333). Der Status der Geschichte scheint mir dabei aber nicht ganz klar zu
werden. Jedenfalls wäre es meines Erachtens ein Missverständnis, wenn man
meint, dass eine philosophisch-biologische Fundierung der Geschichtlichkeit der Ursprünglichkeit der Geschichte gerecht wird. Dies kann so wenig
gelingen wie Heideggers Versuch, Geschichtlichkeit im Rahmen einer als
ahistorisch beanspruchten Existenzialitäts-Struktur einzufangen. Denn nicht
nur diese Struktur, sondern auch jede Naturphilosophie hat schon geschichtlichen Charakter. Die in *Macht und menschliche Natur* mit der „Geschichte" ins Spiel gebrachte Größe muss mit der „Natur" aus den *Stufen des
Organischen* als gleichursprünglich gelten. Daher ist der Mensch ebenso sehr
durch und durch ein Geschichtswesen wie er durch und durch Naturwesen
ist. Plessner gibt diesem Gedanken in den *Stufen* bereits Raum, indem er
zwischen einer vertikalen und einer horizontalen Richtung der Untersuchung des Zusammenhanges zwischen Mensch und Welt unterscheidet.

Die *vertikale* Richtung ergibt sich „aus seiner naturgewachsenen Stellung
in der Welt als Organismus in der Reihe der Organismen" (Stufen, 32),
hängt also zusammen mit der „Korrelationsstufentheorie von Lebensform
und Lebenssphäre, die den pflanzlichen, tierischen und menschlichen Le-
benstyp umfaßt" (ebd., IV). Der Mensch-Welt-Zusammenhang erscheint in
dieser vertikalen Richtung relativ zu den Zusammenhängen zwischen nicht-
menschlichen Lebewesen und ihren Lebenshorizonten – jedoch nicht von
einem außernatürlichen und außerweltlichen Standpunkt aus, sondern im
Medium der Exzentrizität. Auf der *horizontalen* Untersuchungsachse ließen
sich historisch oder kulturell differente „Menschentümer" eintragen. Hier
erscheint ein bestimmter Mensch-Welt-Zusammenhang, und zwar der des
europäischen Menschentums, relativ zu dem anderer wirklicher oder möglicher Menschentümer – allerdings nicht von einem außerkulturellen und au-
ßergeschichtlichen Standpunkt aus, sondern innerhalb der in Europa her-

vorgebrachten Sinnsphäre „Mensch", das heißt im Medium der verbindlichen Unergründlichkeit.[449]

Die zweidimensionale Anlage der Untersuchung des Mensch-Welt-Zusammenhangs hat den Vorzug, dass sie wechselseitige Ergänzungs- und Kontrollmöglichkeiten eröffnet und es damit erlaubt, bestimmte einseitige Positionen durch vertikal oder horizontal ausgerichtete Untersuchungen auszubalancieren, etwa den historischen Relativismus und den strikten biologischen Naturalismus oder Ethnozentrismen und Speziesismen.[450] Wie Hans-Peter Krüger mit Blick auf die heutigen empirischen Wissenschaften vom Menschen gezeigt hat, besteht beispielsweise eine Stärke des Forschungsprogramms von Michael Tomasello genau darin, dass es Elemente der horizontalen Vergleichsreihe (etwa den menschlichen Spracherwerb in verschiedenen Soziokulturen) und der vertikalen Vergleichsreihe (etwa die Ontogenese bei Kindern im Vorschulalter und bei nicht-menschlichen Primaten) in fruchtbarer Weise aufeinander bezieht und in ein Gleichgewicht bringt.[451] In diesem Sinne steht Tomasello in Plessners Tradition; allerdings ohne sich auf diesen zu beziehen.

Außer dieser ersten Perspektivenerweiterung, der vollen Zuwendung zur Geschichte, sind in *Macht und menschliche Natur* im Vergleich mit den *Stufen des Organischen* noch zwei weitere zu beobachten. Die zweite hängt damit zusammen, dass sowohl das Unergründlichkeitsprinzip als auch das Exzentrizitätsprinzip Basis einer Primatlosigkeitsthese sind. Im Zuge der Einführung und Untersuchung des Exzentrizitätsprinzips – 1928 – ging es für Plessner, herausgefordert insbesondere durch Heideggers *Sein und Zeit* (vgl. Stufen, V f.), darum, zur Frage des Primats in der Philosophie Stellung zu beziehen. Die von ihm entwickelte Position besteht darin, dass die Naturphilosophie „Rahmen und Basis der ganzen Philosophie" sein sollte, und zwar eine Naturphilosophie, die nicht in Konkurrenz zu Kulturphilosophie, Geschichtsphilosophie oder Daseinsontologie den philosophischen Primat beansprucht, sondern die sich unter dem Aspekt der Exzentrizität begreift und daher für die Primatlosigkeit des philosophischen Ansatzes eintritt.[452] Er versteht damit eine solche Position als „Rahmen und Basis der ganzen Philosophie", die die Verabsolutierung eines solchen Rahmens oder Fundaments zurückweist, ohne dabei selbst eine verabsolutierende Stellung zu beziehen. In *Macht und menschliche Natur* – 1931 – vergrößert Plessner den

---

[449] Wie weit sich Plessner selbst bei der Abfassung der *Stufen des Organischen* über die Möglichkeit, die horizontale Untersuchungsrichtung *auf diese Weise* auszufüllen, im Klaren war, ist eine interessante entwicklungsgeschichtliche Frage, die in dem hier maßgeblichen, systematischen Horizont offenbleiben kann. Hier behaupte ich nur, dass er sie in *Macht und menschliche Natur* auf diese Weise ausgeführt hat.

[450] Vgl. Mitscherlich 2007, 58, und Krüger 2010, 54.

[451] Krüger 2010, 127 f.

[452] Plessner an König (22.02.1928), in: König/Plessner 1994, 177.

Fokus. Die Frage nach dem Primat stellt sich dort nicht mehr nur innerphilosophisch, in Bezug auf verschiedene philosophische Ansätze, sondern als die weitergehende Frage, ob Philosophie, Anthropologie oder Politik ein Vorrang zukommt. Einen wichtigen Hintergrund dieser neuen Primatfrage bildet die Auseinandersetzung zwischen Scheler und Heidegger: Scheler hatte schon 1915 den Primat der Anthropologie proklamiert, als er meinte, „alle zentralen Probleme der Philosophie" lassen sich auf die Frage nach dem Menschen zurückführen (GW 3: 173). Genau dagegen richtete sich Heidegger, der am Ende der 1920er Jahre geradezu die Alternative „Anthropologie oder Metaphysik" formulierte und der „Metaphysik" genannten Philosophie eindeutig den Primat einräumt.[453] Plessner schlägt sich auch in dieser Frage nicht auf eine der Seiten, sondern hält von beiden den gleichen Abstand. Er argumentiert in *Macht und menschliche Natur* ausführlich für die These, dass Philosophie, Anthropologie und Politik fundamentale Funktionen des Menschen sind, die einander tragen, ohne dass eine gegenüber den anderen den Vorrang hätte (GS 5: 218), und die darüber hinaus dadurch zusammengehörig sind, dass sie auf das Unergründlichkeitsprinzip bezogen sind: „Den Primat hat das Prinzip der offenen Frage oder das Leben selbst".[454]

Die dritte Perspektivenerweiterung von *Macht und menschliche Natur* gegenüber den *Stufen des Organischen* ergibt sich aus der Art der jeweiligen Grundprinzipien. Prinzipien der Ansprechbarkeit, wie das der exzentrischen Positionalität, sind theoretischer Natur. Das Prinzip der Verbindlichkeit der Unergründlichkeit des Menschen hat eine weitergehende Bedeutung und muss, wie ich oben schon hervorgehoben habe, auch als ein „ethisches Prinzip" gelten (Kap. 4.4). Mit dieser ethischen Ausrichtung des Unergründlichkeitsprinzips geht Plessner meines Erachtens über die von Georg Misch am Ende seiner Abhandlung *Lebensphilosophie und Phänomenologie* (1930) formulierte Position hinaus, das Prinzip in einer theoretischen Dimension zu verorten und mit einer theoretischen Haltung zu verbinden. Misch schreibt dort, „daß das Durchhalten dieses Wissens vom Unerforschlichen in der zergliedernden, der Erfahrungswirklichkeit zugewandten Denkarbeit zum wesentlichsten Anliegen des wissenschaftlichen Gewissens wird".[455] Plessners entscheidender zusätzlicher Schritt kommt in seiner Überzeugung zum Ausdruck, dass die diesem Durchhalten entsprechende und von Dilthey vorgezeichnete „philosophische Haltung [...] ausspricht und im Medium der Wissenschaft praktiziert, was heute nicht mehr nur Sache der Gelehrten,

---

[453] Siehe dazu den 4. Abschnitt des Kantbuchs sowie oben Kap. 2.4 u. 3.1. Vgl. auch den Aufbau des 1. Teils „Die Enthüllung der philosophischen Grundtendenzen der Gegenwart" von Heideggers Vorlesung zum „Deutschen Idealismus" aus dem Sommersemester 1929 (GA 28).

[454] GS 5: 202. Ich werde Plessners Begründung dafür hier nicht mehr im Einzelnen rekonstruieren können. Siehe ausführlich dazu Bek 2011.

[455] Misch 1930, 323. Den Hinweis auf dieses Zitat verdanke ich König 1967, 205.

sondern Sache des ganzen öffentlichen Lebens in Europa ist: den Verzicht auf die Vormachtstellung des eigenen Wert- und Kategoriensystems mit der festen Überzeugung in seine Zukunftsfähigkeit zu verbinden" (GS 5: 186). Dieser Schritt ist deshalb entscheidend, weil die Haltung, die die Unergründlichkeit des Menschen verbindlich nimmt, bei Plessner anders als in dem Zitat von Misch nicht einfach eine theoretische oder wissenschaftliche Tugend ist, sondern dezidiert als politische gekennzeichnet wird. Sie ist – und Plessner meint: sollte sein – eine Sache der europäischen Öffentlichkeit insgesamt und betrifft auch die „öffentliche Sache" *(res publica)*. Die philosophische Haltung, die Unergründlichkeit des Menschen verbindlich zu nehmen, hat praktische Konsequenzen. Sie wendet sich gegen Bestimmungen des Menschen, die nicht mit der Idee des *homo absconditus* verträglich sind, und engagiert sich in der Fortschreibung der europäischen Kategorie der allgemeinen Menschenwürde.[456]

Das Verhältnis, in dem *Macht und menschliche Natur* zu den *Stufen des Organischen* steht, ist damit durch eine Ausweitung der Perspektive auf drei Feldern – Geschichte, Primatlosigkeit, Ethik – gekennzeichnet worden. Es erschöpft sich aber nicht in Perspektivenerweiterungen, sondern besteht zugleich in einer gegenseitigen Begrenzung. Das lässt sich an der Beziehung der für die beiden Werke zentralen Prinzipien verdeutlichen, das heißt an der Beziehung zwischen dem Unergründlichkeits- und dem Exzentrizitätsprinzip. Die Funktion der Beschränkung, die diese Prinzipien füreinander haben, lässt sich allgemein so formulieren: Was das eine Prinzip in Bezug auf das andere jeweils verhindert, ist dessen Verabsolutierung.[457] Um dies im Einzelnen zu erläutern, möchte ich die wechselseitige Beschränkungsfunktion erstens im Ausgang vom Unergründlichkeitsprinzip und zweitens im Ausgang vom Exzentrizitätsprinzip erläutern.

Bereits im Zuge der Einführung des Unergründlichkeitsprinzips hat sich oben gezeigt, dass dessen Annahme der Ablehnung von Konstitutionsprinzipien des Menschseins äquivalent ist (Kap. 4.4). Die Annahme des Prinzips der Verbindlichkeit der Unergründlichkeit ist sowohl Folge als auch Grund der Ablehnung solcher Konstitutionsprinzipien. Das bedeutet aber, dass das Unergründlichkeitsprinzip daran hindert, die exzentrische Positionalität als Konstitutionsprinzip misszuverstehen. Plessner musste nach Fertigstellung der *Stufen des Organischen* befürchten, nicht genug getan zu haben, um dieses Missverständnis zu vermeiden, da selbst Josef König in diesem Punkt zu-

---

[456] Plessner stellt den Zusammenhang zwischen Unergründlichkeit und Menschenwürde ausdrücklich her: „Eine Erkenntnis, welche die offenen Möglichkeiten im und zum Sein des Menschen, im Großen wie im Kleinen eines jeden einzelnen Lebens verschüttet, ist nicht nur falsch, sondern zerstört den Atem ihres Objekts: seine menschliche Würde" (GS 8: 134). – Zu Plessners Konzeption der Würde siehe Haucke 2003.

[457] In dieser Richtung argumentiert auch Schürmann 1997a, 353.

nächst skeptisch geblieben war. Dies machte einen weiteren gedanklichen Schritt erforderlich – der Sache nach keine Korrektur, sondern eine Präzisierung –, bei dem es der Verabsolutierung der exzentrischen Positionalität vorzubeugen galt. Negativ bestand dieser Schritt in der nicht zuletzt durch das Unergründlichkeitsprinzip vermittelten allgemeinen Kritik an Konstitutionsprinzipien des Menschseins und positiv in der Fassung des Exzentrizitätsprinzips als Prinzip der Ansprechbarkeit.

Das Unergründlichkeitsprinzip beugt der Verabsolutierung des Exzentrizitätsprinzips noch auf eine andere Weise vor (vgl. Kap. 4.3). In den *Stufen des Organischen* bindet Plessner sein naturphilosophisches Vorgehen an die ihm zeitgenössische historische Situation zurück, in der „Leben" als das „erlösende[] Wort" galt (Stufen, 3). Da er dort aber noch nicht hinreichend verdeutlicht hatte, dass die geschichtliche Situierung der *Entwicklung* des Konzepts der exzentrischen Positionalität damit einhergeht, dass auch dessen *Gehalt* nur in einem geschichtlichen Sinne als a priori gelten kann, musste dies nachgeholt werden, um eine Verabsolutierung der Konzeption der exzentrischen Positionalität zu verhindern. Dieser Aufgabe widmet sich *Macht und menschliche Natur*. Dabei wird deutlich, dass jede Menschen orientierende geistige Sinnsphäre, auch wenn sie diesen als un- und überzeitlich gilt, von kulturell und historisch situierten Menschen hervorgebracht wird. Das gilt insbesondere für die Sinnsphäre „Mensch", die mit dem Prinzip der exzentrischen Positionalität begriffen wird. Die Apriorität des Exzentrizitätsprinzips ist daher geschichtlicher Art. Es ist Plessner zufolge das Unergründlichkeitsprinzip, das dies offenbar werden lässt: „In der Anerkennung der Verbindlichkeit des Unergründlichen wird also der zeitliche Hervorgang des Un- und Überzeitlichen, des Geistes, entdeckt oder die geistige Welt, das jenseits des vergänglichen Menschen, als sein eigenes Jenseits ihm zurückgegeben" (GS 5: 182).

Das Beschränkungsverhältnis, in dem das Unergründlichkeitsprinzip und das Exzentrizitätsprinzip stehen, besteht aber auch umgekehrt. Das bedeutet, dass auch das Prinzip der exzentrischen Positionalität der Verabsolutierung des Unergründlichkeitsprinzips vorbaut. Es gibt zwei Richtungen, in denen es zu einer solchen Verabsolutierung kommen könnte. Sie lassen sich der folgenden Fassung des Prinzips entnehmen: „In dieser Relation der Unbestimmtheit zu sich faßt sich der Mensch als Macht und entdeckt sich für sein Leben, theoretisch und praktisch, als offene Frage" (GS 5: 188). Eine Verabsolutierung des Unergründlichkeitsprinzips läge erstens vor, wenn der Gedanke des Menschen als Macht oder wenn zweitens der Gedanke des Menschen als offene Frage so gefasst wird, dass jeweils von ihrem inhärenten Widerpart abstrahiert wird. Worin der Widerpart im Falle der beiden Gedanken jeweils besteht, wird mit der Überschrift des elften Kapitels von *Macht und menschliche Natur* auf den Punkt gebracht: „Ohnmacht und Berechenbarkeit des Menschen" (GS 5: 221). Der Mensch ist Macht *und* Ohnmacht, offene Frage *und* berechenbar, so Plessners die Verabsolutierung des Unergründlichkeitsprinzips abwehrende These. Grundlegend für diese These ist das Exzentrizitätsprinzip. Denn es trägt der in ihr ausgedrückten „Undverbindung" Rechnung. Das bedeutet *nicht*, dass es mit „Ohnmacht" und „Berechenbarkeit" des Menschen *nachträglich* die Gegenstücke für das in die Wagschale legt, was unabhängig davon schon mit dem Unergründlichkeitsprinzip gesetzt war, also „Macht" und „offene Frage". Plessners Überlegung ist vielmehr, dass das Exzentrizitätsprinzip, indem es den konstitutiven und nicht zu versöhnenden Doppelaspekt menschlicher Existenz in den Blick bringt, erlaubt, die innere Bezogenheit von Macht und Ohnmacht des Menschen sowie des Menschen als offene Frage und als berechenbar zu begreifen und so die Verabsolutierung des Unergründlichkeitsprinzips zu verhindern.

Der Hintergrund, vor dem sich der Mensch als Macht und offene Frage entdeckt, ist Plessner zufolge durch die Entwicklung des „Begriff[s] ‚des Menschen' als einer gegen religiöse und rassenmäßige Unterschiede indifferenten weltbildenden Wirklichkeit" geprägt (GS 5: 148). Denn wenn wir uns selbst und andere im Sinne dieses Begriffs als „Menschen" ansprechen, dann sprechen wir zum einen offenbar den so Angesprochenen Macht zu. Zum anderen aber halten wir dann die Frage, worin Menschsein besteht, offen – zumindest, falls wir das unserer Überlegung immanente Moment der Reflexivität nicht ausblenden, dass der „Begriff ‚des Menschen' als einer gegen religiöse und rassenmäßige Unterschiede indifferenten weltbildenden Wirklichkeit" selbst im Kontext einer solchen Weltbildung entwickelt worden ist.[458] Dass wir uns und andere im Sinne dieses Begriffs als „Menschen" ansprechen – so nun der nächste Schritt der Überlegung –, muss allerdings mit dem kompatibel sein, was Plessner als das Prinzip der Ansprechbarkeit des Menschen ausgewiesen hat, das heißt mit dem Exzentrizitätsprinzip. Dieses wird in den *Stufen des Organischen* im Horizont der Naturphilosophie entwickelt, von dem Plessner in seinem Brief an König zeigt, dass er für das Fragen nach dem Menschen besonders geeignet ist: Allein der naturphilosophische Ansatz betrifft „diejenigen sphärischen Strukturen […], welche auch die Zonen äußerer Anschauung beherrschend, gegen den Gegensatz von Existenz und Sein, Zuhandenheit und Vorhandenheit, Subjekt und Objekt, Innen und Außen gleichgültig den Sinn dessen erfüllen, was ohne wissenschaftliche Restriktion von uns *natura sive mundus* genannt wird",[459] und kann damit den Doppelaspekt des menschlichen Lebens aus einer Grundposition begreifen. In *Macht und menschliche Natur* kommen zu der aufgeführten Liste

---

[458] Die „geschichtliche Weltansicht", so eine Variante von Plessners Betonung dieser Reflexivität, lässt „ihr Fundament, den Menschen, in Rücksicht auf eine unvorhersehbare, d. h. nur geschichtlich erfahrbare Änderung seines Selbst und seiner Selbstauffassung unbestimmt" (GS 5: 229).

[459] Plessners Brief an König vom 22.02.1928, in König/Plessner 1994, 177.

von Gegensätzen die beiden genannten – Macht und Ohnmacht sowie Offenheit und Berechenbarkeit – hinzu. Auch sie beschreiben den unhintergehbaren Doppelaspekt menschlichen Lebens. Vom Exzentrizitätsprinzip aus wird damit die inhärente Begrenztheit des Unergründlichkeitsprinzips sichtbar: Der Mensch ist *in einer in sich begrenzten oder gebrochenen Weise* mächtig und offene Frage. Es ist das Bewusstsein dieses besonderen Modus der Mächtigkeit und Offenheit, das in der Absolutsetzung des Unergründlichkeitsprinzips fehlt.

Ein Kontext, in dem sich der Mensch als Macht zeigt, ist Plessner zufolge die Philosophie. Der Mensch ist „das die Philosophie machende Subjekt"; zugleich – und darin deutet sich bereits eine innere Grenze der Konzeption des Menschen als Macht an – ist es aber die Philosophie, „die ihn zum ‚Menschen' macht", das heißt die damit bezeichnete Sinnsphäre hervorbringt (GS 5: 224). Ich habe diesen Gedanken bereits oben ins Spiel gebracht, um zu erläutern, dass ein Feld, auf dem in *Macht und menschliche Natur* gegenüber den *Stufen des Organischen* eine Perspektiverweiterung zu beobachten ist, das der Geschichte ist. Die Geschichte, so kann dieser Gedanke nun fortgeführt werden, ist aber zugleich eines von zwei Phänomenen, an dem die innere Begrenzung der Konzeption des Menschen als Macht deutlich wird. Der Mensch macht die Geschichte, wird aber auch von ihr „gemacht", ist ihr gegenüber ohnmächtig. „Gerade in seiner Relativität einer christlich-griechischen Konzeption begriffen, kommt am Menschen als dem Zurechnungssubjekt seiner Welt das Andere seiner selbst, das Gegenteil davon, die Unzurechnungsfähigkeit zum Vorschein; beginnt an der Geschichte das menschliche Leben, welches das Mächtige ist, auf seine Ohnmacht hin durchscheinend zu werden" (GS 5: 224 f.). Das andere Phänomen, das die inhärente Begrenztheit der Idee des Menschen als Macht verdeutlicht, ist die Natur. Auch an der Natur wird der Mensch als Macht, um Plessners Formulierung aufzugreifen, durchscheinend auf das Andere seiner selbst, das heißt auf seine Ohnmacht oder Dinglichkeit. Die Verbindung von Macht und Ohnmacht „ist Undverbindung und Auchverbindung. So als das Andere seiner selbst *auch* er selbst ist der Mensch ein Ding, ein Körper, ein Seiender unter Seienden, welches auf der Erde vorkommt, eine Größe der Natur, ihren Schwerkrafts- und Fallgesetzen, ihren Wachstums- und Vererbungsgesetzen wie ein Stück Vieh unterworfen, mit Maß und Gewicht zu messen, bluthaft bedingt, dem Elend und der Herrlichkeit einer blinden Unermeßlichkeit ausgeliefert. Blind wie sie steigen aus ihr in seinem Bezirk die Gewalten der Triebe und stoßen ihn, letzten Endes *berechenbar*, in die Bahn der lebendigen sterblichen Dinge. Darum hat der Mensch nicht bloß einen Körper, den er dereinst ablegen kann, sondern er ist Körper, in demselben Range wie er der mächtige Verantwortliche ist" (GS 5: 225 f.).

Dass diese Überlegungen zur Konjunktion („Undverbindung") von Macht und Ohnmacht sowie Offenheit und Berechenbarkeit des Menschen in einem engen Zusammenhang zum Gedanken der exzentrischen Positionalität stehen, ist offensichtlich und wird von Plessner auch ausdrücklich betont: „Exzentrische Position", so Plessner, impliziere die „Durchgegebenheit in das Andere seiner Selbst im Kern des Selbst"; als „exzentrische Position des In sich – Über sich ist er [sc. der Mensch] das Andere seiner selbst" (GS 5: 231, 230). Strukturell betrachtet, ist „Exzentrizität" der Begriff der Konjunktion von paarweise Verschiedenem, das heißt von gleichrangigen, aufeinander verwiesenen, irreduziblen und miteinander kollidierenden Momenten einer Dualität, sowie des Erlebens von und des Sich-Verhaltens zu diesen Momenten und ihrer Dualität. Die genannten Momente sind nicht bloß Perspektiven auf ein Identisches. Ebenso wenig sind sie disjunkte Teile eines Ganzen. Der Mensch ist nicht einesteils etwa Macht oder Leib und anderenteils Ohnmacht oder Körper. Vielmehr gilt, dass er jeweils beides, Macht und Ohnmacht oder Leib und Körper, ganz ist. Plessner bringt dies mit Hilfe des bereits erwähnten Ausdrucks „Durchgegebenheit" oder mit dem Terminus „Transparenz" (ebd., 225) zum Ausdruck. Der Körper ist nicht einfach eine von mehreren Komponenten des Menschen, und zwar die auf der Ebene der Naturdinge angesiedelte, sondern der Mensch insgesamt ist „durchgegeben" in diese „Ebene eines naturwissenschaftlich berechenbaren Seins" (ebd., 227). Daher ist er (wie ich unter Aufnahme von Plessners mit Heidegger-Anklängen versehenen Duktus formulieren möchte) *nicht weniger* „eigentlich" „vorhanden" wie lebendig bzw. „existierend" (vgl. ebd., 226) – aber auch nicht mehr. Die Durchgegebenheit ist gebrochen und diese „Gebrochenheit der menschlichen Transparenz" zeigt sich erstens in methodologischer Hinsicht, da sich die Grenzen der Verständlichkeit nicht mit denen der Erklärbarkeit zur Deckung bringen lassen, zweitens in ontisch-ontologischer Hinsicht, da dies auch für die Grenzen des personalen Lebens und die des Vorhandenseins des Menschen gilt (ebd., 231), und drittens in anthropologischer Hinsicht, da die exzentrisch geprägte Einheit der genannten paarweise ineinander verschränkten Momente nicht in einer deren Dualität aufhebenden Versöhnung besteht, sondern „die durch Nichts vermittelte Einheit seines [sc. des Menschen] offenen Wesens ausmacht" (ebd., 227). Indem Plessner mit dem Exzentrizitätsprinzip den konstitutiven und nicht zu versöhnenden Doppelaspekt menschlichen Lebens in den Blick bringt, gelingt es ihm also, das inhärente Begrenzungsverhältnis von Macht und Ohnmacht sowie vom Menschen als offene Frage und berechenbar verständlich zu machen und so die Verabsolutierung des Unergründlichkeitsprinzips zu verhindern.

In *Macht und menschliche Natur* nimmt Plessner im Vergleich zu den *Stufen des Organischen* eine facettenreiche Perspektivenerweiterung vor. Zugleich gelingt es ihm, mit dem späteren Werk die mögliche Verabsolutierung des Grundprinzips des früheren, das heißt des Prinzips der exzentrischen Positionalität, zu verhindern. Umgekehrt argumentiert Plessner dort aber auch gegen die mögliche Verabsolutierung des Unergründlichkeitsprinzips. Beide Grundprinzipien stehen zueinander in einem Verhältnis gegenseitiger Begrenzung.

5 AUSBLICK: AUFGABEN DER PHILOSOPHISCHEN ANTHROPOLOGIE HEUTE

5.1 Fragen nach dem Menschen – damals und heute

„Man hätte erwarten sollen, dass kein Problem dauerhafter im Mittelpunkt philosophischen Interesses stehen würde als die Aufgabe, zu verstehen, was wir selbst unserem Wesen nach sind". – Diese 1971 formulierte Diagnose handelt nicht von der philosophiehistorischen Folgenlosigkeit der hier rekonstruierten Auseinandersetzung zwischen Cassirer, Heidegger, Plessner und Scheler um das Fragen nach dem Menschen. Sie gibt vielmehr der Verwunderung darüber Ausdruck, dass die Thematik der philosophischen Anthropologie auf einem Hauptfeld der damaligen Gegenwartsphilosophie gar nicht vorkommt, und zwar auf dem Feld der analytischen Philosophie. Der Autor der Diagnose ist Harry Frankfurt.[460] Er wendet sich in diesem Zusammenhang gegen Peter Strawson. Dieser versteht den Personbegriff in seinem Buch *Individuals* als „den Begriff eines Typs von Entitäten derart, daß ein und demselben Individuum von diesem Typ *sowohl* Bewußtseinszustände *als auch* körperliche Eigenschaften, eine physikalische Situation etc. zugeschrieben werden können".[461] Frankfurt hält Strawsons Bestimmung des Begriffs zu Recht für inadäquat, weil es eine ganze Reihe von Lebewesen gebe, die Bewusstseinszustände haben, ohne Personen zu sein. Sofern der Personbegriff das Problem, „zu verstehen, was wir selbst unserem Wesen nach sind", geradezu bezeichnet, kann Frankfurt seiner melancholischen Diagnose noch hinzusetzen, das Problem sei offenbar „so weitgehend in Vergessenheit geraten, daß es schließlich möglich wurde, fast unbemerkt und offensichtlich, ohne daß es in größerem Ausmaß als Verlust empfunden wurde, ihm seinen Namen zu entwenden".[462]

Frankfurt fordert demgegenüber Restitution. Er entwickelt einen Personbegriff, der mit der Struktur des Willens zusammenhängt. Für das Personsein eines Wesens ist es seines Erachtens entscheidend, dass dieses eine bestimmte Art Wünsche, die sich auf Wünsche beziehen, hat, und zwar „Volitionen zweiter Stufe".[463] Über Volitionen zweiter Stufe verfügt ein Wesen genau dann, wenn es möchte, dass sein Wunsch, das und das zu tun, tatsächlich handlungswirksam ist. In solchen Volitionen zweiter Stufe drückt sich Frankfurt zufolge die „Fähigkeit zur reflektierenden Selbstbewertung"

---

[460] Frankfurt 1971, 11 (dt. 287).
[461] Strawson 1959, 130.
[462] Frankfurt 1971, 11 f. (dt. 287).
[463] Ebd., 16 (dt. 292).

aus, deren Besitz uns von den Tieren unterscheide.[464] Tiere haben seines Erachtens keine höherstufigen Wünsche, sondern nur Wünsche erster Stufe und gehören daher zur Klasse der Triebhaften („wantons").[465] Die strukturelle Ähnlichkeit dieser Unterscheidungen mit denen aus Helmuth Plessners *Die Stufen des Organischen* sind frappant. So wie es sich bei einer Strawsonschen „Person" aus Frankfurts Sicht lediglich um einen *wanton* handeln mag, wäre sie aus Plessners Sicht ein zentrisches, aber nicht unbedingt exzentrisches Wesen. Um überhaupt Wünsche haben zu können, ist Plessner zufolge das Bestehen einer Körper-Leib-Differenz erforderlich, aber um sich auf solche Wünsche volitiv beziehen zu können, muss man gegenüber dieser Differenz noch Abstand haben, über einen exzentrischen Standpunkt verfügen. Frankfurts Volitionen zweiter Stufe sind ein Spezialfall von Plessners „exzentrischer Positionalität". Ihr Begriff erfasst für die Struktur des Willens, was Plessner für die Struktur auch von anderen menschlichen Lebensvollzügen hält.

Wenn Frankfurt verstehen möchte, was wir selbst unserem Wesen nach sind, geht es ihm um ein Problem, das auch für die in der vorliegenden Arbeit behandelten Autoren zentral ist. Ich möchte einen Beitrag dazu leisten, dieses Problem wieder in den Mittelpunkt des philosophischen Interesses zu rücken. In Ergänzung der bisher geführten Diskussion gebe ich in diesem abschließenden Kapitel daher einen Ausblick auf Probleme, vor denen die philosophische Anthropologie als Fragen nach dem Menschen heute steht. Dabei ist die hier rekonstruierte Auseinandersetzung zwischen Cassirer, Heidegger, Plessner und Scheler und die gegenwärtige Lage der philosophischen Debatte um den Menschen zu berücksichtigen. Eine wichtige Aufgabe besteht daher in der Vermittlung der Positionen der genannten Autoren mit der gegenwärtigen Debatte. Sie wird vereinzelt bereits wahrgenommen. So ist es Guido Kreis in seiner Monographie zu Cassirer gelungen, die *Philosophie der symbolischen Formen* in Auseinandersetzung etwa mit Quine, Putnam und Goodman als attraktive gegenwartsphilosophische Option auszuweisen.[466] Außerdem hat Hans-Peter Krüger die moderne philosophische Anthropologie vor allem Plessners in eine kritische Diskussion mit empirischen Anthropologien gebracht, beispielsweise mit der aktuellen Hirnforschung und den dort erhobenen ‚extra-neurologischen' Ansprüchen.[467] Auch Thomas Fuchs hat sich, gestützt sowohl auf philosophische Überlegungen

---

[464] Ebd., 12 (dt. 288).

[465] Siehe ebd., 16, insbesondere Anm. 5 (dt. 293 und 302 Anm. 5).

[466] Kreis 2010.

[467] Krüger 2010; siehe in diesem Zusammenhang auch Lindemann 2008b. – Ebenso geht es Christian Thies darum, die moderne philosophische Anthropologie, indem er sie (anknüpfend an ein Konzept Imre Lakatos') als ein attraktives philosophisches „Forschungsprogramm" ausweist, für den Gegenwartsdiskurs fruchtbar zu machen (Thies 2008).

Plessners und Merleau-Pontys als auch auf empirische Forschungen, kritisch mit epistemologischen und ontologischen Vorannahmen der neueren Hirnforschung auseinandergesetzt.[468] Und Michael Wheeler, um ein letztes Beispiel zu nennen, hat für die These argumentiert, dass sich die gegenwärtige Kognitionswissenschaft mit ihrem „embodied-embedded"-Paradigma am besten entlang eines Heideggerschen Ansatzes verstehen lässt.[469]

Das Vorhaben einer problemorientierten Vermittlung der Positionen der hier behandelten Autoren mit dem philosophischen Gegenwartsdiskurs führt zu der Frage nach den Aufgaben zurück, vor denen die philosophische Anthropologie heute steht. Eine *erste* wichtige Frage ist, wie das *Verhältnis der philosophischen Anthropologie zum Naturalismus* bestimmt werden kann. Sie hat eine gewisse Dringlichkeit, weil der Naturalismus in dem Sinne als „Mainstream" des Gegenwartsdiskurses gelten kann, dass heute kaum jemand bereit ist, sich als einen Anti-Naturalisten bezeichnen zu lassen. Außerdem stellt sich für die heutige, ebenso wie schon für die moderne und traditionelle philosophische Anthropologie *zweitens* die Aufgabe, das *Tier-Mensch-Verhältnis* zu bestimmen. Da dieses Problem inklusive der Frage nach dem Geist der Tiere inzwischen intensiv diskutiert wird,[470] kann man in diesem Punkt schon heute von einer gewissen Renaissance der philosophischen Anthropologie sprechen; einer Renaissance, die übrigens von der Wiederentdeckung Plessners und Cassirers seit den 1990er Jahren ganz unabhängig ist.

Weiterhin steht die philosophische Anthropologie heute, wie sich bereits eingangs andeutete, vor Aufgaben, die mit dem Personbegriff zusammenhängen. Frankfurts Diagnose hat damals zwar keineswegs einen Anthropologie-Boom ausgelöst; doch die Philosophie der Person, in der ihr Fragen nach dem Menschen am ausgeprägtesten zu sein scheint, ist durch Strawson, Frankfurt und andere, etwa Bernard Williams,[471] zu einem wichtigen Themenfeld der analytischen Philosophie geworden.[472] Von besonderer anthropologischer Bedeutung auf diesem Feld ist, wie ich *drittens* betonen möchte, die Frage nach dem *Verhältnis zwischen Organismus und Person*, oder anders gesagt, das Person-Körper-Problem. Vor dem Hintergrund der viel diskutierten Frage nach den Grenzen des Personseins stellt sich dabei auch das für eine heutige philosophische Anthropologie wichtige Problem, woran Personalität genau gebunden sein soll: an den Besitz bestimmter Vermögen oder an etwas anderes? In diesem Zusammenhang steht die philosophische

---

[468] Fuchs 2009.

[469] Wheeler 2005; dazu Dreyfus 2007.

[470] Siehe dazu die Sammelbände Perler/ Wild (Hgg.) 2005, Hurley/ Nudds (Hgg.) 2006 und Lurz (Hg.) 2009.

[471] Siehe die Sammlung von Aufsätzen aus der Zeit von 1956 bis 1972 in Williams 1973.

[472] Siehe den Überblick bei Herrmann 2001.

Anthropologie heute auch *viertens* vor der Aufgabe, die Beziehung zwischen dem Personbegriff und dem Bereich eines überpersönlichen Geistigen wie der Kultur und der Geschichte zu bestimmen. Es geht dabei um die Frage nach dem *Verhältnis zwischen der menschlichen Lebensform und dem objektiven Geist.* Sie wird unumgänglich, wenn zum einen die analytische Philosophie, wie es Richard Rorty beschrieben hat, heute tatsächlich den Schritt von Kant zu Hegel macht[473] und zum anderen die „kollektive Intentionalität" zum neuen Paradigma in der *philosophy of mind* geworden ist.[474] Zweifellos stellen sich der philosophischen Anthropologie heute noch weitere Fragen,[475] ich möchte mich hier aber auf die genannten beschränken und sie im Folgenden vor dem Hintergrund der Resultate der hier durchgeführten Analysen näher erläutern.

5.2 Philosophische Anthropologie und Naturalismus

Ein Grundgedanke der modernen philosophischen Anthropologie besteht darin, dass Menschen durch und durch Naturwesen sind und dennoch in Distanz zur Natur, auch ihrer eigenen, stehen. Bei Scheler ist dieser Gedanke schon in seinem frühen Aufsatz „Zur Idee des Menschen" aufgetaucht: Menschen galten dort als transzendierende Wesen, die das Leben *im* Leben überschreiten. Plessners Ausdruck für diesen Grundgedanken ist „exzentrische Positionalität". Auf der so bezeichneten Stufe des Lebendigen bleibe die „tierische Natur" mit ihrer körperleiblichen Doppelstruktur erhalten; doch während sie, so Plessner, „auf der Tierstufe das Leben nur ausmacht", sei sie auf jener „noch in Beziehung zum Lebewesen" gesetzt: „Ist das Leben des Tieres zentrisch, so ist das Leben des Menschen, ohne die Zentrie-

---

[473] Rorty 1997, 8 f.

[474] Zentrale Texte der Debatte um die kollektive Intentionalität sind in Schmid/Schweikard (Hgg.) 2009 versammelt.

[475] So sind etwa Fragen nach der menschlichen Lebensführung sicherlich auch für eine gegenwärtige philosophische Anthropologie relevant. Siehe in diesem Zusammenhang die Arbeiten von Nicholas Rescher, der als einer der wenigen englischsprachigen Autoren von Fragen der „philosophical anthropology" spricht (Rescher 1990 und 2006), und von Richard Shusterman zur Somästhetik (Shusterman 2008 und 2011). Auch die Frage nach der anthropologischen Bedeutung der Sprache kann in einer heutigen philosophischen Anthropologie nicht übergangen werden, zumal die in der vorliegenden Arbeit diskutierten Konzeptionen weitgehend losgelöst vom „linguistic turn" der Philosophie entwickelt wurden. Für eine gegenwärtige, ebenfalls an den Terminus „philosophische Anthropologie" anknüpfende Position, die ausgehend vom Konzept der propositionalen Sprache nach dem Menschen und seinen Alleinstellungsmerkmalen fragt, siehe Tugendhat 2003 und 2007.

rung durchbrechen zu können, zugleich aus ihr heraus, exzentrisch" (Stufen 291 f.).

Dass Menschen durch und durch Naturwesen sind, bedeutet, dass sie Naturwesen ohne außernatürliche Zutat sind. Doch was bedeutet es überhaupt, dass sie Naturwesen sind? Darauf bieten sich zwei Antworten an. Zum einen gehören Menschen zu einer biologischen Art, der Spezies *Homo sapiens*. Der Zusatz „ohne außernatürliche Zutat" ist dann so zu verstehen, dass diese Art im Verlauf der Evolution entstand, in der außernatürliche Ursachen, etwa ein Eingreifen Gottes, keine Rolle spielte. Zum anderen lässt sich direkt auf die aristotelische Unterscheidung zwischen Natur und Technik zurückgreifen, um die Charakterisierung von Menschen als Naturwesen zu erläutern. Menschen können dann insofern als Naturwesen gelten, als zur Entstehung der genetischen Anlagen, mit denen sie geboren werden, (von der Zeugung abgesehen) kein menschliches Handeln kausal beigetragen hat.[476] Der Zusatz „ohne außernatürliche Zutat" ist hier bereits Teil des Begriffs des Menschen als Naturwesen. Diese Idee der Natürlichkeit des Menschen ist meines Erachtens nicht selbst normativ, sie steht jedoch im Zusammenhang mit einer Reihe von wichtigen medizinethischen Fragen, die prominent etwa von Jürgen Habermas unter dem Titel *Die Zukunft der menschlichen Natur* diskutiert worden sind.[477]

Ich werde auf die normativen Gesichtspunkte, die mit der Frage der menschlichen Natur verbunden sind, hier nicht weiter eingehen[478] und möchte „Natur" im Folgenden nicht auf aristotelische Weise im Gegensatz zu „Technik", sondern eher auf cartesianische Weise im Gegensatz zu „Geist" verstehen.[479] Denn es ist dieser Gegensatz, in Bezug auf den sich die moderne philosophische Anthropologie mit ihrem Begriff des Menschen und darüber hinaus mit ihrer Konzeption der Wirklichkeit insgesamt auf einen *ontologischen Naturalismus* verpflichtet. Dessen Grundthese ist: Es gibt in der Wirklichkeit nichts Außernatürliches. Die These sowohl Schelers als auch Plessners von der Sonderstellung des Menschen muss in diesem ontologisch-naturalistischen Horizont gesehen werden. Es geht daher, wie Plessner in seinem Aufsatz „Mensch und Tier" schreibt, um die „Sonderstellung des Menschen in der Natur" (GS 8: 52). Da der Mensch ein Lebewesen ist, hier also von der lebendigen bzw. organischen Natur die Rede ist, liegt es nahe, die Frage nach der Sonderstellung des Menschen in der Natur mit den Mitteln der Biologie zu untersuchen und zu fragen, ob es biologische Merkmale gibt, an denen sie sich festmachen lässt. Vor dem Hintergrund reduktionistischer Tendenzen der nachdarwinschen Biologie scheint mir

---

[476] Roughley 2005, 145-147.

[477] Habermas 2002.

[478] Siehe dazu noch einmal Roughley 2005, 151-153; außerdem Birnbacher 2009.

[479] Zu diesen beiden Entgegensetzungen zu Natur siehe ausführlich Schiemann 2005.

dieses empirische Projekt des Fragens nach dem Menschen von großer Wichtigkeit zu sein. Die moderne philosophische Anthropologie beansprucht aber, über eine biologische Anthropologie hinausgehen zu können. Wie soll das möglich sein, wenn Menschen doch durch und durch Naturwesen sind?

Darauf lassen sich verschiedene Antworten geben, die teilweise zusammenhängen, aber unterschiedliche Projekte einer philosophischen Anthropologie nach sich ziehen. *Erstens*: Menschen sind ebenso durch und durch geschichtliche Wesen. Für die Frage nach dem Menschen wären daher neben natur- und lebenswissenschaftlichen Anthropologien auch geistes- und kulturwissenschaftliche Anthropologien einzubeziehen. Einer philosophischen Anthropologie könnte dann die Aufgabe zukommen, diese Ansätze auf systematische Weise in einer integrativen philosophischen Anthropologie zusammenzuführen. *Zweitens*: Dass Menschen durch und durch natürliche Wesen sind, schließt nicht aus, dass es ein Wissen über sie gibt, das gegenüber der Biologie und anderen Naturwissenschaften insofern autonom ist, als es von diesen schon vorausgesetzt wird. In dieser Linie könnte die Rolle der philosophischen Anthropologie gerade darin bestehen, die von empirischen Anthropologien bereits in Anspruch genommenen Voraussetzungen offen zu legen. *Drittens*: Der Mensch ist zwar durch und durch Naturwesen, doch die Naturwissenschaften können nicht das Monopol auf den Naturbegriff beanspruchen. Für die menschliche Lebensform ist der Erwerb einer spezifischen zweiten Natur kennzeichnend. Eine philosophische Anthropologie könnte ihre Aufgabe dann darin sehen, dem Rechnung zu tragen und die Struktur dieser zweiten Natur und Lebensform zu untersuchen.

Mit dem zur dritten Antwort gehörenden Themenkreis werde ich mich weiter unten näher beschäftigen (Kap. 5.5). Die ersten beiden Antworten verweisen auf die Frage nach dem Verhältnis zwischen philosophischem und empirisch-wissenschaftlichem Fragen nach dem Menschen. Damit kommt neben dem ontologischen eine andere Art von Naturalismus ins Spiel, und zwar der *methodologische Naturalismus*. Allgemein gesagt, ist er eine Position zum Verhältnis zwischen der Philosophie und den empirischen Wissenschaften. Im Rückgriff auf Dirk Koppelbergs Aufsatz „Was ist Naturalismus in der gegenwärtigen Philosophie" möchte ich drei Thesen des methodologischen Naturalismus unterscheiden:

- Kontinuitätsthese: Die Philosophie hat keinen epistemisch privilegierten Stand gegenüber den Wissenschaften, vielmehr gibt es zwischen ihr und den Wissenschaften eine bestimmte Art von Kontinuität.
- Wissenschaftlichkeitsthese: Die Verwendung von wissenschaftlichen Untersuchungen und Ergebnissen ist für die Philosophie einschlägig und unverzichtbar.

- Antifundierungsthese: Es ist nicht Aufgabe der Philosophie, die Wissenschaften zu fundieren oder zu begründen.[480]

Obwohl die Thesen sehr allgemein gehalten sind, lässt sich plausibel machen, dass sie in bestimmten Abhängigkeitsverhältnissen zueinander stehen. So schließt die Kontinuitätsthese die beiden anderen ein, weil sowohl die systematische Bedeutungslosigkeit der empirischen Wissenschaften für die Philosophie als auch der Anspruch der Philosophie, die empirischen Wissenschaften zu begründen, nicht mit einer Kontinuität zwischen der Philosophie und den empirischen Wissenschaften verträglich sind. Außerdem zieht die Wissenschaftlichkeitsthese die Antifundierungsthese nach sich, weil es nicht länger als die Aufgabe der Philosophie angesehen werden kann, die empirischen Wissenschaften zu begründen, wenn deren Untersuchungen und Resultate für die Philosophie selbst einschlägig und unverzichtbar sind.

Vor dem Hintergrund der skizzierten Abhängigkeiten lässt sich ein abgestufter Begriff des methodologischen Naturalismus gewinnen. Die stärkste Version wäre diejenige, in der die Kontinuitätsthese und infolgedessen auch die beiden anderen Thesen vertreten werden.[481] Vertritt man die Wissenschaftlichkeitsthese ohne die Kontinuitätsthese oder nur die Antifundierungsthese, so ergeben sich schwächere Versionen.[482] Koppelbergs Schema ist fruchtbar, weil es erlaubt, die Frage nach dem methodologischen Naturalismus auf unterschiedliche philosophische Problemstellungen zu beziehen. In der Philosophie des 20. Jahrhunderts war es die Erkenntnistheorie, in Bezug auf die die Frage zuerst diskutiert wurde, wobei Quines Aufsatz „Epistemology Naturalized" (1969) den Anstoß gab. Wie die meisten Interpreten hält Koppelberg Quines Naturalismus in der Erkenntnistheorie für zu extrem. Um dies verdeutlichen zu können, hat er das skizzierte Schema auf die Erkenntnistheorie übertragen und verfeinert.[483] Ich werde nun ebenso vorgehen, mich interessiert hier aber nicht die Erkenntnistheorie, sondern das philosophische Fragen nach dem Menschen.

Um prüfen zu können, inwieweit ein philosophisches Fragen nach dem Menschen in einem methodologischen Sinn naturalistisch ist, schlage ich folgenden Katalog naturalistischer Thesen als Maßstab vor:

---

[480] Die Formulierungen dieser drei Thesen übernehme ich wörtlich von Koppelberg 2000, 83.

[481] Der wichtigste Vertreter dieser Version ist Quine. Siehe etwa das von Koppelberg (ebd., 82) angeführte Zitat aus Quines Aufsatz „Natural Kinds": „I see philosophy not as an a priori propaedeutic or groundwork for science, but as continuous with science".

[482] Die terminologische Frage, ob man im Fall der schwächsten bzw. der schwächeren Versionen überhaupt noch von Naturalismus sprechen sollte, lasse ich offen.

[483] Koppelberg 2000, 83-86.

(1) Die in einem philosophischen Fragen nach dem Menschen verwende-
     ten Begriffe und Normen und die in seinem Rahmen formulierten
     Grundsätze und Ziele sind vollständig in empirischen Wissenschaften
     vom Menschen enthalten.
(2) Das philosophische Fragen nach dem Menschen verfügt nicht über
     genuin philosophische Methoden oder Belege.
(3) In der philosophischen Untersuchung des Menschen gibt es keine Ka-
     tegorien, die außerhalb des Horizonts der empirischen Wissenschaften
     vom Menschen liegen.
(4) Entdeckungen und Resultate der empirischen Wissenschaften sind für
     das philosophische Fragen nach dem Menschen systematisch relevant.
(5) Die Ergebnisse des philosophischen Fragens nach dem Menschen leis-
     ten keine lineare Begründung[484] von empirischen Wissenschaften.

Die Thesen sind Elemente eines methodologischen Naturalismus bezüglich
des philosophischen Fragens nach dem Menschen. Grob gesagt, vertritt jemand einen umso stärkeren Naturalismus, je mehr Thesen er zustimmt. Die
Thesen hängen so miteinander zusammen, dass die Ablehnung einer These
(k) mit der Zustimmung zur These ($k+1$) verträglich ist. Wer beispielsweise
die These (2) ablehnt, also meint, dass die philosophische Untersuchung des
Menschen über genuine philosophische Methoden oder Belege verfügt,
kann trotzdem der Auffassung von These (3) sein, dass es in dieser Untersuchung keine Kategorien gibt, die außerhalb des Horizonts empirischer
Anthropologien liegen. Außerdem besteht ein Zusammenhang zwischen
den fünf Thesen mit den oben genannten Ausgangsthesen des methodologischen Naturalismus. Die Thesen (5) bzw. (4) stehen offenbar in enger Beziehung zur Antifundierungsthese bzw. zur Wissenschaftlichkeitsthese. Dass
die Zustimmung zur Wissenschaftlichkeitsthese möglich bleibt, auch wenn
man eine der Thesen (1)-(3) ablehnt, kann man so werten, dass diese Thesen
Aspekte der Kontinuitätsthese formulieren.
    Eine Position, in der alle fünf Thesen vertreten werden, lässt sich als
„strikter methodologischer Naturalismus" bezeichnen. Für sie ist philosophische Anthropologie „naturalized". Doch kommt sicher keinem der Autoren, die ich in den vorigen Kapiteln untersucht habe, das Etikett eines
strikten Naturalismus zu. Die andere Extremposition dagegen, ein strikter
Anti-Naturalismus, der alle fünf Thesen ablehnt, wird meines Erachtens von
Heidegger vertreten. Seine Position kommt in der Vorlesung *Die Grundbegriffe der Metaphysik* vom Wintersemester 1929/30 zwar in Richtung auf eine
engere Fassung des Verhältnisses zwischen Philosophie und Wissenschaften

---

[484] „Lineare Begründung" verwende ich hier im Gegensatz zu „kohärentistische
Begründung", wo es keine ausgezeichnete Richtung der Begründung gibt, also
wechselseitige Stützung möglich ist. Zu diesen Begriffen siehe Kuhlmann 2007, 69
f.

in Bewegung, doch anders als im Rahmen seiner dort entwickelten Philosophie des Organischen ist Heidegger hinsichtlich seines philosophischen Fragens nach dem Menschen auch in dieser Vorlesung nicht bereit, wissenschaftliche Entdeckungen und Ergebnisse einzubeziehen (Kap. 4.1). Tendenzen zu einem strikten Anti-Naturalismus sind ebenfalls bei Scheler zu beobachten. Er meint auf der einen Seite zwar, die philosophische Anthropologie solle „so viel als möglich von den ‚gesichertsten' Resultaten auch der naturwissenschaftlichen Anthropologien, der Psychologie und Evolutionstheorie, ferner der Ethnologie und Prähistorie [...] lernen" (GW 12: 21). Auf der anderen Seite scheint er jedoch an der traditionellen Position des erkenntnistheoretischen Fundamentalismus festzuhalten, indem er meint, eine philosophische „Anthropologie allein vermöchte den Wissenschaften, die mit dem Gegenstand ‚Mensch' zu tun haben, den naturwissenschaftlichen und medizinischen, den prähistorischen, ethnologischen, geschichtlichen und Sozial-Wissenschaften, der Normal- und Entwicklungspsychologie wie der Charakterologie ein letztes Fundament philosophischer Natur und zugleich auch bestimmte sichere Ziele ihrer Forschung zu geben" (GW 9: 120).

Aufschlussreicher sind meines Erachtens die moderateren Positionen. Aus dem Traum, den empirischen Wissenschaften ihr letztes Fundament geben zu können, ist die Gegenwartsphilosophie inzwischen jedenfalls erwacht. Doch auch Quines Idee eines „replacement naturalism", für die Erkenntnistheorie formuliert, aber auf das philosophische Fragen nach dem Menschen übertragbar, hat sich keineswegs als ein haltbarer Gegenentwurf erwiesen.[485] Der Spielraum moderaterer Positionen wird durch die Ablehnung von (1) eröffnet. Die Ablehnung lässt sich begründen, indem man die Varianten der eingangs dieses Abschnitts skizzierten Überlegungen aufgreift, inwiefern eine moderne philosophische Anthropologie über die biologische Anthropologie hinausgehen kann, ohne den ontologischen Naturalismus hinter sich zu lassen. Ich möchte das hier nur für die erste Variante durchspielen (denke aber, dass sich These (1) auch von den beiden anderen Varianten her zurückweisen ließe).

Ein philosophisches Fragen nach dem Menschen muss berücksichtigen, dass der Mensch durch und durch geschichtlich ist. Entsprechend wird es Begriffe und Normen verwenden sowie Grundsätze und Ziele, die nicht vollständig in den Natur- und Lebenswissenschaften enthalten sind. Doch wird (1) so verstanden, dass dort nicht nur diese, sondern *alle* empirischen

---

[485] Zu der von Quine ausgehenden Auseinandersetzung um die Naturalisierte Erkenntnistheorie siehe die Texte in Kornblith (Hg.) 1994 (vor allem Jaegwon Kims „What is ‚Naturalized Epistemology'?"). – Die Position, die sich durch Übertragung von Quines Auffassung auf das philosophische Fragen nach dem Menschen ergibt, ist durch (1)-(6) charakterisiert. Sie ist meines Erachtens unzutreffend, weil mindestens (1) falsch ist. Siehe dazu das oben Folgende.

Wissenschaften vom Menschen gemeint sind, dann sollte man mit Scheler auf den Zusammenhang zwischen der „immer wachsende[n] Vielfalt der Spezialwissenschaften, die sich mit dem Menschen beschäftigen", und dem Fehlen einer „einheitliche[n] Idee vom Menschen" hinweisen (GW 9: 11). Eine derartige Idee ist nicht in den genannten Spezialwissenschaften enthalten, für das philosophische Fragen nach dem Menschen aber zentral. Cassirer etwa versucht sie im *Essay on Man* durch seine Konzeption des Symbolischen zu konkretisieren.[486] Plessner dagegen bringt angesichts der Zersplitterung der Wissenschaften in seinem Aufsatz „Über einige Motive der Philosophischen Anthropologie" zwei Ideen ins Spiel: die Idee einer „offenen Universitas" – das heißt die demokratische, pluralistische und vom Menschen (statt von Gott) her gedachte Idee eines Orientierung stiftenden, einheitlichen, zugleich aber einen definitiven Abschluss boykottierenden Gesamtbildes theoretischer und praktischer Belange – und die Idee der „Grenzforschung", in der es um die „geheimnisvollen Zwischenzonen der Verklammerung des Wirklichen" gehe, als in theoretischer Hinsicht wichtigstes Vehikel auf dem Weg zur offenen Universitas.[487] Die Wirklichkeit des Menschen stelle dabei in doppelter Hinsicht „den klassischen Fall der Grenzforschung" dar, weil der Mensch „das an Dimensionen reichste Objekt [ist], das wir kennen", und weil er in diesen Dimensionen und ihnen gegenüber zugleich Subjekt ist (GS 8: 121). Plessner meint, die Ideen der offenen Universitas und der Integration von Grenzforschung in Hinblick auf die offene Universitas bilden einen wichtigen Aspekt des philosophischen Fragens nach dem Menschen, sind aber nicht in den einzelnen empirischen Anthropologien enthalten.

Außer auf diese theoretischen Ideen macht Plessner in dem genannten Aufsatz „Über einige Motive der Philosophischen Anthropologie" auf einen weiteren wichtigen Aspekt des philosophischen Fragens nach dem Menschen aufmerksam, der nicht in den empirischen Anthropologien enthalten ist. Er bezieht sich auf die Frage der Bestimmung des Menschen, die in erster Linie ethisch motiviert ist. Plessner meint, diese Bestimmung müsse „so verankert sein [...], daß sie vor aller Diskussion durch die Macht der Überlieferung, der Institutionen, der Sitte bezeugt, gestützt und geschützt ist" (GS 8: 128). Nun ist Plessner keineswegs naiv und sieht deutlich, dass es gewissermaßen zur Signatur der Moderne gehört, dass gerade die moralische

---

[486] In direktem Zusammenhang mit dem oben zitierten Hinweis Schelers meint Cassirer, es gelte „a clue of Ariadne" zu finden, der es uns ermöglicht, das „Labyrinth" von Kenntnissen zu meistern, die uns die empirischen Wissenschaften vom Menschen zur Verfügung stellen (ECW 23: 27). Die unmittelbar folgende Kapitelüberschrift macht deutlich, wo Cassirer die philosophische Antwort sieht: „A Clue to the Nature of Man: the Symbol" (ebd., 28).

[487] Plessner, „Über einige Motive der Philosophischen Anthropologie" (1956); GS 8: 117-120.

Dimension menschlichen Existierens an Festigkeit und Eindeutigkeit verloren hat. Er setzt aber darauf, dass dieser Verlust bzw. die „vollendete[] Aufklärung" kein Verhängnis sei, das kulturkritisch zu monieren wäre, sondern umgekehrt die Chance biete, die Ablehnung jeder als nicht mehr revidierbar verstandenen „Fixierung menschlichen Wesens und seiner Bestimmung" zu stabilisieren (ebd.). Die Bestimmung des Menschen, von deren Verankerung Plessner sprach, ist die des Menschen als *homo absconditus*. Ein Beweggrund moderner philosophischer Anthropologie bestünde also darin, diese Verankerung zu befördern, ein Motiv, das in den empirischen Anthropologien als solchen nicht enthalten ist.

Wenn der strikte methodologische Naturalismus bezüglich des philosophischen Fragens nach dem Menschen nicht zu überzeugen vermag, ist zu untersuchen, wie weit er abgeschwächt werden sollte. Dem obigen Thesenkatalog folgend stellt sich damit die Frage, (2) ob es genuin philosophische Methoden oder Belege für die Untersuchung des Menschen gibt. Die in den vorigen Kapiteln behandelten Autoren scheinen in dieser Frage zuversichtlich zu sein. So beruft sich Cassirer etwa in seiner Kritik am Sensualismus darauf, dass die Annahme eines bedeutungslosen sinnlichen Ausgangsmaterials, aus dessen Gegebenheit in einem zweiten Schritt bedeutungshaftes Vorstellen wird, am *Phänomen* der Erfahrung vorbeigeht. Solche speziell philosophischen Belege kennt auch Plessner, der etwa in seiner Diskussion des Lebendigen *Common sense*-Belege bzw. -Intuitionen in bestimmten Fällen für ausschlaggebend zu halten scheint. Außerdem arbeiten beide Autoren, wenn auch auf verschiedene Weise, in methodischer Hinsicht mit phänomenologisch und hermeneutisch orientierten Analysen und reflexiven Rekonstruktionen von Wirklichkeitszugängen und Ausdrucksverhalten.[488] Meines Erachtens bedarf es weiterer und erneuter Anstrengungen, die von den beiden Autoren verwendeten Methodenelemente zu identifizieren, zu verdeutlichen,[489] zu vergleichen und sachlich auf ihre Tragfähigkeit zu beurteilen. Diesem letzten Ziel könnten auch solche Untersuchungen dienen, die das Verhältnis zwischen Cassirer oder Plessner zur phänomenologischen Methode Edmund Husserls klären. Darüber hinaus wären in Hinblick auf die Prüfung von These (2) auch Methodenreflexionen zum philosophischen

---

[488] Siehe dazu oben Kap. 1.2, Kap. 2.3, Kap. 3.3-3.5 u. Kap. 4.4.

[489] Zum Methodenverständnis einer sich in erster Linie auf Plessner beziehenden Philosophischen Anthropologie hat Hans-Peter Krüger einen interessanten Vorschlag gemacht: Plessners Arbeit sei auf eine komplexe und ineinandergreifende Weise methodisch vierfach orientiert: phänomenologisch, hermeneutisch, an Verhaltenskrisen (Lachen und Weinen) und transzendentalphilosophisch (Krüger 2009, 58 f.). In die weitere Methodendiskussion wären meines Erachtens auch die kritischen Bemerkungen Norbert Meuters zu Plessners phänomenologischer Methode einzubeziehen (Meuter 2006, 223-227).

Fragen nach dem Menschen aus der sich gegenwärtig entwickelnden sprach-
analytisch orientierten Anthropologie in Betracht zu ziehen.[490]

Die These (3), dass es in der philosophischen Untersuchung des Menschen keine Kategorien gibt, die außerhalb des Horizonts der empirischen
Wissenschaften vom Menschen liegen, scheint beinahe ebenso schwer zu
beurteilen wie die vorige These. Das mag zum Teil daran liegen, dass sie
zunächst der Verdeutlichung bedarf. Das folgende Beispiel kann dabei helfen, obwohl es nicht aus dem Bereich des Fragens nach dem Menschen
stammt: In der „Transzendentalen Logik" von Kants *Kritik der reinen Vernunft* liegen die Kategorien in dem Sinne außerhalb des Horizonts der empirischen Wissenschaften, dass sie empirisch nicht revidierbar sind. Der Weg
von den Kategorien zu der von ihnen ermöglichten Erfahrung ist Kant zufolge eine Einbahnstraße. Vor diesem Hintergrund möchte ich die These (3)
nun direkt angehen. Ich denke, dass sie zutrifft, und werde mich, um dies zu
zeigen, einiger Argumente Plessners bedienen.

Als die Grundkategorie der philosophischen Untersuchung des Menschen sollte „Mensch" gelten.[491] Die moderne philosophische Anthropologie könne sich, so Plessner in einem Handwörterbuchartikel zum Stichwort
„Philosophische Anthropologie" „gegenüber den disparaten Erfahrungswis-
senschaften vom Menschen nur unter Berufung auf den von ihnen in unge-
klärter Form verwandten Menschenbegriff legitimieren".[492] Diese Konsequenz ist unausweichlich, bedeutet aber, die eigene Theorie von vornherein
in eine Gefahrenzone zu manövrieren. Denn Plessner sieht richtig, dass die
philosophische Anthropologie vor diesem Hintergrund „mit dem Universale
‚Mensch' ernst machen, das heißt Wesensanalyse treiben" muss.[493] Das
bringt die Gefahr der Reproduktion einer Einbahnstraßenstruktur von der
Philosophie zu den empirischen Wissenschaften vom Menschen mit sich.
Genauer gesagt, droht die philosophische Anthropologie durch die Zweideutigkeit des Wesensbegriffs selbst zu einem zweideutigen Projekt zu werden. Plessner erinnert daher an Folgendes: „Formal sind die Minimalbedingung, der ein Ding, ein Verhalten, eine Äußerung zu genügen hat, um als
menschlich angesprochen zu werden, und die Maximalbedingung, die in
Ausdrücken wie wahrhaft, eigentlich und im höchsten Sinne menschlich als
erfüllt angesehen wird, zweierlei. Im Begriff essentia-Wesen treten beide

---

[490] In diesem Zusammenhang ist neben Tugendhat 2003, 163-170, auch auf Hackers anthropologisches Programm hinzuweisen, dessen Grundzüge im Auftaktka-
pitel von Hacker 2007 vorgestellt werden. Siehe die methodenkritischen Anmerkungen zu Hackers Projekt bei Quante 2008.

[491] Dass dies nicht selbstverständlich ist, zeigt Heideggers nicht-anthropologisches Fragen nach dem Menschen.

[492] Plessner 1957, 186.

[493] Ebd.

Bedeutungen ungeschieden auf".[494] Die genannte Minimalbedingung knüpft an die Rede vom Wesen des Menschen im Sinne eines Prinzips seiner Ansprechbarkeit an. Als dieses Prinzip hatte Plessner das der exzentrischen Positionalität herausgearbeitet.

Neben dem Prinzip der Ansprechbarkeit hat Plessner in *Macht und menschliche Natur* das der Verbindlichkeit der Unergründlichkeit des Menschen eingeführt und begründet. Durch jedes der beiden Prinzipien wird die Verabsolutierung des jeweils anderen verhindert. Beide zusammen bringen das philosophische Fragen nach dem Menschen damit in ein Gleichgewicht, das eine gute Grundlage für die Beurteilung der These (3) bietet. Denn sofern das Prinzip der exzentrischen Positionalität vor seiner Verabsolutierung geschützt ist – so kann man mit dem erwähnten Handwörterbuchartikel Plessners sagen –, „umfaßt [es] die Bedingungen der Möglichkeit des Menschseins, ohne auf einen Sinn von Sein oder ein bestimmtes Menschlichkeitsideal notwendig zu verweisen. Anthropologie darf sich also weder in Sachen Ontologie noch in Sachen Ethik als engagiert betrachten. Sie hat die Kriterien der Menschhaftigkeit *im Horizont möglicher Erfahrung* herauszufinden, wobei dem gleitenden Charakter der für sie notwendigen Bedingungen, der Offenheit der condition humaine Rechnung zu tragen ist und auch getragen werden kann".[495] Das Argument lässt sich damit so formulieren: Die moderne philosophische Anthropologie erläutert ihre Grundkategorie „Mensch" durch das Prinzip der exzentrischen Positionalität. Da es sich dabei um ein Prinzip der Ansprechbarkeit handelt, dessen Verabsolutierung zu einem Konstitutionsprinzip des Menschseins durch das Prinzip der Verbindlichkeit der Unergründlichkeit des Menschen verhindert wird, steht die an ihm orientierte Erforschung der „Menschhaftigkeit" sowie es selbst im Horizont der Geschichte und der möglichen Erfahrung inklusive der wissenschaftlichen. Daher kann sich innerhalb dieses Horizonts Revisionsbedarf selbst an der kategorialen Struktur des philosophischen Fragens nach dem Menschen ergeben. Der These (3) ist also zuzustimmen.

Dieses Resultat führt mich auch zu einer positiven Beurteilung der Thesen (4) und (5). Denn wenn die zur philosophischen Untersuchung des Menschen gehörenden Kategorien in dem Sinne im Horizont der empirischen Wissenschaften vom Menschen liegen, dass sie dort revidierbar sind, dann gilt zweierlei: Zum einen (4) haben die Entdeckungen und Resultate dieser Wissenschaften für jene Untersuchung nicht nur illustrierenden Charakter, sondern systematische Relevanz; zum anderen (5) können die Ergebnisse der philosophischen Untersuchung des Menschen keine lineare Begründung empirischer Wissenschaften vom Menschen leisten.[496] Selbstverständlich bedeutet die Preisgabe des traditionellen Anspruchs auf lineare

---

[494] Ebd., 187.
[495] Ebd.; Hvh. v. mir, M. W.
[496] Zum Begriff der linearen Begründung siehe oben Anm. 484.

Begründung der empirischen Wissenschaften nicht, dass damit auch die Möglichkeit entfällt, in eine kritische Auseinandersetzung mit diesen einzutreten. Auf die Frage, welche Gestalt eine solche Auseinandersetzung von Plessner her und in der heutigen philosophischen Anthropologie annehmen kann, werde ich am Ende des folgenden Abschnitts noch einmal zurückkommen.

Hier ist deutlich geworden, dass eine der wichtigsten konzeptionellen Aufgaben einer gegenwärtigen philosophischen Anthropologie darin besteht, die systematischen Beziehungen zwischen dem philosophischen Fragen nach dem Menschen und dem Naturalismus zu klären. In der weiteren Forschung dazu wird insbesondere die Diskussion der Frage nach genuin philosophischen Methoden und Belegen fortzusetzen sein. Da die Kategorien, die zur philosophischen Untersuchung des Menschen gehören, auch in den Horizont der empirischen Anthropologien fallen, schlage ich vor, die genannte Aufgabe im Sinne eines moderaten methodologischen Naturalismus anzugehen. Der oben skizzierte ontologische Naturalismus kann dafür als eine gute Ausgangsbasis gelten. Ein Vorteil ist, dass er offen genug ist, um einen ontologischen Pluralismus zuzulassen, wie er sich etwa aus Plessners Stufenlehre ergibt. Menschen sind Natur- bzw. Lebewesen ohne außernatürliche Zutat, aber nicht nur körperliche, sondern auch leibliche Lebewesen, und nicht nur körperleibliche, sondern auch personale bzw. geistige Lebewesen. Auf den höheren Stufen kommen über die Kategorien des „Körper-seins", solche des „Im-Körper-seins" und des „Außer-dem-Körper-seins (als Blickpunkt)" hinzu. Diese philosophischen Kategorien fallen in den Horizont unterschiedlicher empirischer Wissenschaften, aber sie sind nicht aufeinander reduzierbar. Sie gehören, wie man in terminologischer Anknüpfung an Nicolai Hartmann formulieren könnte, verschiedenen Kategorienschichten an. Und Dinge, die nicht dieselben Kategorienschichten der realen Welt instantiieren, wären zwar ohne jeden Abstrich Naturwesen, aber ontologisch verschiedene Dinge.

5.3 Tier und Mensch

Die Frage nach dem Tier-Mensch-Verhältnis ist seit jeher von zentraler Bedeutung für die philosophische Anthropologie. Sie lässt sich auf verschiedene Arten stellen. Da ein Großteil der heutigen Diskussion im Zeichen des Naturalismus steht, möchte ich als erstes die Frageweise nennen, die sich aus der weit verbreiteten Rede von „Menschen und anderen Tieren" ergibt.[497] Menschen werden dabei als eine bestimmte Art von Lebewesen verstanden und als *homo sapiens* ins Tierreich eingeordnet. Man kann diesen

---

[497] Siehe beispielsweise Dupré 2002 und Tugendhat 2003, 7-9.

Begriff des Menschen den „zoischen" nennen. Damit meine ich nicht, dass die Frage nach dem so verstandenen Menschen eine zoologische Frage ist (obwohl sie das auch sein mag), sondern dass sie nach der *differentia specifica* innerhalb der Gattung „ζῷον" fragt. Der Prototyp eines solchen zoischen Begriffs des Menschen ist „ζῷον λόγον ἔχον"; auch „animal rationale" und „homo faber" sind solche Begriffe. Entlang der Leitlinie der Rede von „Menschen und anderen Tieren" wird die Frage nach dem Tier-Mensch-Verhältnis damit zu einer Frage nach dem Verhältnis zwischen Gattung und Art.

Die Rede von „Menschen und anderen Tieren" wird von manchen als provokant empfunden, da sie offenbar den Eindruck zu erwecken vermag, dass, wer sie nicht ganz angemessen findet, Sympathien für einen Anti-Darwinismus hegt. Wer die Redeweise zurückweist, ist jedoch keineswegs auf eine solche Position festgelegt. Das lässt sich anhand des Begriffs „Tier" verdeutlichen, den wir offenbar nicht nur in einer Menschen inkludierenden, sondern auch in einer Menschen exkludierenden Weise verwenden. Dazu ein Beispiel: Zusammen mit einem Freund beobachte ich, wie zwei Hundebesitzer im Park Bälle für ihre insgesamt drei Hunde werfen. Wenn nun mein Freund zu mir sagt „Schau, da sind fünf Tiere, zwei davon sind Menschen", dann hat er den zoischen Begriff des Menschen völlig korrekt verwendet, aber ich würde seine Bemerkung für einen Witz oder für ziemlich seltsam halten. Der Grund dafür ist, dass es einen gut verankerten Begriff von „Tier" gibt, unter den die Menschen gerade nicht fallen. Und das weist auf einen Begriff des Menschen hin, der ebenso gut etabliert ist wie der zoische, sich von diesem aber unterscheidet, das heißt zu anderen Urteilen führt. Wer diesen Begriff im Sinn hat, wird der Aussage „Menschen sind keine Tiere" zustimmen und daher die Rede von „Menschen und anderen Tieren" ablehnen, ohne dass man ihn deshalb schon des Anti-Darwinismus verdächtigen wird. Ich möchte diesen Begriff des Menschen den „exklusiven" nennen. Ein gutes Beispiel für einen solchen Begriff ist Heideggers Daseinsbegriff. Er wird in *Sein und Zeit* nicht unter einen Gattungsbegriff subsumiert, in Bezug auf den nach der *differentia specifica* gefragt wird. Vielmehr wird vom Dasein selbst her und mit Blick auf sein „Sein", dessen „Sinn" und „Grund" bestimmt.

Der Gegensatz zwischen dem zoischen und dem exklusiven Begriff des Menschen lässt sich vielleicht vermitteln. Wenn der Vertreter eines zoischen Begriffs des Menschen von „Menschen und anderen Tieren" spricht, dann ist bereits ein zweifacher Tierbegriff im Spiel. Denn diese Redeweise weist nicht nur darauf hin, dass auch der Mensch ein Tier ist, sondern auch darauf, dass er sich von den „anderen" bzw. den gewöhnlichen oder bloßen Tieren unterscheidet. Und so wie der Satz „Menschen sind Tiere" für den Gattungsbegriff „Tier" wahr ist, ist er für den Begriff von gewöhnlichen oder bloßen Tieren falsch. Wer den zoischen Begriff des Menschen vertritt, möchte demnach lediglich den ersteren Begriff des Tiers stärker betonen, während der Vertreter des exklusiven Begriffs des Menschen den letzteren Begriff des Tiers hervorheben möchte. Die Differenz zwischen beiden Positionen wäre also nicht prinzipieller Art, sondern eine Frage der Akzentuierung.

Leider ist die Lage komplizierter. Denn aus Sicht des Vertreters des exklusiven Begriffs des Menschen erfolgt der begriffliche Übergang nicht in ein und demselben Register, sondern ihm liegt ein Wechsel des Rahmens zugrunde. Die Meinung, dass Menschen keine Tiere sind, ist im Vergleich zu der Gegenmeinung, dass Menschen Tiere sind, vortheoretischer Art. Sie ist, wie das Beispiel des Parkbesuchs zeigt, lebensweltlich tief verankert. Zudem kommt mit dieser vortheoretischen, lebensweltlichen Position ein neuer Aspekt ins Spiel, der in den positiven Wissenschaften keine Rolle spielt. Die Frage nach dem Tier-Mensch-Verhältnis läuft nicht der nach dem Insekt-Biene-Verhältnis oder Ameise-Biene-Verhältnis parallel, sondern ist eine Frage nach dem Verhältnis zwischen *uns* und Tieren (wobei sekundär ist, welcher Tierbegriff dabei im Spiel ist).

Sofern wir es sind, die als Menschen in dem Tier-Mensch-Verhältnis stehen, kommen zwei Richtungen der Untersuchung dieses Verhältnisses in Frage: von uns zu Tieren hin oder umgekehrt. Als ein Beispiel für erstere Untersuchungsrichtung kann das gelten, was Heidegger in *Sein und Zeit* vorschwebt, wenn er „Leben" als eine den Tieren (und Pflanzen) „eigene Seinsart" begreift, die „wesenhaft nur zugänglich im Dasein" sei (SuZ 50). Denn wenn die so verstandene Seinsart der Tiere nicht von sich her in den Blick kommen kann, muss das Tier-Mensch-Verhältnis in ontologischer Hinsicht von uns zu den Tieren hin untersucht werden. Sowohl wir als auch Tiere sind für Heidegger Seiende, die ontisch bzw. empirisch-wissenschaftlich zwar in einer biologischen Kontinuität stehen mögen („Menschen sind Tiere"), aber als Seiende bzw. ontologisch von grundverschiedener Art sind: Während die Seinsart von uns Existenz ist, sei die der Tiere Leben („Menschen sind keine Tiere"). Die Grundlage für diese ontologische These findet Heidegger in einer Phänomenologie oder Hermeneutik des alltäglichen Daseins, die die soeben als lebensweltlich und vortheoretisch bezeichneten Aspekte unseres Selbst- und Weltverständnisses einfängt. Sollten wir nun, ontologisch betrachtet, keine Tiere sein, dann lässt sich auch nicht von einer Untersuchung von Tieren her klären, was oder wer wir in ontologischer Hinsicht sind. Die Differenz ergibt sich hier also nicht einfach aus verschiedenen Betonungen von Begriffen, sondern aus der Verschiedenheit der Rahmen, in denen diese Begriffe verwendet werden. Da diese Rahmen zudem in einem hierarchischen Verhältnis stehen, d. h. der ontologische als das Fundament des ontischen gilt, muss auch der exklusive Begriff des Menschen systematisch vorrangig gegenüber dem zoischen sein.

Doch das Verhältnis zwischen uns und Tieren kann auch von Tieren zu uns hin untersucht werden. Ein Paradebeispiel für diese Untersuchungsrichtung gibt die Evolutionsbiologie mit ihrem Projekt einer Erklärung des „Descent of Man" ab. Sie stellt auch die Bedeutsamkeit des zoischen gegenüber dem exklusiven Begriff des Menschen wieder heraus – von Heidegger her müsste man allerdings einwenden: nur auf der ontischen bzw. wissenschaftlichen, nicht aber auf der ontologischen bzw. philosophischen Ebene. Doch der Einwand setzt eine Diskontinuität zwischen Philosophie und Wissenschaften voraus, die zweifelhaft ist (vgl. Kap. 5.2), und wird damit selbst zweifelhaft. Das macht es aber nicht überflüssig, das Recht des zoischen Begriffs des Menschen darüber hinaus auch im philosophischen Rahmen zur Geltung zu bringen. War nicht genau dies das Projekt der modernen philosophischen Anthropologie? Scheler entwickelt eine *bottom-up*-Stufenfolge des Lebendigen, die in systematischer Orientierung an biologischen Erkenntnissen vom Gefühlsdrang bis zur Intelligenz reicht, und dann in Hinblick auf uns Menschen noch um die Stufe des Geistes ergänzt wird. Auch Plessners Entwicklung einer Theorie von Positionalitätsstufen scheint durch die Richtung von unten nach oben bestimmt zu sein. Ihr Ausgangspunkt ist die Frage nach der Unterscheidung zwischen bloßen und lebendigen Dingen und sie mündet im Konzept der exzentrischen Positionalität. Plessner hat der Exklusivität von Heideggers philosophischem Begriff des Menschen und sogar dem systematischen Primat dieses Begriffs vor dem zoischen auch explizit widersprochen. Das Diktum, in dem er diesen Widerspruch zusammenfasst, lautet: „Leben birgt Existenz".[498] Wir Menschen und Tiere sind uns demnach auch in ontologischer Hinsicht nicht ganz fremd.

Genauer betrachtet, und das scheint mir für die philosophische Anthropologie heute wichtig zu sein, lässt sich Plessner nicht einfach als der symmetrische Gegenspieler Heideggers einordnen. Dass die Frage nach dem Tier-Mensch-Verhältnis von uns Menschen gestellt wird, bedeutet seiner reflexiven Anthropologiekonzeption zufolge nicht nur, dass wir selbst in diesem Verhältnis stehen, sondern auch, dass wir selbst es sind, die nach ihm fragen. Das ist in bestimmter Hinsicht trivial, aber nicht in jeder. Denn in das Wissen, dass wir Menschen es sind, die nach dem Tier-Mensch-Verhältnis fragen, geht jeweils nicht nur ein abstrakter Begriff des Menschen ein, sei er zoisch oder exklusiv, sondern ein konkretes menschliches Selbstverständnis. Was nicht trivial ist, sind die methodologischen Konsequenzen, die das für die Frage nach dem Tier-Mensch-Verhältnis und für die Anthropologie insgesamt hat. Sie sind sowohl (a) praktisch als auch (b) theoretisch bedeutsam.

---

[498] GS 8: 343. – Zur Auseinandersetzung zwischen Plessner und Heidegger in diesem Punkt siehe insbesondere die Aufsätze Helmuth Fahrenbachs (Fahrenbach 1970a und 1990).

(a) Daraus, dass in die Frage nach dem Tier-Mensch-Verhältnis und alle Anthropologie schon ein konkretes menschliches Selbstverständnis eingeht, meinte eine fundamentale Kritik jeder philosophischen Anthropologie, auch noch der modernen, einen Strick drehen zu können. Denn bei dem involvierten menschlichen Selbstverständnis könne es sich nur um ein irgendwie partikulares handeln. Gleichwohl würden universelle anthropologische Aussagen an es angeschlossen. Schreibt die Anthropologie diesen nun ‚ontologische' Dignität zu, so wird sie, wie Jürgen Habermas betont hat, „unkritisch und führt am Ende gar zu einer Dogmatik mit politischen Konsequenzen, die umso gefährlicher ist, wo sie mit dem Anspruch wertfreier Wissenschaft auftritt".[499] Habermas nimmt dabei Arnold Gehlens *Urmensch und Spätkultur* ins Visier,[500] wo eine besondere Struktur primitiver Kulturen verallgemeinert und der menschlichen Natur schlechthin zugeordnet werde und dann aus dieser, so Habermas, angeblich „die Notwendigkeit einer autoritär verfassten Gesellschaft" entspringe.[501] Doch ist Gehlen nur ein Beispiel und an vergleichbaren Partikularismen kein Mangel. Ein weiteres Beispiel nennt Dietmar Kamper, der in Bezug auf die Anthropologie der Aufklärungszeit feststellt, dass „in die anthropologische Erkenntnis dessen, was ist, ‚selbstverständliche' Bestimmungen eingeflossen sind, die keineswegs aus irgendeiner ‚Natur des Menschen', sondern aus der revolutionären Praxis des aufsteigenden Bürgertums stammten: so etwa die pure Selbstbehauptung eines solipsistisch gedachten Individuums gegenüber der außermenschlichen Natur und anderen Individuen".[502] Kürzlich hat Marc Rölli ähnlich in Bezug auf die Anthropologie des nachklassischen 19. Jahrhunderts argumentiert; dort habe ein partikulares menschliches Selbstverständnis in „der Wissenschaft" die wirksamste Form gefunden, seine Partikularität unsichtbar zu machen bzw. seine Universalität zu inszenieren.[503]

---

[499] Habermas 1958, 32 f.
[500] Gehlen 1956.
[501] Habermas 1958, 33.
[502] Kamper 1973, 12.
[503] Siehe Rölli 2011, 26 f., 40 f. u. ö. – Dafür stellt auch der Behaviorismus ein gutes Beispiel dar. In den Worten Mary Midgleys: „The behaviourist belief in outside conditioning as the sole source of human behaviour makes inner freedom, in the sense of spontaneous, self-determining choice, a meaningless concept. Aldous Huxley immediately saw this in the early days of Behaviourism and displayed the point plainly and fairly in *Brave New World*. Skinner himself did not deny the charge. […] It finally became clear that the political bias of his work was towards a hierarchical arrangement in which most people were indeed to be regarded as blank paper, passive raw material ready to be conditioned *by the psychologists*, who would alone possess the kind of autonomy that enabled them to direct education" (Midgley 2000, 52).

Auch Plessner hält die Partikularität des menschlichen Selbstverständnisses in einem gewissen Sinne für unumgänglich. Sie ergibt sich für ihn aus der geschichtlichen Verfasstheit allen Verstehens. Entsprechend sieht auch er eine Bedrohung für das Gelingen einer philosophischen Anthropologie darin, irgendeine Ausprägung solcher Partikularität zu verabsolutieren. Seine „Anthropologie der geschichtlichen Weltansicht" hat dem genannten anthropologiekritischen Gedanken und den möglichen politischen Bedenken gegen eine Wesenslehre des Menschen von vornherein Platz geschaffen – allerdings nicht ohne darauf hinzuweisen, dass die Anthropologiekritik zu einer Bedrohung ihres eigenen Gelingens werden kann, wenn das Setzen der Partikularität allen menschlichen Selbstverständnisses dahingehend selbst verabsolutiert wird, dass damit die Möglichkeit geleugnet wird, aus einem solchen Verständnis könne sich ein legitimer universeller Anspruch ergeben. Denn formal begeht sie dann genau den Fehler, auf den sie zu Recht hingewiesen hatte, den einer Verabsolutierung, aber auch inhaltlich droht ihr Verzicht auf jeglichen universellen Anspruch herbeizuführen, was sie vermeiden wollte, und zwar politisch fragwürdige Konsequenzen. Insbesondere wird sie dann auf die Idee der Menschenrechte verzichten müssen. Diese sind das Paradebeispiel einer politischen Institution, die im Horizont eines partikularen menschlichen Selbstverständnisses im Europa des 17. und 18. Jahrhunderts in die Welt kam, dem Anspruch nach aber universal ist. Dass sie gelten, ist eine Deklaration, die mit Plessner als ethisch-politische Übersetzung des Prinzips der Verbindlichkeit der Unergründlichkeit des Menschseins verstanden werden kann.[504]

(b) Dass in alle Anthropologie bereits ein menschliches Selbstverständnis eingeht, hat Plessner schon in den *Stufen des Organischen und der Mensch* klar gemacht. In der Forschung wird das hin und wieder übersehen.[505] Doch

---

[504] Zur These, dass es sich bei dem Unergründlichkeitsprinzip um ein ethisches Prinzip handelt, und zu seiner Begründung vgl. Kap. 4.4.

[505] Als Beispiel dafür kann der Aufsatz Gutmann/ Weingarten 2005 gelten. Zunächst erklären die Autoren in Anknüpfung an Buytendijk (und meines Erachtens ganz richtig): „Eine Bestimmung des Menschen auf der Ebene alltäglichen Redens oder (methodisch später) in einer Wissenschaft vom Menschen ist Voraussetzung dafür, Mensch und Tier vergleichen zu können" (ebd., 186). Plessner gerate jedoch in Widerspruch zu dieser Voraussetzung, indem er sich vornehme, die Bestimmung des Menschen über die des Tiers zu gewinnen: „Genau umgekehrt sind die begrifflichen Abhängigkeitsverhältnisse bei Plessner: Um den Menschen als exzentrisch-positional bestimmen zu können, muss der Begriff der Positionalität über das Tier eingeführt worden sein" (ebd.). Dass Plessner die „Problematik eines solchen Vorgehens" nicht bemerke, so die Autoren, verweise „auf grundsätzliche Defizite im Philosophie-Verständnis der Philosophischen Anthropologie" (ebd.). Man müsste dieser Kritik zustimmen, wenn Plessners Exzentrizitätsbegriff bloß das Resultat des in den *Stufen des Organischen* unternommenen Stufengangs wäre. Ein wichtiges Inter-

dass der Mensch ein exzentrisches Lebewesen ist, ist nicht allein das Resultat des naturphilosophischen Gangs die Positionalitätsstufen hinauf, sondern für diesen Gang selbst und die philosophische Methode von Bedeutung. Exzentrizität, so hatte Plessner dies schon im Vorwort der *Stufen des Organischen* formuliert, sei „Boden und Medium der Philosophie" (Stufen, VI). Seines Erachtens muss in die Frage nach dem Tier-Mensch-Verhältnis und in alle Anthropologie daher das Selbstverständnis des Menschen als exzentrisch positioniertes Lebewesen bereits eingehen. Entsprechend ist Plessner ganz auf der Höhe des von Mathias Gutmann formulierten Gedankens, „daß die Rede über den Menschen und seinen Leib, die Beschreibung dieses Leibs als Körper der methodische Anfang der Strukturierung von Körpern nichtmenschlicher Lebewesen ist. Die *Strukturierung* selber also erfolgt letztlich unter Verweis auf menschliche Verhältnisse".[506] Die phänomenologisch, begrifflich und argumentativ gestützte *bottom-up*-Entwicklung dieser Strukturierung, das heißt Plessners Deduktion der Vitalkategorien, führt in seiner philosophischen Biologie, von dem in sie eingegangenen menschlichen Selbstverständnis her gesehen, „zurück" zur exzentrischen Positionalität. Diese Schleife adaptiert für die Naturphilosophie, wovon Kant in seiner Erkenntnistheorie profitiert hat, als er das Verfahren des Naturwissenschaftlers beschrieb, „demjenigen, was die Vernunft selbst in die Natur hineinlegt, gemäß, dasjenige in ihr zu suchen (nicht ihr anzudichten), was sie von dieser lernen muß, und wovon sie für sich selbst nichts wissen würde".[507] Ein wichtiger Unterschied zu Kant besteht allerdings darin, dass Plessners methodologischer Naturalismus es verhindert, dass das in die Natur hineingelegte Selbstverständnis des Menschen als exzentrisch-positioniertes Wesen gegen Revision immun ist.[508]

Wenn bereits in die Frage nach dem Tier-Mensch-Verhältnis und in alle Anthropologie irgendein konkretes menschliches Selbstverständnis eingeht und für die dortigen Strukturierungen als methodischer Anfang und Bezugspunkt fungiert, dann lässt sich ein solches Selbstverständnis auch an den jeweiligen anthropologischen Grundausrichtungen, Forschungsschwerpunkten und -methoden kenntlich machen. Eine philosophische Anthropologie hat heute die Aufgabe, dabei zu helfen, die in der Regel impliziten

---

pretationsresultat der vorliegenden Arbeit ist jedoch, dass gerade dies nicht der Fall ist (vgl. gebündelt dazu Kap. 4.5).

[506] Gutmann 2001, 71.

[507] Kant, *Kritik der reinen Vernunft*, B XIV.

[508] Von einem Revisionsvorschlag darf vor dem Hintergrund der mehrdimensionalen Anlage von Plessners Denken aber verlangt werden, dass er sich nicht nur in der vertikalen, naturphilosophischen Untersuchungsrichtung, sondern auch in der horizontalen, geschichtsphilosophischen ausweisen lässt. Letzteres bedeutet insbesondere, dass er sich mit dem Prinzip der Verbindlichkeit der Unergründlichkeit des Menschen konfrontieren müsste.

menschlichen Selbstverständnisse etwa der Tierpsychologie, des Behaviorismus und der Kognitiven Ethologie oder beispielsweise der japanischen und der westlichen Primatenforschung[509] kenntlich zu machen und zu vergleichen.

Der Anspruch einer sich von Plessner her verstehenden philosophischen Anthropologie würde aber darüber hinausreichen. Auf der Grundlage von *Die Stufen des Organischen und der Mensch* und von *Macht und menschliche Natur* wäre mit Plessner dafür zu argumentieren, dass ein menschliches Selbstverständnis, das in die Frage nach dem Tier-Mensch-Verhältnis und alle Anthropologie eingeht, durch zwei Prinzipien bestimmt sein sollte: das Prinzip der exzentrischen Positionalität und das Prinzip der Verbindlichkeit der Unergründlichkeit des Menschen. Diese Prinzipien erhalten damit eine kritische Funktion für die Beurteilung anthropologischer Forschungsprojekte. Mögliche Kritikpunkte könnten dann etwa die Ausklammerung der Organismus-Umwelt-Beziehung, die einseitige Betonung der vertikalen oder der horizontalen Vergleichsdimension, die zentrische Verkürzung des Menschen oder die Festschreibung seines Wesens sein.

Das Projekt, Plessners philosophische Anthropologie in diesem Sinne in ein kritisches Gespräch mit bestimmten anthropologischen Forschungsunternehmen zu bringen, wird heute etwa von Hans-Peter Krüger verfolgt. In seinem Buch *Gehirn, Verhalten und Zeit* (2010), das die „Philosophische Anthropologie als Forschungsrahmen" etablieren möchte, hat er das hinsichtlich der Hirnforschung und ihrer über die Neurologie hinausgehenden anthropologischen Ansprüche (Gerhard Roth und Wolf Singer) sowie hinsichtlich der vergleichenden Verhaltensforschung von Michael Tomasello und Mitarbeitern vorgeführt.[510] Krüger ist damit eine wichtige Aufgabe bereits ange-

---

[509] Zu letzterem siehe die Hinweise bei De Waal 2002.

[510] Was ich oben die kritische Funktion der philosophischen Anthropologie für die Beurteilung anthropologischer Forschungsprojekte genannt habe, wird von Krüger „transzendentalphilosophisch" formuliert: Es gehe der philosophischen Anthropologie um die transzendentale Rekonstruktion derjenigen praktischen Präsuppositionen, die in empirischen und näherhin lebenswissenschaftlichen Forschungen in Anspruch genommen werden und diese ermöglichen (Krüger 2010, 19, 48). Krüger zeigt, dass die neurobiologische Hirnforschung dahin tendiert, diese Präsuppositionen zu vergessen und ihre eigenen Verstehensprobleme zu überspringen – so, wenn sie das, was „nur in der wissenschaftlichen Praktik selbst vorkommt", „wie Beobachtung, Hypothesenbildung und Überprüfung von Modellen [...], in die interne Funktionsweise des Gehirnes" projiziert (ebd., 89) und diese hermeneutischen Projektionen dann in der Folge als ihre Erklärungsleistung missversteht (ebd., 22, 110). Deutlich positiver sieht Krüger das Programm der vergleichenden Verhaltensforschung von Michael Tomasello et al. Es stehe einer von Plessner inspirierten philosophischen Anthropologie darin viel näher, dass es „sowohl den *horizontalen* Vergleich der Soziokulturen des *homo sapiens sapiens* untereinan-

gangen, die sich der philosophischen Anthropologie heute stellt. Sie wäre in zwei Richtungen weiter zu verfolgen. Zum einen müsste die Auseinandersetzung auf das Feld anderer Ansätze zu empirischen Anthropologien erweitert werden, etwa auf das Feld der Kognitionswissenschaft nach ihrem Schritt von der GOFAI zum Paradigma der „Situated Cognition".[511] Zum anderen wäre die Diskussion auch mit anderen philosophischen Ansätzen zu einer Anthropologie zu führen, etwa mit Konzeptionen einer phänomenologischen Anthropologie,[512] einer sprachanalytischen Anthropologie[513] oder einer eher naturalistisch orientierten analytischen Anthropologie[514].

5.4 Organismus und Person

Der Begriff des Menschen steht in engem Zusammenhang zu dem der Person. Das wurde zu Beginn dieses Kapitels schon an einem Beispiel sichtbar. Harry Frankfurts Personbegriff ist an das Konzept der Volitionen zweiter Stufe gebunden und konnte damit als ein Spezialfall von Plessners Begriff der exzentrischen Positionalität gelten. Plessner bezeichnet Lebewesen, die positional in dieser Weise charakterisiert sind, übrigens selbst auch als „Per-

der als auch den *vertikalen* Vergleich humaner mit den non-humanen Lebensformen" zur Spezifikation des Menschen heranzieht (ebd., 127). So werden etwa horizontal der Spracherwerb „von Menschenkindern in verschiedenen Soziokulturen" und vertikal die „Ontogenese von Menschenkindern im Vorschulalter mit anderen Primaten" verglichen (ebd.). Da beide Vergleichsreihen sich aufeinander beziehen lassen, gewinnt man Kontroll- und Korrekturmöglichkeiten, mit denen sich die methodischen Verengungen rein naturalistischer oder rein kulturalistischer Anthropologien vermeiden lassen.

[511] Der Ausdruck „GOFAI" steht für „Good Old Fashioned Artificial Intelligence" und wurde von John Haugeland zur Beschreibung eines seines Erachtens überholten Paradigmas der Forschung zur Künstlichen Intelligenz verwendet (Haugeland 1985, 112). An die Stelle dieses Paradigmas der Kognitionswissenschaft sind heute Ansätze getreten, die mit den Stichworten „embodied/ embedded/ extended mind" operieren. Die Herausgeber eines Handbuchs, das einen Überblick über diese Ansätze gibt, haben „situated cognition" als Oberbegriff für die genannten Stichworte vorgeschlagen (Robbins/ Aydede (Hgg.) 2009, 3). Grundtexte der Debatte sind in Fingerhut/ Hufendiek/ Wild (Hgg.) 2013 versammelt.

[512] Siehe dazu Schnell 2011 sowie zu Marc Richirs phänomenologischer Anthropologie Gondek/ Tengelyi 2011, 285 ff.

[513] Tugendhat 2003 und 2007, Hacker 2007. Siehe auch schon Bennett 1964.

[514] Ein Beispiel für eine solche Position ist Markus Wilds „Tierphilosophie im engen Sinn", die nicht wie die Tierphilosophie im weiten Sinn durch bestimmte Problemfelder (Geist der Tiere, anthropologische Differenz, Tierethik) charakterisiert ist, sondern diejenige „grundlegende philosophische Betrachtungsweise" ist, die den Menschen philosophisch-naturalistisch als Tier betrachtet (Wild 2013, 18, 32-40).

sonen" (Stufen, 293). Noch größer scheint die Nähe seines Begriffs des Menschen zu analytisch geprägten Personbegriffen im Fall der Konzeption Daniel Dennetts zu sein.[515] Grob gesagt, lassen sich die von Dennett entfalteten „Bedingungen der Personalität" auf die Formel „Fähigkeit zu Intentionen zweiter Stufe plus Selbstbewusstsein" bringen. Intentionen zweiter Stufe sind dabei intentionale Zustände, deren Gegenstände andere intentionale Zustände sind. Während sich Frankfurts Personbegriff auf Wünsche und Wollen bezieht, weitet Dennett dies auf alle Typen von intentionalen Zuständen aus und nimmt noch das Selbstbewusstsein hinzu (das in Frankfurts Volitionen zweiter Stufe in gewisser Weise schon enthalten ist). Dennetts Personbegriff kann in dieser Hinsicht als eine Verallgemeinerung des Frankfurtschen in Richtung auf einen Plessnerschen Personbegriff gelten. Wenn man bedenkt, dass Dennetts Konzept von Intentionalitätsstufen in der Kognitiven Ethologie, bei Dorothy Cheney und Robert Seyfarth, als ein Leitfaden für die Frage nach den kognitiven Fähigkeiten bei Affen fungiert,[516] dann könnte man Plessner, obwohl hier kein wirklicher Einfluss vorliegt, als einen konzeptuellen Ahnherrn dieser ethologischen Forschungslinie betrachten.

Das darf allerdings nicht darüber hinwegtäuschen, dass die Beziehung zwischen den Personbegriffen von Plessner auf der einen und Frankfurt und Dennett auf der anderen Seite, insgesamt betrachtet, weniger innig ist, als es den Anschein haben mag. Um das zu verdeutlichen, möchte ich kurz auf John Locke eingehen, weil es die von ihm begründete Tradition der Philosophie der Person ist, in der Frankfurt und Dennett stehen, Plessner jedoch nicht. Locke hat den Personbegriff in einer Weise vom Begriff des Menschen abgehoben, die bis heute enorm einflussreich ist. An einer Stelle des *Essay concerning Human Understanding* bestimmt er Menschen als Lebewesen einer bestimmten Gestalt („an animal of such a certain form"); demgegenüber sind Personen für ihn, grob gesagt, genau die Wesen, die über Selbstbewusstsein und Vernunft verfügen.[517] Lockes Unterscheidung ist auch darin wegweisend, dass sie eine Problemlage eröffnet hat, die auch in der heutigen Philosophie der Person noch nicht überwunden scheint. Denn wenn für Personalität der Besitz bestimmter Fähigkeiten konstitutiv ist, dann ergeben sich Schwierigkeiten in Hinblick auf die Fragen, ob jeder Mensch eine Person ist und ob einige nicht-menschliche Wesen Personen

---

[515] Siehe dazu Dennett 1976.

[516] Siehe Dennett 1983 und Cheney/ Seyfarth 1990, 192-195, 232 u. 275-338. – Für einen neueren Überblick über die empirischen Forschungen zu der damit verbundenen Frage nach einer „theory of mind", und zwar bei Schimpansen, vgl. Call/ Tomasello 2008.

[517] Locke, *An Essay concerning Human Understanding*, II, 27, §§ 8-9. Zum Begriff des Menschen und seinem Verhältnis zum Personbegriff bei Locke siehe Thiel 1983, 44 ff.

sind. Von diesem Problem sind auch Frankfurt und Dennett betroffen. In ihren Ansätzen scheinen Menschen, die die Fähigkeit zu Volitionen oder Intentionen zweiter Stufe verloren haben, noch nicht besitzen oder gar nie bzw. nie mehr besitzen werden, keine Personen zu sein. Das ist jedoch unter der Voraussetzung, dass die Zuschreibung eines bestimmten moralischen Status mit der von Personalität äquivalent ist, ein unbefriedigendes, ja verstörendes Resultat. Meines Erachtens wird sich das Problem nicht durch eine bessere Feinjustierung der psychologischen Kriterien des Personseins bewältigen lassen. Jeder Vorschlag wird im Ergebnis einige Menschen aus dem Kreis der Personen ausschließen oder einige nicht-menschliche Lebewesen, die üblicherweise nicht dazu gezählt werden, in den Kreis der Personen aufnehmen.

Verschiedene Auswege sind aber denkbar. Eine Lösung bestünde darin, die, wie Dieter Birnbacher es bezeichnet, „deskriptiv-normative Doppelnatur des Personbegriffs" aufzugeben.[518] Doch diese Lösung scheint in ihrer Radikalität den gewöhnlichen und gut verankerten Personbegriff einfach durch einen künstlich verkürzten zu ersetzen. Birnbacher plädiert auch nicht dafür, sondern für eine Unidirektionalität in der normativen Analyse des Personbegriffs. Er hält daran fest, dass alle Personen moralische Rechte haben, bestreitet aber den umgekehrten Zusammenhang: Ein Wesen, das moralische Rechte hat, sei nicht deshalb schon eine Person. So lasse sich etwa zeigen, dass einige (nicht-menschliche) Tiere moralische Rechte haben,[519] ohne die für Personalität konstitutiven Fähigkeiten zu besitzen. Das Argument ist interessant, weil die in den Ansätzen Frankfurts und Dennetts liegende Konsequenz, dass einige Menschen keine Personen sind, damit in normativer Hinsicht folgenlos zu bleiben scheint. Denn obwohl jede Person zwar moralische Rechte hat, hängt das Haben von moralischen Rechten umgekehrt nicht davon ab, eine Person zu sein. Meines Erachtens bringt diese Strategie jedoch nicht den gewünschten Erfolg. Denn dass der Besitz einiger moralischer Rechte nicht vom Personstatus abhängt, schließt nicht aus, dass der Besitz gerade der für Menschen spezifischen moralischen Rechte an diesen Status gebunden ist. Dafür bräuchte man ein weiteres Argument, das hier aber fehlt.

Ein anderer Ausweg als die Lockerung des Zusammenhangs zwischen dem Personstatus und dem Haben von moralischen Rechten besteht darin, Personalität nicht länger an den Besitz bestimmter konstitutiver Fähigkeiten zu knüpfen. Ein Autor, der sich auf diese Weise der gesamten Lockeschen Tradition entgegenstellt, ist Eric Olson. Die Grundthesen seiner „Animalismus" genannten Position besagen, dass menschliche Personen numerisch identisch sind mit *human animals* und dass die Persistenzbedingungen

---

[518] Birnbacher 2001, 310.
[519] Ebd., 307-309.

menschlicher Personen nichts mit psychologischer Kontinuität zu tun haben, sondern genau die von *human animals* sind.[520] Damit rückt der Begriff des menschlichen Organismus in den Mittelpunkt der Philosophie der Person. Indem auf diese Weise das Projekt einer psychologischen Bestimmung des Personseins aufgegeben wird, verschwinden auf einen Schlag die Abgrenzungsschwierigkeiten, vor denen die Lockeschen Ansätze stehen. Doch auch die von Olson vorgeschlagene Wende vom psychologischen zu einem biologischen Ansatz in der Philosophie der Person bringt systematische Probleme mit sich.

Das Verhältnis zwischen menschlichen Personen und lebendigen menschlichen Organismen ist zweifellos sehr eng. Dass erstere mit letzteren aber numerisch identisch sind, ist eine zu starke Behauptung. Sie verpflichtet zu der Position, dass es keine Eigenschaft gibt, in der sich beide unterscheiden; und da nach der gängigen Auffassung numerische Identität notwendige Identität impliziert, betrifft dies auch die wesentlichen Eigenschaften. An dieser Stelle setzt die Kritik an. Sie zielt darauf ab, dass es irgendeine wesentliche Eigenschaft von menschlichen Personen gibt, die keine wesentliche Eigenschaft von lebendigen menschlichen Organismen ist, oder umgekehrt. Ein gutes Beispiel für eine wesentliche Eigenschaft von existierenden, aber nicht ewigen Dingen lässt sich anhand des Begriffs der Persistenzbedingungen *de re* dieser Dinge gewinnen. Das sind Bedingungen, bei deren Vorliegen ein solches Ding weiterhin existieren (und nicht bloß weiterhin ein *F*, etwa ein Student oder ein Bankdirektor, sein) würde und bei deren Nichtmehrzutreffen ein solches Ding aufhören würde zu existieren (und nicht bloß ein *F* zu sein).[521] Die Eigenschaften, durch die die Persistenzbedingungen *de re* eines solchen Dings erfüllt sind, sind wesentliche Eigenschaften. Denn sie könnten ihm nicht fehlen, ohne dass es zu existieren aufhörte. Vor diesem Hintergrund wird gegen den Animalismus eine Reihe von Argumenten eines bestimmten Typs vorgebracht: etwa das schon von Locke vorgebrachte Argument von der Seele des Prinzen im Körper des Schusters,[522] moderner formulierte Gehirntransplantationsargumente[523] oder Argumente, die sich aus Erzählungen wie Franz Kafkas „Die Verwandlung" gewinnen lassen. Dieser Typ von Argumenten ist durch die Strategie gekennzeichnet, zu verdeutlichen, dass die Persistenzbedingungen *de re* von menschlichen Personen unabhängig von denen lebendiger menschlicher

---

[520] Olson 1997, 17 f.

[521] Bei diesen Bedingungen handelt es sich um modale Eigenschaften *de re*. Dass existierende, aber nicht ewige Dinge solche Eigenschaften haben, übernehme ich von Lynne Baker, die diesen Gedanken in Baker 2007, 221 ff., gegen Einwände verteidigt.

[522] Locke, *An Essay concerning Human Understanding*, II, 27, § 15.

[523] Siehe dazu Snowdon 1991.

Organismen sind. Denn diese Unabhängigkeit impliziert eine Differenz in den wesentlichen Eigenschaften beider und somit numerische Differenz.

Eine wichtige Kritikerin des Animalismus ist Lynne Baker.[524] Über die genannten Punkte hinaus hat sie von ihrer eigenen Position her Einwände gegen den Animalismus formuliert. Sie meint, dass der Animalismus in der Frage, was menschliche Personen sind, zwar eine Alternative zu einem Substanzdualismus sei, aber keineswegs die einzige oder gar die beste. Beides seien Extrempositionen, zwischen denen ihre eigene „Constitution View" liege. Deren Vorzug bestehe darin, dass sie die Einsicht des Animalismus aufnehmen kann, dass menschliche Personen wie alle anderen Lebewesen auch durch und durch natürlich sind, ohne die Einsicht des Substanzdualismus aufgeben zu müssen, dass sie ontologisch einzigartig sind.[525] Menschliche Personen sind auch bei Baker Lebewesen, ihre ontologische Bedeutung besteht aber in etwas anderem, und zwar darin, dass sie Personen sind, d. h. über eine „first-person perspective" verfügen.[526] Sie sind mit *human animals* nicht numerisch identisch, sondern lediglich durch diese *konstituiert*. Allgemein und stark vereinfacht gesagt, ist ein *G*-Ding durch ein *F*-Ding konstituiert, wenn beide räumlich koinzidieren und sich letzteres unter bestimmten, für das *G*-sein erforderlichen, aber selbst kontingenten Umständen befindet.[527] Diese Beziehung ist nicht so eng wie numerische Identität; umgekehrt aber auch nicht so weit, dass Dinge, die in dieser Beziehung stehen, getrennt voneinander existierten.

Vor dem Hintergrund dieser Skizze lassen sich zwei Argumentationslinien unterscheiden, auf denen Baker den Animalismus attackiert. Auf der ersten versucht sie nachzuweisen, dass der Animalismus den Kreis der wesentlichen Eigenschaften materieller Dinge zu eng zieht. Olson muss, um

---

[524] Vgl. zum Vorigen die Argumente in Baker 2000, 120-124. Siehe insgesamt auch Bakers Gegenüberstellung von ihrem eigenen und Olsons Ansatz ebd., 224-228.

[525] Siehe Baker 2007, 85-92. – Es ist auffällig, wie nah Bakers Ansatz, so formuliert, dem Helmuth Plessners oder mehr noch dem Nicolai Hartmanns ist. Der Eindruck wird noch verstärkt, wenn man beachtet, dass Baker mit ihren Konzeptionen von „ontological novelty" und „ontological levels" Grundzüge einer Stufenontologie entwickelt (Baker 2007, 234-237). Die Ansätze von Plessner und vor allem Hartmann auf der einen und Baker auf der anderen Seite vergleiche ich in Wunsch 2013b.

[526] Baker 2007, 69-71, 75-79.

[527] Dabei nenne ich etwas ein *F*-Ding (bzw. *G*-Ding), wenn es zu jedem Zeitpunkt seiner Existenz von der Art *F* (bzw. *G*) ist und es nicht sein kann, dass es *F* (bzw. *G*) verliert und zu existieren fortfährt. Bei den oben genannten „Umständen" handelt es sich um die in Bakers Definition von „Konstitution" genannten „G-favorable circumstances". Siehe die genaue und vollständige Definition der Konstitutionsbeziehung bei Baker 2007, 161.

sich gegen die Argumente aus den oben genannten Gedankenexperimenten zu verteidigen, die These blockieren, dass die Persistenzbedingungen *de re* von menschlichen Personen unabhängig von denen lebendiger menschlicher Organismen sind. Sein Argument dafür besagt, dass sich materielle Dinge, die sich nicht in ihren physischen intrinsischen Eigenschaften unterscheiden, auch nicht in ihren wesentlichen Eigenschaften und damit in ihren Persistenzbedingungen *de re* unterscheiden können.[528] Geht man von der Prämisse aus, dass es in den physischen intrinsischen Eigenschaften keinen Unterschied zwischen menschlichen Personen und *human animals* gibt, so fiele also auch der Unterschied in den Persistenzbedingungen *de re* weg. Baker stimmt der Prämisse zu, hält die Konklusion aber für falsch. Denn ihres Erachtens erschöpfen die physischen intrinsischen Eigenschaften materieller Dinge nicht unbedingt deren wesentliche Eigenschaften. Vielmehr gibt es materielle Dinge, denen einige ihrer nicht-intrinsischen und näherhin ihrer relationalen Eigenschaften wesentlich sind, etwa durch andere Dinge konstituierte Dinge, beispielsweise menschliche Personen. Denn das Personsein ist eine wesentliche Eigenschaft von menschlichen Personen und um eine Person zu sein, muss sich ein menschliches Lebewesen unter bestimmten dafür erforderlichen Umständen befinden. Das heißt, es muss die Bedingungen des Besitzes der Fähigkeit zu einer Erste-Person-Perspektive erfüllen. Zu diesen Bedingungen gehört aber nicht nur, dass der Organismus gewisse intrinsische bzw. strukturelle Eigenschaften hat, sondern ebenso, dass er sich in einer Umgebung („environment") befindet, die für die Entwicklung und Aufrechterhaltung einer Erste-Person-Perspektive zuträglich ist.[529] Die letzteren Bedingungen entsprechen offenbar relationalen Eigenschaften. Da die menschliche Person ohne sie nicht existieren könnte, weil sie ihr Personsein verlieren würde,[530] handelt es sich bei diesen relationalen Eigenschaften um wesentliche Eigenschaften. Olsons Argument, dass materielle Dinge, die sich in ihren physischen intrinsischen Eigenschaften gleichen, sich nicht in ihren wesentlichen Eigenschaften und Persistenzbedingungen *de re* unterscheiden können, wird damit hinfällig.

Auf der zweiten Argumentationslinie geht es darum, einzelne Unterschiede in den wesentlichen Eigenschaften von menschlichen Personen und *hu-*

---

[528] In der Formulierung dieses Arguments beruft sich Olson ebenfalls auf ein Gedankenexperiment, in dem es um eine Duplizierungsmaschine geht, die atomgenaue Duplikate materieller Dinge herstellt. Siehe im Einzelnen Olson 1997, 99-102.

[529] „The person-favorable circumstances are the intrinsic and environmental conditions conducive to development and maintenance of a first-person perspective [...]" (Baker 2000, 96).

[530] Oben habe ich von *F*-Dingen gesprochen. Daran anknüpfend wäre die menschliche Person als ein Person-Ding zu bezeichnen. Denn sie ist zu jedem Zeitpunkt ihrer Existenz eine Person und es kann nicht sein, dass sie diese Eigenschaft verliert und zu existieren fortfährt.

man animals zu identifizieren. Baker zufolge ist die Eigenschaft, ein menschlicher Organismus zu sein, zwar wesentlich für *human animals*, aber nicht für die Personen, die durch sie konstituiert werden; und der Besitz der Fähigkeit einer Erste-Person-Perspektive sei zwar eine wesentliche Eigenschaft für menschliche Personen, aber nicht für die sie konstituierenden *human animals*. Denn zum einen, so Baker, sei es möglich, dass „an inorganic body could replace the animal that constitutes me now and I could persist through the change", und zum anderen gelte, „[i]rretrievable loss of first-person perspective would be extinction of the person even if the body's metabolic functions continued".[531]

Folgendes lässt sich als Zwischenfazit der bisherigen Diskussion festhalten. Der Animalismus sieht sich mit starken Einwänden konfrontiert und insbesondere Bakers „Constitution View" hat einige Vorzüge gegenüber Olsons Position. Insbesondere die auf der ersten Argumentationslinie deutlich gewordene Auffassung, dass einige der wesentlichen Eigenschaften von Personen relationale Eigenschaften sind, scheint mir in einem noch auszuführenden Sinn wegweisend zu sein. Für weniger überzeugend halte ich Bakers vor allem auf der zweiten Argumentationslinie zu beobachtende Fortsetzung der Lockeschen Tradition, das Personsein eines Wesens daran zu binden, dass es bestimmte konstitutive Fähigkeiten – bei Baker: „a capacity for a ‚first person perspective'"[532] – besitzt. Dadurch ergeben sich auch in ihrem Ansatz die bekannten Schwierigkeiten in der Bestimmung des Verhältnisses zwischen „Mensch" und „Person". Für die philosophische Anthropologie stellt sich meines Erachtens daher heute die wichtige Frage, wie man Olsons Anti-Lockeschen Impuls hinsichtlich des Mensch-Person-Verhältnisses aufnehmen kann, ohne entweder wie dieser selbst in die Sackgasse eines zu kurz greifenden biologischen Ansatzes der Personalität zu geraten oder wie Baker in eine Lockesche Position zurückzufallen.

Ein Autor, der sich auf eine Beantwortung dieser Frage zumindest zubewegt hat, ist Helmuth Plessner. Das wird deutlich, wenn man an seine in *Macht und menschliche Natur* geführte kritische Auseinandersetzung mit Konstitutionsprinzipien des Mensch- oder Personseins denkt.[533] Denn solche Prinzipien beanspruchen, ein Kriterium dafür bereitzustellen, was ein Wesen allererst zu einem Menschen oder einer Person macht. Plessners Zurückweisung solcher Prinzipien ist zugleich eine Zurückweisung von Ansätzen, die den Besitz irgendwelcher mentaler Fähigkeiten als konstitutiv dafür erach-

---

[531] Baker 2000, 113 (erstes Zitat; vgl. ebd., 106) und 116 (zweites Zitat).

[532] Baker 2000, 20.

[533] Siehe Kap. 4.3. – Die Rede von Konstitutionsprinzipien ist unabhängig von Bakers Konstitutionsbegriff. Das bedeutet aber nicht, dass gar kein Zusammenhang bestünde. Bakers These, dass der Besitz einer „capacity for a ‚first person perspective'" für das Personsein wesentlich ist, kann als Beispiel für ein Konstitutionsprinzips des Personseins gelten.

ten, dass ein Wesen eine Person ist. Von Prinzipien dieser Art lassen sich mit Plessner Prinzipien der Ansprechbarkeit unterscheiden, also Prinzipien, die immer schon in Gebrauch sind, wenn man etwas wohlbestimmt als *F* anspricht.[534] Das in den *Stufen des Organischen und der Mensch* eingeführte und begründete Prinzip der Ansprechbarkeit des Menschen besagt: „Der Mensch ist ein exzentrisch-positioniertes Wesen". Wenn man sich an der Formulierung stößt und meint, die Rede von de*m* Menschen sei hier besser durch die von de*n* Menschen zu ersetzen, so läuft man Gefahr, eine wichtige Pointe zu verpassen. Denn Plessners Prinzip der Ansprechbarkeit bringt keine (implizit) allquantifizierte Aussage zum Ausdruck. Es schreibt nicht jedem Individuum der Gattung „Mensch" eine Eigenschaft zu, sondern bestimmt die durch den Gattungsnamen bezeichnete Lebensform als exzentrische. Entsprechend wird Exzentrizität von Plessner schon beim ersten Auftreten des Begriffs in *Die Stufen des Organischen* nicht als Merkmal aller einzelnen Menschen, sondern ausdrücklich als die menschliche „Lebensform" bezeichnet (Stufen, V f.).

5.5 Lebensform und objektiver Geist

Von diesem theoretischen Hintergrund her steht Plessner in einem unmittelbaren Kontakt zu der gegenwärtig viel diskutierten Position Michael Thompsons. Dieser hat in seinem Buch *Life and Action* (2008) auf eine für die Naturphilosophie zentrale Urteilsform aufmerksam gemacht. Sie scheint strukturidentisch mit derjenigen zu sein, die Plessner in seinem Prinzip der Ansprechbarkeit des Menschen verwendet. Thompson geht von einer Bemerkung G. E. M. Anscombes aus: „Wenn wir etwas eine Eichel nennen, dann schauen wir auf einen weiteren Kontext als das, was in der Eichel selbst zu sehen ist".[535] In einer von Plessner herrührenden Terminologie ist es das Prinzip der Ansprechbarkeit, das auf diesen weiteren Kontext verweist. Auch Thompson identifiziert diesen weiteren Kontext als die „Lebensform".[536] Auf diese Weise wird die schon bei Baker zu beobachtende

---

[534] Vgl. Schürmann 1997a, 348. – Plessners Ablehnung von Konstitutionsprinzipien des Mensch- oder Personseins hat ein interessantes Pendant wiederum bei Dennett. So wie Plessner befürchtet, solche Prinzipien könnten einen in ethischer Hinsicht fragwürdigen Exklusionscharakter annehmen, möchte Dennett die von ihm herausgearbeiteten Bedingungen der Personalität nicht als hinreichend verstehen, weil der Personbegriff wesentlich normativ ist. Jede Setzung einer Schwelle zum Personsein bzw. einer Aufnahmeprüfung, so Dennett, müsse willkürlich bleiben und sei daher schon wegen der moralischen Dimension des Personbegriffs abzulehnen. Dennett 1976, 285 (dt. 320).

[535] Zitiert nach Thompson 2011, 71.

[536] Ebd., 75 ff.

Auffassung aufgegriffen, dass für Wesensbestimmungen relationale Eigenschaften entscheidend sein können. Thompson zufolge werden solche Lebensformen in „naturhistorischen Urteilen" bzw. „aristotelisch-kategorischen Aussagen" beschrieben.[537] Die Grundform solcher Beschreibungen ist „Das S ist/hat/tut F"; Beispiele wären: „Die Hauskatze hat vier Beine, zwei Augen, zwei Ohren und Eingeweide im Bauch" oder „Der gelbe Fink brütet im Frühling, wobei er Paarungspartner durch das Lied anlockt".[538] Statt in solchen Sätzen mit bestimmtem Artikel von dem S zu sprechen, können wir auch gleichbedeutend von S-en sprechen, aber so wenig es im ersten Fall um ein bestimmtes S geht, geht es im zweiten um jedes S. Dass Hauskatzen vier Beine haben oder der gelbe Fink im Frühling brütet, wird nicht durch die Angabe von Gegenbeispielen falsifiziert; es handelt sich auch nicht um statistische Aussagen. Thompson stellt die Besonderheiten dieser Urteilsform, zu der ein eigener Typ von Allgemeinheit gehört, heraus und argumentiert meines Erachtens überzeugend für deren Irreduzibilität.[539]

Ich halte es für ein Desiderat, Thompsons Position in philosophisch-anthropologischer Hinsicht, und das heißt das Konzept der menschlichen Lebensform, auszuarbeiten. Thompson selbst hat damit begonnen[540] und dabei Handeln und Praxis in den Mittelpunkt gestellt. Andere haben den Ansatz bereits vertieft und erweitert. Matthew Boyle etwa hat dessen aristotelische Hintergründe genauer bestimmt und von daher die klassische Bestimmung des Menschen als „essentially rational animals" erneuert. Rationalität ist ihm dabei nicht ein besonderes Vermögen, mit dem Menschen ausgestattet sind, sondern „their distinctive manner of having powers"; Rationalität sei nicht eine Zugabe zu dem, was Lebewesen sonst noch sind, sondern „transforms the mode of organization characteristic of an animal soul", „transforms the nature of being an animal".[541] Die „transformative theory of rationality" ist Boyles Alternative zu den von ihm kritisierten „additive theories".[542] Es ist kein Wunder, dass neben Aristoteles dabei Johann Gottfried Herder Pate steht.[543]

---

[537] Ebd., 84 f.

[538] Ebd.; die Beispiele stammen von Thompson selbst.

[539] Ebd., 89 ff.

[540] Siehe auch Thompson 2004.

[541] Boyle 2012, 399 f., 409, 410.

[542] Boyle (i. Ersch).

[543] In beiden genannten Aufsätzen Boyles (2012 und i. Ersch.) liefern Stellen aus Herders *Abhandlung über den Ursprung der Sprache* (1772) das Motto; vgl. zudem Boyle 2012, 415 f. Herder hatte in seiner *Abhandlung* etwa erklärt, „daß die Menschengattung über den Tieren nicht an Stufen des Mehr oder Weniger stehe, sondern an Art" (Herder 1772, 19). „Man nenne diese ganze Disposition seiner Kräfte wie man wolle, Verstand, Vernunft, Besinnung, Reflexion usw. Wenn man diese Namen nicht für abgesonderte Kräfte und für bloße Stufenerhöhungen der Tierkräfte an-

Da mit all dem an Motive angeknüpft wird, die relativ gut bei Plessner ausgearbeitet sind, sollte die vom „analytischen Aristotelismus" neu eröffnete Diskussion um die menschliche Lebensform mit Überlegungen der modernen philosophischen Anthropologie verknüpft werden. Plessners Unterscheidung zwischen Konstitutionsprinzipien des Menschseins und Prinzipien der Ansprechbarkeit des Menschen kann dazu beitragen, die Unterscheidung zwischen einem metaphysisch inakzeptablen und einem theoretisch aufschlussreichen Essentialismus zu begründen. Und Plessners Prinzip der Verbindlichkeit der Unergründlichkeit des Menschen kann dabei helfen, die zu entwickelnde Position nicht nur vor theoretisch kruden, sondern auch vor politisch verhängnisvollen Annahmen zu bewahren, von denen die Geschichte der Anthropologie insbesondere des 19. und der ersten Hälfte des 20. Jahrhunderts voll ist.[544]

Auch als Herder-Schüler ist Plessner erste Wahl.[545] Er vertritt in seiner Anthropologie wie heute Boyle im Unterschied zu einer additiven eine „transformative theory".[546] In seinem Aufsatz „Über einige Motive der Philosophischen Anthropologie" (1956) schreibt er, die „personale Zone darf [...] nicht einfach als die oberste Schicht im Bau der menschlichen Natur, sozusagen als das Dachgeschoß des etagenreichen Hauses angesehen werden, sondern sie prägt es von Grund aus und im Wandel der Geschichte immer wieder anders".[547] Zwei Aspekte dieser Formulierung geben Plessners Position ihre spezifische Kontur. Es geht ihm um eine „transformative

---

nimmt, so gilt's mir gleich. Es ist die ganze Einrichtung aller menschlichen Kräfte, die ganze Haushaltung seiner sinnlichen und erkennenden, seiner erkennenden und wollenden Natur; oder vielmehr – es ist die einzige positive Kraft des Denkens, die mit einer gewissen Organisation des Körpers verbunden bei den Menschen so Vernunft heißt, wie sie bei den Tieren Kunstfähigkeit wird, die bei ihm Freiheit heißt und bei den Tieren Instinkt wird" (ebd., 20).

[544] Vgl. Rölli 2011.

[545] Herder ist für die moderne philosophische Anthropologie ein zentraler Bezugspunkt. Vor allem Arnold Gehlen hat, wenn teilweise vermutlich auch, um den Einfluss von Scheler und Plessner auf seine Anthropologie zu schmälern, Herder als Vorläufer hervorgehoben (vgl. Gehlen 1940, 90-93). Volker Schürmann hat überzeugend gezeigt, inwiefern Plessner stärker noch als Gehlen seine Überlegungen als Umsetzung der Herderschen Intentionen begreifen kann (Schürmann 2006, 95).

[546] Matthias Jung hat unter dem Stichwort „Holismus der Differenz" eine ausgearbeitete Fassung einer solchen Theorie vorgelegt, und zwar im Zuge seiner ebenfalls von Herder ausgehenden Entwicklung einer philosophischen „Anthropologie der Artikulation" (Jung 2009, hier: 2 f., 54-61).

[547] GS 8: 125. Entsprechend meint Plessner auch in „Die Frage nach der Conditio humana" (1961), dass „schon im normalen menschlichen Verhalten die rein vitalen Funktionen: Schlafen, Ernährung, Verdauung, Begattung, Orientierung, Schutz- und Abwehrreaktionen gegenüber den entsprechenden Funktionen auch der nächst verwandten Tiere anders stilisiert sind" (GS 8: 164).

theory" nicht einfach der Rationalität, sondern der *Personalität*; und Personalität gibt dem von ihr bis in den Grund durchtränkten Bau der menschlichen Natur das Gepräge der *Geschichtlichkeit*.

Plessners Prinzip der Ansprechbarkeit des Menschen ist das der exzentrischen Positionalität. „Exzentrizität" ist für ihn zugleich ein Personkonzept. Von diesem her lässt sich angemessener als durch den Rationalitätsbegriff erfassen, was den „Bau der menschlichen Natur" durchdringt und ihn in die in sich gebrochene Einheit menschlicher Existenz transformiert, die Plessner im Schlusskapitel der *Stufen des Organischen und der Mensch* phänomengesättigt und facettenreich beschreibt. Auch die spezifisch menschlichen Grenzen des Verhaltens, die er später am Beispiel von Lachen und Weinen auslotet, lassen sich in Begriffen des Verhaltens zur Körper-Leib-Differenz besser in den Blick nehmen als vom Begriff der Vernunft her.[548] Das kann und soll selbstverständlich kein Plädoyer gegen den Begriff der Rationalität sein. In anthropologischer Hinsicht scheinen der Begriff der Exzentrizität und das Konzept einer von daher gefassten Personalität allerdings noch grundlegender zu sein.[549]

---

[548] Siehe dazu Plessners *Lachen und Weinen* (1941). Den systematischen Stellenwert dieser Schrift hat Joachim Fischer herausgearbeitet (Fischer 2008b). Sein im gegenwärtigen Diskussionskontext wichtigster Punkt ist, dass sie als Leitfaden dienen kann, an dem sich in der Kategorie der exzentrischen Positionalität über die „Handlungs- und Rationalitätsphänomene" hinaus auch die „ekstatischen Phänomene" (Lachen, Weinen, Tanzen, orgiastische Äußerungen) erschließen lassen. Auf diese Weise wird Fischer zufolge sichtbar, dass die Distanzphänomene nur eine Seite der exzentrischen Positionalität ausmachen; die andere Seite wird durch die „Phänomene der ekstatischen Resonanz" gebildet (ebd., 259 ff.).

[549] Ernst Tugendhat versucht, die Frage nach dem Menschen von der Struktur der propositionalen Sprache her zu beantworten, d. h. er versucht, eine Reihe von Merkmalen, die üblicherweise für menschliche Monopole gelten (etwa Rationalität, Freiheit, Normbewusstsein, ‚ich'-Sagen), von der Sprache her zu verstehen (Tugendhat 2003, 13, 15 f.). Wie er selbst einräumt, hat dieser Ansatz gewisse Grenzen: „Natürlich gibt es spezifisch menschliche Phänomene – man denke nur an das Lächeln –, die Menschenkinder aufweisen, bevor sie eine Sprache erlernt haben" (ebd., 18). Damit ist insgesamt der Bereich der menschlichen Expressivität angesprochen. Plessner scheint dazu 1928 eine Art vorausschauenden Kommentar geschrieben zu haben: „Unter den Wesensmerkmalen des Menschen, die am häufigsten angegeben werden, steht die Sprache mit an erster Stelle. Wie die Untersuchung lehrt, mit Recht. Nur ist ‚Sprache' zu eng für das, was den Kern des Wesensmerkmals bildet: Expressivität" (Stufen, 339). Wie diese Expressivität als „Ausdrücklichkeit menschlicher Lebensäußerungen", als „Grundzug menschlichen Lebens" (Stufen, 324) näher zu verstehen ist und inwiefern Plessners Versuch, sie in der exzentrischen Positionalität zu fundieren, als gelungen gelten kann, muss ich hier offen lassen (siehe dazu den 4. Abschnitt des Schlusskapitels der *Stufen*, 321 ff.). Zur zentralen Bedeu-

Da Plessners Prinzip der Ansprechbarkeit des Menschen, die exzentrische Positionalität, zugleich ein Personkonzept darstellt, wird damit die Ausgangsbasis für einen Neuansatz in der Philosophie der Person gewonnen. Personalität wird dabei nicht mehr als der Inbegriff der konstitutiven psychischen Fähigkeiten gefasst, deren Besitz eine Entität zur Person macht bzw. deren Fehlen sie aus dem Kreis der Personen ausschließt. Vielmehr ist *Personalität die menschliche Lebensform.*[550]

Nicht nur der Gedanke der menschlichen, sondern der jedweder Lebensform ist intern mit dem Gedanken der *Lebenssphäre* verknüpft. Zwischen beidem besteht ein unauflösliches Wechselverhältnis. Plessner hat die *Stufen des Organischen und der Mensch* daher als eine „Korrelationsstufentheorie von Lebensform und Lebenssphäre" konzipiert (Stufen, IV). Jakob von Uexküll hatte zur Beschreibung der Lebenssphäre den Umweltbegriff eingeführt.[551] Seines Erachtens entsprechen verschiedenartigen Organismen unterschiedliche physiologische ‚Baupläne', denen wiederum eine für die Art dieser Organismen spezifische Umwelt entspricht. In der modernen philosophischen Anthropologie ist, um die anthropologische Differenz zu bestimmen, die der menschlichen Lebensform korrelierende menschliche Lebenssphäre statt durch „Umwelt" durch „Welt" begriffen worden. So hat etwa Scheler zwischen der Umweltgebundenheit der Tiere und der Weltoffenheit des Menschen unterschieden. Diese Unterscheidung ist in jüngerer Zeit, vermittelt über Hans-Georg Gadamers Verweis auf die moderne philosophische Anthropologie in *Wahrheit und Methode* (1960),[552] auch von John McDowell aufgegriffen worden. In seinem einflussreichen Buch *Mind and World* (1994) kehrt Schelers Idee der als Bestimmbarkeit „durch das Sosein von Sachen selbst" verstandenen Weltoffenheit in dem Gedanken wieder, dass Erfahrung „Offenheit gegenüber der Beschaffenheit der Welt" sei und „die Beschaffenheit der Realität selbst [ermächtige], einen rationalen Einfluß auf das Denken eines Subjekts auszuüben".[553] Die menschliche Lebensform ist demnach als eine weltbezogene bzw. *weltoffene Lebensform* zu bestimmen. Die Umweltgebundenheit der Lebensform der (nicht-menschlichen) Tiere besteht McDowell zufolge darin, dass das Milieu, in dem sie leben, für sie nicht mehr sein kann als eine „Abfolge von Problemen und Gelegenheiten,

---

tung der Ausdruckskategorie für die moderne philosophische Anthropologie siehe Schloßberger 2008.

[550] Vgl. dazu auch die Überlegungen von Bermes 2013.

[551] Uexküll 1921.

[552] Gadamer erläutert die Welt-Umwelt-Unterscheidung unter ausdrücklichem Hinweis auf „die neuere philosophische Anthropologie" (Gadamer 1960, 447 ff., hier: 448).

[553] McDowell 1994, 51. Zum Verhältnis zwischen McDowell und der modernen philosophischen Anthropologie siehe Krüger 1998 und vom Verf., Wunsch 2008a und 2008b.

die sich als solche biologischen Zwängen verdanken".[554] Den Kontrast beider Lebensformen bringt McDowell an einer Stelle durch den Gegensatz „between posessing the world and merely inhabiting an environment" zum Ausdruck.[555] Eben dies ist auch die Position der modernen philosophischen Anthropologie: Während das Tier nur in einer Umwelt lebt, muss der Mensch sein Leben in der Welt führen.

Dass McDowells Beziehung insbesondere zu Plessner über die (durch Gadamer vermittelte) terminologische Anknüpfung hinausgeht und von echter sachlicher Nähe zeugt, wird an seinem Verständnis des Welt-Umwelt-Verhältnisses deutlich. Plessner hatte in Bezug auf den Diskussionskontext, in dem er stand, schon 1950 festgehalten: „Die schematische, heute so beliebte Korrelation zwischen Tier und Umwelt, Mensch und Welt macht es sich doch wohl zu leicht".[556] Es sei weder erstens akzeptabel, die Weltoffenheit als Nichtgebundenheit an eine Umwelt zu konzipieren – dies sei der Fehler vor allem Schelers gewesen –, noch lasse sie sich – wie bei Rothacker – zweitens nur als eine Spielart der Umweltgebundenheit von (nichtmenschlichen) Tieren verstehen.[557]

Zum ersten Punkt ist zu bemerken, dass auch McDowell betont, es sei falsch zu behaupten, „daß, wer eine Welt besitzt, aufhört, eine Umwelt zu haben".[558] Unabhängig davon, ob man das spezifisch Menschliche in der Exzentrizität oder der Rationalität sieht, es setzt die Animalität nicht einfach ins zweite Glied, sondern gibt ihr insgesamt eine neue Verfassung. Ebenso vertritt McDowell im Unterschied zu einer *additive theory* eine *transformative theory* der Rationalität.[559] Menschen sind seines Erachtens nicht auf dieselbe Weise Tiere wie andere Tiere auch, bloß dass sie anders als diese über das Plus der Vernunft verfügen, sondern sie sind auf eine andere Weise Tiere als andere Tiere, und zwar so, dass ihre Animalität mit Rationalität „durchsetzt" („permeated") ist.[560] Übertragen auf das Welt-Umwelt-Verhältnis lässt sich McDowell daher eine *transformative theory* der Weltoffenheit zuschreiben: Wir sind umweltgebunden, aber auf eine mit Weltoffenheit durchtränkte Weise. Ebenso Plessner: „Der Mensch öffnet sich zur Welt. Damit verschwindet nicht jede Umweltbindung, sie transformiert sich nur und ordnet sich auf die Sprache hin. Wir können dasselbe auch anders sagen: Unsere gesamte Biologie ist vom Geist geprägt".[561] Ich zweifle nicht daran, dass der Hinweis auf die Sprache für die Diskussion des Welt-Umwelt-Verhältnisses des Men-

---

554 McDowell 1994, 142.
555 Ebd., 146 (im engl. Original: 118).
556 Plessner, „Über das Welt-Umweltverhältnis des Menschen" (1950), GS 8: 78.
557 Ebd., 80.
558 McDowell 1994, 146.
559 Das wird auch von Boyle (i. Ersch.) bemerkt.
560 Siehe McDowell 1994, 89 f., 94 f., 111 (im engl. Original: 64 f., 69 f., 85).
561 Plessner, „Der Mensch als Naturereignis" (1965), GS 8: 276.

schen und der menschlichen Lebensform fruchtbar ist, möchte hier aber in erster Linie den Hinweis auf den Geist aufnehmen, weil er es erlauben wird, aus der Konstellation „Plessner – McDowell" eine umfassendere Perspektive zu entwickeln.

Als Vorbereitung dazu gilt es aber, auf den zweiten von Plessner oben genannten Punkt einzugehen. Ebenso wenig wie die Weltoffenheit des Menschen Nichtgebundenheit an eine Umwelt bedeutet, lässt sie sich als eine Spielart der Umweltgebundenheit gewöhnlicher Tiere begreifen. Auch dieses Problems scheint sich McDowell bewusst zu sein, obwohl sein Ansatz an dieser Stelle in Turbulenzen gerät. Der Schlüsselbegriff für die Bestimmung des Verhältnisses von Weltoffenheit und Umweltgebundenheit wäre für ihn das Konzept der *zweiten Natur*. Er erläutert es von Aristoteles' Verständnis der „Formung des ethischen Charakters" her, die er als Spezialfall für das „Vertrautmachen mit begrifflichen Fähigkeiten" und die Entwicklung der Empfänglichkeit (responsiveness) für rationale Forderungen insgesamt interpretiert.[562] Rationalität wird von McDowell als die zweite Natur des Menschen konzipiert. Das bringt die Gefahr ihrer Depotenzierung mit sich, denn Rationalität erschöpft sich sicher nicht, wie es bei McDowell einmal heißt, in bestimmten „Gewohnheiten des Denkens und Handelns".[563] Um dieser Gefahr zu entgehen, betont er eine fortdauernde Verpflichtung, über die Standards und Belege, von denen sich Denken und Handeln leiten lassen, nachzudenken und diese gegebenenfalls zu kritisieren.[564] „Es muß eine ständige Bereitschaft geben, die Begriffe und Konzeptionen umzugestalten, sollte dies das Nachdenken empfehlen".[565] Der Gedanke dieser Verpflichtung ist McDowell zufolge von Aristoteles nicht ausreichend berücksichtigt worden,[566] sei aber in das Konzept der zweiten Natur aufzunehmen, wenn Rationalität als die zweite Natur des Menschen gelten soll, oder anders gesagt: wenn die Weltoffenheit nicht zu einer Variante bloß animalischer Umweltgebundenheit werden soll.

Bei der Lektüre von *Mind and World* kann der Eindruck aufkommen, dass der Gedanke der aktiven Selbstprüfung dem Begriff der zweiten Natur nachträglich bzw. äußerlich hinzugefügt wird. McDowell wäre demnach der Auffassung, dass eine zweite Natur des Menschen möglich ist, in der die beschriebene rationale Haltung nicht realisiert ist.[567] Da er den Erwerb einer

---

[562] McDowell 1994, 110. Vgl. dazu Willaschek 1996, 167 f.

[563] McDowell 1994, 109.

[564] Ebd., 106, 65.

[565] Ebd., 36.

[566] Ebd., 106 f.

[567] Es könnte so aussehen, dass Arnold Gehlens Konzeption von dieser Art ist. Gehlen bestimmt die Kultur als die „„zweite Natur"", das heißt als „die menschliche, die selbsttätig bearbeitete, innerhalb deren er allein leben kann". Er fügt hinzu: „*An genau der Stelle*, wo beim Tier die ‚Umwelt' steht, steht daher beim Menschen die

zweiten Natur mit dem auf die Herder-Humboldtsche Tradition zurückge-
henden Ausdruck „Bildung" beschreibt,[568] wäre dies dann eine Art Etiket-
tenschwindel.[569] Meines Erachtens hat McDowell aber ein gutes Argument
dafür, dass der wichtige und sicher in den Horizont von „Bildung" fallende
Gedanke der Selbstprüfung des aktiven Denkens intrinsisch zum Begriff der
zweiten Natur gehört. Denn mit dem Erwerb einer zweiten Natur ist der
Erwerb von begrifflichen Fähigkeiten verbunden. Und wo begriffliche Fähigkeiten wirksam sind, befinden wir uns innerhalb des Bereichs der Spon-
aneität, das heißt des Bereichs der Selbstprüfung des aktiven Denkens. Das
gilt nicht nur dort, wo es um Urteile und Beziehungen zwischen Urteilen
geht, sondern schon im Bereich der Erfahrung.[570] Denn wird Erfahrung
außerhalb des Bereichs der Selbstprüfung des aktiven Denkens gesetzt, das
heißt spontaneitätsunabhängig konzipiert, so lässt sich auch die Annahme,
(A) dass in ihr begriffliche Fähigkeiten wirksam sind, nicht mehr halten. Aus
dieser Annahme würde nämlich folgen, dass die Erfahrung einen rationalen
Bezug auf das empirische Denken hat bzw. (i) Gründe für unsere Urteile
liefern kann. Soll Erfahrung nun aber außerhalb des Bereichs der Selbstprüfung des aktiven Denkens liegen (spontaneitätsunabhängig sein), so würden
auch die rationalen Beziehungen zwischen Erfahrungen und Urteilen außerhalb dieses Bereichs liegen, wären also „nicht offen für Veränderungen".
Das hieße aber, dass die Erfahrung (ii) keine Gründe für unsere Urteile lie-

Kulturwelt, d. h. der Ausschnitt der von ihm bewältigten und zu Lebenshilfen umge-
schaffenen Natur" (Gehlen 1940, 37). Mit McDowell würde die Frage lauten, ob die
Kulturwelt bloß strukturell an derselben Stelle wie die tierische Umwelt steht oder
auch funktional, ob also das Umschaffen der Natur bzw. die Kulturbildung zu einer
Lebensweise gehört, „die ausschließlich durch unmittelbare biologische Zwänge
strukturiert ist" (McDowell 1994, 142). Plessner scheint Gehlen so zu lesen: Dieser
dehne den „Umweltgedanken […] auf die Weltoffenheit" aus, müsse daher „aber
die geistigen Leistungen unter biologische Gesichtspunkte rücken: Entlastung, Er-
sparung, Stabilisierung im Interesse des Handelns" (GS 8: 182; vgl. GS 8: 277).

[568] McDowell 1994, 110; der dt. Ausdruck wird auch im engl. Original verwendet
(84).

[569] Rüdiger Bubner hat in einem aufschlussreichen Artikel gegen McDowell auf
der Differenz zwischen „zweiter Natur" und „Bildung" beharrt (Bubner 2002).
McDowells Replik ist eher defensiv ausgefallen. Er räumt ein, dass der für den Bil-
dungsbegriff wichtige Gedanke der Entwicklung zu einer reflektierten Individualität
bzw. kritischen Persönlichkeit in der aristotelischen Konzeption der zweiten Natur
nicht vorkommt, möchte aber auf der *Kompatibilität der Begriffe* „zweite Natur" und
„Bildung" beharren: „Talk of second nature *can* invoke everything implied by the
modern concept of Bildung" (McDowell 2002, 296; Hvh. v. mir, M. W.). McDowell
könnte jedoch darüber hinaus mit *Mind and World*, wie ich oben gleich verdeutlichen
werde, zeigen, dass ein wichtiger Aspekt von „Bildung" als ein integraler Bestandteil
der Idee der zweiten Natur gelten muss.

[570] Das folgende Argument ist eine Rekonstruktion von McDowell 1994, 77.

fern kann. Da sich ein direkter Widerspruch zwischen (i) und (ii) ergibt, muss die Annahme (A) falsch sein. Anders gesagt: Selbst im Fall der Erfahrung gilt, dass wir uns überall dort, wo begriffliche Fähigkeiten wirksam sind, im Bereich der Selbstüberprüfung des aktiven Denkens befinden. Genau diese Fähigkeiten werden aber in dem Maße wirksam, in dem wir uns mit ihnen vertraut machen, das heißt eine zweite Natur erwerben. Der Gedanke der Selbstprüfung des aktiven Denkens gehört also intrinsisch zum Begriff der zweiten Natur.

Für einen ähnlich starken, und zwar reflexiven Begriff der zweiten Natur hat auch Georg Bertram in seinem Aufsatz „Anthropologie der zweiten Natur" argumentiert. Seines Erachtens besitzt der Mensch in dem Sinne eine zweite Natur, dass sich für ihn „kulturelle Praktiken oder Traditionen" so „sedimentiert haben", dass er sich ohne sie „nicht in der Welt zu bewegen vermag".[571] Das deckt sich insofern mit McDowells Bestimmung, als dieser das, worin Menschen eingeweiht werden, wenn sie eine zweite Natur erwerben, selbst auch eine „Kultur" oder „Tradition" nennt.[572] Bertrams meines Erachtens überzeugende These ist, es gehöre zum Besitz einer so verstandenen zweiten Natur, dass man sie als zweite Natur thematisieren und reflexiv zu ihr Stellung nehmen könne.[573] So wie McDowells Argument auf die zur zweiten Natur des Menschen gehörenden begrifflichen Fähigkeiten rekurriert, bezieht sich Bertrams auf diejenigen zu ihr gehörenden kulturellen Praktiken zurück, die als symbolische und näherhin sprachliche gelten. Sprache kann seines Erachtens als Paradigma „reflexiver Distanziertheit" gelten. In der Sprache können wir sprachliche Praktiken thematisieren, etwa fragen, „wie man ein sprachliches Symbol gebraucht, wie es mit anderen Symbolen zusammenhängt, wie es ersetzt werden könnte, usw.", und dadurch in die „Thematisierung von *Strukturen als Strukturen*" einsteigen. Bereits nichtsprachliche Medien wie Bilder und Musik „stellen reflexive Distanz" zu Strukturen her, indem sie diese „manifestieren"; die Sprache erlaube darüber hinaus, Strukturen zu explizieren; und in solcher „Explikation wird die Distanz, die mit symbolischen Medien verbunden ist, reflexiv".[574]

---

[571] Bertram 2005, 124.

[572] McDowell 1994, 151, 153.

[573] Bertram 2005, 127 f.

[574] Ebd., 129 f. Es ist kein Zufall, dass Bertram in seiner Erläuterung der zur zweiten Natur des Menschen gehörenden reflexiven Distanziertheit auf Herders Begriff der Besonnenheit und Frankfurts Personbegriff Bezug nimmt (ebd., 127 Anm. 15). Überraschend ist aber, dass er sich von Plessner abgrenzt (ebd., 126, 124). Denn reflexive Distanziertheit ist, sofern sie auf der Linie von Herder und Frankfurt verortet wird, ein Grundmerkmal der exzentrischen Lebensform. Wenn Bertram selbst betont, dass der Mensch „in der paradoxen Rolle, Beobachter und Teilnehmer zugleich" ist und „reflexive Distanziertheit [...] den Beobachterstatus [bedeutet], den der Mensch nur als einer innehat, der zugleich Teilnehmer der zwei-

Wenn die weltoffene Lebensform des Menschen mit Hilfe des Konzepts der zweiten Natur des Menschen gefasst werden muss, durch dessen Erläuterung wiederum die Bedeutung begrifflicher Fähigkeiten, aktiver Selbstüberprüfung, Kultur, Tradition und reflexiver Distanziertheit für diese Lebensform sichtbar wird, dann sollte diese als *geistige Lebensform* begriffen werden. McDowell hat sein Unternehmen als ein Prolegomenon zu Hegels *Phänomenologie des Geistes* bezeichnet.[575] Meines Erachtens kommt er dem mit seinem Konzept der zweiten Natur und ihren Folgebegriffen ebenso nahe wie mit seiner These der „Ungebundenheit des Begrifflichen" bzw. seiner Kritik am „Mythos des Gegebenen".[576] McDowell ist ausgehend von Problemen der *philosophy of mind* auf dem Weg zu einem Hegel kritisch verpflichtetem Geistbegriff *(spirit)*, genauer gesagt, zu einem Begriff des *objektiven Geistes*. An genau der Stelle aber, an der dieser ins Spiel kommen müsste, bricht sein Buch ab.[577] Ich werde diesen weiteren Schritt hier ebenfalls nicht mehr gehen können und meinen Ausblick mit einer Sondierung des Terrains dafür schließen.

Eine philosophische Anthropologie, die sich im Mensch-Tier-Vergleich erschöpft, würde zu kurz greifen. Die Weltoffenheit des Menschen kann nicht nur in Beziehung zur Umweltgebundenheit bloßer Tiere und „Welt" kann nicht nur negativ, als Kontrastbegriff zu „Umwelt" bestimmt werden. Vielmehr gilt es, „Welt" als die der menschlichen Lebensform korrelierende Lebenssphäre auch positiv zu bestimmen. Dass für dieses Projekt der Geistbegriff maßgeblich sein könnte, deutete sich oben schon bei Plessner an. Er hatte die Welt, zu der der Mensch sich öffnet, als Welt der Sprache und allgemeiner als Welt des Geistes verstanden. Sprache wäre in dieser Sicht eine Instanz, oder besser gesagt der wichtigste Inhaltsbereich des Geistes. Es ist erstaunlich, dass auch McDowell sich diese Sichtweise zu eigen macht, obwohl er in einer philosophischen Tradition steht, die der Sprache einen anderen Platz zuweist. Den „Mainstream" dieser Tradition beschreibt er auf der letzten Seite der Vorlesungen von *Mind and World* anhand der Position Michael Dummetts, der zwei gleichursprüngliche Grundfunktionen der Sprache vorsehe: Sprache als „‚Instrument der Kommunikation' und […] ‚Träger des Denkens'". McDowell meint, dass diese Funktionen nachrangig sind gegenüber einer dritten: Sprache „als eine Quelle der Tradition, als ein Schatz von im Laufe der Zeit angesammelten Weisheiten, was wofür

ten Natur ist" (ebd., 128), dann könnte es sich um ein originäres Plessner-Zitat handeln.

[575] McDowell 1994, 9.

[576] Zu McDowells „gezähmten Hegelianismus" vgl. Bernstein 2002.

[577] McDowell sieht, dass hier etwas offen bleibt. Im „Postskriptum" zur sechsten und letzten Vorlesung von *Mind and World* schreibt er: „Wenn ich am Ende der sechsten Vorlesung die Tradition anführe, dann dient das lediglich dem Zweck, ein Thema anzureißen, zu dem zweifellos viel mehr zu sagen wäre" (ebd., 214).

einen Grund abgibt", wobei diese Tradition „der reflektierenden Veränderung durch jede Generation unterworfen" ist.[578] Im Laufe des Bildungsprozesses in die Sprache eingeweiht zu werden, ist eine Weise, in die Tradition eingeweiht zu werden, und zwar eine grundlegende. McDowell weist daher der Sprache in seiner Konzeption von Bildung „einen Ehrenplatz" zu und versteht sie „als primäre Verkörperung des Sinnvollen".[579] Das Sinnvolle ist aber auch in anderen Bereichen verkörpert. Es gibt eine ganze Reihe weiterer Inhaltsgebiete des objektiven Geistes, etwa das geltende Recht, die bestehende Sitte, das politische Leben, die Religion, der Stand der Wissenschaft und die Technik, der herrschende Geschmack und Lebensstil, die Richtung der Kunst und des Kunstverstehens.[580]

Plessner hatte schon in den *Stufen des Organischen und der Mensch* einen engen Zusammenhang zwischen „dem Menschen in seiner besonderen Lebensform" und der Welt des Geistes hergestellt (Stufen, 149, 73 f.). An einer Stelle hat er das dahingehend konkretisiert, dass „der geistige Charakter der Person in der Wir-form des eigenen Ichs" beruht (ebd., 303). In dieser Richtung liegt auch seine Bemerkung, dass der Mensch „durch seine Lebensform [...] in ein Mitweltverhältnis zu sich (und zu allem was ist) gesetzt ist" (ebd., 305 f.). Die Weise, in der Plessner den Geistbegriff aufgreift, scheint ein Echo in den Bestrebungen zu finden, die gegenwärtig unter dem Stichwort „Kollektive Intentionalität" diskutiert werden.[581] Dort wird das in der analytischen Philosophie bis dahin vernachlässigte Phänomen der Wir-Intentionalität und der Wir-Einstellungen zum Ausgangspunkt von detaillierten Untersuchungen.[582] In der „Einleitung" der Anthologie „Kollektive Intentionalität", die zentrale Texte dieser „Debatte über die Grundlagen des Sozialen" versammelt, ordnen die Herausgeber, Hans Bernhard Schmid und David P. Schweikard, den neuen Ansatz in den Horizont der *philosophy of mind* ein: Nachdem bislang das Verhältnis von Geist und Sprache einerseits und von Geist und Gehirn andererseits die Agenda bestimmt hätten, rücke nun auch das Verhältnis von Geist und Gesellschaft in den Mittelpunkt.[583] „Geist" scheint jedoch in all diesen Fällen, auch im letzten, als Äquivalent von *„mind"* zu gelten, mit Hegel gesprochen, also als subjektiver Geist. In

---

[578] McDowell 1994, 153. Von diesem hermeneutischen Gesichtspunkt aus öffnet sich der Blick auf diejenige moderne Philosophie des objektiven Geistes, die Cassirer mit seiner *Philosophie der symbolischen Formen* konzipiert. Dort ist die Sprache ebenfalls ein geschichtliches Medium der Welterschließung und -gestaltung, die *prima inter pares* in einer ganzen Reihe solcher Medien ist.

[579] McDowell 1994, 152, 153.

[580] Siehe Hartmann 1933, hier: 186, 212, 257.

[581] Den prominenten Ausgangspunkt dieser Diskussion bildet John Searle (Searle 1990 und 1995).

[582] Siehe Schmid 2005.

[583] Schmid/ Schweikard 2009, 15 f.

der Debatte um die kollektive Intentionalität, so Schmid und Schweikard, gehen die Autoren davon aus, dass das Analysandum „gemeinsames Beabsichtigen *von Individuen*" ist.[584] Und offenbar kann auch die „Gesellschaft" nicht mit dem objektiven Geist identifiziert werden. Denn, so lässt sich mit Nicolai Hartmann argumentieren, was Individuen, indem sie eine zweite Natur erwerben, übernehmen, ist nicht die Gesellschaft oder ein anderes Kollektivum, sondern das ihnen „geistig Gemeinsame" (Sitten, Sprache etc.); dieses kann als das den Individuen Gemeinsame keine Summe von Individuen sein; anders als ein Kollektivum „besteht" der objektive Geist auch nicht aus Personen; er ist in sich zwar auch mannigfaltig, aber nicht im Sinne eines „Aggregat[s] von Individuen", sondern im Sinne eines „Inbegriff[s] von Anschauungen, Wertungen, Vorurteilen usw."[585]

Wenn es darum geht, Personalität als menschliche Lebensform und diese näherhin als geistige Lebensform zu verstehen, so gilt es also, das Verhältnis zwischen dem objektiven Geist und dem gegenwärtig intensiv diskutierten Phänomen der kollektiven Intentionalität zu klären. Meines Erachtens kann Plessners Konzeption der Mitwelt dabei hilfreich sein. Dabei wäre zu beachten, dass sich „Mitwelt" nicht mit „Gesellschaft" deckt (vgl. Stufen, 306). Plessner bringt die Mitwelt zwar mit „der Wir-form des eigenen Ichs" oder der „Wirsphäre" als solcher in Verbindung und bezeichnet „die Personen" als „ihre Elemente" (ebd., 303, 302). Doch die Redeweise, dass die Mitwelt aus Personen besteht, ist für Plessner sekundär. Sie entspricht einem, wie man sagen könnte, extensionalen Begriff der Mitwelt, von dem ein primärer, intensionaler Begriff zu unterscheiden wäre. Meine These ist, dass der extensionale Begriff der Mitwelt die „Gesellschaft" und der intensionale der „objektive Geist" ist. Wenn Plessner sagt, die „Mitwelt *umgibt* nicht die Person", ist der intensionale Mitweltbegriff im Spiel (ebd., 303).

Plessners Ausgangsbestimmung nach ist Mitwelt „die vom Menschen als Sphäre anderer Menschen erfaßte Form der eigenen Position" (Stufen, 302). Bei dieser Form handelt es sich um „die exzentrische Positionsform" (ebd.) und zu dieser gehört nicht nur, Körper und im Körper zu sein, sondern auch, so Plessner metaphorisch, „außer dem Körper als Blickpunkt" zu sein (ebd., 293). Wenn die exzentrische Positionsform nun als Sphäre anderer Menschen erfasst wird, dann konkretisiert sich dieser Blickpunkt als meiner,

---

[584] Ebd., 17. Da diese Debatte sich vor dem Hintergrund der *philosophy of mind* und der Handlungstheorie ergeben hat, scheint die Frage nach dem objektiven Geist auf die Frage nach kollektiven intentionalen Akteuren hinauszulaufen (vgl. dazu Pettit 2003). So interessant diese Perspektive auch sein mag, eine nachhegelsche Konzeption des objektiven Geistes ist davon unabhängig. Siehe etwa Hartmanns Abgrenzung seiner Konzeption des objektiven Geistes gegenüber der Hegelschen (Hartmann 1933, 6-9, 200-205 u. 316 f.; inwieweit er letztere tatsächlich trifft, ist in diesem Kontext sekundär).

[585] Hartmann 1933, 192 f.

Deiner, ihrer, seiner, unserer etc. Diese Konkretisierung lässt sich nicht als Appendix zu einer vorab bestehenden Exzentrizität fassen, denn die „Existenz der Mitwelt ist die Bedingung, daß ein Lebewesen sich in seiner Stellung erfassen kann (ebd., 302 f.). Indem es eine zweite Natur und Bildung erwirbt, gewinnt es die Möglichkeit, Mitweltliches fortzuschreiben, mitzugestalten, zu thematisieren und vielleicht zu verändern. Plessners Bestimmung des Verhältnisses zwischen Person und Mitwelt, oder mit Hartmann gesprochen, zwischen personalem und objektivem Geist, liest sich entsprechend: „Die Mitwelt *trägt* die Person, indem sie zugleich von ihr getragen und gebildet *wird*. Zwischen mir und mir, mir und ihm liegt die Sphäre dieser Welt des *Geistes*" (ebd., 302). Dass die geistige Welt selbst zwischen „mir und mir" liegt, zeigt meines Erachtens ihren philosophischen Tiefensitz an und lässt sich auch in seiner lebensweltlichen Bedeutung nur schwer überschätzen.

Eine philosophische Anthropologie, die in der Frage nach dem Menschen dessen Verhältnis zu (nicht-menschlichen) Tieren in den Mittelpunkt stellt, tendiert dahin, die Gestalt einer Anthropologie der Rationalität anzunehmen. Will sie die Frage nach dem Menschen umfassender stellen, müsste sie sich zu einer Anthropologie der Exzentrizität (Plessner), oder weniger auf einen bestimmten Autor bezogen formuliert, zu einer Anthropologie der Personalität weiterentwickeln. Personalität wäre dabei aber nicht der Inbegriff von Fähigkeiten, die für das Personsein konstitutiv sind, sondern als die Lebensform des Menschen zu bestimmen. Auf dieser Linie kommt die weltoffene Lebensform des Menschen als geistige Lebensform in den Blick. In den Horizont, der sich damit eröffnet, gehört sicher die Frage nach dem Verhältnis von Geist *(mind)* und Gesellschaft. Sie erschöpft ihn aber nicht und ist auch nicht die Grundfrage. Als Grundfrage sollte meines Erachtens eher die nach dem Verhältnis von menschlicher Person und objektivem Geist gelten. Von ihr her wird deutlich, dass biologische und psychologische Ansätze der Bestimmung von Personalität zu kurz greifen. Die der personalen Lebensform des Menschen entsprechende Lebenssphäre ist primär die des objektiven Geistes. So wenig es objektiven Geist ohne Personalität gibt, gibt es diese ohne jenen. Da dies nicht nur für den „objektiven Geist", sondern auch für die „Gesellschaft" gilt, sollten beide Begriffe nicht gegeneinander ausgespielt werden. Was aber insbesondere der Begriff des objektiven Geistes sichtbar macht, ist die Dimension der Geschichte, und damit, dass Menschen ebenso ursprünglich geschichtliche wie natürliche Wesen sind. Vor dem Hintergrund des unauflöslichen Wechselverhältnisses zwischen Personalität und objektivem Geist sowie einer *transformative theory* der Personalität wird auch verständlich, dass Personalität dem von ihr bis in den Grund durchtränkten Bau der menschlichen Natur das Gepräge der Geschichtlichkeit gibt. Eine Hauptaufgabe der Anthropologie der Personalität bestünde daher in einer reflexiven Anthropologie des objektiven Geistes, oder allgemeiner gesagt, der Mitwelt.

Literatur

1. Cassirer, Heidegger, Plessner, Scheler

⤹ Cassirer, Ernst, *Gesammelte Werke*. Hamburger Ausgabe, hrsg. v. Birgit Recki, Hamburg 1998-2009 [= ECW].

—, *Nachgelassene Manuskripte und Texte*, hrsg. v. Klaus Christian Köhnke, John Michael Krois u. Oswald Schwemmer, Hamburg 1995 ff. [= ECN]

—, *Das Erkenntnisproblem in der Philosophie und Wissenschaft der neueren Zeit. Dritter Band: Die nachkantischen Systeme*, ECW 4, Text und Anm. bearb. von Marcel Simon. Hamburg 2000.

—, *Philosophie der symbolischen Formen. Erster Teil: Die Sprache*, ECW 11, Text und Anm. bearb. von Claus Rosenkranz. Hamburg 2001.

—, *Philosophie der symbolischen Formen. Zweiter Teil: Das mythische Denken*, ECW 12, Text und Anm. bearb. von Claus Rosenkranz. Hamburg 2002.

—, *Philosophie der symbolischen Formen, Dritter Teil: Phänomenologie der Erkenntnis*, ECW 13, Text und Anm. bearb. von Julia Clemens. Hamburg 2002.

—, *Aufsätze und kleine Schriften. 1922-1926*, ECW 16, Text und Anm. bearb. von Julia Clemens. Hamburg 2003.

—, *Aufsätze und kleine Schriften. 1927-1931*, ECW 17, Text und Anm. bearb. von Tobias Berben. Hamburg 2004.

—, „„Geist' und ‚Leben' in der Philosophie der Gegenwart" (1930), in: ECW 17: 185-205.

—, *Aufsätze und kleine Schriften. 1932-1935*, ECW 18, Text und Anm. bearb. von Ralf Becker. Hamburg 2004.

—, *Aufsätze und kleine Schriften. 1936-1940*, ECW 22, Text und Anm. bearb. von Claus Rosenkranz. Hamburg 2006.

⤹ —, *An Essay on Man. An Introduction to a Philosophy of Culture*, ECW 23, Text und Anm. bearb. von Maureen Lukay. Hamburg 2006.

—, *The Myth of the State*, ECW 25, Text und Anm. bearb. von Maureen Lukay. Hamburg 2007.

—, *Zur Metaphysik der symbolischen Formen*, ECN 1, hrsg. v. John Michael Krois. Hamburg 1995.

—, *Ziele und Wege der Wirklichkeitserkenntnis*, ECN 2, hrsg. v. Klaus Christian Köhnke u. John Michael Krois. Hamburg 1999.

—, *Symbolische Prägnanz, Ausdrucksphänomen und ‚Wiener Kreis'*, ECN 4, hrsg. v. Christian Möckel. Hamburg 2011.

—, *Vorlesungen und Studien zur philosophischen Anthropologie*, ECN 6, hrsg. v. Gerald Hartung u. Herbert Kopp-Oberstebrink. Hamburg 2005.

—, *Mythos, Sprache und Kunst*, ECN 7, hrsg. v. Jörn Bohr und Gerald Hartung. Hamburg 2011.

—, *Zu Philosophie und Politik*, ECN 9, hrsg. v. John Michael Krois u. Christian Möckel. Hamburg 2008.

—, *Davoser Vorträge. Vorträge über Hermann Cohen*, ECN 17, hrsg. v. Jörn Bohr u. Klaus Christian Köhnke. Hamburg 2014.

— 1996, *Versuch über den Menschen. Einführung in eine Philosophie der Kultur*. Aus dem Englischen übersetzt von Reinhard Kaiser. Hamburg.

Heidegger, Martin, *Sein und Zeit*. Tübingen [16]1986. [= SuZ]

• —, *Gesamtausgabe*. Frankfurt a. M. 1975 ff. [= GA]

—, *Kant und das Problem der Metaphysik*, GA 3, hrsg. v. Friedrich-Wilhelm von Herrmann. Frankfurt a. M. 1991.

—, „Davoser Vorträge: Kants Kritik der reinen Vernunft und die Aufgabe einer Grundlegung der Metaphysik", in: GA 3: 271-273.

— (zusammen mit Ernst Cassirer), „Davoser Disputation zwischen Ernst Cassirer und Martin Heidegger", in: GA 3: 274-296.

—, *Wegmarken*, GA 9, hrsg. v. Friedrich-Wilhelm von Herrmann. Frankfurt a. M. 1976.

—, „Was ist Metaphysik?", in: GA 9: 103-122.

—, „Vom Wesen des Grundes", in: GA 9: 123-175.

—, „Vom Wesen und Begriff der Φύσις. Aristoteles, Physik B, 1", in: GA 9: 239-301.

—, *Phänomenologische Interpretation von Kants Kritik der reinen Vernunft*, GA 25, hrsg. v. Ingtraud Görland. Frankfurt a. M. 1977.

—, *Metaphysische Anfangsgründe der Logik im Ausgang von Leibniz*, GA 26, hrsg. v. Klaus Held. Frankfurt a. M. 1978.

—, *Einleitung in die Philosophie*, GA 27, hrsg. v. Otto Saame u. Ina Saame-Speidel. Frankfurt a. M. 1996.

—, *Der deutsche Idealismus (Fichte, Schelling, Hegel) und die philosophische Problemlage der Gegenwart*, GA 28, hrsg. v. Claudius Strube. Frankfurt a. M. 1997.

—, *Die Grundbegriffe der Metaphysik. Welt – Endlichkeit – Einsamkeit*, GA 29/30, hrsg. v. Friedrich-Wilhelm von Herrmann. Frankfurt a. M. 1983.

—, *Ontologie (Hermeneutik der Faktizität)*, GA 63, hrsg. v. Käte Bröcker-Oltmanns. Frankfurt a. M. 1995

— 1928, Besprechung von Ernst Cassirers Philosophie der symbolischen Formen, 2. Teil: Das mythische Denken, in: *Deutsche Literaturzeitung* 21, 1000-1012 (auch in: GA 3: 255-270).

• Plessner, Helmuth, *Die Stufen des Organischen und der Mensch. Einleitung in die philosophische Anthropologie* (1928). Berlin – New York 1975. [= Stufen]

—, *Gesammelte Schriften*, hrsg. v. Günter Dux, Odo Marquard u. Elisabeth Ströker, 10 Bde., Frankfurt a. M. 1980-1985. [= GS]

—, *Anthropologie der Sinne*, GS 3. Frankfurt a. M. 1980.

—, *Macht und menschliche Natur*, GS 5. Frankfurt a. M. 1981.

—, *Macht und menschliche Natur. Ein Versuch zur Anthropologie der geschichtlichen Weltansicht* (1931), in: GS 5: 135-234.

—, *Ausdruck und menschliche Natur*, GS 7, Frankfurt a. M. 1982.

—, „Die Deutung des mimischen Ausdrucks. Ein Beitrag zur Lehre vom Bewußtsein des anderen Ichs" (1925, zusammen mit F. J. J. Buytendijk), in: GS 7: 67-129.

—, *Lachen und Weinen. Eine Untersuchung der Grenzen des menschlichen Verhaltens* (1941), in: GS 7: 201-387.

—, *Conditio humana*, GS 8, Frankfurt a. M. 1983.

—, „Die Aufgabe der Philosophischen Anthropologie" (1937), in: GS 8: 33-51.

—, „Mensch und Tier" (1946), in: GS 8: 52-65.

—, „Über das Welt-Umweltverhältnis des Menschen" (1950), in: GS 8: 77-87.

—, „Über einige Motive der Philosophischen Anthropologie" (1956), in: GS 8: 117-135.

—, „Die Frage nach der Conditio humana" (1961), in: GS 8: 136-217.

—, „Immer noch Philosophische Anthropologie?" (1963), in: GS 8: 235-246.

—, „Der Mensch als Naturereignis" (1965), in: GS 8: 267-283.

—, „Homo absconditus" (1969), in: GS 8: 353-366.

—, „Der Aussagewert der Philosophischen Anthropologie" (1973), in: GS 8: 380-399.

—, *Schriften zur Philosophie*, GS 9, Frankfurt a. M. 1985.

—, „Das Problem der Natur in der gegenwärtigen Philosophie" (1930), in: GS 9: 56-72.

—, *Schriften zur Soziologie und Sozialphilosophie*, GS 10. Frankfurt a. M. 1985.

— 1957, „Philosophische Anthropologie", in: Plessner 2001, 184-189.

— 1982, *Mit anderen Augen. Aspekte einer philosophischen Anthropologie*. Stuttgart.

— 2001, *Politik – Anthropologie – Philosophie. Aufsätze und Vorträge*, hrsg. v. Salvatore Giammusso u. Hans-Ulrich Lessing. München.

— 2002, *Elemente der Metaphysik. Eine Vorlesung aus dem Wintersemester 1931/32*, hrsg. v. Hans-Ulrich Lessing. Berlin.

Scheler, Max, *Gesammelte Werke*, hrsg. v. Maria Scheler und später von Manfred Frings. Bern – München und später Bonn 1954-1997. [= GW]

—, *Der Formalismus in der Ethik und die materiale Wertethik*, GW 2, hrsg. v. Maria Scheler. Bern – München ⁵1966.

— , Vom Umsturz der Werte, GW 3, hrsg. v. Maria Scheler. Bern – München ⁴1955.

— , „Zur Idee des Menschen", in: GW 3: 173-195.

— , *Wesen und Formen der Sympathie*, GW 7, hrsg. v. Manfred Frings. Bern – München 1973.

— , *Die Wissensformen und die Gesellschaft*, GW 8, hrsg. v. Maria Scheler. Bern – München ²1960.

—, *Späte Schriften*, GW 9, hrsg. v. Manfred Frings. Bonn ²1995.

—, *Die Stellung des Menschen im Kosmos* (1928), in: GW 9: 7-71.

—, „Mensch und Geschichte" (1926), in: GW 9: 120-144.

—, „Philosophische Weltanschauung" (1928), in: GW 9: 75-84.

—, „Zusätze aus den nachgelassenen Manuskripten. Zu ‚Idealismus-Realismus'. Aus Teil V. Das emotionale Realitätsproblem", in: GW 9: 254-293.

—, *Schriften aus dem Nachlaß*. Bd. III: *Philosophische Anthropologie*, GW 12, hrsg. v. Manfred Frings. Bonn ²1997.

— 1927, „Die Sonderstellung des Menschen", in: Der Leuchter. Weltanschauung und Lebensgestaltung. 8. Buch: Mensch und Erde, hrsg. v. Graf Hermann Keyserling. Darmstadt 1927, 161-254.

2. Sonstige Literatur

Accarino, Bruno/ Schloßberger, Matthias (Hgg.) 2008, *Expressivität und Stil. Helmuth Plessners Sinnes- und Ausdrucksphilosophie*. (=Internationales Jahrbuch für Philosophische Anthtopologie, Bd. 1.) Berlin.

Anders, Günther 2001, *Über Heidegger*, hrsg. v. G. Oberschlick. München.

Arlt, Gerhard 2001, *Philosophische Anthropologie*. Stuttgart.

Baker, Lynne Rudder 2000, *Persons and Bodies. A Constitution View*. Cambridge.

Beaufort, Jan 2000, *Die gesellschaftliche Konstruktion der Natur. Helmuth Plessners kritisch-phänomenologische Grundlegung einer hermeneutischen Naturphilosophie in* Die Stufen des Organischen und der Mensch. Würzburg.

Becker, Ralf 2004, „Der blinde Fleck der Anthropologie. Heideggers ,Kehre' als unverfügbare Verfügbarkeit", in: *Internationales Jahrbuch für Hermeneutik*, hrsg. v. Günter Figal, 3. Band, 233-263.

Becker, Ralf/ Fischer, Joachim/ Schloßberger, Matthias (Hgg.) 2010, *Philosophische Anthropologie im Aufbruch. Max Scheler und Helmuth Plessner im Vergleich*. (=Internationales Jahrbuch für Philosophische Anthropologie, Bd. 2.) Berlin.

Beelmann, Axel 1994, *Heideggers hermeneutischer Lebensbegriff. Eine Analyse seiner Vorlesung „Die Grundbegriffe der Metaphysik. Welt – Endlichkeit – Einsamkeit"*. Würzburg.

Bek, Thomas 2011, *Helmuth Plessners geläuterte Anthropologie. Natur* und *Geschichte: Zwei Wege* einer *Grundlegung Philosophischer Anthropologie verleiblichter* Zweideutigkeit. Würzburg.

Bennett, Jonathan 1964, *Rationality: An Essay Towards an Analysis*. London.

Bermes, Christian 2013, „Zwischen Leben und Lebensform. Der Begriff der Person und die Anthropologie", in: Römer/ Wunsch (Hgg.) 2013, 43-55.

Bernstein Richard J. 2002, „McDowell's Domesticated Hegelianism", in Smith (Hg.) 2002, 9-24.

Bertram, Georg W. 2005, „Anthropologie der zweiten Natur", in: *Allgemeine Zeitschrift für Philosophie* 30, 119-137.

Bieri, Peter (Hg.) 1981, *Analytische Philosophie des Geistes*. Königstein/Ts.

Birnbacher, Dieter 2001, „Selbstbewußte Tiere und bewußtseinsfähige Maschinen. Grenzgänge am Rand des Personbegriffs", in: Sturma (Hg.) 2001, 301-321.

— 2009, „Wieweit lassen sich moralische Normen mit der ,Natur des Menschen' begründen?", in: Weiß, Martin G. (Hg.), *Bios und Zoë. Die menschliche Natur im Zeitalter ihrer technischen Reproduzierbarkeit*. Frankfurt a. M., 219-239.

Bollnow, Otto Friedrich 1982, *Studien zur Hermeneutik. Band I: Zur Philosophie der Geisteswissenschaften*. Freiburg – München.

— 1983, *Studien zur Hermeneutik. Band II: Zur hermeneutischen Logik von Georg Misch und Hans Lipps*. Freiburg – München.

Boyle, Matthew 2012, „Essentially Rational Animals", in: Abel, Günter/ Conant, James (Hgg.), *Rethinking Epistemology*, Volume 2. Berlin – New York, 395-428.

— (i. Ersch.), „Additive Theories of Rationality: A Critique" (erscheint in: *European Journal of Philosophy*). Online im Internet: URL: http://nrs.harvard.edu/urn-3:HUL.InstRepos:8641840 (Stand: 22.08.2014).

Braun, Hans Jürg/ Holzhey, Helmut/ Orth, Ernst Wolfgang (Hgg.) 1988, *Über Ernst Cassirers Philosophie der symbolischen Formen*. Frankfurt a. M.

Bubner, Rüdiger 2002, „*Bildung* and second nature", in: Smith (Hg.) 2002, 209-216.

Buchanan, Brett 2008, *Onto-Ethologies. The Animal Environments of Uexküll, Heidegger, Merleau-Ponty, and Deleuze*. Albany/NY.

Call, Josep/ Tomasello, Michael 2008, „Does the chimpanzee have a theory of mind? 30 years later", in: *Trends in Cognitive Sciences* 12(5), 187-192.

Carl, Wolfgang 1992, *Die Transzendentale Deduktion der Kategorien in der ersten Auflage der Kritik der reinen Vernunft. Ein Kommentar*. Frankfurt a. M.

Cheney, Dorothy L./ Seyfarth, Robert M. 1990, *Wie Affen die Welt sehen. Das Denken einer anderen Art*. München 1994.

Crowell, Steven Galt 2000, „Metaphysics, Metontology, and the End of *Being and Time*", in: *Philosophy and Phenomenological Research* 60(2), 307-331.

Cusinato, Guido 1998, „Methode oder Techne? Ethik und Realität in der ‚phänomenologischen' Reduktion Max Schelers", in: Bermes, Christian/ Henckmann, Wolfhart/ Leonardy, Heinz (Hgg.), *Denken des Ursprungs, Ursprung des Denkens. Schelers Philosophie und ihre Anfänge in Jena*. Würzburg 1998, 83-97.

Dacqué, Edgar 1924, *Urwelt, Sage und Menschheit. Eine naturhistorisch-metaphysische Studie*. Zweite Auflage: München.

Delitz, Heike 2005, „Spannweiten des Symbolischen. Helmuth Plessners Ästhesiologie des Geistes und Ernst Cassirers Philosophie der symbolischen Formen", in: *Deutsche Zeitschrift für Philosophie* 53, 917-937.

Denker, Alfred/ Büchin, Elsbeth 2005, *Martin Heidegger und seine Heimat*. Stuttgart.

Dennett, Daniel C. 1976, „Conditions of Personhood", in: ders., *Brainstorms*. Brighton 1981, 267-285 (dt. „Bedingungen der Personalität", in: Bieri (Hg.) 1981, 303-324).

— 1983, „Intentional Systems in Cognitive Ethology: The ‚Panglossian Paradigm' defended", in: *The Behavioural and Brain Sciences* 6, 343-355 (dt. „Intentionale Systeme in der kognitiven Verhaltensforschung", in: Münch, Dieter (Hg.), *Kognitionswissenschaft. Grundlagen, Probleme, Perspektiven*. Frankfurt a. M., 342-386).

Descartes, René, *Meditationes de Prima Philosophia*, in: ders., *Œuvres*, hrsg. v. Charles Adam u. Paul Tannery, Bd. 7. Paris 1973 (lat/dt. *Meditationes de Prima Philosophia/ Meditationen über die Erste Philosophie*, übers. u. hrsg. v. Gerhart Schmidt. Stuttgart 1991).

Dietze, Carola 2006, *Nachgeholtes Leben. Helmuth Plessner 1892-1985*. Göttingen.

Dilthey, Wilhelm 1927, *Der Aufbau der geschichtlichen Welt in den Geiteswissenschaften* (= *Gesammelte Schriften*, Bd. 7), hrsg. v. B. Groethuysen. Erste Auflage: Leipzig 1927, Achte unveränderte Auflage: Göttingen 1992.

Dreyfus, Hubert L. 2007, „Why Heideggerian AI Failed and How Fixing it Would Require Making it More Heideggerian", in: *Philosophical Psychology* 20(2), 247-268.

Dupré, John 2002, *Humans and Other Animals*. Oxford.

Ebke, Thomas 2008, *Plessners Doppelaspekt des Lebens und Heideggers Zwiefachheit der physis. Ein systematischer Vergleich*. München.

Ehrl, Gerhard 2003, „Nicolai Hartmanns philosophische Anthropologie in systematischer Perspektive", in: *Prima Philosophia* 16, Sonderheft 8, 7-76.

Fahrenbach, Helmuth 1970a, „Heidegger und das Problem einer ‚philosophischen' Anthropologie", in: Klostermann, Vittorio (Hg.), *Durchblicke. Martin Heidegger zum 80. Geburtstag*. Frankfurt a. M., 97-131.

— 1970b, Artikel „Mensch", in: Handbuch philosophischer Grundbegriffe, hrsg. v. H. Krings, H. M. Baumgartner, Ch. Wild, 3 Bde. München, Bd. II, 888-912.

— 1990, „‚Lebensphilosophische' oder ‚existenzphilosophische' Anthropologie? Plessners Auseinandersetzung mit Heidegger", in: *Dilthey Jahrbuch*, 7. Band, 71-111.

Ferrari, Massimo 2003, *Ernst Cassirer. Stationen einer philosophischen Biographie. Von der Marburger Schule zur Kulturphilosophie*. Hamburg.

Fingerhut, Joerg/ Hufendiek, Rebekka/ Wild, Markus (Hgg.) 2013, *Philosophie der Verkörperung. Grundlagentexte einer aktuellen Debatte*. Berlin.

Fischer, Joachim 1995, „Philosophische Anthropologie. Zur Rekonstruktion ihrer diagnostischen Kraft", in: Friedrich, J./ Westermann, B. (Hgg.), *Unter offenem Horizont. Anthropologie nach Helmuth Plessner*. Frankfurt a. M., 249-280.

— 2000, „Exzentrische Positionalität. Plessners Grundkategorie der Philosophischen Anthropologie", in: *Deutsche Zeitschrift für Philosophie* 48, 265-288.

— 2008, *Philosophische Anthropologie. Eine Denkrichtung des 20. Jahrhunderts*. Freiburg – München.

— 2008b, „Ekstatik der exzentrischen Positionalität. ‚Lachen und Weinen' als Plessners Hauptwerk", in: Accarino/ Schloßberger (Hgg.) 2008, 253-270.

— 2012, „Neue Ontologie und Philosophische Anthropologie. Die Kölner Konstellation zwischen Scheler, Hartmann und Plessner" in: Hartung/ Wunsch/ Strube (Hgg.) 2012, 131-151.

⟶ Frankfurt, Harry G. 1971, „Freedom of the Will and the Concept of a Person", in: ders., *The Importance of What We Care About. Philosophical Essays*. Cambridge – New York 1998, 11-25 (dt. „Willensfreiheit und der Begriff der Person", in: Bieri (Hg.) 1981, 287-302).

Friedman, Michael 2000, *A Parting of the Ways. Carnap, Cassirer, and Heidegger*. Chicago.

Frede, Dorothea 2002, „Die Einheit des Seins. Heidegger in Davos – Kritische Überlegungen", in: Kaegi/ Rudolph (Hgg.) 2002, 156-182.

Fröhlich, Gerhard/ Mörth, Ingo 1998, „geertz@symbolische-anthropologie. moderne. Auf Spurensuche nach der ‚informellen Logik tatsächlichen Lebens'", in: dies. (Hgg.), *Symbolische Anthropologie der Moderne. Kulturanalysen nach Clifford Geertz.* Frankfurt – New York, 7-50.

Fuchs, Thomas 2009, *Das Gehirn – ein Beziehungsorgan. Eine phänomenologisch-ökologische Konzeption.* 2., aktualisierte Auflage. Stuttgart.

Gadamer, Hans-Georg 1960, *Wahrheit und Methode. Grundzüge einer philosophischen Hermeneutik.* Tübingen 1990.

Gamm, Gerhard 2005, „Die Verbindlichkeit des Unergründlichen. Zu den normativen Grundlagen der Technologiekritik", in: Gamm/ Gutmann/ Manzei (Hgg.) 2005, 197-216.

Gamm, Gerhard/ Gutmann, Mathias/ Manzei, Alexandra (Hgg.) 2005, *Zwischen Anthropologie und Gesellschaftstheorie. Zur Renaissance Helmuth Plessners im Kontext der modernen Lebenswissenschaften.* Bielefeld.

Gehlen, Arnold 1940, *Der Mensch. Seine Natur und seine Stellung in der Welt* (= *Arnold Gehlen Gesamtausgabe,* hrsg. v. Karl-Siegbert Rehberg, Bde. 3.1 u. 3.2). Frankfurt a. M. 1993.

— 1956, *Urmensch und Spätkultur. Philosophische Ergebnisse und Aussagen.* Frankfurt a. M. 2004.

Giammusso, Salvatore 2012, *Hermeneutik und Anthropologie.* Berlin.

Girtler, Roland 1979, *Kulturanthropologie. Entwicklungslinien, Paradigmata, Methoden.* München.

Goldstein, Kurt 1927, „Über Aphasie", in: ders., *Selected Papers/ Ausgewählte Schriften,* hrsg. v. Aron Gurwitsch u. a. The Hague 1971, 154-230.

Gondek, Hans-Dieter/ Tengelyi, László 2011, *Neue Phänomenologie in Frankreich.* Berlin.

Goodman, Nelson 1978, *Ways of Worldmaking.* Indianapolis.

Gordon, Peter E. 2010, *Continental Divide. Heidegger, Cassirer, Davos.* Cambridge/Mass.

Görland, Ingtraud 1981, *Transzendenz und Selbst. Eine Phase in Heideggers Denken.* Frankfurt a. M.

Graeser, Andreas 1994, *Ernst Cassirer.* München.

Groethuysen, Bernhard 1928, *Philosophische Anthropologie* (Sonderausgabe aus dem Handbuch der Philosophie). München – Berlin.

— 1936, „Towards an Anthropological Philosophy", in: Klibansky, Raymond/ Paton, H. J. (Hgg.), Philosophy and History. Essays presented to Ernst Cassirer. Gloucester/Mass., 77-89.

Grondin, Jean 2001, „Die Wiedererweckung der Seinsfrage auf dem Weg einer phänomenologisch-hermeneutischen Destruktion", in: Rentsch (Hg.) 2001, 1-27.

Großheim, Michael 2003, „Heidegger und die Philosophische Anthropologie (Max Scheler, Helmuth Plessner, Arnold Gehlen). Von der Abwehr der anthropologischen Subsumtion zur Kulturkritik des Anthropozentrismus", in: Thomä (Hg.) 2003, 333-337.

Gründer, Karlfried 1988, „Cassirer und Heidegger in Davos 1929", in: Braun/ Holzhey/ Orth (Hgg.) 1988, 290-302.

Gutmann, Mathias 2001, „Die ‚Sonderstellung' des Menschen. Systematische Überlegungen zum Tier-Mensch-Vergleich", in: *Jahrbuch für Geschichte und Theorie der Biologie* 8, 27-78.

Gutmann, Mathias/ Weingarten, Michael 2005, „Das Typusproblem in Philosophischer Anthropologie und Biologie. Nivellierungen im Verhältnis von Philosophie und Wissenschaften", in: Gamm/ Gutmann/ Manzei (Hgg.) 2005, 183-194

Habermas, Jürgen 1958, Art. „Anthropologie", in: *Fischer-Lexikon Philosophie*, hrsg. v. A. Diemer u. I. Frenzel. Frankfurt a. M., 18-35.

— 2002, *Die Zukunft der menschlichen Natur. Auf dem Weg zu einer liberalen Eugenik?* 4., erweiterte Auflage. Frankfurt a. M.

Hackenesch, Christa 2001, *Selbst und Welt. Zur Metaphysik des Selbst bei Heidegger und Cassirer*. Hamburg.

Hacker, P. M. S. 2007, *Human Nature. The Categorical Framework*. Blackwell.

Hammer, Felix 1972, *Theonome Anthropologie? Max Schelers Menschenbild und seine Grenzen*. Den Haag.

Hartmann, Nicolai 1921, *Grundzüge einer Metaphysik der Erkenntnis*, 2. erweiterte Auflage: Berlin 1925.

— 1924, „Wie ist kritische Ontologie überhaupt möglich? Ein Kapitel zur Grundlegung der allgemeinen Kategorienlehre", in: Hartmann 2014, 71-116.

— 1925, *Ethik*. Dritte Auflage: Berlin 1949.

— 1926, „Kategoriale Gesetze. Ein Kapitel zur Grundlegung der allgemeinen Kategorienlehre", in: Hartmann 2014, 123-176.

— 1933, *Das Problem des geistigen Seins. Untersuchungen zur Grundlegung der Geschichtsphilosophie und der Geisteswissenschaften*. Zweite Auflage: Berlin 1949.

— 1935, *Zur Grundlegung der Ontologie*. Vierte Auflage: Berlin 1965.

— 1940, *Der Aufbau der realen Welt. Grundriß der allgemeinen Kategorienlehre*. Dritte Auflage: Berlin 1964.

— 1942, „Neue Wege der Ontologie", in: ders. (Hg.), *Systematische Philosophie*. Stuttgart – Berlin, 199-311.

— 1944, „Naturphilosophie und Anthropologie", in: Hartmann 2014, 337-368.

— 2014, *Studien zur Neuen Ontologie und Anthropologie*, hrsg. v. Gerald Hartung u. Matthias Wunsch. Berlin – Boston.

• Hartung, Gerald 2003, *Das Maß des Menschen. Aporien der philosophischen Anthropologie und ihre Auflösung in der Kulturphilosophie Ernst Cassirers*. Weilerswist.

— 2005, „Cassirer, Scheler und die Lebensphilosophie", in: R. J. Kozljanic (Hg.), *Zur Vielfalt und Aktualität der Lebensphilosophie*. München, 109-132.

— 2012, „Critical Monism. Ernst Cassirers sprachtheoretische Grundlegung der Kulturphilosophie", in: Recki, Birgit (Hg.), *Philosophie der Kultur – Kultur des Philosophierens. Ernst Cassirer im 20. und 21. Jahrhundert*. Hamburg, 359-376.

Hartung, Gerald/ Wunsch, Matthias/ Strube, Claudius (Hgg.) 2012, *Von der Systemphilosophie zur systematischen Philosophie – Nicolai Hartmann*. Berlin – Boston.

Haucke, Kai 2003, *Das liberale Ethos der Würde. Eine systematisch orientierte Problemgeschichte zu Helmuth Plessners Begriff menschlicher Würde in den „Grenzen der Gemeinschaft"*. Würzburg 2003.

Haugeland, John 1985, *Artificial Intelligence. The Very Idea*. Cambridge/Mass.

Hegel, Georg Wilhelm Friedrich 1802, „Glauben und Wissen oder Reflexionsphilo-sophie der Subjektivität in der Vollständigkeit ihrer Formen als Kantische, Jaco-bische und Fichtesche Philosophie", in: ders., *Werke* (Theorie-Werkausgabe), hrsg. von Eva Moldenhauer u. Karl Markus Michel. Frankfurt a. M. 1969 ff., Bd. 2, 287-433.

— 1807, *Phänomenologie des Geistes*, in: ders., *Werke* (Theorie-Werkausgabe), hrsg. von Eva Moldenhauer u. Karl Markus Michel. Frankfurt a. M. 1969 ff., Bd. 3.

Henckmann, Wolfhart 1998, *Max Scheler*. München.

◄ — 2010, „Über die Entwicklung von Schelers anthropologischen Anschauungen", in: Becker/ Fischer/ Schloßberger (Hgg.) 2010, 19-49.

Henrich, Dieter 1955, „Über die Einheit der Subjektivität", in: *Philosophische Rund-schau* 3, 28-69.

Herder, Johann Gottfried (1772), *Abhandlung über den Ursprung der Sprache*, in: ders., *Sprachphilosophie. Ausgewählte Schriften*, hrsg. v. Erich Heintel, mit einer Einl. v. Ul-rike Zeuch. Hamburg 2005.

Herrmann, Martina 2001, „Der Personbegriff in der analytischen Philosophie", in: Sturma, Dieter (Hg.), *Person. Philosophiegeschichte — Theoretische Philosophie — Praktische Philosophie*. Paderborn, 167-185.

Heßbrüggen-Walter, Stefan 2004, *Die Seele und ihre Vermögen. Kants Metaphysik des Mentalen in der ‚Kritik der reinen Vernunft‘*. Paderborn 2004.

Hilt, Annette 2005, „Die Frage nach dem Menschen. Anthropologische Philosophie bei Helmuth Plessner und Martin Heidegger", in: *Internationales Jahrbuch für Her-meneutik*, hrsg. v. Günter Figal, 4. Band, 275-320.

Honneth, Axel 1991, Rezension zu Kramme 1989; Wiederabdruck unter dem Titel „Plessner und Schmitt. Ein Kommentar zur Entdeckung ihrer Affinität", in: Eß-bach, Wolfgang/ Fischer, Joachim/ Lethen, Helmut (Hgg.), *Plessners „Grenzen der Gemeinschaft". Eine Debatte*. Frankfurt a. M. 2002, 21-28.

Hossenfelder, Malte 1985, „Einleitung", in: Sextus Empiricus, *Grundriß der pyrrhoni-schen Skepsis*. Frankfurt a. M., 9-88.

Hurley, Susan/ Nudds, Matthew (Hgg.) 2006, *Rational Animals?* Oxford.

Ignatov, Assen 1979, *Heidegger und die philosophische Anthropologie. Eine Untersuchung über die anthropologische Dimension des Heideggerschen Denkens*. Königstein/Ts.

Jackson, Ronald Lee 1990, *The Cassirer-Heidegger debate. A critical and historical study*. Ann Arbor.

Jaeschke, Walter 2012, „Von der Vernunft zum Menschen", in: Wunsch (Hg.) 2012, 23-32.

Jaran, François 2010, *La Métaphysique du ‚Dasein‘. Heidegger et la possibilité de la métaphy-sique (1927-1930)*. Bucarest

Jaspers, Karl 1925, *Psychologie der Weltanschauungen*. Erste Auflage: 1919, Dritte Aufla-ge: 1925, Vierte, unveränderte Auflage: Berlin — Göttingen — Heidelberg 1954.

Jung, Matthias 2009, *Der bewusste Ausdruck. Anthropologie der Artikulation*. Berlin — New York.

Kaegi, Dominic 1995, „Jenseits der symbolischen Formen. Zum Verhältnis von Anschauung und künstlicher Symbolik bei Ernst Cassirer", in: *Dialektik. Enzyklopädische Zeitschrift für Philosophie und Wissenschaften,* 1995/1, 73-84.

— 2002, „Davos und davor – Zur Auseinandersetzung zwischen Heidegger und Cassirer", in: Kaegi/ Rudolph (Hgg.) 2002, 67-105.

Kaegi, Dominic/ Rudolph, Enno (Hgg.) 2002, *Cassirer – Heidegger. 70 Jahre Davoser Disputation.* Hamburg.

Kamper, Dietmar 1973, *Geschichte und menschliche Natur. Die Tragweite gegenwärtiger Anthropologiekritik.* München.

Kämpf, Heike 2005, „„So wie der Mensch sich sieht, wird er'. Überlegungen zur politischen Verantwortung der philosophischen Anthropologie im Anschluss an Helmuth Plessner", in: Gamm/ Gutmann/ Manzei (Hgg.) 2005, 217-232.

Kant, Immanuel, *Gesammelte Schriften,* hrsg. v. d. Kgl. Preußischen Akademie der Wissenschaften [und Nachfolgern]. Berlin 1900 ff. [= AA]

—, *Kritik der reinen Vernunft,* in: ders., *Werkausgabe,* hrsg. von Wilhelm Weischedel, Bd. III. Frankfurt a. M. 1990.

Kessel, Thomas 2011, *Phänomenologie des Lebendigen. Heideggers Kritik an den Leitbegriffen der neuzeitlichen Biologie.* Freiburg – München.

Kisiel, Theodore 2001, „Das Versagen von *Sein und Zeit:* 1927-1930", in: Rentsch (Hg.) 2001, 253-279.

Klages, Ludwig 1923, *Ausdrucksbewegung und Gestaltungskraft. Grundlegung der Wissenschaft vom Ausdruck.* Dritte und vierte Auflage. Leipzig.

Kluck, Steffen 2012, „Entwertung der Realität. Nicolai Hartmann als Kritiker der Ontologie Martin Heideggers", in: Hartung/ Wunsch/ Strube (Hgg.) 2012, 195-218.

Köhler, Wolfgang 1921, *Intelligenzprüfungen an Menschenaffen.* Dritte, unveränderte Auflage: Berlin – Heidelberg – New York 1973.

König, Josef/ Plessner, Helmuth 1994, *Briefwechsel 1923-1933,* hrsg. v. Hans-Ulrich Lessing und Almut Mutzenbecher. Freiburg – München.

Koppelberg, Dirk 2000: *„Was ist Naturalismus in der gegenwärtigen Philosophie?"* In: Keil, Geert/ Schnädelbach, Herbert (Hgg.), *Naturalismus.* Frankfurt a. M., 68-91.

Kornblith, Hilary (Hg.) 1994, *Naturalizing Epistemology.* 2. Auflage: Cambridge/Mass.

Kramme, Rüdiger 1989, *Helmuth Plessner und Carl Schmitt. Eine historische Fallstudie zum Verhältnis von Anthropologie und Politik in der deutschen Philosophie der zwanziger Jahre.* Berlin.

Kreis, Guido 2010, *Cassirer und die Formen des Geistes.* Berlin.

Krüger, Hans-Peter 1996a, „Die Leere zwischen Sein und Sinn: Helmuth Plessners Heidegger-Kritik in ‚Macht und menschliche Natur' (1931)", in: Bialas, Wolfgang/ Stenzel, Burkhard (Hgg.), *Die Weimarer Republik zwischen Metropole und Provinz. Intellektuellendiskurse zur politischen Kultur.* Weimar – Köln – Wien, 177-196.

— 1996b, „Angst vor der Selbstentsicherung. Zum gegenwärtigen Streit um Helmuth Plessners philosophische Anthropologie", in: *Deutsche Zeitschrift für Philosophie* 44, 271-300.

— 1998, „The Second Nature of Human Beings: an Invitation for John McDowell to discuss Helmuth Plessner's Philosophical Anthropology", in: *Philosophical Explorations* 2, 1998, 107-119.

— 1999, *Zwischen Lachen und Weinen. Bd. I: Das Spektrum menschlicher Phänomene.* Berlin.

— 2001, *Zwischen Lachen und Weinen. Bd. II: Der dritte Weg Philosophischer Anthropologie und die Geschlechterfrage.* Berlin.

— 2003, „Die Grenzen der positiven Bestimmung des Menschen. Der ‚homo absconditus‘", in: Vogelsang, Frank (Hg.), *Ecce homo – Was ist der Mensch? Forschung und Anwendung im Bereich der Biotechnologien.* Mühlheim an der Ruhr, 61-71.

— 2006, „Die Fraglichkeit menschlicher Lebewesen. Problemgeschichtliche und systematische Dimensionen", in: Krüger/ Lindemann (Hgg.) 2006, 15-41.

— 2009, *Philosophische Anthropologie als Lebenspolitik. Deutsch-jüdische und pragmatistische Moderne-Kritik.* Berlin.

— 2010, *Gehirn, Verhalten und Zeit. Philosophische Anthropologie als Forschungsrahmen.* Berlin.

Krüger, Hans-Peter/ Lindemann, Gesa (Hgg.) 2006, *Philosophische Anthropologie im 21. Jahrhundert.* (Philosophische Anthropologie, Band 1.) Berlin.

Kuhlmann, Wolfgang 2007, *Beiträge zur Diskursethik. Studien zur Transzendentalpragmatik.* Würzburg.

Landmann, Michael 1961, *Der Mensch als Schöpfer und Geschöpf der Kultur. Geschichts- und Sozialanthropologie.* München – Basel.

Lessing, Hans-Ulrich 1998, *Hermeneutik der Sinne. Eine Untersuchung zu Helmuth Plessners Projekt einer ‚Ästhesiologie des Geistes‘ nebst einem Plessner-Ineditum.* Freiburg – München.

Lindemann, Gesa 2002, *Die Grenzen des Sozialen. Zur sozio-technischen Konstruktion von Leben und Tod in der Intensivmedizin.* München.

— 2008a, „Verstehen und Erklären bei Helmuth Plessner", in: Greshoff, Rainer/ Kneer, Georg/ Schneider, Wolfgang Ludwig (Hgg.), *Verstehen und Erklären. Sozial- und Kulturwissenschaftliche Perspektiven.* München, 117-142.

— 2008b, „Neuronale Expressivität. Auf dem Weg zu einer neuen Natürlichkeit", in: Accarino/ Schloßberger (Hgg.) 2008, 85-96.

Locke, John, *An Essay concenerning Human Understanding,* hrsg. v. P. H. Nidditch. Oxford 1987 (dt. *Versuch über den menschlichen Verstand.* Hamburg 1981).

Löwith, Karl 1928, *Das Individuum in der Rolle des Mitmenschen,* in: ders., *Sämtliche Schriften 1. Mensch und Menschenwelt. Beiträge zur Anthropologie,* hrsg. v. Klaus Stichweh. Stuttgart 1981, 9-197.

— 1930, „Phänomenologische Ontologie und protestantische Theologie", in: ders., *Sämtliche Schriften 3. Wissen, Glaube und Skepsis. Zur Kritik von Religion und Theologie.* Stuttgart 1985, 1-32.

— 1957, „Natur und Humanität des Menschen", in: ders., *Sämtliche Schriften 1. Mensch und Menschenwelt. Beiträge zur Anthropologie,* hrsg. v. Klaus Stichweh. Stuttgart 1981, 259-294.

Lurz, Robert W. (Hg.) 2009, *The Philosophy of Animal Minds.* Cambridge.

Luther, Martin, *Werke. Kritische Gesamtausgabe (Weimarer Ausgabe). Bd.* 10, III. Abt., *Predigten des Jahres 1522.* Weimar 1905 [= WA 10 III].

Lynch, Dennis A. 1990, „Ernst Cassirer and Martin Heidegger: The Davos Debate", in: *Kant-Studien* 81, 360-370.

Marquard, Odo 1973, „Zur Geschichte des philosophischen Begriffs ‚Anthropologie' seit dem Ende des achtzehnten Jahrhunderts", in: ders., *Schwierigkeiten mit der Geschichtsphilosophie.* Frankfurt a. M., 122-144 u. 213-248.

Mayr, Ernst 1984, *Die Entwicklung der biologischen Gedankenwelt. Vielfalt, Evolution und Vererbung.* Berlin et. al.

McDowell, John 1994, *Geist und Welt.* Frankfurt a. M. 2001 (im engl. Original: *Mind and World.* Cambridge/Mass.).

— 2002, „Responses", in: Smith (Hg.) 2002, 269-305.

Mehring, Reinhard 1999, „Pathos der ‚Zusammenschau'. Annäherungen an Cassirers Philosophiebegriff", in: Rudolph, Enno (Hg.), *Cassirers Weg zur Philosophie der Politik.* Hamburg, 63-78.

Meuter, Norbert 2006, *Anthropologie des Ausdrucks. Die Expressivität des Menschen zwischen Natur und Kultur.* München.

Meyer, Thomas 2006, *Ernst Cassirer.* Hamburg.

Midgley, Mary 2000, „Human Nature, Human Variety, Human Freedom", in: Roughley, Neil (Hg.), *Being Humans. Anthropological Universality and Particularity in Transdisciplinary Perspectives.* Berlin – New York, 47-63.

Misch, Georg 1930, *Lebensphilosophie und Phänomenologie.* Dritte Auflage: Darmstadt 1967.

Mitscherlich, Olivia 2007, *Natur* und *Geschichte. Helmuth Plessners in sich gebrochene Lebensphilosophie.* Berlin.

— 2008, „Plessners Durchbruch zur Geschichtlichkeit", in: Accarino/ Schloßberger (Hgg.) 2008, 97-107.

Möckel, Christian 2005, *Das Urphänomen des Lebens. Ernst Cassirers Lebensbegriff.* Hamburg.

— 2010, „Phänomenologische Begriffe bei Ernst Cassirer. Am Beispiel des Terminus ‚symbolische Ideation'", in: *Logos & Episteme. An International Journal of Epistemology* 1, 109-123.

Muñoz Pérez, Enrique V. 2008, *Der Mensch im Zentrum, aber nicht als Mensch. Zur Konzeption des Menschen in der ontologischen Perspektive Martin Heideggers.* Würzburg.

Natorp, Paul 1912, *Allgemeine Psychologie nach kritischer Methode.* Tübingen.

Neschke, Ada/ Sepp, Hans Rainer (Hgg.), *Philosophische Anthropologie. Ursprünge und Aufgaben.* Nordhausen 2008.

Olson, Eric T. 1997, *The Human Animal. Personal Identity without Psychology.* Oxford – New York.

Orth, Ernst Wolfgang (Hg.) 2004, „Philosophische Anthropologie als Erste Philosophie. Ein Vergleich zwischen Ernst Cassirer und Helmuth Plessner", in: ders., *Von der Erkenntnistheorie zur Kulturphilosophie. Studien zu Ernst Cassirers Philosophie der symbolischen Formen.* Zweite erweiterte Auflage: Würzburg, 225-252.

Pätzold, Detlev 2003, „Ernst Cassirers Philosophiebegriff", in: Sandkühler, Hans Jörg/ Pätzold, Detlev (Hgg.), *Kultur und Symbol. Ein Handbuch zur Philosophie Ernst Cassirers.* Stuttgart – Weimar, 45-69.

Perler, Dominik/ Wild, Markus (Hgg.) 2005, *Der Geist der Tiere. Philosophische Texte zu einer aktuellen Diskussion*. Frankfurt a. M.

Pettit, Philip 2003, „Gruppen mit einem eigenen Geist", in: Schmid/ Schweikard (Hgg.) 2009, 586-625.

Pietrowicz, Stephan 1992, *Helmuth Plessner. Genese und System seines philosophisch-anthropologischen Denkens*. Freiburg – München.

Pocai, Romano 2001, „Die Weltlichkeit der Welt und ihre abgedrängte Faktizität (§§ 14-18)", in: Rentsch (Hg.) 2001, 51-67.

Pöggeler, Otto 1999, *Heidegger in seiner Zeit*. München.

Putnam, Hilary 1987, *The Many Faces of Realism*. LaSalle.

Quante, Michael 2008, Rezension von Hacker 2007, in: *Notre Dame Philosophical Reviews. An Electronic Journal*. Online im Internet: URL: http://ndpr.nd.edu/news/ 23600/?id=13430 (Stand 22.08.2014).

Quine, W. V. O. 1969, „Naturalisierte Erkenntnistheorie", in: ders., *Ontologische Relativität und andere Schriften*, Frankfurt a. M. 2003, 85-106.

Rentsch, Thomas (Hg.) 2001, *Martin Heidegger. Sein und Zeit* (= Klassiker Auslegen, hrsg. v. Otfried Höffe, Bd. 25). Berlin.

Rescher, Nicholas 1990, *Human Interests. Reflections on Philosophical Anthropology*. Stanford.

— 2006, *Studies in Philosophical Anthropology* (= Nicholas Rescher Collected Papers, Volume VII). Frankfurt a. M. et al.

Robbins, Philip/ Aydede, Murat (Hgg.) 2009, *The Cambridge Handbook of Situated Cognition*. Cambridge/Mass.

Rölli, Marc 2011, *Kritik der anthropologischen Vernunft*. Berlin.

Römer, Inga 2010, *Das Zeitdenken bei Husserl, Heidegger und Ricœur*. Dordrecht et al.

Römer, Inga/ Wunsch, Matthias (Hgg.) 2013, *Person: Anthropologische, phänomenologische und analytische Perspektiven*. Münster.

Rorty, Richard 1997, „Introduction", in: Sellars, Wilfrid, *Empiricism and the Philosophy of Mind*, Cambridge/Mass.

Roughley, Neil 2005, „Was heißt ‚menschliche Natur'? Begriffliche Differenzierungen und normative Ansatzpunkte", in: Bayertz, Kurt (Hg.), *Die menschliche Natur. Welchen und wieviel Wert hat sie?* Paderborn, 133-156.

Safranski, Rüdiger 1997, *Ein Meister aus Deutschland. Heidegger und seine Zeit*. Frankfurt a. M.

Sallis, John 1981, „The Common Root. A Marginal Question", in: Funke, Gerhard (Hg.), *Akten des 5. Internationalen Kant-Kongresses*. Mainz 4.-8. April 1981. Bd. I.2. Bonn, 1029-1041.

Schiemann, Gregor 2005, *Natur, Technik, Geist. Kontexte der Natur nach Aristoteles und Descartes in lebensweltlicher und subjektiver Erfahrung*. Berlin – New York.

Schloßberger, Matthias 2005, *Die Erfahrung des Anderen. Gefühle im menschlichen Miteinander*. Berlin.

— 2008, „Von der grundlegenden Bedeutung der Kategorie des Ausdrucks für die Philosophische Anthropologie", in: Accarino/ Schloßberger (Hgg.) 2008, 209-217.

Schmid, Hans Bernhard 2005, *Wir-Intentionalität. Kritik des ontologischen Indivdualismus und Rekonstruktion der Gemeinschaft.* Freiburg – München.

Schmid, Hans Bernhard/ Schweikard, David P. (Hgg.) 2009, *Kollektive Intentionalität. Eine Debatte über die Grundlagen des Sozialen.* Frankfurt a. M.

— 2009, „Einleitung: Kollektive Intentionalität. Begriff, Geschichte, Probleme", in: Schmid/ Schweikard (Hgg.) 2009, 11-65.

Schmitz, Hermann 1996, *Husserl und Heidegger,* Bonn.

Schnädelbach, Herbert 1983, *Philosophie in Deutschland. 1831 – 1933.* Frankfurt a. M.

Schnell, Alexander 2011, *Hinaus. Entwürfe zu einer phänomenologischen Metaphysik und Anthropologie.* Würzburg.

Schrag, Calvin O. 1967, „Heidegger and Cassirer on Kant", in: *Kant-Studien* 58, 87-100.

Schürmann, Volker 1997a, „Unergründlichkeit und Kritik-Begriff. Plessners Politische Anthropologie als Absage an die Schulphilosophie", in: *Deutsche Zeitschrift für Philosophie* 45, 345-361.

— 1997b, „Anthropologie als Naturphilosophie. Ein Vergleich zwischen Helmuth Plessner und Ernst Cassirer", in: Rudolph, Enno/ Stamatescu, Ion O. (Hgg.), *Von der Philosophie zur Wissenschaft. Cassirers Dialog mit der Naturwissenschaft.* Hamburg, 133-170.

— 2005, „Natur als Fremdes", in: Gamm/ Gutmann/ Manzei (Hgg.) 2005, 33-52.

— 2006, „Positionierte Exzentrizität", in: Krüger/ Lindemann (Hgg.) 2006, 83-102.

— 2011, *Die Unergründlichkeit des Lebens. Lebens-Politik zwischen Biomacht und Kulturkritik.* Bielefeld.

— 2012, „Max Scheler und Helmuth Plessner – Leiblichkeit in der Philosophischen Anthropologie", in: Alloa, Emmanuel/ Bedorf, Thomas/ Grüny, Christian/ Klass, Tobias N. (Hgg.), *Leiblichkeit. Geschichte und Aktualität eines Konzepts.* Tübingen, 207-223.

Schwartz, Robert 2000, „Starting from Scratch: Making Worlds", in: *Erkenntnis* 52, 151-159.

Schwemmer, Oswald 1997, *Ernst Cassirer. Ein Philosoph der europäischen Moderne.* Berlin.

Searle, John 1990, „Kollektive Absichten und Handlungen", in: Schmid/ Schweikard (Hgg.) 2009, 99-118.

— 1995, *Die Konstruktion der gesellschaftlichen Wirklichkeit.* Berlin 2011.

Seidengart, Jean 2005, „Is Cassirer's *Philosophy of Symbolic Forms* Able to Overcome the Intellectual Crisis Analyzed in His Article '"Geist' und 'Leben"'?", in: *The Germanic Review* 80, 293-306.

Shusterman, Richard 2008, *Body Consciousness. A Philosophy of Mindfulness and Somaesthetics.* Cambridge.

— 2011, „Soma und Psyche", in: *Deutsche Zeitschrift für Philosophie* 59, 2011, 539-552.

Smith, Nicholas H. (Hg.) 2002, *Reading McDowell. On Mind and World.* London – New York 2002.

Snowdon, P. F. 1991, „Personal Identity and Brain Transplantss", in: Cockburn, David (Hg.), *Human Beings.* Cambridge, 109-126.

Strawson, Peter F. 1959, *Einzelding und logisches Subjekt (Individuals).* Stuttgart 1972 (im Original: *Individuals. An essay in descriptive metaphysics.* London).

Strube, Claudius 1983, „Kritik und Rezeption von ‚Sein und Zeit in den ersten Jahren nach seinem Erscheinen", in: *Perspektiven der Philosophie. Neues Jahrbuch* 9, 41-67.

— (Hg.) 2009, *Heidegger und der Neukantianismus.* Würzburg.

Sturma, Dieter (Hg.) 2001, *Person. Philosophiegeschichte – Theoretische Philosophie – Praktische Philosophie.* Paderborn.

Tengelyi, László 2010, „Husserls methodologischer Transzendentalismus", in: Ierna, Carlo/ Jacobs, Hanne/ Mattens, Filip (Hgg.), *Philosophy, Phenomenology, Sciences. Essays in Commemoration of Edmund Husserl,* Dordrecht, 135–153.

— 2011a, „L'idee de metontologie et la vision du monde selon Heidegger", in: *Heidegger Studies* 27, 137–153.

— 2011b, „Transformations in Heidegger's Conception of Truth between 1927 and 1930", in: Vandevelde, Pol/ Hermberg, Kevin (Hgg.), *Variations on Truth. Approaches in Contemporary Phenomenology.* London – New York, 94-108.

Thiel, Udo 1983, *Lockes Theorie der personalen Identität.* Bonn.

Thies, Christian 2004, *Einführung in die philosophische Anthropologie.* Darmstadt.

— 2008, „Philosophische Anthropologie als Forschungsprogramm", in: Neschke/ Sepp (Hgg.) 2008, 230-248.

Thöle, Bernhard 1991, *Kant und das Problem der Gesetzmäßigkeit der Natur.* Berlin – New York.

Thomä, Dieter 1990, *Die Zeit des Selbst und die Zeit danach. Zur Kritik der Textgeschichte Martin Heideggers 1910-1976.* Frankfurt a. M.

— (Hg.) 2003, *Heidegger-Handbuch. Leben – Werk – Wirkung.* Stuttgart – Weimar.

Thompson, Michael 2004, „Apprehending Human Form", in: O'Hear, Anthony (Hg.), *Modern Moral Philosophy.* Cambridge, 47-74

— 2011, *Leben und Handeln. Grundstrukturen der Praxis und des praktischen Denkens.* Berlin.

Toepfer, Georg 2005, „Der Begriff des Lebens", in: Krohs, Ulrich/ Toepfer, Georg (Hgg.), *Philosophie der Biologie. Eine Einführung.* Frankfurt a. M., 157-174.

Tomasello, Michael 2002, *Die kulturelle Entwicklung des menschlichen Denkens.* Frankfurt a. M.

— 2009, *Die Ursprünge der menschlichen Kommunikation.* Frankfurt a. M.

Tugendhat, Ernst 1967, *Der Wahrheitsbegriff bei Husserl und Heidegger.* Zweite Auflage: Berlin 1970.

— 1979, *Selbstbewußtsein und Selbstbestimmung. Sprachanalytische Interpretationen.* Frankfurt a. M.

— 1992, „Heideggers Seinsfrage", in: ders., *Philosophische Aufsätze.* Frankfurt a. M., 108-135.

— 1996, „Über den Tod", in: Tugendhat, *Aufsätze 1992-2000.* Frankfurt a. M. 2001, 67-90.

— 1999, „„Wir sind nicht fest verdrahtet': Heideggers ‚Man' und die Tiefendimensi-
on der Gründe", in: Tugendhat, *Aufsätze 1992-2000*. Frankfurt a. M. 2001, 138-
162.
— 2003, *Egozentrizität und Mystik. Eine anthropologische Studie*. München.
— 2007, *Anthropologie statt Metaphysik*. München.

Uexküll, Jakob von 1921, *Umwelt und Innenwelt der Tiere*. 2., vermehrte und verbesser-
te Auflage: Berlin.
— 1928, *Theoretische Biologie* (²1928, ¹1920). Frankfurt a. M. 1973.
Ullrich, Sebastian 2010, *Symbolischer Idealismus. Selbstverständnis und Geltungsanspruch von
Ernst Cassirers Metaphysik des Symbolischen*. Hamburg.

Verene, Donald P. 1969, „Kant, Hegel, and Cassirer: The origins of the philosophy
of symbolic forms", in: *Journal of the History of Ideas* 30, 33-46.

de Waal, Frans 2002, *Der Affe und der Sushimeister. Das kulturelle Leben der Tiere*. Mün-
chen – Wien.
Wheeler, Michael 2005, *Reconstructing the Cognitive World. The Next Step*. Cambridge/
Mass.
Wild, Markus 2006, *Die anthropologische Differenz. Der Geist der Tiere in der Frühen Neu-
zeit bei Montaigne, Descartes und Hume*. Berlin – New York.
— 2013, *Tierphilosophie zur Einführung*. 3., korrigierte Auflage: Hamburg.
Willaschek, Marcus, „Die Wiedererlangung der Welt als Gegenstand der Erfahrung.
Bemerkungen zu John McDowells Mind and World", in: *Allgemeine Zeitschrift für
Philosophie* 21, 1996, 163-174.
Williams, Bernard 1973, *Problems of the Self. Philosophical Papers 1956-1972*. London
(dt. *Probleme des Selbst. Philosophische Aufsätze 1956-1972*. Stuttgart 1978).
Wittgenstein, Ludwig, *Philosophische Untersuchungen*, in: ders., *Werkausgabe in 8 Bänden*,
Band 1: *Tractatus logico-philosophicus. Tagebücher 1914-1916. Philosophische Untersuchun-
gen*. Frankfurt a. M. 1984, 225-580.
Wunsch, Matthias 2007, *Einbildungskraft und Erfahrung bei Kant*. Berlin – New York.
— 2008a, „John McDowells Konzeption der zweiten Natur. Ein Weg in die philosophische Anthropologie?" In: Marcus Andreas Born (Hg.), *Existenz und Wissenschaft. Festschrift für Claudius Strube*. Würzburg 2008, 297-314.
— 2008b, „Mensch und Natur in McDowells *Mind and World*", in: *Lebenswelt und
Wissenschaft. XXI. Deutscher Kongress für Philosophie* (Universität Duisburg-Essen,
15.-19.09.2008) – Sektionsbeiträge (ISBN 978-3-00-025531-1).
— 2010a, „Philosophische Anthropologie und die Frage nach ihrem Identitäts-
kern", in: *Sozialwissenschaftliche Literatur Rundschau* 61, 25-34.
— 2010b, „Heidegger – ein Vertreter der Philosophischen Anthropologie? Über
seine Vorlesung ‚Die Grundbegriffe der Metaphysik'", in: *Deutsche Zeitschrift für
Philosophie* 58, 543-560.
— 2011a, „Phänomenologie des Symbolischen? Die Hegelrezeption Ernst Cassirers", in: Wyrwich, Thomas (Hg.), *Hegel in der neueren Philosophie* (=Hegel-Studien,
Beiheft 55). Hamburg, 113-140.

— 2011b, „Zur Standardkritik an Max Schelers Anthropologie und ihren Grenzen. Ein Plädoyer für Nicolai Hartmanns Kategorienlehre". XXII. Deutscher Kongress für Philosophie, 11.-15.09.2011, München 2011. Online im Internet: URL: http://epub.ub.uni-muenchen.de/12502/ (Stand 22.08.2014).

— (Hg.) 2012, *Von Hegel zur philosophischen Anthropologie. Gedenkband für Christa Hackenesch.* Würzburg.

— 2012a, „Cassirer und Heidegger in Davos und danach", in: Wunsch (Hg.) 2012, 123-132.

— 2012b, „Das Lebendige bei Heidegger. Probleme seiner privativen Bestimmung", in: Schaede, Stephan/ Hartung, Gerald/ Kleffmann, Tom (Hgg.), *Das Leben, Bd. 2. Historisch-systematische Studien zur Geschichte eines Begriffs.* Tübingen, 387-405.

— 2012c, „Kategoriale Gesetze. Zur systematischen Bedeutung Nicolai Hartmanns für die moderne philosophische Anthropologie und die gegenwärtige Philosophie der Person", in: Hartung/ Wunsch/ Strube (Hgg.) 2012, 153-170.

— 2013a, „‚Welt' in Heideggers metaphysischer Periode", in: *Rostocker Phänomenologische Manuskripte* 19, hrsg. v. Michael Großheim. Rostock 2013, 3-28.

— 2013b, „Stufenontologien der menschlichen Person", in: Römer/ Wunsch (Hgg.) 2013, 237-256.

— (i. Ersch., a), „Lebensphilosophie und Irrationalismus. Dilthey – Bergson – Plessner", erscheint in: Asmuth, Christoph (Hg.), *Irrationalität. Schattenseite der Moderne?* Würzburg.

— (i. Ersch., b), „Anthropologie des geistigen Seins und Ontologie des Menschen bei Helmuth Plessner und Nicolai Hartmann", erscheint in: Michelini, Francesca/ Köchy, Kristian (Hgg.), *Zwischen den Kulturen. Plessners „Stufen des Organischen" im zeithistorischen Kontext.* Freiburg – München.

Personenregister